박정희 김대중 김일성의

한반도 삼국지

세 개의 혁명과 세 개의 유훈 통치

박정희 김대중 김일성의

한반도…
삼국지

… 세 개의 혁명과 세 개의 유훈 통치

이충렬 지음

목차

서문   8

1장 인물 열전

　　김대중 – 개인의 성공, 세력의 실패   24

　　김일성 – 행운과 원죄 그리고 패착   31

　　박정희 – 반전과 반전 그리고 또 반전   37

2장 정경 복합체, 재벌의 탄생

　　재벌 시스템의 기원   50

　　정주영, 이병철, 김우중   61

3장 양김동주兩金同舟 시대

　　협객俠客의 시대가 열리다   70

　　야권을 뒤집은 40대 기수론   74

　　색깔론과 지역주의   87

　　"엄창록을 아십니까?"   100

4장 민란의 시대와 양김 합작

　　70년대 민란과 양산박   104

　　김대중 납치와 2차 양김 합작   114

　　양김이몽兩金異夢   124

　　유신체제 붕괴시킨 3차 양김 합작   129

5장 박정희 대 김일성

천하 오패지세天下 五覇之勢 148

김일성 권력의 확립 153

주체사상의 나라 158

남조선 해방을 겨냥하다 163

무력 통일 노선의 좌절 167

6장 전두환의 난亂

12.12 하극상 쿠데타 174

양김의 환상 178

전두환을 킹으로: K프로젝트 184

전두환의 하나회, 광주를 조준 사격하다 190

전두환, 천하를 강탈하다 194

7장 지각변동이 발생한 80년대

3저 호황 200

서울 올림픽, 남북 경쟁을 끝내다 203

테러와 밀사 외교 208

8장 민주주의 동맹 대 군벌 정권의 4년 전쟁

위대한 혁명의 시작 214

4차 양김 합작 218

전두환 프레임을 깬 2.12 총선 222

9장 민주주의 동맹의 진화

양김 편 234

민청련과 민통련 편 239

혁명가 편 243

10장 진검 승부가 시작되다

대통령 직선제 개헌 투쟁 252

친위 쿠데타의 무산 257

네 사람 이야기: 김근태, 권인숙, 박종철, 이한열 262

민심에 포위되는 전두환 정권 266

11장 천하의 운명이 걸린 한판 승부

자유, 평등, 평화의 6월 정신 272

거리에서 꽃 핀 민주주의 277

민주공화정 시대가 열리다 282

4자필승론 대 4자필승론 287

민주주의 동맹 해체와 전두환의 역전승 292

12장 노태우 대 김일성

노태우의 야망 304

평양의 굴욕 309

13장 **5패 시대와 민주주의의 진전**

합종연횡, 정치적 M&A, 유전자 변형 정치   322

여소야대와 3당 합당   326

양김의 마지막 대결   331

14장 **김영삼의 3당 합당 정권**

권력의 문민화   338

김일성의 마지막 승부수   343

3당 합당 붕괴와 김대중의 귀환   349

15장 **김대중의 DJT 연립정부**

최초의 민주 정부 탄생하다   356

남북 정상회담과 새로운 패러다임   361

노무현, 후계자를 쟁취하다   366

후기   376

참고 문헌 및 자료   378

찾아보기   380

서문

해방과 분단이 함께 찾아온 1945년 이래 벌써 70년째 지속되고 있는 한반도 상황을 역사가들은 어떻게 시기를 구분하고, 무슨 이름을 붙일까? 대부분은 남북 분단 시대라고 하지 않을까? 얼마 전까지 나도 그렇게 생각해 왔다. 그런데 문득 남북 시대보다는 삼국시대로 보는 것이 내용적으로 맞지 않나 하는 생각이 들었다. 새누리당, 새정치민주연합, 조선노동당(가나다 순)의 세 개 세력이 한반도 주도권을 놓고 다투는 신판 삼국지.

지금 북한에는 적화통일과 미제의 스파이라는 대립 구도, 남한에는 북한을 추종하는 종북 세력 대 냉전 수구 세력 프레임이 격렬하게 충돌하고 있다. 지난 70년 동안 북쪽에는 처절한 피의 투쟁을 거쳐 김일성 일족이 지배권을 공고하게 구축했다. 남쪽에서는 우익 독재가 40년 가까이 지배한 결과 그들의 후예가 남한의 주류 세력을 형성했다. 80년대 후반 들어와 평화통일과 민주주의를 내건 세력이 민주 세력과 호남 지역을 근거로 새누리당과 조선노동당 틈새를 비집고 남한 사회에 자리 잡았고, 마침내는 김대중·노무현의 10년 집권기를 지내기도 하였다.

한반도의 패권을 둘러싸고 서로 경쟁하는 세 개 세력의 현재를 이데올로기나 체제 홍보의 프리즘을 벗어나 소설 스타일의 연의 형식으로 들여다보면 어떨까? 나관중이 오늘 한반도 투쟁 지형을 소설로 쓴다면 어떻게 묘사할까? 현재 진행 중인 역사를 소설로 쓴다는 것은 쉽지 않다. 아직 역사 속에서 승부가 나지 않았고, 그래서 누가 주인공인지, 누가 최종 승자인지 가려지지 않았기 때문이다. 나관중의 『삼국지연의』는 유교 논리에 따라 유비 그룹을 선으로, 조조 세력을 악으로 설정했다. 소설적 상상력으로 실제 역사를 재구성한 것이다. 실제 결과는 삼국지의 등장인물 누구도 중원 통일의 주인공이 되지 못했다. 중원을 재통일한 주인공은 조조 신하였던 사마의의 손자였다. 1,400여 년 전 한반도에도 삼국시대가 있었다. 고구려, 백제, 신라의 수백 년에 걸친 투쟁 결과 신라가 마침내 한반도 통일 세력으로 부상했다. 당시 최대의 강대국은 고구려였다. 백제는 선진국이었고 외교 강국이었다. 반면에 신라는 후발 주자였고, 후진국이었다. 그러나 역사 속에서 고립됐고, 후진국이었던 신라가 최종 승리를 거머쥐었다.

모든 승리와 패배에는 나름 합당한 이유와 근거가 있는 법이다. 고구려의 패배로 만주 벌판이 영원히 민족사에서 사라진 것을 아무리 아쉬워한들, 신라 주도의 통일을 아무리 폄훼한들 무슨 소용이 있으리. 신라의 승리에는 그 나름의 이유가 있었을 것이고, 백제와 고구려의 패망에도 그 나름의 이유가 있었을 것이다.

연전에 경주를 방문한 적이 있었는데, 거대한 황룡사지 유적지에 갔을 때 안내원은 신라는 황룡사와 거대한 탑(요즘 말로 초고층 타워)을 짓기 위해 백제의 기술자와 물자를 엄청나게 들여왔다라고 설명했다. 이 말은 당시 신라보다 백제가 기술적으로 훨씬 우위에 있었다는 말 아닌가? 그래서 난 궁금했다. 백제에서 기술자 수백 명을 데려왔을 정도면 백제에는 황룡사 탑보다 더 거창한 게 많았을 것 아닌가? 내가 충청도에서 전라도까지 몇 번 가봤지만, 옛 백제 터에서 그럴듯한 건축물을 본 적이 없었다. 문득 '아, 이것이 패배한 세력의 운명이구나.'라는 생각이 들었다. 백제의 찬란한 문명은 아무런 흔적을 남기지 못하고, 신라를 빛내기 위한 소도구로 인용되는 처지가 된 것이다.

E. H. 카가 역사는 과거와 현재의 대화라고 이야기 했지만, 내가 인생을 살아보니, '역사는 이긴 자가 항상 새로 쓰는 것'이라는 생각이 들었다. 한반도에 존재하는 세 개의 세력을 마치 소설 속의 등장인물처럼 그리면 동시대의 의미와 흐름을 보다 편하게 이해할 수 있지 않을까? 숙청에 대한 공포, 전쟁에 대한 트라우마, 국가 폭력에 대한 두려움, 상대에 대한 무한 증오, 밥그릇에 대한 집착, 그리고 매몰된 진영 정치에서 한번 벗어나 이 모든 것을 관조하면 자신이 살아온 시대를 객관적으로 살펴볼 수 있지 않을까? 하지만 소설적 상상력으로 실존 인물의 행위를 재구성하는 데에는 많은 제약이 있다. 원래 소설 형식을 취하려 했던 이 책이 최종적으로 실록 다큐멘터리에 가까운 글이 된 이유다.

우리 현대사 70년은 어떤 소설가의 상상력도 미칠 수 없는 반전과 역설로 가득 차 있다. 단순한 권선징악으로 설명할 수 없는 역사의 장대한 대하드라마를 우리는 겪어 왔다. 수많은 영웅호걸이 명멸했지만, 그 중 우뚝 선 지도자 세 명이 있다. 이들은 현대사 백 년의 흐름을 안고, 자신을 중심으로 거대한 산맥을 형성했으며, 현대사의 모든 희로애락은 이들로부터 흘러나왔다. 김일성(1912년생), 박정희(1917년생), 김대중(1924년생)이 그들이다. 이 세 사람의 일생과 상호 쟁투사가 곧 한반도 현대 정치사라 할 수 있다.

이들이 대표하는 세 개의 산맥은 모든 면에서 대조적이다. 이들은 각각 세 개의 혁명을 상징하는 인물이며, 지역적으로도 뚜렷하게 나뉘는 기반을 갖고 있다. 가치와 이념 측면에서 보면 김일성은 마르크스-레닌주의를 기반으로 하는 공산주의 혁명에, 박정희는 일본의 메이지유신을 모델로 삼은 근대화 혁명에, 김대중은 인류사의 보편적인 가치를 추구하는 민주주의 혁명에 일생을 바쳤다. 경제적으로는 김일성의 사회주의 경제모델, 박정희의 재벌 경제체제, 김대중의 대중경제론으로 압축할 수 있다. 통일론은 김일성의 적화통일론과 박정희의 멸공통일론, 그리고 김대중의 평화통일론으로 각각 설명할 수 있다. 마치 삼국시대처럼 이들은 지역적으로 자신의 홈그라운드를 가지고 있었는데, 김일성은 북한, 박정희는 대구·경북, 그리고 김대중은 호남 지역을 정치적 기반으로 성장하였다. 이들이 20세기 후반 한반도에 세 개 혁명의 소용돌이를 일으킨 주인공이며, 살아서 뿐 아니라 죽어서도 그들의 영향력은 여전히 한반도에서 격렬하게 소용돌이치고 있다. 탁월한 지도자의 통찰력과 민중의 열망이 결합될 때 혁명의 에너지가 소용돌이를 일으킨다.

김일성은 10대 소년 시절부터 운명적으로 항일 독립 투쟁에 투신했다. 철들고 나서 20여 년 가까이 만주 벌판과 소련 영토에서 일본 제국주의와 극한적인 조건 속에서 끝까지 변절하지 않고 투쟁했다. 항일 투쟁을 통해 고난 속에서 그는 민중과 소통하고 공감하는 뛰어난 능력을 배양했다고 한다. 어린 나이에도 불구하고 그는 수많은 선배들 속에서 리더로서 확고한 인정을 받았다. 그리고 마침내 광복이 되어 권력이 그의 손에 들어오자 민중이 가장 바라는 바를 선도적으로 수행하여 민심을 얻었다. 무상몰수, 무상분배라는 토지개혁을 단행하고, 친일파에 대한 철저한 청산을 통해 단숨에 민심을 사로잡았다. 그는 여기에서 더 나아가 사회주의적 통치를 통해 인민들을 먹여 주고, 재워 주고, 교육시켜 주는 등 명실공히 아버지 역할을 함으로써 인민들에게 '어버이 수령'이라 불리면서 정치적 카리스마를 획득

한다.

조선 후기와 일제 식민지를 거치는 수백 년 동안 관리들의 가혹한 가렴
주구로 인한 민중의 고통이 얼마나 컸던가. 해방된 북한의 민중이 김일성의
새로운 통치에 얼마나 열광했을지는 충분히 미루어 짐작할 수 있다. 북한
주민들의 강력한 지지로 말미암아 그의 권력은 왕조로까지 이어졌다.

박정희 역시 탁월한 지도자 역량을 보여준 인물이다. 6.25 전쟁이라는
전대미문의 참화를 겪은 남한 민중들은 전쟁 트라우마로 고통을 받았으며,
배고픔으로부터 해방이 가장 절실했다. 그는 일본의 근대화를 이룩한 메이
지유신을 젊은 사무라이들이 주도했듯이 한국의 근대화도 군인이 이끌어야
한다는 확신을 가진 지도자였다. 그리고 당시만 하더라도 전 세계에서 비백
인 국가로서 서구의 근대화를 벤치마킹해서 성공한 유일한 사례는 일본의
메이지유신뿐이었다. 박정희는 운명처럼 메이지유신의 최고 전문가로 훈련
된 사람이었다. 따분했던 초등학교 교사를 때려치우고 그가 선택한 것은 당
시 조선 청년들에게 꿈의 대상이었던 만주였다. 그가 일본 제국주의 체제에
서 출세하고자 선택했던 일본 군사교육기관인 만주군관학교는 그에게 전혀
예상치 못했던 미래를 열어 주었다. 만주군관학교를 수석으로 졸업한 그에
게 일본 육군사관학교 입학 기회가 주어진 것이다. 일본 육사도 3등으로 졸
업한 박정희는 메이지유신의 사무라이 정신을 그대로 이어받은 정통 사무
라이로 단련됐다. 그리고 1961년 5월 어린 시절부터 꿈꾸어 온 대로 그는
군인 쿠데타로 나라의 권력을 장악하기에 이르렀고, 한국판 메이지유신에
정치 인생의 승부를 걸었다. 그리고 그 승부수는 통했다. 전란의 후유증에
서 벗어나지 못하고 세계적으로 꼴찌에서 몇 번째 가던 가난한 나라에서 부
국강병과 무역 국가로의 발전에 대한 그의 강철 같은 신념은 전쟁의 잿더미

에서 한국을 신흥 공업국가로 부상시켰고, 그가 시동을 건 무역 국가는 한민족의 위상을 역사상 최고로 끌어올리는 중요한 기반이 됐다.

김대중은 여러모로 김일성과 박정희와는 대조적인 인물이었다. 김일성은 어린 시절부터 만주에서 독립운동을 하면서 이른바 세계화 물결에 접할 수 있었다. 당시 세계 최첨단 사조는 마르크스-레닌주의였다. 박정희 역시 청년 시절 일본에 유학하여 동아시아의 최첨단 사조를 배울 수 있는 기회를 가진 유학생 출신이었다. 김일성은 중국어와 소련어에 능통했고, 박정희는 일본어를 원어민 수준으로 구사할 수 있었다.

반면에 김대중은 외국 유학 기회를 가지지 못했다. 그의 집안 내력이 특별한 명문가도 아니었다. 중하 이하의 가난한 집안에 서자로 태어난 김대중은 특별한 집안의 교육도 받지 못했고, 유학은 생각할 수 없는 시절을 보냈다. 목포의 명문 고등학교인 목포상업고등학교를 나온 것이 전부였다. 그럼에도 그는 민주주의의 가치를 신념으로 내면화하면서 이를 구현하는 정치적 지도자로 성장하였다. 그는 놀라운 독서량과 학구열로 자신의 약점을 극복했다. 40여 년에 걸친 가혹한 탄압과 박해 속에서도 민주주의라는 소신을 포기하지 않고 마침내는 한반도 역사상 최초의 민주 정부를 세우는 위업을 달성했다. 그는 명실상부하게 한반도에서 '민주주의의 아버지'로 불릴 수 있는 지도자였다.

우리 현대사는 반전과 역설이 꼬리를 물게 되는데, 그 시작은 이러했다. 33세 젊은 나이에 북한을 장악한 김일성이 처음에는 모든 면에서 앞서 있었다. 원래 남한에 비해 북한이 공업시설이나 기간산업이 더 많이 개발되어 있었는데, 해방 직후 소련 점령군의 통제 아래 별다른 혼란 없이 정치적으로 안정된 북한이 사회적 통합력과 산업 생산력에서 남한을 월등히 앞질렀다. 북한에 대한 지배력을 굳힌 김일성은 곧 남한까지 지배해야 한다는 의지를 굳혔다. 한반도 전역을 자신의 깃발 아래 둘 생각이었다. 30대 후반 혈기방장한 청년이었던 김일성은 남한 출신의 박헌영과 죽이 맞아 자신을 국가 지도자로 만들어 준 소련과 중국 등 후견 세력을 설득해, 남한을 군사력으로 점령할 계획을 세우고 이를 실행에 옮겼다. 1950년 6월 25일 김일성 군대의 전격적인 진격으로 시작된 전쟁은 3년 동안 수백만 명의 생명을 앗아가고, 한반도의 모든 사람을 전란의 피해자로 만들었다. 김일성의 뼈아픈 패착이었다. 그러나 김일성은 죽기까지 단 한 번도 자신이 전쟁을 시작했다고 시인한 적이 없었다. '미군과 남조선의 북침에 대한 정의로운 방어 전쟁'이었다고 강변해 왔다.

세계 최강대국 미국의 포위망 속에서 살아남기 위해 북한은 주체사상을 사회의 중심 원리로 삼았는데 이를 김일성주의라 명명하면서 점차 절대군주제로 이행하기 시작했다. 과학적 사회주의를 표방하던 나라에서 백두혈통에 의지하는 왕조 국가로 변모한 시점은 1972년 사회주의 헌법 제정 때부터다. 이때부터 북한은 사회적 활력이 사라지고 침체의 늪에 빠지기 시작했다. 북한이 '인민의 나라'에서 '수령의 왕조'로 변하는 과정은 역설의 시작이라 할 만하다.

박정희가 쿠데타로 정권을 장악한 1961년, 남한은 여러모로 혼란기였다. 4.19 학생 혁명의 여파로 정권을 잡은 민주당 세력은 정국을 효과적으로 운영하지 못했다. 당시 남한은 북한에 비해 모든 면에서 밀리고 있었다. 박정희는 처음부터 끝까지 일본 군국주의를 모방하여 군-관-민으로 이어지는 군대식 관료 체계 아래에서 개발독재를 실시했다. 그는 민주주의적 헌법 질서를 무시하고 자신의 구상을 밀어붙였다. 자신과 같은 불행한 군인이 다시 나오지 않길 바란다는 육군 대장 전역식 말이 마치 예언인 것처럼 박정희는 18년간의 독재자로서의 인생을 불행하게 마감했지만, 개발독재 방식으로 경제 부흥이라는 소중한 성과를 남겼다. 박정희가 남긴 족적은 그가 18년에 이르는 장기 집권을 했기에 가능했지만, 그럼에도 한국 역사에서 너무나 획기적인 업적이었기에 그를 따르는 민중은 그를 위대한 지도자로 추앙하게 됐다. 또 하나의 역설이었다. 도저히 정통성을 승복할 수 없는 세력이 뛰어난 성과를 달성하여 민중으로부터 존경과 인정을 받게 된 것이다. 성공한 쿠데타는 처벌할 수 없다는 유명한 말이 이렇게 해서 나왔다. 6.25 전쟁이 남긴 상처와 가난으로부터 민중을 해방시킨 박정희의 리더십은 그의 생전에도 치열한 논란거리였지만, 그의 사후에는 더욱 강력한 위력을 발휘하기에 이르렀다.

다음 역설은 해방 이후 남한과 북한 모두 민주주의를 내걸면서 사실은 군국주의의 길을 걸었다는 점이다. 김일성과 박정희 모두 젊은 시절 군인이었던 사실은 의미심장하다. 김일성의 일생을 결정지은 청년기를 보면, 그는 생사를 넘나드는 항일 게릴라전을 수행하면서 민주주의에 대한 훈련을 가질 기회가 없었다. 레닌주의의 민주집중제가 민주주의가 아님은 역사적으로 입증됐고, 북한의 주체사상 역시 민주주의가 아님은 이론의 여지가 없다. 박정희는 더욱 심했다. 일본 군국주의 전통에서 민주주의는 없었다. 박정희의 통치가 파시즘적 철권통치로 발전했다는 것은 그의 성장 배경으로 볼 때 전혀 놀랄 일이 아니었다.

해방 이후 남북한의 권력자들은 모두 자신의 나라를 민주주의 국가라 불렀다. 북한은 조선민주주의 인민공화국이었고, 남한은 대한민국이었다. 둘다 명목상 헌법도 갖추고 있었고 대통령이나 수상 등 통치 기구도 민주적 형식을 채용하였다. 그러나 내용으로 보면 여전히 군주제에 머무르고 있었다. 인민들도 자신들의 지도자를 '나라님'으로 부르는 데 어색함을 느끼지 않았다. 좌익과 우익의 두 정부가 모두 군국주의를 바탕으로 한 병영국가로 발전한 것은 현대사의 크나큰 고통의 원천이었다.

60년대와 70년대 김일성과 박정희는 한반도 패권을 둘러싸고 격렬한 대립을 벌였다. 앞서고 있다고 믿은 김일성은 우월한 경제력과 군사력을 동원하여 틈만 나면 적화통일의 계기를 잡으려 했다. 이때 그의 통일론은 단순명쾌했다. 남한의 혁명 역량과 결합하여 군사적으로 통일하는 것이었다. 이에 대해 박정희는 방어적이었다. 국력을 키울 시간을 버는 것이 박정희의 대북 정책이었다. 박정희는 가난을 탈출하면 공산주의를 이길 수 있을 것이라고 보고 경제 건설에 매진했다. 자력으로 북한의 군사력을 억지할 수 없었던 박정희는 미국의 핵우산 아래 시간을 벌고자 했다. 그러다가 60년대 말 미국이 주한 미군 철수를 공식화하자 위기의식을 느낀 박정희는 자주국방을 전면에 내걸고 마침내는 핵무기 개발에 진력하게 된다. 박정희의 경제 건설은 후기로 갈수록 중화학공업과 군수산업에 중점을 두게 된다. 그리고 마침내 70년대 후반 하늘과 땅이 뒤집어지는 세력의 변화가 일어났다. 남한의 경제력이 북한을 앞지르기 시작한 것이다. 미국이 주도하는 무역 경제권에 편입한 남한이 중화학공업 입국을 통해 수출 대국이라는 성장궤도에 본격적으로 올라섬에 따라 남한은 빠른 속도로 북한과의 격차를 벌려 나갔다. 김일성의 역사적 패배였고, 박정희의 역전승이었다. 박정희 신화의 근거가 된 역사의 대반전이었다.

역설은 민주주의 세력 내에서도 일어났다. 전쟁이 정전으로 중지된 50년대의 혼탁한 남한 사회에서 위대한 민주주의의 지도자들이 출현했다. 김대중(1924년생)과 김영삼(1927년생)이 그들이다. 50년대 중반부터 정치에 투신한 이들은 이 땅에 민주주의가 꽃 피울 수 있도록 목숨을 걸고 투쟁했다. 그리고 마침내 그들의 지도에 힘입어 이 땅에 민주주의가 뿌리를 내리게 됐다. 오랜 독재 시절 권력의 탄압에 맞서 싸운 그들은 민중의 희망이자 연민의 대상이었다. 두 지도자들은 모든 면에서 대조적이면서 상호 보완적이었다. 지적인 김대중과 직관적인 김영삼은 개인적 리더십, 투쟁 방식, 정치적 성향, 지역 기반 등 모든 면에서 대조적이었다.

민주주의라는 동일한 이상과 목표를 공유한 양김은 그 후 40여 년 동안 협력과 경쟁을 반복했다. 독재 세력이 흥했을 때 그들은 힘을 합쳐 싸웠고, 독재 권력이 물러났을 때 그들은 서로 치열한 경쟁에 돌입했다. 김대중과 김영삼의 연합은 누구도 가능하리라고 보지 않았던 한반도 민주주의를 실현시키는 원동력이 됐다. 그러나 결정적인 순간에 이들은 서로에 대한 경쟁에 돌입하면서 민중의 간절한 염원을 배신하곤 했다. 1980년 박정희 권력이 사라지고 권력의 진공이 나타났을 때, 1987년 군벌 독재 세력이 민중 항쟁에 의해 전략적 항복을 선언했을 때 그들은 샴페인을 먼저 터뜨렸다. 군벌 세력이 눈을 부릅뜨고 반격의 기회를 노리고 있을 때 이들은 서로에게 칼을 겨누었다. 그 결과 민주주의의 결정적 승리는 좌절됐고, 그들은 영원히 결별했다. 민주화 투쟁은 같이 했지만, 민주주의 정권은 같이 만들지 못했다. 김대중과 김영삼의 분열은 민주주의와 한반도의 역사에 되돌릴 수 없는 후과를 남겼다. 김영삼으로 대표되던 세력과 지역이 민주주의 진영에서 완전히 떨어져 나갔다. 남은 것은 김대중이 추스른 호남 지역과 민주화 운동권 중 남은 세력이었다.

민주화 운동 세력은 현대사에서 가장 강력한 정통성과 대의명분, 그리고 한반도의 평화적 통일이라는 청사진을 가진 유일한 집단이었다. 남북의 군국주의 체제가 해방 후 외세의 후견 아래 세워진 정권이고, 본질적으로 비민주적인 전제군주제라는 점에서 민주 세력은 한반도의 유일한 대안 세력이었다. 그러나 불행하게도 민주 세력이 자초한 치명적 분열은 군벌독재 세력(박정희 세력)에게 반격의 기회를 허용하고, 민주화 세력은 스스로를 만년 비주류 세력으로 부르게 됐다. 뼈아픈 역설이 일어났다. 기득권 세력과 지역주의라는 높은 장벽에 둘러싸인 민주 세력이 여하히 장벽을 돌파할 것인가. 1997년 김대중은 기득권 세력이 분열하는 틈을 비집고 지역 연합을 통해 마침내 집권했고, 뒤이어 노무현은 정면 승부를 통해 다시 재집권에 성공했다. 김대중의 집권에 힘입어 한반도는 김일성 세력, 박정희 세력, 김대중 세력으로 천하삼분의 형세를 취하게 됐다.

한반도 현대사에서 가장 중요한 사건을 세 개 꼽으라고 한다면 6.25 전쟁과 80년 광주 시민 학살 사건, 그리고 87년 민주주의 혁명을 들 수 있다. 6.25 전쟁은 그 폭과 깊이에서 가장 깊은 상처를 한반도의 모든 사람들에게 남겼다. 전쟁 트라우마가 우리 사회를 지배하게 만든 결정적 계기였다. 6.25 트라우마는 보수의 출발점이 됐다.

광주에서 일어난 학살 사건은 또 한 번 깊은 트라우마를 남긴 비극이었다. 오로지 권력욕에 사로잡힌 군벌 세력이 일으킨 학살 사건은 살아남은 사람의 양심에 외면할 수 없는 종소리가 되어 울려 퍼졌다. 이로 인해 역설적으로 6.25 이후의 우익 폭력에 주눅 들었던 양심이 다시 생명력을 회복하는 의식의 대폭발을 일으켰다. 광주 항쟁 정신은 진보의 출발점이 됐다.

80년대는 광주 항쟁으로 일깨워진 저항 의식이 6.25의 트라우마를 극복하고 민주주의 혁명으로 대폭발하는 역사적 시기였다. 김대중과 김영삼이라는 지도자를 필두로 학생을 비롯한 수많은 민주 시민들이 잔인한 군벌 독재의 압제에 맞서 목숨을 건 장렬한 투쟁에 나섰다. 그 결과 1987년 6월 민주주의 혁명이 승리하는 대사변이 일어났다. 우리 역사상 민중의 힘에 의한 최초의 승리였다. 동학혁명의 전봉준이 참수당하고, 안중근이 사형당하고, 김구가 암살됐던 나라에서 김영삼과 김대중이 차례로 대통령이 될 수 있었던 것은 6월 민주주의 혁명이 성공한 혁명이었기 때문이었다.

6월 혁명이 위대한 점은 6월 혁명으로 말미암아 이 땅에서 처음으로 민주공화제가 실현됐다는 점이었다. 이전까지 대통령이건, 공산당 주석이건 이름에 관계없이 다 '군주'였다. 나라님이었던 것이었다. 민중이 주인 된 나라는 아니었다. 대통령이라는 군주, 인민의 수령이라는 군주가 다스리는 나라였다. 6월 혁명의 성공으로 한반도에서 비로소 민주공화정이 명실상부하게 시작됐다. 이때 개정된 헌법은 대한민국의 뿌리가 대한민국 임시정부에 근거한다는 점을 명문으로 삽입했다. 이런 점에서 6월 혁명으로 인한 개정 헌법은 제헌 헌법의 성격을 띠고 있다고 볼 수 있다.

6월 혁명이 우리 역사에서 차지하는 비중은 영국의 명예혁명, 미국의 독립전쟁, 프랑스 대혁명과 같다고 보아야 한다. 실제 1987년 대혁명의 전개 과정을 살펴보면 독재 타도라는 구호로 정치적 자유를 갈구하였고, 자유의 공간이 열렸을 때 비인간적 수탈의 대상이었던 민중들의 평등 욕구가 7~9월 노동자 대투쟁이라는 형태로 터져 나왔다. 그리고 전쟁과 분단을 겪은 민중들 사이에 평화적 통일에 대한 열망이 노도와 같이 분출하였다. 자유와 평등 그리고 평화가 6월 혁명의 핵심 가치였다.

그러나 여기서 또 하나의 가슴 아픈 역설이 출현한다. 6월 혁명은 성공한 혁명이었음에도 불구하고 잊혀 가는 혁명이 되고 만다. 6월 혁명으로 민주공화제는 출발하였지만, 곧 이은 대선에서 민주 세력은 역사적 참패를 겪게 된다. 민주 정부는 10년이나 지나 불완전한 형태로 비로소 출범할 수가 있었다. 그 안에는 민주 세력의 분열이라는 비극이 담겨 있었다. 6월 혁명이 성공하기까지는 오랜 세월 민주화 투쟁을 통해 서서히 성장해 온 민주주의 동맹이 있었다. 위로는 양김을 지도자로 하고 전국의 부문과 지역을 망라한 전국 조직이 민주헌법쟁취 국민운동본부라는 형태로 발전했다. 그러나 이 조직이 제대로 뿌리를 내리기도 전에 대중 항쟁이 본격화되고 이에 놀란 군벌 세력이 6.29 선언이라는 전략적 후퇴를 단행하자 민주 진영은 대통령 후보를 둘러싸고 전면적으로 분열하였다.

1987년 대선에서의 참담한 패배는 민중들에게 악몽과 같은 충격을 남겼다. 민주 세력에 대한 기대치는 땅바닥에 떨어졌다. 정치적 무관심과 환멸이 오랫동안 남한 사회를 떠돌아다녔다. 6월 혁명을 지도한 주체 세력조차 더 이상 혁명을 자랑스럽게 내세우지 못하는 시대가 됐다. 모두가 죄인이 됐다.

1987년 민주 세력의 분열과 대선 패배에 대한 원죄로 말미암아 6월 혁명의 정신과 가치를 계승하는 주체가 사라져 버렸다. 민주 세력의 상층부는 이후 김영삼과 김대중의 집권 전략에 흡수됐고, 6월 혁명의 정신과 가치가 자리 잡아야 할 자리에 정치 공학과 합종연횡이 들어섰다.

정치적 상층부의 대분열과 더불어 또 하나의 재앙은 변혁적 가치의 몰락이었다. 정치적 상층부였던 양김의 분열은, 변혁적 비전이 살아 있었다면 다른 대안으로 극복할 수도 있었을 것이었다. 80년대 내내 학생 운동권과 노동 운동권을 중심으로 성장해 온 이른바 주체사상 그룹과 마르크스-레닌주의 그룹은 80년대 후반에서 90년대 중반에 이르기까지 소련-동구 사회주의권의 몰락과 북한의 실체가 드러남으로써 변혁적 전망은 완전히 무너지고 아노미 상태에 빠지게 됐다. 그 결과 변혁 운동가들의 방황과 자포자기, 전향과 적응 등 다양한 시도가 일어났다. 정치적으로 독자적 전망을 상실한 변혁 운동 진영은 기존 정치 세력에 영입 대상으로 수혈되기 시작했다. 6월 혁명을 계승하는 독자적인 비전과 실체가 사라진 6월 혁명 주체들은 이렇게 하여 386세대라는 이름으로 기성 정치권에 개별적으로 흡수됐다.

강력한 맹주 정치의 자장 속에서 6월 민주주의 혁명은 점차 역사 속의 이벤트로 박제화 되는 신세가 됐다. 6월 민주혁명의 정신과 가치는 다시 되살아날 수 있을까? 강력한 기득권과 기반을 가진 김일성 세력과 박정희 세력에 대해 민주주의 세력은 스스로를 혁신하여 한반도의 대안이 될 수 있을까?

2002년 김대중 대통령이 퇴임하면서 김일성, 박정희, 김대중의 세 영웅이 주름잡았던 한 시대는 끝났다. 그러나 그들이 시작한 혁명의 소용돌이는 아직도 한반도를 거세게 휘몰아치고 있다. 그들이 사라진 자리에는 새로운 지도자와 대안이 나타나지 않고 '유훈 통치'만 지속되고 있다. 과연 어지러운 난세에 어떤 지도자와 어떤 세력이 희망과 비전을 제시할 수 있을까?

1장
인물 열전

김대중 – 개인의 성공, 세력의 실패

김대중의 일생을 한 마디로 표현하면 '고진감래'^{苦盡甘來}라 할 수 있을 것이다. 어렵고 힘든 일을 견디니 결국 행복이 찾아왔다는 뜻이다. 정치적 박해의 대명사로 알려진 김대중은 강인한 의지와 노력으로 만난을 극복하고 대한민국의 15대 대통령이 됐으며, 한국인으로서는 최초로 노벨 평화상을 탄 위인이 됐다.

   그는 고난의 한가운데 놓여 있었을 때 자신을 인동초에 비유한 적이 있다. 인동초가 추운 겨울에도 얼어 죽지 않고 봄이 되면 새로 잎이 나서 꽃을 피우는 것처럼 자신도 암살, 납치, 투옥, 망명, 죽음의 위협 등 온갖 시련에도 굴하지 않겠다는 의지를 비유한 것이었다. 극한적인 고통과 비극을 감내하고 마침내 인간 승리를 이룩한 김대중의 생애는 한 개인의 승리로 머무는 것이 아니라 민중의 승리요, 우리 역사의 승리다. 그의 인생이 좌절이나 비극으로 끝나지 않고 해피엔딩으로 끝남으로써 우리는 희망을 얘기할 수 있고, 미래를 개척할 힘을 얻게 됐다. 후손들에게 올바르게 살아도 성공할 수 있다는 사례를 얘기해 줄 수 있게 된 것이다.

그는 1924년 1월 전라남도 목포 앞바다의 섬 하의도에서 태어났다. 그의 집안은 그리 부유하지는 않았으며, 그는 서자 출신이었다. 그래서 어릴 적에 아버지와 함께 살지 못했고, 어머니가 홀로 키웠다. 어릴 적부터 호기심 많고 학구열이 왕성한 그를 보고 어머니는 뭍으로 데려가 공부시켜야겠다는 생각을 했다. 목포에서 뛰어난 성적을 기록한 그는 일제시대 명문고였던 목포상고로 진학했다. 사고력과 표현력 그리고 웅변에 매우 뛰어났다고 전해진다. 물려받은 것 없는 빈손이었지만, 타고난 두뇌와 성실함 그리고 대인 관계를 통해 약관의 나이에 부를 쌓았다.

50년대 중반 사회 문제에 대해 예리한 안목을 쌓아 가던 김대중은 정치에 투신하기로 결심하고 민주당 장면의 문하생으로 정치 인생을 시작한다. 1954년부터 국회의원 선거에 출마했지만, 초반 인생은 순탄하지 못했다. 세 번에 걸쳐 낙선했고, 마침내 1961년 5월 13일 강원도 인제 보궐선거에서 당선됐지만, 불과 3일 뒤인 5월 16일 박정희 소장이 주도한 쿠데타가 발생하는 바람에 김대중은 국회 문턱도 밟지 못한 채 구정치인으로 발목이 묶이게 됐다. 김대중과 박정희의 운명적 마주침은 악연으로 시작됐다.

군정이 끝나고 1963년 11월 26일 실시된 제6대 국회의원 선거에서 김대중은 목포에서 높은 지지율로 당선됐다. 국회로 들어간 국회의원 김대중은 탁월한 의정 활동과 국회 연설로 단번에 국민들의 주목을 끌게 된다. 그는 1시간 발언하기 위해 10시간 준비했다. 완벽한 자료 준비와 치밀한 논리 구성, 뛰어난 언변의 삼위일체로 그는 장래가 촉망되는 지도자감으로 인정받기 시작했다. 그의 예리한 분석력과 폭발적인 연설 능력은 박정희의 간담을 서늘하게 만들었다.

1967년 6월에 열린 7대 국회의원 총선에서 박정희는 전국 어느 지역보다도 목포 지역에 비상한 관심을 쏟으며 김대중을 반드시 낙선시키라는 특명을 내렸다. 중앙정보부와 내무부 등 권력기관을 총동원해 부정선거를 하는 것에도 모자라 자신이 직접 목포에 내려가 국무회의를 여는 등 총력을 기울였다. 그러나 투표 결과는 김대중의 압승이었다.

지도자 김대중을 만든 것은 불굴의 의지였다. 그의 의지는 자신의 운명에 대한 강렬한 확신에서 나왔다. 정치를 통해서 조국에 봉사하겠다는 그의 결심 밑바닥에는 자신의 역할에 대한 하늘의 소명에 대한 자각이 깔려 있다. 그는 정치를 시작하고 대통령이 되겠다는 목표를 한 번도 버린 적이 없었다. 그리고 마음 속 깊이 자신은 반드시 그리 될 것이라는 확신을 갖고 있었다.

젊은 김대중에게 가장 큰 영향을 미친 책 중에 영국의 역사학자 아놀드 토인비가 쓴 책이 있다. 토인비는 3,000쪽에 이르는 대작 『역사의 연구(A Study of History)』라는 책에서 인류사를 문명 단위로 나누고, 각 문명을 탄생-성장-쇠퇴-붕괴라는 사이클로 설명해 냈다. 문명의 발전을 이해하기 위해 그가 제시한 핵심 개념이 '도전과 응전'이다. 자연환경이든 사회적 환경이든 주어진 조건에 대해 인류가 어떻게 응전하는가에 따라 문명의 운명이 결정된다는 것이다. 김대중은 감옥 생활에서 이 두꺼운 책을 완독하고 이 책의 사상에 깊이 심취했다.

김대중은 토인비의 이 도전과 응전이라는 개념을 마음 깊숙이 되새기면서 자신이 극한 상황에 처했을 때 도전에 대한 응전이라는 자세로 대응했다. 1980년 5월 17일 저녁 보안사에 강제 연행된 이래 1982년 12월 말 미국에 망명하기까지 그는 전두환 군벌 독재의 군사 법정에서 사형과 무기징역을 선고받고 감옥살이를 했다. 특히 1981년 1월 말 무기징역으로 감형되기까지 그는 언제라도 처형될 수 있는 사형수의 신분이었다. 이때의 감옥 생활을 살펴보면 그의 인생관의 기초를 엿볼 수 있다.

가장 절망적인 상황에서 그는 놀라운 학습 의욕으로 엄청난 독서량을 돌파했다. 그리고 담뱃갑이나 은박지에 깨알 같은 글씨로, 상상하기 어려운 분량의 글을 토해 냈다. 2년 반 동안의 수감 생활에서 그가 쓴 글은 나중에 『김대중 옥중서신』이라는 제목으로 출판되어 그의 인간적, 정치적, 사상적 면모를 엿볼 수 있게 해 주었다.

그는 희망이라고는 없는 극한 상황 속에서도 이 상황이 자신을 단련시키는 기회라는 것을 명백히 자각하고 있었고, 사형을 기다리는 상황 속에서도 응전이라는 개념으로 자신의 생활을 규율하고 있었다. 그의 관심사는 한국 역사, 기독교 철학, 세계사, 문학, 예술, 현대 IT 기술의 발전에 이르기까지 미치지 않는 분야가 없었다. 단순히 책을 읽는 것이 아니라 책의 내용을 완전히 소화해 자신만의 논평을 가하곤 했다.

감옥 생활과 7년 이상의 연금 생활을 헛되이 흘려보내지 않고 이렇게 학습과 사색의 기회로 삼은 김대중은 한국 정치에서는 보기 드문 철인 정치가의 풍모를 갖게 된다. 정치꾼^{politician}은 다음 선거를 생각하고 정치가^{statesman}는 다음 세대를 생각한다는 격언에서 보듯 김대중의 관심사는 우리 사회와 민족의 앞날에 대한 비전 창출이었다. 그는 정치적으로는 민주주의, 경제적으로는 대중경제론, 통일론에서는 사대국 교차 승인을 통한 평화통일론 등 일반 정치인으로는 하나도 생각하기 어려운 국가 운영에 필요한 거대한 어젠다를 하나로 묶어 냈다. 그는 한반도 전체를 사고한 스케일이 큰 정치가였다.

70년대 그 엄혹한 반공 매카시즘의 시대에는 평화통일이나 북한과의 대화를 주장하는 것만으로도 빨갱이로 몰리던 시절이었다. 다음 선거의 당선에만 집착한다면 생각할 필요도 없는 주제였다. 그러나 김대중은 무기수 생활을 마치고 풀려나왔을 때 이렇게 이야기했다. "감옥 속에서도 김일성과 수백 번 바둑판을 두었다. 한반도의 통일을 어떻게 이룩할 수 있을까를 고민했다. 이러한 고민의 결과 자신의 평화통일론을 이론적으로 완성했다."라고. 결국 그는 자신의 시대가 왔을 때 남북 정상회담을 실현시켜 한반도 평화 정착의 거대한 일보를 내디뎠다.

김대중 리더십의 특징은 그의 표현을 빌면 '서생적 문제의식과 상인적 현실감각의 조화'라는 말에 고스란히 녹아 있다. 호시탐탐 그를 죽이러 기회만 엿보았던 박정희와 전두환은 그를 선동 정치인이나 불순한 빨갱이로 만들려 했지만, 그는 원래 실용주의적 진보주의자였다. 시대를 반발 앞서는 진보적 의제를 제시했지만, 그 방식은 대중과 함께였다. 그는 독재 정권의 탄압에 대해 가해자를 용서하는 관용과 포용의 정치를 실천했다.

그의 리더십 중에 마키아벨리즘적 요소를 지나칠 수는 없다. 그는 정적의 손바닥 위에서 평생 투쟁해야 했다. 살아남는 것이 중요했다. 도청을 피해야 했고, 미행과 감시를 의식해야 했고, 자금원에 대한 추적을 막아 내야 했다. 이러한 정치 환경은 도전과 응전처럼 그에게 영향을 미쳤다. 그에게 덧씌워진 어두운 이미지는 환경 탓도 있지만, 스스로 응전한 결과이기도 했다. 그는 대의명분과 정치적 스킬(권모술수)을 능수능란하게 결합할 수 있는 최고의 정치인이었다. 진정한 의미에서 그는 마키아벨리스트였다.

그는 정치 초년에 엄청난 고난을 겪었지만, 말년에 이룰 것 다 이루고 복받은 상태로 세상을 떠났다. 그에게 유일한 아쉬움이 있다면 범민주 세력의 대표성을 온전히 갖지 못한 것이었을 것이다. 만약 그가 민주화 세력을 통합한 지도자였다면 그의 세력은 호남을 넘어서서 남한 사회에서 박정희 세력을 대체하는 주도 세력이 됐을 것이다. 그의 자질로 보아 야권의 대표성만 100% 가졌다면 한국의 넬슨 만델라가 될 수 있었으리라.

그의 일생에서 박정희와 전두환보다도 더 부담스러운 상대는 민주화 운동의 동지이자 경쟁자였던 김영삼이었다. 독재 정권과 싸우는 것은 오히려 단순한 일이었다. 남한 민주혁명은 김대중과 김영삼이라는 두 지도자의 협력이 있었기에 가능했다. 그러나 대통령제라는 제도가 주는 분열의 함정을 양김은 넘어서지 못했다. 제왕적 대통령 권력의 속성을 너무도 잘 알았기에 양김과 그의 추종자들은 양보라는 건 생각조차 하지 않았다. 두 사람의 분열은 민주화 세력의 쇠락을 초래했고, 김대중에게도 정치 인생 최고의 오점으로 남았다.

1987년은 김대중의 정치 인생뿐 아니라 한반도 역사의 분기점이었다. 김대중과 김영삼이 단일화했더라면 노태우의 군사정권 연장을 저지할 수 있으리라는 것이 다수 사람들의 믿음이고 열망이었다. 그러나 이 역사적인 순간에 김대중은 단일화를 거부하고 독자 출마의 선택을 내린다. 4자필승론으로 호남을 장악하고 있는 자신이 이길 수 있으리라는 산술적 판단을 과신해서였다. 결과는 3등 패배였고, 이로 인해 김대중은 민중의 지도자에서 호남의 지도자로 위상이 바뀐다. 또한 김영삼 역시 민주화 진영을 이탈하여 군사독재 세력과 제휴하게 된다.

1987년 6월 민주 항쟁은 승리했음에도 불구하고 야권이 분열하면서 절반의 민주화로 귀결되는 후과를 가져와 이후 대한민국의 민주주의는 세계사에 유례없는 독특한 발전 경로를 밟게 된다. 이 경로의 최대 수혜자는 박정희 세력이 됐다. 거센 민중의 저항에 부딪힌 독재 세력은 일제 패망 후 친일파가 그랬듯이 자신의 생존을 걱정해야 했지만, 야권의 분열로 말미암아 권력을 어부지리로 연장하는 행운을 얻었다. 동시에 자기 변신을 할 수 있는 시간을 벌어 대한민국의 주류 세력으로 다시 위상을 회복하기에 이른다.

정치인 김대중은 공도 있고 과도 있다. 빛과 그림자가 공존한다. 종합적으로 볼 때 김대중이라는 지도자가 없었다면 한국의 민주주의가 이 정도까지 오지 못했을 것이라고 말할 수 있다. 간난신고 끝에 마침내 김대중은 대통령이라는 최고 권력을 쟁취하는 데 성공했다. 외환 위기라는 국난을 그의 리더십으로 극복했다. 그리고 남북 정상회담이라는 전인미답의 경지를 현실에 구현했다. "이제 한반도에 다시 전쟁은 없습니다."라는 그의 말을 기억할 것이다.

김대중의 그림자가 컸던 만큼 남한 민주화 세력은 그의 성과 위에 발을 딛고 그의 한계를 출발점으로 삼아 새로 시작하게 된다. 그의 성취는 개인적 성취로서는 뛰어난 것이었지만, 민주화 운동권을 통치하는 그의 방식은 철저하게 구식이었다. 그는 대통령이 되고 나서도 자신의 기반인 호남 지역을 개혁 세력의 진지로 만들 시도조차 하지 않았으며, 비서 정치와 계보 정치의 틀을 결코 벗어나지 않았다. 그는 너무나 특출한 인재였지만, 사람을 키우지 않았다. 그의 사후 그의 정치적 스케일과 능력을 이어받을 자가 없어 그의 세력은 점차 쇠락의 길을 걷게 된다.

김일성 — 행운과 원죄 그리고 패착

오늘의 한반도를 이해하는 데 빼놓을 수 없는 인물, 김일성의 일생을 어떻게 짧은 문장으로 묘사할 수 있을까? 고민 끝에 '하나의 행운, 하나의 원죄, 두 개의 패착'으로 압축해 보았다. 김일성의 일생은 신화와 전설이 사실 속에 마구 뒤엉켜 있어, 무엇이 사실이고 무엇이 허구인지 분별하기 쉽지 않다. 동일한 역사적 사실도 그의 정치적 역정에 따라 끊임없이 서술이 달라졌다. 북한 정권의 성립 이후 독립운동사는 그를 중심으로 다시 쓰였고, 그와 반대편에 섰던 사람들은 역사의 무대에서 완전히 삭제됐다.

하나의 행운이란 제2차 세계대전이 일본의 무조건 항복으로 끝나면서 소련군이 한반도의 북쪽을 무임승차해 점령하게 된 역사적 사실이다. 김일성은 이 돌발사의 최대 수혜자가 된다. 하나의 원죄란 5,000년 민족사에서 가장 처절했던 동족상잔인 6.25 전쟁을 기획하고 주도했던 전쟁 책임을 말한다.

두 번의 패착이란 첫째 주체사상을 통해 북한을 수령 절대 독재 체제(사실상 왕조)로 만든 것과 둘째 중국의 덩샤오핑과 같은 지도자와 달리 개혁 개방 노선의 흐름을 타지 못하고 지속 가능한 경제체제 구축에 실패한 것을 말한다.

행운이라고 해서 김일성이 얼떨결에 로또를 맞은 사람이라는 뜻은 아니다. 그는 항일 독립전쟁을 통해 단련된 군사 지도자였고, 평생에 걸쳐 단 한 번도 권력투쟁에 패배한 적이 없는 정치 천재였다. 30년대 후반 일본 관동군이 만주에 이어 중국 대륙에 대한 전면 침공에 본격 돌입할 즈음, 〈동아일보〉는 1937년 6월 5일자 호외를 통해 놀라운 소식을 전했다. 김일성이라는 군 지도자가 이끄는 조선 독립군이 함경도 보천보에 침투하여 일본 경찰 주재소 등을 습격했다는 소식이었다. 이어 며칠에 걸쳐 독립군과 일제 군경 사이에 각각 수십 명의 사상자를 내는 전투가 벌어졌다. 보천보 전투라고 알려진 이 독립전쟁은 당시 조선 민중들에게 크나큰 충격을 주었다. 이 전투를 통해 김일성이라는 이름이 국내외적으로 유명해졌다.

1912년 평양에서 태어난 김일성은 집안 사정에 따라 평양과 만주를 오가며 공부를 하던 중 17세의 나이에 반일 공산주의 활동에 참여했다가 수개월 옥살이를 하는 것으로 독립운동에 족적을 남기기 시작했다. 1931년 9월 18일 만주사변을 일으킨 일제가 만주 침략을 본격화하자 많은 조선인 독립운동가들이 본격적인 항일 유격대를 조직하여 일제와 싸우기 시작했다. 전 세계 공산주의 운동의 본산인 코민테른이 일국 일당제란 원칙을 내세우자 만주에서 활동하던 조선인 공산주의자들도 중국공산당의 산하 군대로 편제돼 항일 전쟁을 수행하게 됐다. 김일성은 처음에 동북 인민혁명군의 중간 간부로 활약하다가, 나중에 동북 항일연군으로 재편되자 소규모 전투 부대의 지휘관이 됐다.

약 100명에서 200여 명에 이르는 군사 조직을 이끌면서 김일성은 민족 통일전선 조직에 가담해 일제와 직접적인 무장 투쟁도 지속적으로 수행했다. 보천보 전투는 이 당시 가장 뛰어난 전과를 올린 전투였다. 만주가 아닌 조선 영토에 들어와서 일제와 최초로 벌인 전투라는 점에서 조선 민중에게 큰 반향을 일으켰던 것이다. 30년대 김일성이 겪은 항일 독립전쟁의 체험은 이후 북한 사회에서 항일 유격대 정신(빨치산 정신)으로 정립되어 북한 정권의 건국 정신으로 자리 잡게 된다.

중일전쟁이 본격화되자 김일성 부대는 일본 관동군을 피해 소련 영내로 도피하게 된다. 이 결정이 그의 운명을 바꿨다. 1945년 5월 아돌프 히틀러의 제3제국이 패망하고 일제의 패망도 눈앞에 둔 8월 초 스탈린은 전격적으로 일본에 선전포고를 한다. 스탈린이 바란 것은 광대한 만주 벌판과 일본의 분할 점령이었다(1905년 러시아는 일본에 치욕적인 패전을 당한 바 있다. 그 결과 시베리아 일부 도서를 일본에 넘겨주어야 했다). 미국은 고민스러웠다. 소련의 대일 참전을 독려하긴 했지만 소련과 무엇을 주고받을지 고민스러웠던 것이다.

당시 미국의 두통거리는 중국 대륙이었다. 장개석의 국민당 정부가 모택동이 이끄는 홍군을 제압할 수 있을지 불확실성이 컸다. 독일을 소련과 나누어 가진 미국은 중국 대륙이 불안한 와중에 일본을 내줄 수는 없다고 판단했다. 그 결과 일본의 경우 분할 점령 대신 미국이 독차지하고 만주와 한반도의 북쪽을 소련이 점령하는 것으로 서로 양해했다.

이후 역사는 우리가 잘 아는 바다. 미군이 진주한 남쪽에서는 미국 정계 상층부와 깊은 교분을 갖고 있는 이승만이 맨주먹으로 출발해서 주도권을 장악하게 된다. 북쪽에서는 이미 만주와 소련에서 인맥과 경력을 구축했던 김일성 그룹이 주도권을 장악하게 된다. 소련 점령군의 후원이라는 일생일대의 행운을 만난 김일성은 이를 십분 활용했다. 1946년 2월 북조선 인민위원회라는 사실상의 행정 권력을 장악한 김일성은 인민위원회 위원장 자격으로 당시 조선 민중들이 가장 원했던 두 가지 조처를 통해 민중들의 지지를 이끌어 냈다. 친일파 청산과 무상몰수, 무상분배라는 토지개혁이었다. 소련군의 지원을 받은 김일성 그룹은 승승장구했다. 국내파인 박헌영, 연안파 등은 비주류 세력으로 밀려났다.

남한에서는 개혁이 지지부진한 가운데 이승만을 구심점으로 미군과 친일파라는 삼각동맹이 새로운 주체 세력을 형성했다. 이로 인해 좌파는 물론 김구와 여운형 등 중도 세력도 배제되기 시작했다. 산발적인 반란과 민란이 계속 일어나는 등 남쪽 정세는 매우 유동적이었다. 당시 이승만과 김일성만이 한반도에서 일어나는 일이 단순히 민족 내부의 역학 관계가 아니라 전 지구적 차원에서 진행되는 미국과 소련의 헤게모니 싸움에서 비롯된다는 것을 인식하고 있었던 지도자들이었다. 북한에서 헤게모니를 굳힌 김일성은 일생일대의 '덜컥수'를 두게 된다. 그의 오판을 초래한 국내외적 요인은 많지만 결정적인 것은 중화인민공화국의 출현이었다. 1949년 중국 대륙에 150여 년의 혼란기를 끝내고 한족(漢)민족이 세운 모택동의 새로운 중화제국이 탄생됐다. 김일성은 한반도 전역을 지배하려는 자신의 염원을 정치가 아닌 전쟁으로 달성키로 결심하고 전쟁의 키를 쥔 스탈린과 모택동을 설득하러 분주하게 뛰어다녔다. 당시 세계적 규모의 전선을 두고 대립했던 백악관과 크렘린의 전략가들의 주 관심 지역은 유럽이었다. 특히 독일 관리가 최대 이슈였다. 당시 많은 사람들이 다음에 전쟁이 일어난다면 독일 땅에서 미국과 소련이 치고받을 것이라는 예상이 많았다. 실제 냉전이 시작되면서 4대국이 공동 지배하던 베를린을 두고 미소가 첨예하게 대립했다. 전쟁 일촉즉발의 분위기였다.

따라서 세계 전략을 구상하던 전략가들은 아시아 그 중에서도 중국이 아닌 한반도는 관심 지역이 아니었다. 한반도는 중국과 일본의 종속변수에 불과했다. 김일성은 스탈린과 모택동을 만나 호언장담했다. 내려가기만 하면 이기는 것은 누워서 떡먹기라고. 결국 김일성은 OK 사인을 받아 냈다.

6.25 내전은 현재 진행형이다. 일제 식민 통치, 동학혁명, 임진왜란이나 몽고 침입처럼 역사교과서에서 만나는 주제가 아니라 오늘의 우리 삶과 의식을 규정짓는 첫 번째 요소다. 6.25 전쟁은 한반도를 거대한 도살장으로 만들었다. 100만 명인지, 200만 명인지 정확한 수를 알 수 없는 사망자, 300만 명 이상의 부상자, 5,000만 민족 전체를 이재민으로 만든 현대사 최대의 지옥이었다. 내전으로 시작됐지만, 유엔군과 중국군이 주도하는 전쟁이 되는 바람에 미국과 소련을 대리하는 냉전의 한복판이 되고 말았다. 미국은 3년 동안 한반도에 2차 대전 전체를 통해 쓴 것보다 더 많은 폭탄을 투하했다고 한다. 모든 것이 파괴됐다. 전 국토가 잿더미가 됐다. 그러나 파괴된 것은 건물만이 아니었다. 전쟁의 참혹함은 인간의 영혼조차 파괴해 버렸다.

전선이 남쪽 끝까지 내려왔다가 방향을 바꿔 북쪽 끝으로 올라갔다가 다시 중간으로 내려와서 3년간 교착상태에 빠지는 사이 한 마을의 아래윗집이 서로를 살육하고 한 집안의 친척이 서로 잡아 죽이는 인간 지옥이 연출됐다. 더욱이 전쟁의 승패가 명확히 나지 않고 70년 넘은 지금까지도 전쟁 구도가 지속되는 바람에 전쟁 트라우마는 더욱더 인간의 영혼과 사회의 내면 깊숙이 생채기를 남기게 됐다. 살아서 지옥을 경험한 사람들의 인생관은 극적으로 변했다. 생존! 생존이 최고의 덕목이 됐다. 전쟁은 또한 권력의 성격조차 더할 나위 없이 잔인하게 변화시켰다. 승패가 나지 않고 휴전됨으로써 남북의 국가권력은 국가를 수호한다는 명목으로 무자비한 폭력을 제도화한다. 남쪽에서는 용공 분자, 북쪽에서는 미제의 스파이를 소탕한다는 명분 아래 공포정치가 지속된다.

6.25 전쟁이 휴전으로 끝나자 김일성은 다급해졌다. 사실상의 패배나 다름없었다. 전쟁의 주도자는 최고사령관이었던 그였지만, 패전 책임을 남로당 출신들에게 돌리는 데 성공하고 그들을 정치적으로 완전히 거세하는 계기로 삼았다. 이어서 차례차례 자신의 당내 경쟁자들을 제거해 나간다. 전후 재건에 빠르게 성공한 그는 필생의 염원인 한반도 전체 지배를 위해 적극적 공세를 폈다. 그가 내세운 '적화통일'에 대해 남한은 '북진통일'로 맞섰다.

남북의 치열한 대결은 70년대를 기점으로 남한의 우위로 역전되기 시작했다. 역전의 배경에는 세계사적 배경도 있었다. 미국이 주도하는 세계경제에 편입된 남한은 빠른 속도로 공업화를 이루기 시작했다. 농업 사회에서 근대 공업 국가로 단시일 내 변모하는 데 성공했다. 자급자족의 사회주의 시장경제를 중심으로 한 북한은 처음에는 놀라운 성장을 보였지만 그 뒤 장기적인 정체 상태에 빠져들었다. 상전벽해라 할까. 한반도의 통일을 주도하기는커녕 스스로의 생존조차 기로에 놓였다는 것을 깨달은 말년의 김일성은 '핵무기 개발'이라는 마지막 카드를 선택한다. 김일성의 도전에 대해 미국은 1994년 봄, 북한의 핵 시설에 대한 전면적 공습 실행 직전까지 갔으나 지미 카터 전 미국 대통령의 극적인 평양 방문을 통해 협상 국면으로 전환됐다. 한반도에 전면전이 벌어질 뻔한 상황에 충격을 받은 김일성은 다시 남한과 건곤일척의 담판에 나서기로 결심했다. 그러나 김영삼과의 역사적 정상회담을 며칠 앞두고 82세의 김일성은 갑작스런 노환으로 풍운으로 가득 찬 일생을 마감했다. 그는 37세에 국가원수가 됐고, 죽을 때엔 세계에서 최장기 집권한 독재자라는 기록을 안고 갔다.

박정희 – 반전과 반전 그리고 또 반전

한반도에서 일어나는 모든 소용돌이의 중심에는 박정희가 있다. 그에게서 전두환으로 이어진 군벌 세력은 현재까지도 한반도에서 패자의 지위를 점하고 있다. 박정희의 일생을 한 마디로 요약하는 단어는 '반전'이 아닐까 싶다. 한 인간의 일생으로서도 반전의 연속이었지만, 국가의 운명조차 그의 일생을 따라 반전을 거듭했다. 심지어 박정희는 그가 세상을 떠난 뒤에 오히려 더 살아나 반전의 드라마를 연출했다. 문자 그대로 죽은 박정희가 한반도를 쥐락펴락하는 형세가 됐다.

1979년 10월 27일 새벽 모든 신문, 방송은 '박정희 대통령 유고(사망을 뜻함)' 소식을 급보로 알렸다. 신문은 호외를 발행했다. 그를 국부로 숭상했든, 악랄한 독재자로 증오했든, 누구를 가릴 것 없이 한반도의 남쪽은 일순 모든 것이 정지 상태에 빠졌다. 대통령 박정희 혹은 박정희 대통령은 보통 명사로서 하나의 단어였다. 대통령이 아닌 박정희도 박정희가 아닌 대통령도 상상할 수 없었던 시절이었다. 7년 전 절대군주 체제(유신 체제)를 확립함으로써 자신의 왕국을 건설했던 박정희가 자신이 최측근에게 암살당했던 것이다.

숭배했던 사람들은 불안했고, 증오했던 사람들은 이제 광명의 세상이 나타날 것이라는 희망으로 부풀었다. 그러나 그날 박정희는 죽은 것이 아님이 드러났다. 7개월 뒤 광주 학살 사건을 거쳐 그의 후계자가 다시 박정희 왕국을 이어 받았다. 7년 뒤 1987년 한반도 최초의 시민혁명인 6월 항쟁으로 민주공화정으로 전환이 시작됐을 때 이제는 정말 박정희 시대가 끝날 줄 알았다. 그러나 아니었다. 박정희는 불사조처럼 살아나 2012년 그의 직계 혈족을 민주공화정의 대통령으로 다시 만드는 괴력을 보여 주었다.

지금 한반도는 유훈 통치의 시대에 머물러 있다. 한국의 보수 세력은 박정희 시대의 향수에 사로잡혀 있고, 북한은 김일성의 유훈에 기대서 버티고 있다. 새정치민주연합을 비롯한 범민주 세력은 김대중의 철학을 계승한다는 선을 넘어서지 못하고 있다. 유훈 통치의 시대를 연 것은 박정희로부터 말미암은 것이다. 이제 난세의 풍운아 박정희 일생을 따라가 보자.

1917년 경상북도 선산의 시골에서 태어난 박정희 집안은 매우 가난했다고 전해진다. 어렸을 때 혹독한 배고픔에 시달린 박정희에게 가난은 평생 가슴에 박힌 대못이 됐다. 가난에서 해방되는 것이 어린 박정희의 인생 행로를 결정하는 기준이었다. "난 어릴 때 말이야. 도시락을 못 싸갔어. 점심시간에는 먹을 게 없어 운동장 구석에 쭈그리고 앉아 입맛만 다시고 있다가 점심시간이 끝날 때 물 한 모금 마시고 교실로 되돌아가곤 했지. …… 죽어지냈다고 해도 과언이 아니지. 학교 끝나고 집에 가도 먹을 게 있나. 솥뚜껑도 열어 보고 찬장도 뒤져 보다가 아무것도 없으니까 포기하고, 손가락으로 간장 한 번 찍어먹고 또 물마시고 그랬지. 그게 내 고달프고 가련한 인생살이였다네."(중앙일보 특별취재팀, 『실록 박정희』, 랜덤하우스코리아, 1998,

108~109쪽.)

두메산골의 어린 소년에게 공부를 통해 신분 상승을 꾀하는 길 말고는 통로가 없었다. 가끔 마을에 나타나는 일본 순사와 헌병들의 군복과 번쩍이는 칼에 박정희는 마음을 뺏겼다. 유달리 군인이 좋아 보였고, 나폴레옹과 같은 군인 출신 정치인들에 관한 책을 열심히 읽었다. 학교에서도 뛰어난 성적을 보인 박정희는 대구사범학교에 진학하고, 졸업 뒤 문경에서 소학교 선생으로 취직하는 데 성공한다. 3년 근무한 뒤 그는 학교를 때려치웠다. 박정희는 그의 집안 형님들처럼 독립운동가가 될 생각은 없었다. 오히려 제도권 내에서 출세해야겠다는 결심을 굳힌다. 1940년 무렵이면 조선의 독립은 물 건너갔다는 인식이 조선 반도에 널리 퍼졌던 시기였다. 23세의 청년 박정희는 1940년 당시 야심 많던 조선인 청년들이 가고 싶어 했던 만주군관학교에 입학 신청서를 보냈으나 나이 초과로 낙방했다. 좌절하지 않고 그는 천황에 대한 충성을 맹세하는 혈서를 입학 서류에 동봉하는 읍소 작전을 폈다. 그의 충성심에 감명 받은 교장은 고령과 기혼자는 입학 불허라는 규칙을 깨고 입학을 허가한다. 목표를 세우면 무섭게 밀어붙이는 그의 집요한 추진력이 드러나는 대목이다. 2년 만에 그는 수석으로 만주군관학교를 졸업한다. 탁월한 성적을 기록한 그는 조선인으로는 드물게 일본 정규 육사 3학년으로 편입해 3등으로 졸업했다. 대일본 제국의 황군 육사 출신으로 탄탄대로로 보였던 그의 미래는 1945년 8월 일본 제국이 패망함으로써 갑자기 미로에 빠지게 된다. 경상북도 산골의 초등학교 교사에서 변신하여 대일본 제국 만주 관동군의 초급 장교로 마감한 5년간의 군 생활은 그에게 3개의 자산을 얻게 해 준다. 우선 만주군관학교와 일본정규 육사 출신이라는 인맥을 얻게 됐다. 이들 인맥은 당시 조선인으로는 최고 교육을 받은 엘리트 계층이었다. 해방 이후 이들 인맥은 이승만의 적극적인 후원 아래 남한 군부의 상층부를 구성하게 된다.

두 번째 자산은 박정희가 식민지 조선인 출신으로는 예외적으로 세계 최강대국 미국과 태평양전쟁을 벌였던 일본의 최첨단 문물을 배우는 기회를 가졌던 것이다. 교육만 받은 게 아니라 만주에서 관동군으로 근무하면서 만주 개발을 적극 추진하려던 일본의 청사진을 접했던 박정희는 국가 경영과 경제개발 계획을 현장에서 경험하는 기회를 가졌다. 만주국 개발을 위한 초안이었던 경제개발 5개년 계획은 나중에 박정희가 적극 활용하게 된다.

세 번째 자산은 사무라이 정신(무사도)이었다. 박정희는 조선인으로는 드물게 정통 사무라이로 제대로 교육받은 사람이었다. 충과 효를 바탕으로 했다는 일본의 무사도 정신. 그의 사생관, 국가관을 이해하려면 그가 사무라이라는 사실을 망각해서는 안 된다. 하면 된다는 정신, 목표를 향해 목숨을 거는 가미가제 정신 등 일본 군인 정신이 박정희의 내면세계를 이루었다.

1945년 광복 이후 낙동강 오리알 신세가 된 박정희에게 다시 기회가 찾아왔다. 남쪽에 미군이 점령군으로 들어오고 좌우의 대립이 치열해지자 박정희가 속한 만주군 인맥이 미 군정청의 하부 세력으로 대거 영입되면서 박정희도 만주군 계열 선배들의 추천으로 군부(조선경비대)에 다시 자리를 잡게 된다. 1946년 대구에서 박정희 친형인 박상희가 시위에 참가했다가, 경찰의 총격으로 사망하게 된다. 이에 충격을 받은 박정희는 남조선노동당의 군내 비밀 조직에 가입한다. 이후 그는 빠른 속도로 남로당의 군내 비밀 조직에서 최상층으로 진입한다. 대단한 변신이었다. 천하의 대세가 좌파로 갈 것이라고 판단한 것일까?

1948년 처절했던 여순사건이 일어났다. 남로당계 군내 조직이 관여한 이 사건은 피의 숙청을 불러왔다. 박정희는 체포돼 사형선고를 받을 운명이었으나 군에 침투한 남로당 계열의 조직 명부를 제공하는 대가로 15년 형으로 감형 후 곧 석방됐다. 지금도 이해하기 어려운 일이지만, 15년 형을 받고 군에서 파면됐음에도 그는 여전히 육군본부에서, 그것도 핵심부서인 정보부서에서 민간인 신분으로 일했다.

곧 그에게 일생일대의 행운이 찾아왔다. 6.25 전쟁은 그에게 인생 최고의 로또를 안겨 주었다. 그는 육군 소령으로 원대 복귀했다. 이후 승승장구해 전쟁이 끝나던 1953년 11월 육군 준장으로 별을 달게 된다. 아무리 난세라지만 놀라운 반전의 주인공이었다.

1961년 5월 16일 새벽 6시경 취침 중이던 당직 아나운서는 갑자기 방송국에 들이닥친 일단의 군인들에 이끌려 마이크 앞에 앉았다. 그는 군인들이 준 메시지를 떨리는 목소리로 전국에 방송하기 시작하였다.

"친애하는 애국 동포 여러분! 은인자중하던 군부는 드디어 오늘 새벽을 기해서 일제히 행동을 개시하여 국가의 행정·입법·사법의 3권을 완전히 장악하고 이어 군사혁명위원회를 조직하였습니다. ……"

실로 800년 만에 무신 정변이 성공한 것이다. 이날로부터 1993년 2월 24일까지 만 32년 동안 군인 대통령의 시대가 열렸다. 만주 관동군과 일본 육사 출신 박정희를 지도자로, 김종필을 필두로 한 육사 8기가 행동대를 맡은 '거사'가 성공한 것이었다. 한편 올 것이 온 것이기도 했다. 당시 군사 쿠데타는 요즘의 '제3의 물결'처럼 일종의 글로벌 트렌드였다. 마침내 대한민국에도 그 트렌드가 상륙했던 것이다. 1945년 제2차 세계대전이 끝난 이후 유럽제국주의의 식민 통치를 받던 수많은 나라들이 독립했다. 이들은 민주주의를 내걸었지만, 실상은 달랐다. 민주주의를 지켜 낼 핵심 세력이 부재한 가운데 강력한 조직을 가진 군부의 정치적인 영향력이 날로 커졌다. 대부분의 식민지 해방국들은 처음에는 건국의 아버지들이 통치했지만 곧 쿠데타를 거쳐 군부독재로 귀결되는 패턴을 거쳤다.

국제 정세가 이를 더욱 부추겼다. 미국과 소련의 헤게모니 싸움이 본격화되면서, 후진국의 대다수 나라들이 우익 독재와 좌익 독재로 발전했는데, 미국의 영향력 아래 있던 후진국들은 거의 예외 없이 길고 긴 군부독재를 경험하게 된다.

사실 한국은 이 글로벌 트렌드가 상륙할 모든 조건을 구비한 상태였다. 6.25 전쟁으로 모든 것-물질적, 정신적, 제도적-이 파괴됐다. 북진 통일과 반공이라는 구호 속에 우익 독재는 깊숙이 뿌리내렸다. 민주주의 세력은 용공 세력이라는 딱지만 붙이면 사형을 당하는 처지였다. 그 폐허 속에서 가장 강력해진 것은 군부였다. 제도권 정치는 군부를 제압할 만큼 효율적이지도, 민심을 얻지도 못했다. 한국 사회에서 군부 쿠데타의 가능성은 재깍거리는 시한폭탄이나 다름없었다.

박정희 시대에 이르러 대한민국은 완전히 바뀌게 된다. 사실 오늘의 대한민국은 모든 제도와 문물이 박정희가 깔아 놓은 초석 위에 놓여 있다 해도 과언이 아니다. 중요한 것을 차례대로 살펴보자.

박정희 정권 18년과 전두환 정권 7년 그리고 노태우 정권 5년을 합쳐 한국 사회는 일종의 강고한 신분제 사회로 변화했다. 마치 1,000년 전 신라 시대의 신분제도인 골품제에 비견될 정도다. 골품제는 성골, 진골, 육두품 등의 관료 집단과 평민 그리고 천민 부락으로 구성된 신분제 사회를 의미한다. 박정희 시대 성골은 만주 관동군과 일본 육사 출신이다. 이들은 육사 출신 장교 그룹 내에 비밀결사 조직(하나회)을 구축하여 자신들의 후계 세력을 양성했다. 진골은 대구경북 지역을 중심으로 일제 식민지 시대부터 성장한 관료, 사업가 등 기득권 출신으로 구성된다. 육두품 이하는 각종 과거제도 (행정 고시, 사법 고시, 외무 고시 등)를 통해 등용된 인재로 국가 운영의 실무를 맡은 집단을 말한다. 이들 중 기업집단은 나중에 재벌로 확장되어 군 출신이 퇴조한 이후 실질적으로 한국을 움직이는 신분제 사회의 최상층을 이루게 된다.

그러면 군사정권 시기 부·곡·향소로 불린 고려 시대 천민 집단은 누구일까? 농민과 노동자가 재벌 특권 경제를 키우는 과정에서 주된 피해자였다. 또한 지역 대립 구도를 통치 수단으로 적극 활용함에 따라 호남을 영남 지배 체제를 구축하기 위한 희생물로 삼았다.

영남에는 호남에 대한 편견이 일상생활 속에 광범위하게 퍼져 있었다. 그것은 옳고 그름을 떠나서, 존재했다. 특히 대구경북에 기반을 둔 박정희 세력이 집권 세력이 되고, 막강한 호남 출신 경쟁자 김대중이 나타남으로써 박정희 정권은 호남을 적대시하는 지역주의를 집권 전략의 핵심으로 삼는다. 호남이 현대 정치의 최대 비극적 피해자가 됐다.

둘째로, 박정희 정권의 최대의 치적은 경제 발전이었다. 이 점에 관한 한 박정희는 시대를 앞서본 통찰력의 소유자였다. 중국의 덩샤오핑보다도 20년 먼저 개혁 개방을 실천하여 전 세계 우익 군사독재 국가 중 거의 유일하게 후진국에서 선진국 반열에 발돋움하는 기적적인 성과를 만들어 냈다. 사회주의권에서 시장경제로 변신한 유일한 성공 사례가 중국이라면, 식민지 독립국가에서 군부독재를 거쳐 경제 발전에 성공한 유일한 사례가 박정희 정권일 것이다. 특히나 부존자원이 거의 없는 나라에서 사람 장사만으로 일군 발전이라는 점에서 덩샤오핑을 비롯한 중국의 지도부는 1979년 개혁 개방을 시작한 이래 '박정희를 따라 배우자'를 캐치프레이즈로 삼을 정도였다.

우리 민족 5,000년 역사상 중국의 황제와 맞짱 뜬 적이 몇 번 있기는 했지만, 중국의 지도부가 '조선을 따라 배우라'는 지침을 내린 적은 박정희 시대가 최초였다. 그 점에서 이 시기에 한韓민족의 국제적 위세는 역사상 최고 절정기에 이르렀다. 시대를 내다본 박정희의 안목은 그를 반대했던 진영이 가진 인식과 비교해 볼 때 더욱 두드러진 것이었다. 60~70년대 박정희의 경제정책에 반대했던 사람들은 그의 수출 중심 공업화 전략에 대해 내수 중심의 자급자족경제(박현채의 『민족경제론』)나 모택동이 주도한 프롤레타리아 대혁명의 사상(리영희의 『8억 인과의 대화』)에 깊은 관심을 가졌다.

그는 아무것도 없었던 한국에 공장을 짓고, 물건을 생산하기 위해 종잣돈을 마련하는 데 정치 인생의 모든 것을 걸었다. 한일 국교 정상화와 월남 파병 등 정치적으로 엄청난 저항을 불러왔던 그의 결정도 경제적 관점에서 보면 종잣돈 마련이라는 단순한 이유로 설명할 수 있다. '개같이 벌어 정승같이 쓰라'는 속담이 있다. 박정희 시대의 반전을 이보다 더 잘 설명할 수 있는 비유가 있을까? 반전 또 반전, 그리고 또 반전이었다.

15~16세기 약 130년간 일본에는 천하 대란의 전국시대가 있었다. 무로마치 막부가 통치력을 잃고, 일본 전역의 크고 작은 영주들이 생존을 위해, 혹은 천하 통일의 웅대한 야망을 품고 무한 투쟁의 격렬한 전쟁이 지속된 시기다. 칼 찬 사무라이의 시대였고, 농민을 비롯한 평민과 천민들에게는 처절한 고난의 시대였다. 이 전국시대를 마무리하고 천하를 재통일하는 스토리에는 세 명의 패자가 등장한다. 통일의 기초를 닦은 오다 노부나가, 우리에게는 임진왜란의 주모자로 알려진 도요토미 히데요시, 그리고 최종적으로 250년의 평화 시대를 연 도쿠가와 이에야스가 그들이다.

이 세 명의 리더십과 관련돼 널리 알려진 재미있는 유머가 있다. 나무에 앉아 있는 새를 울게 하려면 어떻게 해야 할까? 오다 노부나가는 새가 울지 않으면 베어 버리고, 도요토미 히데요시는 어떻게 하든 새가 울게 만들고, 도쿠가와 이에야스는 새가 울 때까지 기다리는 리더십이라고 후세 사람들이 비유했다. 20세기 한반도를 주름잡은 패자 세 명의 리더십은 어떨까? 묘하게도 김일성은 히데요시와, 박정희는 노부나가와, 김대중은 이에야스와 유사하다는 느낌이 들곤 한다.

박정희는 일본 역사에서 메이지유신이라는 변혁을 주도한 사무라이들에게 깊은 존경심을 갖고 있었다. 그리고 메이지유신에 이어 청년 장교들이 일으킨 1932년 5.15 쿠데타와 1936년 2.26 쿠데타에 대해 깊은 감동을 받았다. 두 개의 쿠데타는 미수로 그쳤으나 일본에 군국주의를 등장시킨 계기가 됐다. 5.16 쿠데타도 이러한 역사적 맥락에서 일어난 정변이었다. 60년대 10년 집권을 통해 산업화의 기초를 다진 박정희는 근대화 혁명을 완전히 궤도에 올리고 북한에 대한 우위를 확보하기 위해서는 근본적 처방이 필요하다고 판단했다. 1972년 10월 17일, 그는 또 한 번의 무혈 쿠데타를 일으킨다.

박정희가 '10월 유신'이라고 명명한 2차 무신의 난은 박정희 유일 체제의 완성이었다. 1972년 10월 17일부터 1979년 10월 26일 그가 세상을 뜨기까지 7년 동안은 현대 한국의 틀이 짜인 시기였다. 공과 과가 너무나 크게 드리워졌다. 유신 시절 본격화한 중화학공업 투자는 결국 박정희의 염원대로 한강의 기적을 이루는 산업적 토대를 이루었다. 하지만 나라를 병영국가화 함으로써 민주주의를 결정적으로 질식사시켰다. 박정희와 민주주의는 공존할 수 없는 대립물이 됐다.

이름조차 메이지유신을 본뜬 10월 유신은 박정희 철학의 결정판이었다. 박정희의 유신은 두 개의 가치관을 결합한 것이었다. 첫째는 유교 사상이었다. 국가에 대한 충성이 극단적으로 강조됐다. 그 상징으로 이순신 장군을 전면에 부각시키고 자신과 동일시했다. 둘째는 일본에서 배운 사무라이 정신이었다. 박정희의 사무라이 정신은 곧 군국주의 사상과 같았다. 일본 군국주의 사상은 천황에 대한 충성이 근본이었다. 그가 사무라이라는 것은 전혀 이상할 것이 없었다. 아니 당연했다. 그는 만주군관학교를 수석으로 졸업하고, 천황을 보위하는 일본 정규 육사를 3등으로 졸업했으며, 천황에게 충성을 맹세하는 혈서를 쓴 충성심을 가진 일본 군인이었다. 비록 그는 조선인 출신이었지만, 일본 사무라이 정신을 제대로 배우고 체화한 최고의 사무라이라 불러도 전혀 부족함이 없는 사람이었다. 박정희 시대를 이해하는 관건은 '사무라이 박정희'에 대한 이해에서 출발해야 한다.

250년간 지속된 도쿠가와 막부를 끝내고 천황의 친정 체제로 복귀한 1868년의 메이지유신은 이후 20년간에 걸쳐 일본을 근대 민족국가로 탈바꿈시킨 정치 혁명이었다. 비백인 국가 중에서 유일하게 서양의 근대화를 나름의 방식으로 성취해 낸 일본의 메이지유신은 20세기 초 유럽 제국주의 열강에 신음하던 아시아의 여러 국가들에게는 유일한 대안이자, 성공 모델로 보였다. 메이지유신은 봉건시대 일본의 끝자락에서 몰락해 가는 사무라이들이 천황에 대한 충성심과 애국심으로 성공시킨 일대 혁명이었다. 사이고 다카모리, 사카모도 료마 등 뛰어난 사무라이들이 불가능해 보이던 혁명을 이루어 냈다.

박정희는 이들 선배 사무라이들이 걸은 길과 업적에서 엄청난 영감을 얻는다. 박정희를 추동한 근본적인 힘이 (군국주의적) 애국심이라는 것을 의심할 필요는 없다. 그는 자신이 아는 유일한 성공 모델을 한국 땅에서 한국적인 방식으로 성공시키고자 했다.

1970년대에 군부독재 상태의 후진국들은 많았다. 그들 모두 비슷한 시스템으로 비슷한 과정을 통과하고 있었다. 권력자들이 국가의 모든 자원과 자금을 장악하고 나름의 개발 정책을 추진했다. 독재와 부패는 동전의 양면이었다. 그러나 박정희 정권만큼 산업화에 성공한 나라는 거의 없었다. 무엇이 이 차이를 만들었을까?

첫째는 황제 오너였던 박정희의 소명 의식이었다. 조국 근대화 그리고 민족 중흥이라는 캐치프레이즈에 맞게 그는 뛰어난 리더십을 발휘했다. 한국적 개혁 개방 정책의 총설계자이자 집행자로서 그는 최고의 능력을 발휘했다. 수많은 반대와 이론에도 불구하고 그는 자신이 옳다고 확신하는 방법론을 밀어붙였다. 수출 주도 성장론, 중화학공업 투자, 경부고속도로 등 당시로서는 많은 사람들이 불가능하다고 봤지만 그는 특유의 뚝심으로 밀고 나갔고, 그의 사후 탁월한 선견지명이 입증됐다.

또한 그는 권력의 핵심 주체인 군부를 소명감을 가진 무사 집단으로 확실하게 통제하는 데 성공했다. 이승만 시절 군부는 부패하고 무능했다. 그러나 박정희 시대에 이르러 그는 군만이 나라를 지키고 끌고 갈 수 있다는 강력한 소명 의식을 가진 집단으로 변모시켰다. 김일성에 맞서 국가의 안보를 지키고, 군의 지휘 아래 조국 근대화를 추진해야 된다는 소명. 즉 박정희의 군대는 메이지유신을 수행한 사무라이와 같은 무사 집단으로 발전한 것이다.

둘째는 기업가 정신이었다. 모두가 부패하고 나랏돈 빼먹는 데만 정신 팔렸다면 오늘의 한국이 있을 리 없을 것이다. 비록 떡고물을 만지면서 비자금 챙기는 특권계급도 많았지만, 떡을 만드는 사람, 그것도 우리로서는 불가능하다며 상상조차 포기해 버린 떡을 만든 기업인이 존재했기 때문이었다. 기업가 정신을 발휘한 창업자들이 없었다면 한국의 산업화도 중도에 좌절했을 것이다.

1970년대 기업가 정신을 꽃피운 지도자라면 포항제철의 박태준과 현대 그룹을 일군 정주영을 예로 들 수 있다. 한국이 철을 생산한다거나, 자동차를 만든다거나 거대한 유조선을 만든다는 것은 남들은 물론이고 우리들조차 허황된 꿈이라고 여겼다. 허허벌판의 맨땅에서, 아무런 경험도 기술자도 없는 맨주먹 상태에서 오늘날의 포스코와 현대중공업을 만든 박태준과 정주영의 기업가 정신은 한국적 자본주의를 일군 원동력일 것이다.

박정희는 1979년 10월 26일 세상을 떠났지만 그의 시대는 끝나지 않았다. 박정희의 그림자가 크고 넓었던 만큼 그의 사후에까지 이를 계승하자는 세력과 극복하는 세력과의 투쟁이 계속되고 있다.

2장
정경 복합체,
재벌의 탄생

재벌 시스템의 기원

빛이 프리즘을 통과하면 일곱 가지 가시광선으로 분리된다. 우리가 육안으로 보지 못하는 비가시광선도 존재한다. 빛 속에는 우주의 깊은 비밀이 많이 담겨 있다고 한다. 한 시대도 빛만큼이나 복합적인 스펙트럼을 지니고 있다. 민주주의와 인권이라는 프리즘으로 박정희 시대를 보면 암흑의 시대로 보일 것이다. 반면에 부의 축적이라는 프리즘으로 보면 단군 이래 최대의 황금색으로 보일 수도 있다. 권력과 돈이 본격적으로 결합하기 시작하여 마침내 재벌이라는 거대한 왕국을 만들어 냈다. 정경 유착이라는 수준을 넘어 정경 복합체라는 거대한 괴물이 출현했다. 18년 집권한 박정희는 한국 사회를 다시는 되돌아갈 수 없도록 완벽하게 바꾸었는데, 그의 유산 중에서 가장 생명력이 강하고 영향력이 센 것이 바로 재벌 시스템이다. 이제 그 역사를 살펴보자.

쿠데타를 통해 권력을 장악한 박정희는 부족한 정통성을 채우는 명분으로 반공 태세 확립과 가난 추방을 맨 앞에 내세웠다. 그중에서도 5,000년 묵은 가난으로부터 해방은 그가 집권 기간 내내 신앙처럼 내세운 캠페인이었다. 박정희는 쿠데타 성공 2개월도 채 되지 않은 시점에 경제개발 5개년 계획을 60일 이내에 작성해 오라는 특명을 내렸다. 그리고 1962년부터 제 1차 경제개발 5개년 계획을 시행했다. 이 5개년 계획은 7차 계획(1992년 ~1996년)까지 진행됐다. 이 박정희 표 경제개발 계획은 심각한 부작용도 수반했지만, 세계가 놀란 경제성장을 이루는 핵심 수단이 됐다.

박정희와 김종필 등 5.16 주체 세력은 스스로가 경제에 무식하다는 사실을 잘 알고 있었다. 따라서 그들은 가난에서 해방시킬 방법론을 찾으려고 열심히 노력하고 공부했다. 초대 청와대 비서실장 이동원은 자신이 유학한 영국의 예를 들면서, 영국을 모델로 삼자고 주장했다고 회고했다. 국토가 좁고 자원이 부족했던 영국이 자원, 자본, 노동력을 외국에서 들여와 부강해진 비결을 배우자고 했다는 것이다. 그러나 박정희의 대답은 달랐다. 영국까지 갈 것 없이, 가까운 일본이 훨씬 우리에게 적합한 모델이라는 것이 그의 생각이었다. 박정희 본인이 일본통이었다. 그는 태평양전쟁 중 일본 육사와 만주군 복무 경험을 통해 일본의 실체에 대해 너무 잘 알고 있었다. 일본이 미국과 싸울 수 있었던 힘의 원천이 근대화(공업화)의 성공 때문이라는 것을 피부로 느꼈다. 일본의 메이지유신처럼 한국을 유신하겠다는 것이 박정희의 자연스런 결론이었다. 일본 경제사를 비롯해 많은 서적을 읽고, 전문가로부터 과외를 받고, 일본의 신문과 자료들을 매일 공수해서 열심히 공부했다고 한다. 그런데 경제성장 정책에 제일 먼저 부딪치는 게 돈 문제였다. 박정희의 육성을 들어보자.

"이 실장(이동원 초대 청와대 비서실장), 내 아무래도 쿠데타를 잘못한 것 같소. 내겐 엉망인 우리나라의 살림·질서·반공 등을 잘 가꿔 멋진 나라로 만들려는 꿈이 있었기에 쿠데타를 했소. 그런데 막상 나라 살림을 맡아 보니 이건 끝없이 막히는 것뿐이오. 어디서부터 손을 대야 할지 엄두가 나질 않소이다. 도대체 도로를 깔고 수도와 전기 시설을 하려 해도 그놈의 돈이 있어야 할 수 있는 것 아니오. 내 우리나라가 몹시 가난한 줄 알았지만 대통령 되고서야 정말 엄청나게 가난하고 바닥난 걸 느끼겠소. 이건 겨울이면 문풍지조차 없어 바람이 들어오고, 온돌을 데울 땔감조차 없어 벌벌 떨어야 하는 초가집이 바로 우리나라였소. 그것도 세간마저 싹 쓸어간 도둑맞은 초가집 꼴이란 말이오. 맨몸으로 뭘 하겠소. 의욕만 앞장선 게 아니겠소이까?"(이동원, 『대통령을 그리며』, 고려원, 1992, 61쪽)

아마 누구든 당시의 국가원수라면 똑같이 느꼈을 것이다. 1963년 우리의 국민소득은 79달러, 필리핀 170달러, 태국이 260달러였다. 우리 뒤에는 인도만 있었다. 미국은 차관 공여에 인색했다. 무상 원조를 받는 나라에 차관은 줄 수 없다는 입장이었다. 물론 박정희 정권과 불편한 관계도 작용했을 것이다. 그나마 60년대 들어 무상 원조의 규모도 계속 축소하는 추세였다. 박정희는 돈을 조달하려 사방으로 안테나를 돌렸다. 60년대 초 외화의 주 수입원은 미국의 무상 원조였다. 그러나 이것 가지고는 턱없이 부족했다. 이때 새로운 수입원으로 떠오른 것이 서독 파견 광부와 간호사들이 벌어들이는 외화였다. 이들이 벌어서 국내에 송금한 월급이 국민총생산GNP의 2%에 달했다. 1964년 서독을 방문한 박정희는 필사적인 노력 끝에 1억 5,000만 마르크의 차관을 빌리는 데 성공한다.

박정희의 청와대는 이전에 볼 수 없었던 새로운 유형의 리더십을 선보인다. 레이저 광선과 같은 리더십이었다. 청와대는 군대의 야전 지휘소와 같은 기능을 했다. 대통령이 장관과 실무자를 정기적으로 집합시켜 목표를 세우고, 실행 과정을 점검하고, 미흡한 부분을 독려하고, 그리고 한 단계 더 높은 목표를 제시하여 새로운 사이클을 도는 방식이었다. 박정희의 집무실에는 100여 개에 달하는 각 사업별 진행 상황을 담은 상황판으로 꽉 찼다. 그는 모든 것을 직접 챙기는 스타일이었다. 물 만난 고기였다. 간단명료한 상명 하달, 치밀한 점검, 숨 돌릴 틈 없는 밀어붙이기 식의 스타일로 관료 사회를 장악했다. 1차 경제개발 5개년 계획은 예상보다 좋은 성적을 거두었다. 국민총생산은 1962~1966년 사이에 7.8% 증가했다. 2차 산업이 연평균 14.9%로 늘어 전체 성장을 선도하였다. 2차 산업의 비중은 기준 연도 21.0%에서 목표 연도에는 26.6%로 급상승하였다. 화학비료, 시멘트 공장, 전기, 기계 금속, 섬유, 연초, 의료, 식료품 등 수입 대체 산업의 성장이 현저해졌다. 수출은 연평균 43.7% 급증해, 목표 연도에는 2억5,000만 달러로 원래 목표를 2배나 초과 달성하였다.

박정희식 개발 정책의 어두운 그림자도 동시에 짙어졌다. 자본재 도입이 늘어나면서 무역 역조가 나날이 커졌다. 인플레이션과 외채 상환 부담이 커져 도매 물가가 연 20~30% 오르기 시작했다. 농업이 위축되면서 식량의 자급률이 떨어졌다. 수출 최우선 정책으로 가면서 내수 산업과 연관성이 떨어져 내수 산업은 궤멸적인 타격을 받았다.

1차 경제개발 5개년 계획은 국내외적으로 회의적인 사람들의 예상을 뛰어넘는 성과를 가져왔다. 무엇보다 박정희 자신이 자신감을 갖게 됐다. 자신의 방식이 통한다는 감이 온 것이다. 그는 이제 거칠 것이 없었다. 원래 군인인데다 더욱 군인 스타일로 밀어붙이기 시작했다. 2차 경제개발 5개년 계획(1967~1971년)이 진행됐던 60년대 후반을 중화학공업에 대한 밑그림을 그렸던 시기라고 보면, 70년대는 중화학공업의 기틀을 잡았던 시기로 볼 수 있다. 60년대 후반은 경부고속도로, 석유화학공업과 포항제철의 준공으로 상징된다. 고속도로 건설도 처음 해 보는 일이었지만, 국가 기간산업의 핵심을 이루는 제철 산업과 석유화학공업은 막대한 자본이 들어갈 뿐 아니라 고도의 기술 축적이 필요한 사업이었다. 누구도 한국이 해낼 만한 사업이라고 생각지 않았다. 중화학공업의 재원이 된 것은 지금까지도 깊은 후유증을 남기고 있는 대일 청구권 자금과 월남전 참전 대가로 벌어들인 외화였다.

60년대 한국 사회의 국론을 두 동강 낸 사건 두 개를 든다면 한일 협정과 월남전 파병을 꼽을 수 있다. 1962년 11월 12일 박정희의 지시에 따른 것으로 보이는 김종필-오히라 메모 사건은 국민적 봉기를 초래했다. 메모는 한국이 식민지 지배에 대한 청구권을 포기하는 대신 무상 3억 달러, 유상 2억 달러, 민간 차관 1억 달러를 받는 것으로 되어 있었다. 일제 식민지 36년간의 강점기를 정리하는 한일 관계 정상화는 전체 국민의 동의를 바탕으로 진행되어야 할 중대사였지만 박정희 정권은 밀실에서 서둘렀다. 대통령 임기 안에 서둘러 자금을 끌어들여 실적을 내야 한다는 생각에 사로잡혀 있었기 때문이다. 결국 계엄령을 선포하고 대학생과 야당 세력을 강제로 침묵시킨 뒤에 1965년 6월 22일 한일 협정을 강행했다.

월남전 참전 역시 한국 사회를 분열시킨 이슈였다. 박정희는 역사의 심판은 내가 받겠다는 자세로 월남전 참전을 밀어붙였다. 총 32만 명이 파견되고 5,000여 명의 사상자를 낸 월남전 참전은 한국 청년을 총알받이로 내몰았다는 야당의 극렬한 반대 속에 강행됐다. 1967년부터 1975년까지 월남전으로 벌어들인 외화는 약 10억 달러로 추산된다.

60년대 흐름을 이해하자면 당시 미국의 동아시아 정책을 살펴봐야 한다. 1962년 미국의 케네디 대통령과 소련의 흐루시초프 공산당 서기장이 쿠바의 미사일 기지 설치 문제로 정면충돌한 쿠바 미사일 위기 이후, 1964년 6월 북베트남의 어뢰정이 미국 구축함을 공격했다는 통킹만 사건(나중에 미국의 조작극으로 밝혀짐)을 계기로 미국이 전면적으로 인도차이나 전쟁에 개입하면서 미국과 소련 간의 대립은 최고조에 달했다. 미소의 냉전이 언제든 열전으로 폭발할 수 있는 세계정세였다. 이 첨예한 대립 구도 속에서 미국의 동아시아 전략은 간명했다. 소련-중국-북한-북베트남으로 이어지는 공산주의 군사동맹에 대해 미국-일본-한국-월남-필리핀으로 이어지는 미국 주도의 군사 동맹체를 굳건히 하는 것이 핵심이었다. 문제는 식민 통치로 인해 갈등이 남아 있는 한일 관계였다. 따라서 한일 협정 체결과 베트남 파병은 미국의 동아시아 전략이라는 테두리 속에 한국이 드디어 포섭됐다는 관점에서 보면 더 타당할 것이다.

자금을 손에 쥔 박정희 정권은 가속기를 밟는다. 박정희의 정치 참모는 이후락(비서실장과 중정부장), 김형욱(중정부장), 박종규(경호실장), 차지철(경호실장), 윤필용(수도경비사령관) 등 군 출신이었다. 경제 참모는 재무 장관-부총리 겸 경제기획원 장관-대통령 경제 담당 특보를 지낸 교수 출신 남덕우, 재무부 장관-상공부 장관-마지막 10년을 비서실장으로 보낸 김정렴, 대통령 제2경제 수석비서관으로 중화학공업 전반을 담당하면서 재벌 구도를 짠 오원철 등을 대표적으로 꼽을 수 있겠다. 남덕우는 이론가로서 박정희 정권의 경제 구도 전체를 짜는 역할을 담당했고, 김정렴은 대통령의 최측근으로 모든 경제정책을 집행하고 점검하는 실무 총책이었다. 오원철은 중화학공업 기획단장으로 방위산업을 포함하여 한국 재벌의 영역을 확정한 실무를 주무른 인물이었다. 1965년 초 상공부 국장이던 오원철은 박정희에게 석유화학 산업 육성 필요성에 대한 브리핑을 했다.

중화학 산업 중에서 가장 먼저 착수한 분야는 석유화학 산업이었다. 1965년 초 상공부 국장이던 오원철은 박정희에게 석유화학 산업 육성 필요성에 대한 브리핑을 했다. 요지는 노동 집약적인 경공업 제품이 우리나라의 주력 수출 상품이지만, 정작 원료는 전량 일본에서 수입하기 때문에 겉으로 남고 속으로 밑지는 장사를 하고 있다. 석유화학공업이 국산화돼야 원료에서 제품까지 우리 손으로 만들 수 있다, 그래야 경공업 분야가 일본으로부터 완전히 독립할 수 있다는 내용이었다.

이 브리핑 내용이 채택돼 석유화학 산업 진흥책을 전략적으로 추진하게 된다. 석유화학공업이란 석유나 천연가스를 원료로 합성수지, 합성고무, 합성섬유의 원료와 기타 화학제품 등을 만들어 내는 산업인데 나일론, 비료, 농약, 페인트, 펄프, 장난감, 의약, 합성세제, 타이어 등 연관 산업 효과가 매우 큰 산업으로 당시에는 일본 제품이 한국 시장을 지배할 때였다. 석유 한 방울 나지 않는 한국이 석유화학 산업을 한다고 하니 일본 업계는 코웃음을 쳤다.

다음 해 3월 대통령 비서실장이던 이후락이 자신의 고향인 울산에 여의도 세 배인 100만 평 규모의 공단을 조성키로 한다. 외국 합작선을 찾지 못해 고생하다가 마침내 미국 다우케미컬의 합작 투자를 통해 1971년 메탄올 공장을 준공했다.

일찍이 대동아전쟁을 겪은 박정희는 일본 힘의 원천은 철강 산업이었다고 판단했다. 1966년 7월 철강 산업을 전략 산업으로 육성하기로 결정하고, 영일만에 있는 포항에, 자금이 확보되지 않은 상태에서 박태준을 시켜 제철 공장 기공식부터 했다. 미국과 유럽 여러 나라를 돌았지만 결국 투자 파트너를 찾는 데 실패하고 일본통인 박태준의 노력으로 일본 철강 업체의 기술 제휴를 받아 포항제철을 만들었다. 이때 대일 청구권 자금 중 농업 부문에 쓰게 되어 있는 자금을 포철 건설 자금으로 전용했다. 1973년 7월 3일 준공식을 하고 드디어 제철 제품을 만들어 냈다. 한국의 산업구조를 고도화하는 바탕이 되는 기축 산업을 확보하게 된 것이었다.

1967년 대선에서 박정희는 부산과 서울을 잇는 고속도로 건설을 공약으로 내세웠다. 1964년 연말 독일 방문 때 독일의 고속도로인 아우토반을 직접 달려 보고 깊은 감명을 받은 박정희는 물류 수송로의 중요성을 절감하고 귀국 후 고속도로 건설에 대한 연구 검토를 거듭했다. 최종적으로 서울-부산을 우선 건설키로 했다. 토목 건설의 귀재 정주영에게 책임을 맡겨 최단기에 최저 단가로 고속도로를 건설하라는 지침을 주었다. 마침내 1970년 7월 7일 당초 완공 기간을 1년 앞당겨 개통식을 하게 됐다. 군사 작전식으로 밀어붙인 고속도로, 석유화학 산업, 포항제철이 진행되면서 박정희는 자신이 영구 집권을 해야 된다는 생각을 더 굳혀 갔다. 중화학공업을 강행한 것은 공업 입국으로서의 필요성도 있었지만, 사실 박정희가 집착한 더 중요한 이유는 안보적 이유 때문이었다. 국내적으로는 야당과 민심의 거센 저항을 받고 있고, 북한으로부터는 간단없는 군사적 도발에 직면해 있었던 박정희는 미국과의 관계도 원만하지 못했다.

미국은 5.16 쿠데타와 주도 세력인 박정희에 대해 유보적이었다. 또한 경제적으로도 한국 경제가 경공업 중심의 수입 대체 산업을 벗어나 중화학공업을 추진하는 데 대해 전혀 비협조적이었다. 더욱이 1968년 닉슨 대통령은 '아시아 방위는 아시아인 손으로'라는 닉슨 독트린을 선언하고 주한미군 철수를 시작했다. 이는 박정희의 신경을 극도로 불안하게 만들었다. 박정희는 독자적인 방위산업을 구축하여 북한에 대한 억지력을 확보하고 나아가 미국의 간섭으로부터 벗어나고자 했다. 이런 그의 집념은 70년대 들어와 핵무기 개발 의지로 구체화됐다. 유신 체제가 시작되자마자 1973년 1월 그는 중화학공업 발전 계획을 발표한다.

현재 재벌은 해방 직후 그 싹이 만들어졌으며, 70년대에 본격적인 모습을 갖추기 시작했다고 보는 것이 타당할 것 같다. 해방 직후 일본이 남겨 놓은 재산(적산)을 특혜로 불하받거나, 6.25 전쟁 특수로 성장한 기업들은 50년대만 하더라도 국제 기준으로 봤을 때는 아직 영세한 기업에 불과했다. 대부분의 기업들이 소비재 산업 중심이었다. 삼분三粉 사업이라고 하여 설탕, 밀, 시멘트의 시장 독점적 지위를 이용하여 폭리를 취하는 방식이 그 대표적 사례였다. 그러나 박정희 정권이 본격적으로 정부 주도 개발독재 정책을 펴면서부터 경제나 기업의 규모는 커지기 시작했다. 국가의 모든 자원과 정책 수단을 대기업 육성에 쏟아 부었다. 장기 저리의 자금 조달, 택지 확보와 설비 수입 특혜, 회사 사채에 대한 강제 동결, 사업에 대한 독점적 시장 보장 등 생각할 수 있는 모든 방법으로 대기업에 특혜를 집중했다. 당연히 이 모든 특혜는 정권의 실력자들과 긴밀히 유착해 그 과실을 서로 나눠먹었다. 정권의 모든 부정부패는 여기서부터 연유됐다. 이 유착 관계를 보여 주는 결정적 사례가 있다. 1964년 터진 삼성 그룹의 한국비료 사카린 밀수 사건이다. 다음은 삼성 그룹 창업주 이병철의 장남인 이맹희가 밝힌 이야기다.

"1964년 가을 이병철은 박정희 대통령으로부터 비료 공장 건설을 제의받았다. 미쓰이 재벌과 차관 교섭이 성사됐고 단일 공장으로는 4,200만 달러의 외자를 도입하는 당시 최고 규모였다. 미쓰이가 삼성에 제공한 리베이트는 모두 100만 달러였다. 이 리베이트의 처리 문제를 의논한 사람은 대통령 박정희, 부총리 장기영, 비서실장 이후락, 공화당 재정위원장 김성곤, 중앙정보부장 김형욱 그리고 이병철이었다. 박 대통령은 3분의 1은 정치자금, 3분의 1은 부족한 공장 건설 대금, 3분의 1은 한국비료 운영자금으로 쓰자고 직접 제안했다. 그런데 현금으로 들여오는 것은 너무 위험하니 물건을 들여와 국내에서 되팔면 약 4배로 총액이 늘어나니 밀수를 하기로 청와대 회의에서 결정했다. 우리는 이왕 밀수 하는 김에 공작기계, 공장 건설용 기계도 가져오기로 했다. 변기, 냉장고, 에어컨, 전화기, 스테인리스 판 등을 밀수했고 나중에는 말썽이 된 사카린의 원료인 OTSA도 들여왔다."(이맹희, 『묻어둔 이야기』, 청산, 1993, 134~138쪽.)

"정부 파견 기관들은 감시는커녕 삼성의 밀수를 약속대로 도왔다. 그런데 문제의 사카린 원료가 1966년 5월 세관에 걸렸다. 그 뒤 9월 세무국장이 공식적으로 삼성의 밀수 사건을 발표했다. 모든 언론에서 십자포화를 퍼붓고 민심이 격양되자 김정렴 재무 장관은 진상 조사를 지시했다. 이병철은 박정희를 두고 욕을 했다. 너무 약고, 의리가 없다는 내용이었다. 처음 밀수를 제안한 것도 박 대통령이고 밀수의 진행을 뻔히 알면서도 대통령은 한비 사건을 모른 척했다는 것이다."(이맹희, 『묻어둔 이야기』, 청산, 1993, 160~161쪽.)

이 사건에 격분한 김두한 의원은 국회에서 국무위원들에게 오물을 투척해서 의원직을 상실했다. 결국 정일권 내각이 총사퇴하고 김정렴 장관과 민복기 법무부 장관이 해임됐다. 이후 『사상계』 사장 장준하가 대구의 규탄대회에서 "박정희야말로 밀수 왕초"라고 발언해 구속됐다. 이병철은 한국비료의 삼성 지분을 전부 반납하고 재계에서 은퇴 선언을 했다.

대통령이 직접 정치자금 조성에 관여하고, 나아가 이를 총괄 조정을 하고 밀수까지 결정하는 자리에 참석했다는 확실한 증언이었다. 박정희 정권 내내 정권 실세들은 사업과 차관에 이르는 모든 영역에서 일정 비율(3%에서

7%로 알려지고 있음)의 정치자금을 조성했다.(서중석, "현대사 이야기 81. 경제 개발 일곱 번째 마당", 〈프레시안〉 2015. 1. 16.)

따라서 기업하고자 하는 사람들에게 정권 실세들과 줄을 대는 것은 사활의 문제였다. 바로 이런 배경에서 지연, 학연에 더해 혼맥까지 가세한 정경복합체가 등장하게 된 것이다. 정부는 1973년 1월 발표한 중화학공업 육성방안을 통해 철강, 조선, 전자, 정유, 기계, 비철금속 등을 주요 산업으로 육성하겠다는 계획을 밝혔다. 대통령의 직접 지휘로 재벌의 지도가 그려졌다. 자동차는 현대 · 대우 · 기아, 기관차는 대우 · 현대, 조선은 현대 · 대우 · 삼성이, 건설용 중장비에 현대 · 대우, 중기계에 현대 · 삼성 · 대우, 발전설비에 현대 · 삼성 · 대우 · 효성, 전자에 럭키 · 금성 · 삼성 · 대한전선, 섬유는 럭키 · 금성 · 쌍용 · 한국화학 등이 주도적으로 참여했다.

정주영, 이병철, 김우중

70년대 한국 재벌을 이끈 삼총사는 현대의 정주영, 삼성의 이병철, 대우의 김우중이었다. 이 세 사람은 리더십과 스타일, 성공 과정이 매우 대조적이었다.

정주영은 한국형 기업가 정신의 표본으로 불리는 사람이다. 농업 사회에서 자동차, 건설, 조선소 등을 세계적 기업으로 일구어 낸 그의 기업 역정은 곧 한국의 현대 경제사와 맥을 같이한다. 그는 현대건설을 통해 6.25 전쟁 복구 사업에서 기반을 잡는다. 60년대에 태국의 고속도로 건설 공사를 수주해 일찍이 해외에 진출하였다. 이때 경험으로 경부고속도로 건설공사의 총책임을 맡아 2년 5개월 만에 완공했다.

이로 인해 박정희는 정주영을 크게 신임하고, 그에게 조선 사업을 강권하게 된다. 정주영은 자신이 건설 전문가임을 들어 조선 사업을 사양하였으나, "임자 아니면 이 나라에서 그거 할 사람이 없어요."라는 박정희의 말을 듣고 그래 한번 해보자며 승낙했다. 그러나 한국이 대형 선박을 건조하겠다는 것을 도와줄 선진국은 없었다.

영국 은행에서 차관을 얻어야 하는데 사업 계획서와 추천서를 요구했다. 추천서를 받기 위해 만난 영국의 A&P 애플도어의 롱바톰 회장은 "배 한 척 만들어 본 적 없고, 상환 능력도 믿을 수 없어서 못해 주겠다."고 거절했다. 그때 정주영은 바지 주머니에 있던 500원짜리 지폐를 꺼내 거북선을 보여 주며, "우리나라의 이순신 장군이 거북선을 만들어서 일본과의 전쟁에서 승리할 수 있었소. 우리가 자금만 확보되면 훌륭한 조선소와 최고의 배를 만들어 낼 수 있소."라고 설득한 일은 이제는 전설이 된 일화다.

추천서는 얻었지만 마지막 관문인 영국 수출신용 보증국의 보증을 받아야 했다. 배를 살 사람의 계약서를 갖고 와야만 차관 승인을 할 수 있다는 것이었다. 아직 울산에는 배 만들 도크도 없던 때였다. 정주영의 노력에 하늘도 감동했던지 그리스 선박왕 오나시스의 처남이었던 리바노스라는 사람이 25만9,000톤급 유조선 두 척을 주문했다. 현대중공업의 신화는 이렇게 시작됐다. 이 과정에서 정주영은 박정희를 두 번 찾아가 조선소 사업을 반납하려고 했다. 그러나 박정희는 "내가 당신을 믿소. 대통령이 꼭 국가적 사업으로 하려는데, 한번 도전해 주시오."라고 격려하며 그의 철수를 받아들이지 않았다.

1974년 현대는 미쓰비시와 제휴하여 국내 최초의 승용차 '포니'를 출시한다. 전쟁의 폐허 속에서 출발한 한국이 몇 안 되는 자동차 생산국이 됐다. 이후 픽업, 왜건, 쿠페 등 포니 시리즈를 지속적으로 개발해 현대자동차가 세계시장에 나가는 토대를 쌓아 나간다. 현대는 정경 유착에 의지했다기보다는 정주영의 '하면 된다'는 철학으로 자수성가한 기업이었다. 그는 끊임없이 정치자금과 뒷돈을 요구하는 권력에 사업가답게 적응했다. 그의 탁월한 기업가 정신은 그를 한국 기업계의 만형으로 자리매김했다.

원래 고향이 북한 쪽 강원도였던 정주영은 말년에 남북 경제협력 시대를 열어야겠다는 구상을 품었다. 1998년 6월 16일 통일소라고 명명된 소떼 500마리를 판문점을 통해 월북하는 이벤트를 시작으로 그는 생애 마지막의 기업 역정을 북한에서 열고자 하였으나 너무 연로했다.

이병철은 한국 재벌이 가진 야누스적 본질을 가장 잘 보여 주는 재벌 총수다. 야누스란 그리스 신화에는 없고, 로마 신화에만 나오는 유일한 신으로 두 얼굴을 가졌다. 보통 이중적인 사람을 비유하는 용어로 사용된다.

이병철은 1910년 경상남도 의령의 대지주 집안에서 태어났다. 그는 일제 강점기 때 부동산투기를 통해 돈 버는 묘미를 처음 알았다고 전해진다. 해방 후 정미소, 무역, 설탕 제조업, 의류 제조업, 백화점 등에서 출발해 거의 모든 업종에서 성공을 거둔다. 그는 부동산과 레버리지 효과의 중요성, 권력과 관계의 중요성을 잘 알고 있었고, 많은 위기에도 불구하고 불사조처럼 살아남았다.

예를 들자면, 1961년 5.16 군사 쿠데타가 일어나 부정 축재자 일소를 내걸었을 때 그는 1호 용의자였다. 그러나 박정희와의 독대를 통해 위기를 정면 돌파하고 오히려 이후 박정희의 경제 멘토 역할을 했다. 그는 한국의 재벌이 가진 모든 부정적 이미지를 안고 있는 인물이었다. 그럼에도 그가 세운 삼성은 창업 1세대 중에서 거의 유일하게 세계의 주도 기업으로 성장했다. 이병철에 의하면 그의 기업 철학은 '사업보국'인데, 기업을 통해 일자리를 창출하고 직원들에게 급료를 주고 이윤을 창출해 재투자하고, 소비자에게 유용한 상품을 공급하는 것, 그로 인해 국가에 기여하는 것이 자신의 철학이라고 설명했다.

이병철의 인생 역시 반전의 계기로 가득 차 있다. 70년대 중동에서 맹활약하던 정주영의 현대 그룹에 가려 내리막길을 타고 있었던, 구시대의 재벌로 보였던 삼성이 오늘날의 반전을 이룬 것은 1983년 반도체 사업에 뛰어든 결정 덕분이었다. 1987년 이병철 사후 그의 후계자 이건희에 의해 삼성 전자가 소니를 비롯한 일본의 전자 업체를 누르고 세계적 기업으로 부상하자 이병철의 기업가 정신은 재조명받게 됐다. 73세의 나이에 시대의 흐름을 읽어 내고 세계의 조류를 앞장서게 한 그의 탁월한 판단력과 결단력이 삼성을 새로 보게 만들었다.

이병철은 거대한 돈의 성을 만드는데 관심을 가졌지만, 정치권력과는 불가근불가원의 자세를 견지했다. 수많은 권력의 흥망성쇠를 지켜보고, 또 정권이 바뀔 때마다 권력의 칼을 맞고 쓰러지는 재벌을 보며 체득한 지혜였다. 자신과 그 후대에서도 삼성 가문에서 정치인으로 변신한 사람은 거의 없었다. 그는 정치권력을 갖는 것보다는 정치권력의 파도를 타면서 삼성의 영역을 유지하고 넓히는 데 전력투구했다.

군인 대통령 시대가 저물고 민주화 세력의 분열이 오랜 기간 지속되면서 한국 사회에서 삼성의 역할과 파워는 끝 간 데 없이 커졌다. 어느덧 한국의 삼성이 아니라 삼성의 한국이 되어 버렸다. 삼성의 인맥은 한국 사회 최상층 네트워크의 핵심을 형성했다. 삼성의 손익은 곧 한국의 손익으로 통하게 됐다. 이병철은 스톡홀름 증후군을 만들어낸 장본인이 된 것이다.

김우중의 경우는 서포 김만중의 『구운몽』에서 주인공을 봉이 김선달로 각색하면 딱 맞는, 소설 같은 인생이었다. 『구운몽』은 인생무상, 제행무상이라는 불교 철학을 밑바탕에 깔고 쓰인 고대 소설이다. 봉이 김선달은 밑천은 없어도 뛰어난 판단력과 말재간으로 돈을 버는 재주를 가진 인물을 주인공으로 내세운 민간전승 설화다.

김우중은 박정희 시대가 만든 총아였다. 그 당시 차관 금리는 4~5%, 수출신용장을 가져가면 수출금융이라 하여 평균 8% 정도의 은행 돈을 자동으로 대출받을 수 있었다. 일반 금리가 20%에 육박하던 시절이었다. 차관만 도입할 수 있어도, 수출신용장만 있어도, 가만히 앉아서 돈놀이로 떼돈을 벌던 시절이었다. 은행 돈을 빌려서 땅을 사놓으면 얼마 안 가 땅값 폭등해서, 기업은 망해도 오른 땅값으로 잃은 것을 다 만회하고도 남던 시절이었다.

'기업은 망해도 기업인은 산다'라는 말이 그래서 나왔다. 그 시절 망한 기업을 되살리는 신통한 경영 능력을 발휘한 사람이 김우중이었다. 사실상 공짜로 부실기업을 인수해 단기간에 경영을 정상화시키는 능력을 발휘한 김우중은 젊은 나이에 믿을 수 없이 빠른 속도로 성장해 급기야 재벌 순위 3위로 도약했다.

김우중은 성실성, 일에 대한 집중력, 판단력 등 많은 자질을 갖춘 노력하는 천재였다. 미국에서 주식으로 대부자가 된 워런 버핏이 어렸을 때부터 돈 버는 동물적 감각을 본능적으로 가졌다고 알려졌는데, 김우중 역시 어렸을 때부터 세일즈와 마케팅 감각이 본능적이었다고 한다. 게다가 그는 인맥의 도움도 크게 받았다. 경기중고등학교, 연세대 상대를 나온 그의 학맥은 그에게 일생에 거쳐 거대한 인재 풀을 제공했다. 게다가 그는 천행으로 대통령과 독대할 수 있는 인맥이 있었다. 그의 아버지 김용하는 박정희 대통령이 수학한 대구사범대 시절의 은사였다. 절대 권력자이던 박정희 대통령과 독대할 수 있는 기회를 가진 기업인이었다.

김우중은 70년대의 성장기를 거쳐 80년대 재벌로서의 기반을 다졌다. 1982년 대우 그룹을 출범시키면서 자동차, 전자, 중공업, 조선업 등을 포괄하는 거대한 재벌로 발전시켰다. 90년대는 김우중의 황금기였다. 1993년 세계 경영을 선언한 그는 막 구소련의 지배에서 벗어난 동구권으로 달려간다. 유럽, 아시아, 아프리카 전 세계를 휘저으며 '세계는 넓고, 할 일은 많다'고 외쳤다.

그러나 그를 노리고 있던 암살자들은 국내에서도 국외에서도 많았다. 1998년 전 세계를 노략질했던 금융 해적단들이 한국을 습격했을 때(이른바 IMF 외환 위기 시절) 대우는 월가 금융 세력의 타깃이 됐다. 대우는 기본적으로 빚을 빠른 속도로 굴리면서 빚의 힘으로 돌아가는 재벌이었다. 어느 순간 대출의 흐름이 멈추는 순간 소멸될 수밖에 없는 구조였다. 그것이 1997년 한국 재벌 순위 2위인 대우와 김우중의 마지막이었다. 대우는 공중분해되고 김우중은 세계의 낭인이 됐다.

이들은 오늘날까지 많은 사람들에게 존경의 대상이 되고 있으며, '부자 아빠'를 꿈꾸는 사람들에게 롤 모델로 받아들여지고 있다. 한국에서는 정치인과 경제인에 대해 이중적 가치관을 보여주는 일이 자주 발생한다. 동일한 부정부패와 불공정한 행위라도 정치인에 대해서는 매우 야박한 기준을 적용하지만, 재벌이 관련됐을 때는 의외로 매우 관대하거나 심지어 문제를 삼지 않는 모습을 보일 때가 많다.

여러 가지 원인이 있겠지만, 일종의 스톡홀름 증후군도 하나의 이유이지 않을까, 추측한다. 스톡홀름 증후군이란 인질로 잡힌 사람들이 인질범들에게 정신적으로 동화되어 오히려 자신들을 볼모로 잡은 범인들에게 호감과 지지를 나타내는 심리현상을 말한다. 인플레와 부동산투기를 바탕으로 부를 축적한 사람들에게 재벌의 일탈 행위는 자신도 공범이라는 의식이 무의식중에 깔려 있는 것으로 보인다.

이야기가 장황해졌지만 본론으로 돌아오면, 70년대 후반 100억 달러 수출 달성, 중동 특수, 기업가 정신으로 충만한 새로운 유형의 기업인들이 대거 탄생으로 한국은 사회구조가 변하게 됐다. 1960년 58%였던 농업 인구는 1980년 무렵 28%로 급격히 떨어졌다. 쉽게 말해 농업 사회가 자본주의 공업 사회로 바뀐 것이다. 70년대 후반에 이루어진 이 중대한 변화가 갖는 정치적 의미에 주목하는 사람은 그 당시 없었다. 민주주의와 인권에 가치를 두고 반독재 투쟁을 수행했던 민주화 세력은 이 변화의 의미를 전혀 포착하지 못했다. 70년대 후반에 남미에서 유행하던 해방신학이 조금씩 도입되면서 공동체 이론이 알려지기 시작하는 정도였다. 80년대 이른바 사회구성체 논쟁이 시작되면서 민주화 세력은 번지수를 잘못 짚게 된다.

재벌 이야기가 나온 김에 후일담을 조금 더 이야기하자면, 재벌의 정치 세력화를 빼놓을 수 없다. 70년대 박정희 대통령 아래에서 성장한 재벌은 80년대 전두환 체제에서 세계적 규모로 성장한다. 1987년 민주화 이후 권위주의 정권이 끝나자 재벌의 힘은 제어할 수 없을 만큼 커지기 시작했다. 특히나 민주화 세력이 확고한 지도 세력으로 성장하지 못하고 분열을 거듭하자, 그동안 권력의 손아귀에서 숨도 못 쉬던 재벌은 정치 세력화의 꿈을 키우게 된다. 박정희도 했고, 전두환도 했는데, 우리라고 못할 것 있나?

정주영이 먼저 테이프를 끊었다. 1992년 정주영은 대통령 선거에 출마한다. 그동안 권력자한테 돈 갖다 주고, 아부하고 그러면서도 벌벌 떨었던 지난 시절의 한을 풀기 위해 내가 한번 대통령 해 보겠다고 나왔다. 그의 계산은 간단했다. 현대 그룹 덕으로 밥 먹는 사람들의 가족만 합해도 기본 500만 표는 나오지 않겠냐는 것이었다. 그러나 정치인이 기업인이 되는 것만큼 기업인이 정치인이 되는 것도 똑같이 어렵다. 그의 계산은 보기 좋게 틀렸고, 대통령이 된 김영삼은 정주영과 현대에 가혹한 보복을 가한다. 정주영과 현대는 다시 회복하기 어려운 타격을 받았다.

김우중 역시 1992년 대선 출마를 심각하게 검토했다. 그러나 당시 여당 대통령 후보였던 김영삼이 강력한 협박과 회유로 김우중을 주저앉혔다. 다음 해 1993년 김우중은 세계 경영을 선언하고 몇 년 동안 해외에서 경영 활동을 주로 하였다. 그러나 김우중의 마음속에 대통령 해보겠다는 열정은 더욱 타오르고 있었다. 조심스럽게 정치 세력화를 위한 기반 조성과 이미지 메이킹에 착수했다. 그러나 1998년 대우 그룹의 공중분해로 대통령을 향한 김우중의 꿈은 멈출 수밖에 없었다. 만약 김우중이 1998년의 위기를 넘겼다면 우리는 2002년에 김우중 대통령 후보를 만났을 것이다.

3장
양김동주 시대
兩 金 同 舟

협객俠客의 시대가 열리다

나관중의 『삼국지연의』는 우리나라 사람들에게 매우 친숙한 책이다. 사실은 남의 나라인 중국을 무대로, 그것도 무려 1,800여 년 전 옛날이야기임에도 불구하고 이 책은 마치 오늘의 우리 이야기처럼 우리 의식과 문화 속에 자연스럽게 녹아 있다. 글쓴이도 초등학교 6학년 친척집에서 『삼국지』를 우연히 발견해서 읽기 시작했는데, 읽자마자 너무나 깊이 빠져들어서 5권으로 된 그 두꺼운 전집을 다섯 번이나 읽었던 기억이 난다. 그러고도 부족해서 시간이 있을 때마다 감명 깊은 부분을 다시 읽곤 했다. 『삼국지연의』는 후한 말기 황건적의 난이 발생한 184년부터 시작하여 사마의의 손자 사마염이 세운 진나라가 오나라를 멸망시키고 천하를 재통일하게 되는 280년까지 약 100년을 배경으로 위, 촉, 오 삼국의 대결사를 그리고 있다. 『삼국지연의』에서 독자의 몰입도가 가장 높은 부분은 어디일까? 내 경우, 적벽대전이다. 207년 천하를 정처 없이 떠돌던 유비가 신야에서 제갈량을 영입하는 순간 비로소 메인 스토리가 시작된다고 느꼈다.

이후 유비와 손권이 손을 잡고 적벽대전에서 대승하여 호시탐탐 천하를 노리던 조조의 야망을 깨뜨리고, 여세를 몰아 유비가 촉을 접수하여 마침내 천하삼분지계를 달성한 일. 그리고 천하 통일의 한판 승부를 준비할 즈음 형주를 지키던 관우가 아차 판단 착오로 죽음에 이르는 순간(219년), 글을 읽던 필자도 같이 나락에 빠지는 것 같은 감정이입을 느꼈다. 너무 아쉬워 읽던 책을 덮고 한동안 진도를 나갈 수 없을 정도였다. 관우의 죽음은 주인공이 갑자기 사라졌다는 허전함도 허전함이지만, 천하삼분지계를 바탕으로 이후 천하 통일로 나아갈 지렛대가 사라진다는 의미, 즉 소설의 뼈대가 무너졌다는 사실이 더욱 중요하다. 제갈량이 구상한 대로 촉이 천하를 쥘 수 있는 전략은 촉오동맹을 기본으로 형주를 통해 중원으로 나아가는 길이 유일했다. 그런데 관우의 사망으로 촉오동맹은 원수지간으로 돌변하고 조조 세력을 견제할 방도가 없어지게 된다. 대저 동서고금의 역사에 역사적 흐름이 완전히 바뀌게 되는 변곡점이 존재한다. 『연의』 이야기를 장황하게 늘어놓은 것은 우리 현대사에서도 이러한 변곡점이 나오기 때문이다. 207년 유비와 제갈량의 만남에서부터 관우가 죽는 219년까지가 『연의』의 하이라이트가 아닐까?

그렇다면 우리 현대사의 하이라이트는 어디로 보아야 할까? 아니 하이라이트가 있기는 있는 걸까? 나는 있다고 생각한다. 1969년에서 1987년에 이르는 18년간이 바로 하이라이트다. 이 18년간 무슨 일이 일어났던 걸까? 이 시기는 '협객의 시대'로 명명할 수 있다. 칼 찬 군인대통령의 시대에 평범한 민초의 고통은 가중되고 자유는 철저히 박탈됐다. 말 한 마디 잘못했다가 귀신도 모르게 사라지는 공포 분위기가 사회를 지배하게 됐다. 보여주는 것만 보고, 들려주는 것만 들어야 하는 그런 시대였다. 마음속으로 생각하는 것만 자유로웠다. 그러나 어느 시대든 아무리 엄혹한 탄압과 고문이 가해지더라도 양심까지 죽일 수는 없는 법.

시대와 민초의 고통을 모른 체하지 않고 자신의 생명과 재산을 포기하고 대의를 위해 헌신하는 협객이 전국 도처에서 나타나기 시작했다. 이 시기야 말로 한국사에서 '위대한 협객의 시대'였다. 지도자 없는 협객은 오합지졸로 끝나기 십상이다. 그런데 이 시기 협객을 이끌 위대한 지도자가 나오게 된다. 그것도 한 명이 아닌 두 명이나.

중국에 오월동주吳越同舟 고사가 있지만, 한국에는 양김동주兩金同舟 시대가 있었다. 김대중과 김영삼이 그들이다. '백제'(호남)와 '가야'(부산·경남 지역의 옛 지명) 출신 두 영웅의 협력과 경쟁이 박정희-전두환으로 이어지는 군인 독재 시대를 끝내고 마침내 1987년 한반도 최초의 시민혁명을 성공시키게 된다. 그 엄혹했던 18년간 김대중과 김영삼은 불굴의 투쟁 정신과 탁월한 리더십으로 마침내 이 땅에 군주제를 폐지하고 민주주의의 싹을 틔웠다.

김영삼을 어떻게 설명해야 할까? 나관중의 『연의』에 나오는 오나라 왕 손권과 주유를 합친 캐릭터에 가깝다. 손권과 주유는 적벽대전의 대승리를 가져온 실질적인 주인공이었다. 조조의 천하 통일의 야망을 깨뜨린 사람은 바로 그들이었다. 그러나 그들은 『연의』의 주인공이 되지 못했다. 손권은 승리하고도 전리품인 형주를 유비에게 오히려 뺏겨 버리고, 주유는 "하늘이 주유를 낳으시고 왜 또 공명을 낳았는가?"라는 탄식을 토하고 죽었다.

김영삼은 20여 년에 이르는 민주화 투쟁 기간 부정할 수 없는 역할을 수행했다. 그는 민심과 시대의 흐름을 읽는 통찰력이 뛰어난 선이 굵은 대장 스타일의 지도자였다. 무엇보다 불굴의 기개와 투쟁력을 가지고 있었다. 생각이 깊고 신중한 성격의 김대중이 중요 고비마다 멈칫거릴 때 일도양단의 과감한 결단을 내린 것은 거의 그의 몫이었다. 김영삼과 김대중의 연합, 즉 '백제와 가야의 동맹'이 1987년 민주혁명의 토대였다.

그러나 1987년 대혁명이 성공한 이후 이 동맹은 와해된다. 그리고 민주화 세력 내부의 헤게모니 싸움에서 김대중에 패배한 김영삼은 자기 세력을 이끌고 박정희의 '신라(대구·경북) 세력'과 동맹을 맺는다. 이후 백제와 가야는 철천지원수로 돌변하게 된다. 이로 인해 김영삼에 대한 평가는 전반부와 후반부가 완전히 달라진다.

일찍이 단재 신채호는 1135년 일어난 '묘청의 난'을 '조선 역사상 1천 년내 제1대 사건'이라고 평한 바 있다. 묘청은 개성에서 평양으로 천도해서 만주를 도모하자는 '북벌론'을 제창했다. 신채호는 묘청과 김부식의 대립을 '진취적인 자주사상'과 '보수적인 사대사상'의 대립으로 보고 이렇게 평했던 것이었다. 묘청의 난 이후 이 땅에서는 무수한 민란과 혁명 시도가 있었지만 모두 다 실패했다. 동학의 전봉준도, 갑신정변의 김옥균도, 지난 1천 년내 밑으로부터의 혁명은 모두 실패했다. 그 결과 조선 후기 이래 식민지 시대를 거치면서도 이 땅의 기득권 세력은 단 한 번도 본질적인 변혁을 거치지 못한 채 오늘에까지 이르게 됐다.

1987년 6월 민주혁명은 이 땅에서 최초로 성공한 시민혁명이었다. 민중과 지도자가 혼연일체가 되어 피와 땀과 눈물로 쟁취한 최초의 승리였다. 특히나 그것은 엄혹한 독재 치하에서 생사의 순간을 넘나들면서 마침내 이룩한 승리였기에 더욱 빛났다. 1945년 광복됐을 때, 민중도, 지도자도 모두 얼떨떨한 처지에 빠졌다. 내부의 주도성이 없었기 때문에 외세의 뜻대로 역사의 흐름이 결정됐다. 이번에는 달랐다. 군부독재의 칼날 위에서 지도자들이 앞서고 민중들이 호응했다. 이 어찌 진정한 '한반도 역사상 1천 년내 제1대 사건'이 아니겠는가?

야권을 뒤집은 40대 기수론

본론에 들어가기 전에 야당 호칭에 대해 잠깐 이야기를 해야겠다. 제1야당 인사들은 '60년 전통의 정통 야당'이라는 표현을 쓰고 있지만 사실 이 표현은 법적으로 사실이 아니다. 1956년 신익희, 장면, 조병옥 등이 만든 민주당을 현재 야당의 기원으로 보는 것인데, 그 후 이 당은 이런저런 이합집산을 거쳐 80년대에 김영삼과 김대중 세력의 통합당이 됐으나, 1987년 김대중 세력이 이탈한 후 1990년 3당 합당을 거쳐 법적으로 현재의 새누리당에 통합된다.

3당 합당에 합류하지 않은 이기택, 노무현, 김정길, 이부영, 제정구 등이 이른바 꼬마민주당을 창당하고, 이들이 1991년 김대중의 평화민주당과 합당했으나 이마저도 1996년 김대중 세력이 다시 탈당한 이후, 1997년 대선 당시 꼬마민주당의 조순 총재가 당시 한나라당의 대통령 후보였던 이회창과 통합하게 된다. 따라서 현재의 새누리당은 법적으로 전두환이 세운 민주정의당 계열과 제1야당 민주당 계열의 법통을 가지고 있다. 현재 제1야당의 기원은 1996년 김대중이 창당한 '새정치국민회의'이다. 야당사의 복잡한 뒷면이다. 어쨌거나 제1야당의 당명이 너무 많고 복잡해서 편의상 시대를 막론하고 민주당 또는 제1야당으로 표기한다.

역사의 커튼을 먼저 열어젖힌 사람은 김영삼이었다. 1969년 11월 8일 제1야당의 원내총무 김영삼 의원이 기자회견을 가졌다. 그는 다가오는 1971년의 대통령 선거에 정권 교체를 이루기 위해서는 젊은 40대 리더십이 전면에 나서야 한다고 주장했다. 60~70대 할아버지들이 지배하던 제1야당에 전면적인 세대교체를 들고 나온 것이었다. 매우 충격적이고 참신한 도발이었다. 당시 김영삼의 나이 겨우 만 42세였다. '40대 기수론'으로 불린 이 쿠데타는 야권에 지각변동을 초래했다. 당시 야당은 여권이 박정희를 정점으로 해서 친위 세력이 본격적으로 강화되는 것에 반해 지리멸렬 상태를 벗어나지 못했다.

1960년 4.19 학생 혁명 이후 들어선 2공화국은 내각책임제를 채택했다. 선거 결과 총리에는 민주당 신파의 장면이, 대통령에는 구파의 윤보선이 취임했다. 그러나 신파와 구파의 권력투쟁으로 그해 겨울 분당 상태가 초래되면서 대통령과 총리의 대립은 돌아올 수 없는 다리를 건넌다. 신파와 구파의 대립이 얼마나 뿌리 깊은지 보여 주는 일화가 있다. 민주당 정권 출범 다음 해 5월 16일 박정희가 이끄는 쿠데타군이 서울을 점령하자, 장면 총리는 잠적해 버렸다. 군부 소장파의 쿠데타에 격분한 주한 미군 사령관이 윤보선 대통령을 방문하여 한 장의 문서를 내놓았다. 문서의 내용은 쿠데타군 진압 명령서였다. 사령관은 윤 대통령에게 "대통령께서 명령만 내려 주시면 즉각 쿠데타군을 진압하겠습니다."라고 3시간에 걸쳐 설득했으나, 윤보선 대통령은 결국 묵묵부답으로 쿠데타를 묵인했다.

쿠데타군 지도부였던 국가재건 최고회의의 박정희 의장이 정치 참여하지 않겠다는 자신의 약속을 번복하고 1963년 군복을 벗고 대통령 선거에 전격 출마했다. 이때 야당 후보로는 윤보선 전 대통령이 출마했으나 15만 표 차이로 분패했다. 1967년 대통령 선거에서 다시 박정희와 윤보선이 재 대결했으나 이번에는 116만 표 차이로 패배했다. 물론 이 선거가 공명정대 한 선거는 아니었다. 김종필이 만든 비밀경찰 조직 중앙정보부가 이미 선거 에 깊숙이 개입해 있었다. 이 두 선거는 남산의 도살자로 악명 높던 김형욱 (1963~1969년 재직)이 직접 진두지휘한 공작 선거였다.

당시까지만 해도 헌법상 대통령은 3선 연임이 불가능했다. 따라서 1967 년 대통령 선거에 당선되자마자 박정희 측근 세력은 3선 개헌을 통한 장기 집권 프로젝트를 가동한다. 이를 위해서는 우선 내부의 적부터 정리할 필요 가 있었다.

1961년 5.16 쿠데타 성공 후부터 박정희 일인 권력을 세우기 위한 숙청 이 거듭됐다. 쿠데타 후 2개월 만에 육군 참모총장이자 계엄사령관인 장도 영이 반국가 음모 혐의로 제거됐고, 이후 육사 내부의 8기와 5기의 권력투 쟁이 전개되어 5기가 거세됐다. 박정희는 철저한 분할 지배^{divide & rule} 정책으 로 자신을 정점으로 한 일인 통치 체제를 구축했다. 군부를 완전히 장악한 박정희 정권은 사회적으로도 옥사 사건을 일으킨다. 중앙정보부는 반공을 명분으로 간첩단 사건을 빈번히 발표하는가 하면, 일반 시민은 물론 국회의 원까지 포함된 지도층 인사에게조차 무차별적으로 폭행과 고문 테러를 자 행했다.

5.16 초기만 해도 주동 세력 사이에 약간의 낭만적 분위기가 있었다. 김 종필은 쿠데타의 기획자이자 2인자로 널리 알려졌고 본인도 그렇게 행세했 다. 그리고 박정희가 8년 집권한 다음은 김종필이 하는 게 아니냐는 인식이 집권 세력 내에서도 꽤 퍼져 있었다. 이후락 비서실장, 김형욱 중앙정보부

장, 그리고 군부 내 비밀결사 조직인 하나회에서는 박정희 장기 집권 구도를 위해선 김종필 제거가 필요하다는 인식에 합의한다.

1967년 국민복지회 사건이 터졌다. 김종필계 국회의원들이 조직한 전국 조직이 반박정희 음모를 꾸미고 김종필 추대 공작을 편다는 혐의로 김종필계 여당 국회의원들을 남산의 도살장으로 끌어와 참혹한 고문을 가하고 자백을 받아 낸다. 이로 인해 김종필은 모든 공직에서 사퇴하고 해외 망명을 떠난다. 내부를 정리한 친위 세력은 1968년부터 본격적으로 3선 개헌 공작을 추진한다. 박 정권의 3선 개헌 음모에 대해 범야권은 결사 항전 태세를 선언했다. 당시 끊임없는 이합집산으로 국민을 피곤케 했던 야권은 대통합을 이루고 3선 개헌 반대 투쟁 전선으로 집결했다. 개헌 저지선 확보를 위해 야당 자진 해산 결의까지 하면서 항전했으나 1969년 10월 국회 본회의장이 아닌 별관에서, 그것도 심야 2시에 여권 국회의원만 모여서 날치기로 3선 개헌안을 통과시킨다.

민심은 흉흉했다. 그러나 야당의 지도부들은 민중의 신망을 모으지 못했다. 윤보선, 유진산, 유진오 등 야당의 지도부들이 박정희를 이길 지도자라는 믿음을 주지 못했다. 제1야당은 건국 직후 김성수, 신익희, 장택상, 조병옥 등이 중심이 된 한민당에서 반이승만 투쟁을 고리로 성장해 온 집단이었다. 유교적 연공서열이 지배하는 집단으로서 근대적 정당 면모를 갖추지 못한 명망가들의 정당이었다. 이에 반해 박정희의 민주공화당은 김종필이 북한의 조선노동당을 벤치마킹하여 만들었다는 설이 있을 정도로 근대적인 조직 형태를 갖추고 있었다.

3선 개헌안이 국회에서 통과돼 박정희 장기 집권 음모가 현실화되자 이에 대한 대안으로 김영삼이 40대 기수론을 치고 나온 것이었다. 원로들의 노여움은 극심했다. 원래 김영삼은 구파 출신이었고, 김대중은 신파 출신이었다. 구파의 보스인 유진산 당수는 같은 구파 출신의 김영삼이 세대교체론을 내걸자 '입에서 젖비린내 나는 것들'이라는 뜻의 유명한 '구상유취론^{口尚乳臭論}'으로 분노감을 표현했다. 자칫 고립무원 상태에 빠질 위기에 처한 김영삼은 당내의 다른 40대 야심가들에게 동참 메시지를 보냈다. 원로들의 반발에 처음에는 소극적이던 김대중이 동참하고, 나중에는 이철승까지 40대 기수론에 호응하면서 마침내 세대교체 열풍이 점화된다.

김영삼은 1927년 거제도의 부유한 집안에서 출생했다. 어려서부터 물질적으로 어렵지 않게 생활했던 김영삼은 바다 생활을 하면서 호연지기를 키웠다. 담대하고 호방한 성격으로 사람들을 끌어들이는 매력을 가졌다. 해방이 되어 부산의 경남중학교로 전학했을 때 하숙집 방에 '미래의 대통령 김영삼'이라는 글귀를 걸어 둔 것은 유명한 일화다.

장택상 국무총리와의 개인적 인연으로 정치권에 발을 들여놓았던 그는 1954년 국회의원에 당선됐다. 약관 28세였다. 당시 그는 이승만이 이끌던 자유당 소속이었다. 그는 의원으로 당선되자 경무대에서 이승만 대통령을 만날 기회가 있었는데, "박사님, 개헌하시면 안 됩니다. 국부로 남으셔야 합니다."라고 면전에서 3선 개헌 반대 의사를 피력했다. 이 말을 들은 80세의 이승만은 분노로 손을 떨면서 아무 말 없이 그 자리를 떠났다. 1954년 11월 자유당이 사사오입 개헌으로 3선 개헌을 밀어붙이자 그는 다음 날 동지들을 규합하여 야당 투사로 변신한다. 5.16 쿠데타로 국회의원직을 잃고 실업자가 된 김영삼에게 군부 세력은 끊임없이 회유 공작을 펼쳤다. 그러나 그는 흔들리지 않고 쿠데타 세력에게 협력하지 않겠다고 단호하게 거절했다.

김영삼의 정체성은 두 가지였다. 민주주의자와 대통령이 되겠다는 강렬한 권력의지. 60년대 초반 박정희와 김종필을 필두로 한 소장 군부 세력이 한국을 병영국가로 재건축하고 있을 무렵 김영삼은 민주 시대의 대통령이라는 꿈을 착실히 키워가고 있었다. 그 무렵 그에게 힘과 영감을 준 사람은 케네디 대통령이었다. 1960년 말 44세의 청년 존 F. 케네디는 부통령을 지낸 백전노장 닉슨을 꺾고 미국 대통령에 당선됨으로써 전 세계에 케네디 신드롬을 불러일으켰다. 그의 뉴 프론티어 정신이라는 캐치프레이즈와 취임 연설은 전 세계인들의 눈과 귀를 사로잡았다. 청년 정치인 김영삼도 한국의 케네디가 되겠다는 야심찬 포부를 키워 나갔다. 3선, 4선 의원을 거치면서 당의 원내총무(요즘의 원내대표에 해당) 등 요직을 거치면서 정치적으로 단련되고 국민들에게도 미래의 기대주로 주목을 끌게 된다.

박정희가 재선된 1967년부터 3선 개헌안이 통과된 1969년 사이에 비밀 경찰 중앙정보부는 모든 것을 통제하는 괴물로 자리 잡기 시작했다. 민간인과 정치적 반대자를 가리지 않고, 심지어 여권과 야권조차 가리지 않고 사찰, 연행, 고문, 테러까지 자행했고, 온갖 이권 개입과 야당 매수공작 등 무소불위의 권력을 휘두르기 시작했다.

이 시기 야당을 한다는 것은 일제 말기 독립운동을 한다는 것과 같은 의미였다. 본인뿐만 아니라 친인척과 후원자들에게까지 중앙정보부의 마수가 뻗쳤다. 심지어 목숨까지 걸어야 할 상황이었다. 1969년 6월 20일 국회 본회의 대정부 질문에서 박정희 정권의 3선 개헌 음모를 강력히 비판했던 김영삼은 그날 저녁 자택 앞에서 중앙정보부 요원인 세 명의 괴한으로부터 질산 투척이라는 테러 공격을 받게 된다.

이 시기 나온 40대 기수론은 선배들의 기득권을 뺏기 위한 세대교체론이 아니었다. 오히려 그동안 선배들이 진 가시면류관과 십자가를 대신 지겠다는 비장함이 있었다. 군부 통치의 칼날 앞에서 늙고 무능한 리더십 대신 자신들이 목숨을 바쳐 민주화 투쟁을 이끌겠다는 희생의 선언이었다. 이런 진정성이 있었기에 40대 기수론은 절망에 빠진 야권 지지자들에게 엄청난 감동으로 다가왔다.

따라서 40대 기수론에 동참하는 것은 보통의 결심으로는 불가능한 것이었다. 다행히 이철승과 김대중 등 차세대 유망주들이 40대 기수론에 동참하고, 여론의 불같은 지지가 폭발하자 대사大蛇라는 별명을 가진 노회한 정치인 유진산은 대선 불출마를 선언하고 후배들에게 자리를 비켜 줄 수밖에 없었다.

이철승은 1922년 출생으로 반일, 반탁운동으로 뼈가 굵은 야당 본류였다. 그는 장면을 정치적 대부로 삼았으며, 2공화국에서는 국회 국방위원장을 지냈다. 5.16 후 군부의 회유를 거부하면서 오랫동안 해외 망명 생활을 하다가 60년대 중반 귀국하여 거의 와해된 민주당 신파 계보를 다시 세워 지도자가 됐다. 유신 전까지 민주화 투사였으나 유신 이후 이른바 '중도통합론'으로 박정희 정권과의 협상과 타협론을 제기하면서 점차 협객의 대열에서 이탈하기 시작했다.

1924년생 김대중은 1963년 총선 때 목포에서 당선되면서 정치권에 진입했다. 그는 국회의원에 당선되자마자 탁월한 식견과 언변으로 단번에 주목을 받았다. 1964년 4월 20일 야당 국회의원이 '공화당이 일본으로부터 비밀 정치자금을 제공받았다'는 내용을 폭로하자 공화당은 그에 대한 구속 동의안을 상정했다. 김대중은 5시간 19분 동안 물 한 모금 마시지 않고 조목조목 안건의 부당성을 따지는 필리버스터를 감행하여 결국 구속 동의안 처리를 막아 냈다. 당시까지의 최장 필리버스터로 기네스 증서를 받았다. 김대중이 얼마나 미운 털이 박혔던지 1967년 총선 시 박정희가 직접 나서 낙선 운동을 벌였다. 총선 기간 중 박정희는 국무회의를 목포에서 여는 등 목포는 김대중과 박정희의 대결로 전국적 관심 지역으로 떠올랐다.

김대중은 여타 야당 정치인과는 결이 달랐다. 대부분의 야당 정치인들이 명문호족 출신인 데 비해 그는 평민 출신이었다. 또한 그는 야당에서는 드물게 사업에서 성공하고 정치에 뛰어든 케이스였다. 당시 야당은 선비들이 지배하던 사회였다. 그가 나중에 정치인은 '서생적 문제의식과 상인적 감각을 겸비해야 된다'라는 말을 즐겨 한 것도 정치에서 사업 감각의 중요성을 체득했기 때문이었다. 사업 감각이란 실사구시의 자세와 동시에 목표 달성을 위한 집요함을 의미한다. 마지막으로 그를 동시대의 다른 정치인들과 구별 짓는 것은 사상가적 풍모였다. 대부분의 야당 정치인이 반독재 민주화 투쟁으로 야당 정치를 이해하고 있을 때, 비전과 담론이라는 것을 한국 정치에 도입한 것도 그였다. 탁월한 언변, 사업가적 수완, 사상가적 풍모는 김대중 정치를 이루는 3원소였다. 김영삼, 김대중, 이철승으로 대표되는 40대 기수들이 전면에 나섬으로써 야당사는 세대교체를 이루면서 새로운 전기를 맞게 된다.

1969년에서 1970년에 이르는 시대적 배경과 관련해서 두 가지를 주목할 필요가 있다. 첫째는 산업화로 인한 개발의 광풍 속에서 서민들의 민생고와 불만이 폭발 직전에 이르게 됐다는 점이다. 1966~1967년 처음으로 부동산 투기가 발생했다. 서울에는 거대한 무허가 판자촌이 형성됐다. 빈익빈 부익부라는 용어가 인구에 회자되기 시작했다.

두 번째로 북쪽의 김일성이 군사적 모험주의 노선을 실행에 옮기기 시작했다는 사실이다. 북한의 특수부대 조직이 한 달이 멀다고 남쪽을 침범해 사회 혼란을 조성했다. 무장 부대가 청와대 근처까지 침투했던 1968년 1.21 사태 직후인 1월 23일 미국 군함 푸에블로 호가 북한에 나포되는 사건이 발생하는 바람에 한반도에 전쟁 직전의 분위기가 조성됐다.

최근 기밀 해제된 중국 외교부 문서에 따르면 김일성은 1965년 제2차 한국전쟁을 기획했지만 중국의 반대로 무산됐다. 참으로 아이러니하게도 김일성의 군사적 무력 통일 시도는 박정희 정권에게는 더할 나위 없는 보약이 됐다. 그들은 자신들만이 군부독재를 통해 남한의 공산화를 막을 수 있다는 확신을 더욱 굳혔고, 북한의 도발은 남한 사회를 극도로 경색시켜 안보제일주의의 반공 사회로 가게 만들었다. 이른바 '적대적 공생 관계'의 구조였다.

이처럼 안팎으로 엄혹한 시기에 야당은 새로운 리더십을 태동하기 위한 경쟁에 돌입한다. D-Day는 1970년 9월 29일, 대통령 후보를 뽑는 전당대회 현장이었다. 역사는 밤에 이루어진다고 했던가? 9월 28일 저녁 김영삼은 원고를 다듬고 있었다. 내일이면 제1야당의 대통령 후보를 뽑는 전당대회가 열린다. 그러나 당락 여부는 그의 관심사가 아니었다. 그는 당내 주류이자 최대 세력인 유진산 당수의 지지를 확보한 상태였다. 게다가 진산은 이철승이 김영삼을 지지하도록 후보 단일화까지 정리해 놓은 상태였다. 이제 박정희와의 결투만 남은 것처럼 보였다. 당내 예선은 끝난 것으로 보고 44세의 청년 장수가 만년 야당을 이끌고 정권 교체 투쟁에 나서야 한다는 역사적 사명감과 전의를 북돋우면서 후보 수락 원고를 구상하고 있었다.

그 시각 김대중은 밤새 전국에서 올라온 대의원들이 묵고 있는 숙소를 순방하고 있었다. 그는 일일이 대의원들의 손을 잡고 인사하면서 맨투맨 접촉으로 스킨십을 강화했다. 동요하던 이철승계 대의원을 집중 공략했다.

운명의 날, 1차 투표에서 김대중은 김영삼의 과반수 득표를 저지했다. 김영삼 421표(47.6%), 김대중 382표(43.2%), 무효 82표(9.3%)였다. 이철승계의 표가 김영삼에게 오지 않았던 것이다. 예상하지 못한 투표 결과에 허를 찔린 김영삼 조직이 우왕좌왕하는 사이에 김대중 진영은 이철승 조직표를 맹렬히 흡수했다. 2차 투표의 결과는 김대중 458표(51.8%), 김영삼 410표(46.4%), 무효 16표(1.8%)로 김대중이 대통령 후보로 선출됐다.

이날의 대역전극은 이철승계의 반란으로 기록되는데, 이철승계는 유진산이 김영삼을 단일 후보로 지명한 데 내심 반발했다. 또 이철승계가 김대중과 뿌리가 같은 민주당 신파 출신이라는 점, 그리고 이철승이 전라북도 전주 출신이었고, 김대중은 전라남도 목포 출신이었다는 것도 김대중에게 유리하게 작용했다.

양김이 민주화 투쟁을 이끌 때, 역사에 길이 남는 전당대회가 두 번 있었다. 1970년 9월 28일의 대통령 후보를 뽑는 전당대회와 1979년 5월 30일 유신 체제를 종식시킬 제1야당의 총재를 뽑는 전당대회다.

정당이 민의에 부응하는 결정을 내릴 때 민중은 거대한 변혁의 에너지로 답한다. 이 두 전당대회는 야당 지지자뿐만 아니라 대다수 일반 국민들의 강력한 열정과 지지를 불러일으켜 역사를 바꾸는 계기로 작용하였다. 이 두 번의 전당대회는 모두 2차 투표에서 역전을 보여줌으로써 드라마보다 더 극적이었다.

김영삼은 김대중과 함께 전국을 누비면서 박정희 정권 타도에 나서겠다며 경선 결과 승복 선언을 했으며, 이는 이날 전당대회의 열기를 더욱 끌어올리는 기폭제 역할을 했다. 이제 야당은 40대 젊은 피를 장수로 뽑고 박정희 정권과 건곤일척의 승부에 나선다. 김대중은 물 만난 고기가 됐다. 다음해 1971년 4월 27일 대선까지 자신의 역량을 100% 발휘하면서 민중의 영혼을 사로잡았다. 박정희 정권의 모골을 송연케 만들었다.

1971년 대통령 선거의 하이라이트는 서울 장충단 공원 유세였다. 먼저 김대중이 4월 18일 유세에 나섰다. 이때만 하더라도 일반 대중들은 정치 지도자를 접하기 어려웠다. 스마트폰, SNS, 인터넷은 물론 없었고, 흑백텔레

비전이나 종이 신문을 통해서 접할 수 있을 뿐이었다. 유권자가 직접 후보를 볼 수 있는 기회는 유세장이 유일했다.

당시 여권의 실질적 선거 대책 본부는 중앙정보부였다. 천문학적 자금과 전국적인 비밀 조직을 총동원해 관권 부정선거를 총괄 기획, 집행했다. 김대중의 장충단 선거 유세에 참석하는 사람들을 차단하기 위해 그들은 할 수 있는 모든 방해 공작을 꾸몄다. 예비군 훈련 실시, 공무원 참석 금지, 시내 고궁 무료 개방…… 그러나 너도 나도 이심전심으로 구름 같은 인파가 몰렸다. 당시 언론은 80만 명에 달하는 인파라고 보도했다.

김대중은 사자후를 토했다. "박정희는 영구 집권을 위한 총통제를 꿈꾸고 있다. 이번 대선이 마지막 선거가 될 것이다. 반드시 이번 선거에서 저지해야 한다." 그는 자신의 공약을 열정적으로 호소했다. 반공 병영 체제에 정면으로 도전하는 향토예비군 폐지, 폭압 정치를 근절하기 위한 중앙정보부 폐지, 정경 유착으로 인한 부패를 공격하고 서민과 중산층 그리고 중소기업을 중심으로 한 경제발전론을 주창하고, 주변 4강대국의 안전보장론과 3단계 통일론이라는 자신의 통일 방안을 제시했다. 많이 버는 사람이 세금을 많이 내고, 적게 버는 사람은 적게 내는 조세 대개혁을 단행하겠다는 공약도, 부유층에게 사치세를 물리는 부유세를 신설하겠다는 구절도 있었다. 시대를 몇 십 년 앞서는 진보적인 정책이었다. 이날은 김대중이라는 정치인이 민중의 가슴에 불을 지르면서 민중의 지도자로 뜬 날이었다. 유세에 참석했던 80만 명이 '야, 김대중 그 말 들어봤더니 정말 물건은 물건이야'라는 평을 퍼뜨리기 시작했으니 말이다.

일주일 뒤 이번에는 같은 장소에서 박정희가 유세에 나섰다. 엄청난 인파를 동원한 이날 유세에서 그는 간절히 호소했다. "이번이 정말 마지막이다. 한 번만 더 일할 수 있게 해 달라. 내가 벌인 일 마무리할 수 있게 기회를 달라."

4월 27일 개표 결과 박정희가 95만 표 차로 김대중을 누르고 승리했다. 그러나 민중들은 알고 있었다. 진정한 승자는 김대중이라는 것을. 사실상 공개 투표를 실시한 군인들의 부재자 투표에서 박정희가 압승한 사실을 감안하고, 무엇보다도 민초들이 자기 주변에서 직접 보고 느낀 부정선거를 통해 김대중은 민중들의 정신적 대통령으로 각인됐다.

1971년 대통령 선거는 아주 중요한 정치적 의미를 가진다. 이 선거를 통해 민주 진영은 처음으로 김대중과 김영삼이라는 민중의 지도자를 갖게 됐다. 건국 이후 야당을 이끌어온 지도자들은 호족 출신의 명망가들이었다. 이들은 대중 정치인이라기보다는 정치 엘리트이자 선비로서의 성격이 강했다. 그러나 40대 기수론을 통해 민중과 함께 목숨을 걸고 투쟁하는 새 세대의 지도자들이 탄생함으로써 정치권의 야당 세력이라는 좁은 범주를 뛰어넘어 범민주 세력이라는 더 큰 범주에서 박정희의 군부 세력과 김일성의 조선노동당 세력에 필적하는 독자적인 세력으로 발전할 수 있는 에너지를 확보하게 됐다. 김대중과 야권이 엄혹한 반공 유일 체제에서 안보와 통일 문제에 대해 군사독재 세력과 다른 목소리를 낸 점은 매우 의미 깊다. 60년대 후반 한반도는 상대를 군사적으로 제압하겠다는 모험주의 노선이 지배하던 시기였다. 적화통일론과 멸공통일론이 정면충돌하는 가운데 주변 4강대국을 평화의 보증인으로 활용하고 평화적, 단계적 통일론을 주창한 것은 민족의 미래와 관련해 중대한 대안의 출현이었다.

총평한다면 1971년 선거를 거치면서 비로소 한반도는 3세력이 솥단지의 삼발이처럼 정립되는 구도의 싹이 나타난다. 남의 군부 세력과 북의 조선노동당 세력 그리고 민주 세력의 천하삼분지계가 시작된 시점이다. 민주 세력은 '호남과 가야' 그리고 진보적 지식인의 삼자 동맹에서 태동하고 발전해 온 세력이었다. 그러나 김대중의 패권적 지위가 확립하면서 호남 세력으로 단일화가 되는 과정을 거친다. 군부 세력 역시 박정희 1인의 절대 권력이 확립되고 북한 노동당 역시 김일성의 유일 영도 체제로 귀결된다. 천하삼분지계가 명분만으로 이루어진 것은 아니다. 조조가 중원을 취하고, 오의 손권이 강동을 호령하고 유비가 서촉에 자리를 잡듯이 1971년 선거를 통해 한국 정치에 지역주의가 그 모습을 드러낸다. 지역주의와 더불어 색깔론이 이중의 나선형으로 나타난다. 이후 한국정치를 좌우하는 두개의 담론에 대해 추적해 보자.

색깔론과 지역주의

색깔이 사람의 생사를 좌우하는 시대가 있었다. 정치 세력의 부침을 결정하는 염라대왕의 초대장이 되는 시대가 있었다. 한반도의 북쪽에서는 "너 빨간색이 아니지?"라며 찍히는 것이 사망 선고를 의미하는 것이고, 남쪽에서는 "너 빨간색이지?"라는 말이 죽음을 뜻하게 됐다. 장미의 아름다움은 빨간색에서 나온다. 아름다운 이 색이 왜 생사를 결정하는 살생부가 됐을까? 이제 그 유래를 찾아가 보자.

2차 대전 종전 이후 좌우의 정면충돌을 피한 희귀한 사례로 오스트리아를 들 수 있다. 히틀러의 점령에서 빠져나온 오스트리아는 정치 지도자들이 현명하게도 좌우 대연정을 수립해 내란을 피하고 국가적 위기 상황을 수습했다. 그러나 이는 극히 예외적 사례였다. 대부분의 경우, 특히 아시아는 식민지 상태에서 민족 해방 운동과 반봉건 근대화 운동이 전쟁의 양태로 진행됐다. 한반도에서도 좌파 계열은 남한의 자발적인 무장봉기와 소련에 의해 공산화된 북한이 주도하는 전면전 노선을 채택했다.

3년에 걸친 한국전쟁은 민주주의의 싹을 잘라 버렸다. 이성은 사라지고 광기가 그 자리를 대신했다. 인명에 대한 존중은 전쟁을 거치면서 사라지고, 권력욕은 사람 죽이는 것에 대한 죄의식을 없애 버렸다. 권력을 유지하고 기득권을 유지하는 방법은 아주 간단했다. 남쪽에서는 "너 빨갱이지?", 북쪽에서는 "너 미제(미 제국주의) 간첩이지?" 하면 끝났다.

1959년 독립운동가이자 진보적 정치인이었고 1956년 대통령 후보였던 조봉암이 간첩 혐의로 사형됐다. 그는 일제 치하 공산주의 독립 운동가였으나 해방 후 1946년 남로당의 폭력혁명 노선에 반발해 공개적으로 전향했다. 이후 진보적 정치가로 활동했다. 그러나 이승만 정권은 그가 정치적으로 위협적인 인물이 되자 색깔론으로 제거했다. 그가 처형된 지 52년째 되던 해 2011년 1월 20일 대법원은 조봉암의 간첩죄와 국가보안법 위반 등 혐의에 대해 무죄를 선고했다. 남한에서 색깔론은 정적 제거의 핵심 수단으로 자리 잡는다.

북한의 경우는 어땠을까? 1946년 10월 10일 소련 점령군의 전폭적 지원을 받아 조선공산당 북조선 분국의 실세가 된 김일성은 1949년 6월 30일 남북의 노동당이 합당한 조선노동당 중앙위원장이 됨으로써 북한 권력의 1인자가 됐다. 그러나 이때만 하더라도 조선노동당은 일종의 계파 연합체였다. 김일성의 빨치산파, 국내파(현준혁), 남로당파(박헌영), 연안파(김두봉), 소련파(허가이), 갑산파(박금철) 등이 세력균형을 이루고 있었다.

그러나 6.25 전쟁은 이 세력 균형을 완전히 깨 버렸다. 개전 초기 파죽지세에서 유엔군의 참전으로 코너에 몰리고 중국 인민 해방군의 참전으로 간신히 숨을 돌린 김일성은 위기를 기회로 반전시킨다. 패전의 책임을 물어 남로당의 박헌영 계열을 미제의 스파이라는 죄명으로 체포하여 대부분 사형에 처한다. 가장 큰 정적을 제거한 김일성은 권력 기반을 강화하면서 전후 복구에 매진한다.

1956년 2월 소련의 새 실력자 흐루시초프는 스탈린의 공포정치를 비판함으로써 국제 공산주의 운동에 일대 충격을 가했다. 개인숭배, 무오류성의 신화, 권력 남용 등을 가차 없이 비판했다. 스탈린 노선을 추종하던 각국 공산당 지도자들은 심각한 타격을 받았다. 북한에서도 소련파와 연안파가 이 기회를 틈타 김일성 비판에 나섰다. 김일성 권력의 일대 위기였다. 그러나 역시 김일성이었다. 1956년 8월부터 1959년까지 약 3년에 걸친 반종파 투쟁으로 이름붙인 권력투쟁을 통해 연안파와 소련파를 완전히 축출하여 조선노동당은 오히려 김일성의 완전한 1인 지배 체제로 정리된다.

60년대 후반 같은 빨치산 그룹 내에서 김일성의 절대 권력에 방해가 되는 갑산파마저 거세된다. 이제 거칠 것이 없어진 김일성은 1972년 헌법 개정을 통해 국가주석으로 취임하면서 공산주의 국가에서 현대판 왕조로의 전환을 공식적으로 선언한다.

색깔론 이야기가 나왔으니 좀 더 넓혀서 생각해 보자. 어느 시대, 어느 사회를 막론하고 권력을 장악한 지배계급에 대항하는 세력에 대해서는 강력한 체제 방어막이 작동하게 되어 있다. 현대 민주 사회로 발전하기 전까지 체제와 다른 생각이나 행동을 하게 되면 패가망신에서 멸문지화에 이르는 형벌이 준비돼 있었다. 심지어는 있지도 않은 죄목을 만들어 구족을 멸하는 잔인한 시대도 있었다. 북한에서 수령에게 "당신 말이 틀렸소."라고 한다면? "우리도 민주주의 한번 해 봅시다."라고 청원 운동을 벌인다면? 정치범 수용소로 가게 될 것이다. 심지어 지도부조차 반당반혁명 종파분자니 미제의 간첩이니 하는 딱지를 붙이는 순간 멸문지화를 당하게 된다.

우리 역사에서도 색깔론의 뿌리는 깊다. 조선 후기 200년 이상을 지배했던 노론 사림 집단은 유교 그 중에서도 주자학을 지배 이데올로기로 숭배했다. 주자와 조금이라도 다른 해석을 하게 되면 사문난적斯文亂賊이라는 낙인을 찍었다. 노론의 거두 송시열은 '성현의 말을 곡해하고, 견강부회로 제 당파의 이익을 과장되이 변호하는 데에 악용하며, 마땅히 힘써야 할 생업을 등한히 한 채 공리공담만 일삼다가 늙고 찌든 몸으로 무력한 저주나 일삼는 자, 이런 자를 두고 사문난적이라 한다'고 말했다. 그동안 사문난적으로 규정된 사람들의 리스트를 보면, 『홍길동전』의 저자 허균, 효종 때 북벌론을 주장했던 윤휴, 고산 윤선도, 송시열을 비판한 박세당, 동학 농민운동의 지도자 전봉준 등이 있다.

일제 강점기에 이르면 새로운 용어가 선보인다. 불령선인不逞鮮人이라는 말이 그것이다. 일제의 통치에 반대하고 항거하는 조선인을 도의에 따르지 않는 삐딱한 사람이라는 뜻의 불령한 조선인이라 불렀다. 모든 독립운동가들은 졸지에 불령선인이 됐다. 민족혼 역시 불령한 처지에 놓이게 됐다.

60~70년대 민주화 운동을 하다가 파출소나 경찰서에 잡혀가면 모진 구타와 고문이 기다리고 있다. 지내다 보면 고참 형사들이 무용담을 펼치며 자기 과거를 자랑한다. 자기가 일제 강점기와 해방 이후에 얼마나 열심히 불령선인이나 좌익을 때려잡았는지 침 튀기면서 자랑한다. 그리고 자기가 평생 얼마나 많은 반정부 인사를 '조졌는지' 열거하고는 민주화 운동가들에게 인생 망치지 말고 정신을 차리라고 훈계한다. 그때까지만 해도 일제 고등계 형사 출신들이 아직 현직에 남아 있을 때였다. 그리고 구타와 고문의 기법이 일제 때부터 개발되고 발전돼 왔다는 역사(?) 강의까지 한다.

대한민국 건국 이후 새로운 용어가 그 자리를 대체한다. '빨갱이'라는 말이 그것이다. 아마 빨갱이 소리를 제일 많이 들었던 사람을 기억나는 대로 적어 보라면 김대중, 김근태, 문익환 순이 될 것 같다. 민주화 운동을 했던 거의 대부분의 지도자들이 포함될 것이다. 이 딱지야말로 현대판 사문난적이나 반당반혁명 종파분자와 같이 남한 사회에서 패가망신을 보장하는 부적이나 다름없었다. 그런데 민주화 운동 지도자 못지않게 빨갱이 소리를 많이 들었던 사람이 있었다. 바로 박정희 대통령이다. 이제 이 기구한 역사의 역설을 살펴보자.

6년간 중앙정보부장을 지내면서 박정희 절대 독재 체제의 초석을 세웠지만 말년에 반박정희 전선에 섰다가 마피아 영화에서나 나올 법한 아주 잔인한 방법으로 살해당했다는 김형욱 회고록을 참고해 보자.

50년대 후반부터 5.16에 이르기까지 위관급이나 영관급 장교 사이에서 부패한 군과 사회에 대한 비분강개의 토론이 많았다고 한다. 그들 중에는 국방부와 육군본부의 중앙 조직에서 실무 담당자도 있었고, 순환 보직에 따라 일선 사단이나 군단의 참모로 일하는 장교들도 있었다. 육사 2기부터 8기까지 전쟁을 통해 맺어진 강력한 전우애와 현실 사회에 대한 불만 등이 겹쳐 이들 사이에서도 부조리한 이승만 정부에 대한 공분의 담론이 형성됐다. 만나면 밤을 새는 술자리에서 시국을 성토하고 우리라도 나서야 하지 않겠느냐는 우국충정의 이야기꽃을 피웠다고 한다.

이때 젊은 장교들의 최대 관심사는 자신들을 지도할 만한 선배가 누구인가, 하는 것이었다. 장군쯤 되면 정치 물이 들거나 사리사욕만 채우기 십상이었다. 당시 고위 장성들의 부패상은 혀를 찰 지경이었다. 부식 빼돌리기, 자재 빼돌리기, 원조 물자 빼돌리기, 이권 사업 배정하기, 심지어 관할 구역 나무 베어서 팔아먹기 등 이루 말할 수가 없었다. 모두가 그랬던 건 아니겠지만, 소장파 청년 장교들이 분노하고도 남을 상황이었다. 이야기는 자연스럽게 군 선배들에 대한 품평으로 넘어간다. 단연 사람들의 제1차 관심사는 박정희 장군의 동향이었다. "그 양반 요즘 어떻게 지내? 사고 친다면 그 양반밖에 없는 것 아냐?" 이럴 때 반드시 나오는 말이 "근데 박 장군은 빨갱이 출신이잖아. 여순반란사건 때 사형 받았던 전력이 있는 데 믿을 수 있을까."

그랬다. 박정희의 좌익 전력은 군 내부에서는 주지의 사실이었다. 비록 만주군 선배들의 도움으로 군에서 자리를 잡고 장군까지 승진했지만 직접 병력을 동원할 수 있는 책임자급 보직은 주어지지 않았다. 여순사건 이후 생사의 고비를 넘기고서도 평범한 범부의 일상에 만족하지 않았던 그는 군에 복귀하자마자 한국의 메이지유신을 일으켜 보자는 포부를 위하여 차근차근 군부 내 신망을 얻어 나갔다. 그 결과 그는 10년 뒤 소장파 청년 군인들이 인정하는 카리스마를 가진 리더로 자리 잡게 된다.

5.16 쿠데타가 일어나자마자 며칠 만에 평양에서 환영 군중대회가 열렸다. 박정희를 너무나 잘 아는 사람들이 북쪽 지도부에도 있었기 때문에 '이거 우리 동지들이 드디어 은인자중하다가 거사를 일으킨 것 아니야?'라는 착각이 있었다.

미국도 박정희의 전력을 예의 주시했다. 박정희 역시 자신에 대한 안팎의 의구심을 너무도 잘 알고 있었다. 5.16 쿠데타 후 6개항의 혁명 공약을 발표했는데, 반공을 국시의 제일로 삼고 반공 태세를 재정비 강화할 것, 미국을 위시한 자유 우방과의 유대를 공고히 할 것을 맨 앞에 내건 이유는 이런 저간의 사정이 있었기 때문이었다.

이러한 박정희의 전력은 그가 대통령 선거에 나오자마자 핫이슈가 되지 않을 수 없었다. 한국 정치에서 이른바 색깔론이 최초로 등장하는 것은 1963년 치러진 박정희와 윤보선의 대결 때였다. 3년간의 군정이 끝나고 문민 세력과 군부 세력의 최초 대결이었다. 아이러니하게도 색깔 논쟁의 포문을 연 것은 문민 세력인 윤보선 후보 진영이었다. 9월 24일, 그는 지방 유세에서 "여순반란 사건의 관련자가 정부 안에 있으며 박 의장의 민족주의 사상을 의심한다."고 포문을 열었다. 9월 28일, 윤보선의 찬조 연설자였던 김사만은 "박정희는 여순반란 사건에 관련되어 사형 선고까지 받았던 공산주의자였다. 일제에 항거하다가 사형 선고를 받았다면 몰라도, 우리의 주적인 공산당 혐의를 받았던 사람에게 어떻게 믿고 투표할 것이냐?"라며 박정희를 공격했다. 이른바 대선이 사상 논쟁으로 흘러가기 시작했다. 자신의 아킬레스건을 건드린 야당의 공세에 박정희는 어떤 반응을 보였을까? 〈동아일보〉 1963년 10월 14일자는 이렇게 전한다.

"나는 지금 테로(테러)를 당하고 있어요. 그저 참고 있자니 이 나라의 원수元首인 나를 '빨갱이'로 몰아치니…… 그래 아무리 정권도 좋지만 목적을 위해 수단 방법을 안 가리니 이게 공산당 수법과 다를 게 뭐요? 내가 '빨갱이'라면 이 나라가 2년 동안 '빨갱이' 치하에 있었단 말이오? 화제가 '빨갱이' 이야기에 미치자 그는 한층 더 격하게 흥분을 나타내기 시작했다. 야당들이 이번 선거전을 통해 그를 '빨갱이'로 모는 데 대한 분노는 밖에서 일반이 생각하는 것 이상으로 훨씬 격한 것이었다."

10월 15일 박정희는 대통령에 당선됐다. 다음 달 11월 9일 박정희는 여수를 방문하여 대중강연을 통해 이렇게 해명했다. "나는 여순반란 사건 당시 소령으로 육사 교관으로 근무했다. 나중에 토벌군의 작전 참모를 역임했다. 야당의 공세는 아무 근거 없는 모략에 불과하다."

야당 후보가 적극 제기한 색깔론을 어떻게 보아야 할까? 우선 날조극이나 모략은 아니었다. 당시의 신문 보도나 수사 자료 또는 증언 등 결정적인 증거를 제시하지는 못했지만 말이다. 그런데 이 색깔론이 대선에서 오히려 박정희에게 유리한 결과를 초래했다는 것이 선거 후의 평가였다. 박정희는 윤보선에게 불과 15만 표 차이로 가까스로 이겼다. 서울·경기·충청권에서 윤보선(55.3% 대 35.7%)이 이기고, 영남·호남에서 박정희(56.0% 대 36.3%)가 이겼다. 즉 영호남의 몰표가 박정희 당선의 견인차가 됐다는 결론이 나온다.

윤보선의 맹렬한 사상 공격은 의도와 정반대의 결과를 가져왔다. 당시만 해도 6.25 전쟁으로 인한 피해자가 광범위하게 존재했다. 영남과 호남은 좌익 독립운동의 뿌리가 깊은 곳이었다. 또한 연좌제로 수많은 사람들이 고통받고 있었다. 연좌제란 친인척 중 좌익 연루자가 있으면 취업을 포함하여 일상생활 전반에 불이익을 주는 제도였다. 좌익과 아무 관련이 없었던 사람조차 얼떨결에 평생 어둠의 인생을 살게 된 비극도 너무도 많았다. 국민보도연맹 사건이라 불리는 비극이 그 한 예다.

1946년 4월 오제도 검사가 제안하여 정부가 주도적으로 만든 보도연맹은 법적인 근거 없는 임의 관변 단체였다. 취지는 남로당의 전향자들을 효율적으로 관리하여 반공 세력을 키우자는 것이었다. 이들에게는 헌법상의 권리를 가진 도민증 대신 보도연맹증으로 별도 국민으로 관리했다. 그런데 조직 확대 과정에서 일선 관공서에 목표 인원이 할당되면서 제대로 된 심사 과정 없이 무차별적으로 가입하게 된 사람들이 많게 됐다. 정확한 통계는 없지만 30만 명까지 이르렀다고 한다. 비극은 6.25 전쟁이 발발하자 정부에서 어떤 법적 명령이나 근거 없이 이들에 대한 즉결 처분식 처형을 실시하면서 발생했다.

2만 명에서 심지어 20만 명에 이르는 사람이 좌익 활동 전력자 내지 방조자라는 혐의로 학살됐다. 이때 연루된 가족들이나 친인척들은 그 후 수십 년 동안 연좌제라는 죄 아닌 죄명으로 눈물을 삼키며 어둠 속에서 생활해야 했다. 윤보선의 박정희 남로당 전력에 대한 전면 공세는 사회 밑바닥에서 숨죽이고 있었던 이런 피해자들의 몰표가 박정희에게 가도록 만들었다.

사실 1963년 대선에서 박정희는 많은 약점을 안고 있었다. 우선 쿠데타 세력은 거사 당시의 순수성도 잦은 말 바꾸기로 인정받지 못했다. 군에 복귀하겠다는 약속도 결국 지키지 않았고, 민정에 참여하지 않겠다는 약속도 뒤집었다. 그리고 무엇보다 4대 의혹 사건 등으로 국민을 분노케 했다.

4대 의혹 사건은 군정 치하에서 김종필이 주도한 중앙정보부가 정치자금을 조성하기 위한 과정에서 불거져 나온 권력형 부패 사건이다. 첫 번째 의혹은 중정이 주가 작전 세력이 되어 5,300여 명에 이르는 일반 투자자에게 엄청난 손실을 안겨 주고 자신은 엄청난 시세차익을 챙긴 증권 파동이었다. 그리고 호텔 짓는 과정에서 정부가 5억3,590여만 원을 지원했는데, 이 과정에서 공금을 유용한 워커힐 사건, 재일 교포의 도박 기계 100여 대를 재일 교포 재산 반입으로 속여 들여와 도박을 통해 정치자금을 조성한 빠칭코 사건, 자동차공업을 육성한다는 미명 아래 수입 허가 과정에서 막대한 예산을 낭비하고 횡령한 새나라 자동차 사건이었다.

박정희는 혁명 공약 6개항 중 6번째 항에서 양심적인 정치인에게 정권을 이양하고 군은 본연의 임무로 복귀한다고 선언했지만, 쿠데타 발생 한 달 후 김종필에게 비밀 메모를 보내 미국 CIA를 본뜬 정보 기구 창설을 지시했다. 이후 민간 정치인의 입과 손발을 묶은 상태에서 비밀리에 민주공화당 창설을 추진했다.

1963년 대선은 처음으로 중앙정보부가 대통령 선거라는 빅 이벤트를 치러 낸 선거였다. 그때까지 중앙정보부는 군부 내 반대 세력 숙청, 공화당 창설, 정치자금 조성 등 막후에서 정권 구축 작업의 핵심 역할을 했지만, 1963년 이후 중앙정보부는 한국 정치의 막전막후의 주인공으로 맹활약을 하게 된다.

4년 뒤 1967년 5월 3일 6대 대통령 선거가 실시됐다. 박정희와 윤보선의 리턴매치였다. 박정희의 창은 윤보선에게 방패였고, 윤보선의 창은 박정희에게 방패였다. 박정희는 이제 경제개발, 조국 근대화라는 국가 비전, 그리고 리더십이라는 창이 생겼다. 윤보선은 굴욕적인 한일 회담, 청부 전쟁이라는 월남전 파병, 그리고 경제개발의 후유증과 부정부패라는 창을 들고 출전했다.

윤보선은 이번에는 색깔론이나 사상 논쟁을 피하고 싶어 했다. 그의 구호는 '지난 농사 망친 황소 올 봄에는 갈아보자', '부정부패 썩은 정치 바로잡자' 등이었다. 그러나 선거란 것이 후보 마음대로 되는 것이 아니다. 선거전이 치열해지면서 박정희의 사상 전력은 다시 선거전의 주 이슈가 되고, 이에 박정희 측이 윤보선을 친일 가문이라고 공격하면서 색깔론 공방은 더욱 치열해졌다.

선거 결과 박정희가 116만 표 차이로 이겼다. 4년 전의 15만 표 차보다 더 벌어진 것이었다. 원인은 여러 가지로 분석할 수 있을 것이다. 4년 전보다 중앙정보부가 활약을 더 잘했다고 볼 수도 있다. 그러나 이미 만 70세의 윤보선은 박정희 정권과의 선명한 투쟁에도 불구하고 새로운 시대의 정신을 담고 있다고 보기에는 너무 노쇠했다. 반면 이제 막 50대에 들어선 박정희는 역동적으로 자신의 국가 비전을 설득했다. 해방 이후 많은 지도자 가운데 이렇게 국가 비전을 소신껏 체계적으로 국민 앞에 제시한 사람은 박정희가 처음이었다. 그는 실적과 자신감을 가지고 국민을 설득했고 이는 주효했다.

선거 결과 특이 현상이 나타났다. 강원도, 충청북도 경상북도, 경상남도, 부산, 제주도 등 동쪽은 박정희 압승, 서울, 경기도 충청남도, 전라북도, 전라남도 등 서쪽은 윤보선 압승이라는 동여서야東與西野 현상이 나타난 것이었다. 4년 전 선거는 남여북야南與北野였는데 4년 만에 정반대 현상이 나타난 것이었다. 경상도의 박정희 지지 세력 결집은 더욱 강해졌다. 1963년에 이미 '신라 대통령론'이 선거 유세에서 나오기 시작했다. 1967년에도 '천년 만에 나온 신라 대통령 밀어 주자'는 발언이 나왔다. 그러나 이때만 해도 고향 출신을 밀어 주자는 차원의 있을 수 있는 찬조 연설로 받아들여졌다. 그러나 1971년에는 차원이 달라졌다.

소설 속의 적벽대전을 보면 병법의 모든 전략과 전술이 총동원되는 것을 볼 수 있다. 조조 군에게 역정보 흘리기, 연환계로 배를 한꺼번에 연결하기, 반간계로 적의 내분 유도하기, 고육지계로 아군을 적에게 귀순시키기, 심리전을 이용해 안개 속의 강 위에서 10만 개 화살 얻기, 화공으로 궤멸시키기 등 온갖 지모와 술수가 병법의 진수를 보여 준다. 옛날의 전쟁이 오늘날에는 선거로 대체된다. 2,500여 년 전 춘추전국시대에 집대성된 고대 병법서 『손자병법』은 오늘날 각국의 사관학교에서 가장 중요한 교재로 연구된다. 심지어 자본주의의 꽃인 기업 경영에도 널리 인용된다. 선거에서도 『손자병법』은 여전히 유용한 지침서 역할을 한다. 왜냐하면 선거란 이기기 위해 존재하기 때문이다. 승리를 위해서는 바늘귀만 한 빈틈만 보여도 최대한 활용하는 것이 선거의 속성이다.

1971년 이후 한국 대선에서 승부를 가르는 제1요인은 지역주의가 됐다. 그런데 이 지역주의만큼 사회과학적으로 탐구되지 않은 영역도 없었다. 보수 진영은 본능적으로 지역주의 혹은 지역감정이 얼마나 자신들에게 유용한지 깨달았기 때문에 이를 필사적으로 써먹었다. 그러나 야당, 특히 지식인 진영에서는 지역주의에 대해 너무도 무지했다. 한국의 정치학계는 지역주의 정치학이란 문제의식 자체가 없었다.

선거의 모든 전략 전술은 가치중립적인 의미를 가진다. 예를 들어 네거티브 전략과 전술 같은 것도 필요악으로 간주된다. 이를 도덕적으로 배척하지는 않는다. 그러나 지역주의 경우는 우리 사회에서 이상하게도 '망국적인'이라는 접두사가 반드시 붙었다. 정치 현실에서 가장 피부에 와 닿는 실체임에도 불구하고 언론과 지식인 사회는 오랫동안 망국적인 지역감정, 망국적인 지역주의라는 말을 사용해 왔다. 만약 민주 진영이 지역주의의 현실적 실체를 정확히 이해하고 있었다면 우리 현대사는 방향이 많이 달라졌을 것이다. 지역주의가 가치중립적인 실체로 인정된 것은 1971년 이래 4반세기가 지난 1996년에 김대중이 지역 등권론이라는 집권 전략을 제시했을 때였다.

1971년 대선은 표면적으로는 김대중과 박정희의 대결이었지만, 내용적으로 김대중과 중앙정보부의 싸움이었다. 그만큼 중앙정보부가 직접 지휘한 선거였다. 중앙정보부는 71년 대선을 어떻게 보고 있었을까? 김종필 직계 세력을 와해시키고 3선 개헌을 밀어붙인 중정은 야당 후보로 유진산이 나오기를 내심 바랐다. 그러나 그들의 기대와는 달리 40대 김대중이 최종 대선 후보를 따내자 중정은 기민하게 움직이기 시작했다.

1970년 12월 박정희는 전격적으로 중정 우두머리를 교체한다. 야당으로부터 남산골샌님이라는 별명을 선사받았다는 김계원을 빼고, 7년 동안 자신의 비서실장을 지내고 주일 대사로 있던 이후락을 전격 불러들인다. 이후락은 제갈조조라는 별명으로 불릴 정도의 꾀쟁이로 소문난 책사였다. 그의 임명이 가진 의미는 명백했다. 수단과 방법을 가리지 말고 대선 승리를 가져오라.

5.16 쿠데타로부터 이미 10년이 지난 그즈음 경제개발의 지역적 차별은

누구의 눈에도 가장 큰 문제로 부각되고 있었다. 박정희 정권은 서울과 부산을 축으로 하는 경부 라인과 포항·울산·구미 등 동부 벨트를 집중적으로 개발하고 있었다. 또한 인재 등용에서도 경상도 인맥을 중심으로 정권을 운용했다.

당연히 김대중은 호남 차별론을 거론하기 시작했다. 공화당 역시 승부처를 지역감정 유발로 보았다. 국회의장이었던 이효상이 총대를 멨다. 그가 대선이 있던 1963년, 1967년, 1971년에 걸쳐 한 발언을 모아 보자.

"이 고장은 신라 천 년의 찬란한 문화를 자랑하는 고장이지만 이 금지를 잇는 이 고장의 임금은 여태껏 한 사람도 없었다. 박 후보는 신라 임금의 자랑스러운 후손이다. 이제 그를 대통령으로 뽑아 이 고장 사람을 천 년 만의 임금으로 모시자.", "경상도 대통령을 뽑지 않으면 우리 영남인은 개밥에 도토리 신세가 된다."

이효상은 공개적으로 현대 정치에서 지역감정을 정치적으로 선동한 효시가 된다. 중정이 레토릭만 구사한 것이 아니었다. 투표 10일 전부터 영남 전 지역에 선거 승패를 좌우할 가공할 지역감정 조장 조짐이 발생했다. 대구에서 '호남인이여 단결하라', '백제권 대동단결'이 쓰인 유인물이 호남향우회 명의로 무차별적으로 나돌기 시작했다. 부산에서도 '호남 후보에게 몰표를 주자', '호남인이여 단결하라'는 삐라가 전봇대에 나붙었다. 전자가 고향 후보 밀어 주자는 포지티브 전략이라면 후자는 고도의 이간책으로 상대방에 대한 적개심을 불러일으키는 수법이었다. 선거 결과 박정희는 김대중을 95만 표 차로 이겼는데, 영남의 경우 박정희가 약 170만 표를 더 얻었고, 호남의 경우 김대중이 약 70만 표 앞섰다. 영남의 몰표가 당선의 제1요인이었다.

"엄창록을 아십니까?"

지역감정을 이야기할 때 희대의 선거 전술가 엄창록 이야기를 하지 않을 수 없다. 엄창록은 한국에서 네거티브 전략의 창시자, 흑색선전과 마타도어의 달인, 중앙정보부를 네거티브 병법의 세계로 훈련시킨 인물로 묘사된다. 중 정이 편찬한 그의 선거 기법과 전술에 관한 책은 청와대와 공화당의 필독서 였다.(김충식, 『남산의 부장들』, 폴리티쿠스, 2012, 255~268쪽)

그는 1961년부터 1971년까지 김대중의 최측근 참모였다. 그가 없었다면 김대중의 오늘은 없었을 것이다. 그는 선거는 수단 방법을 가려서는 안 된다 는 신조를 가지고 있었다. "공화당의 선거운동은 법을 어기는 범죄, 바로 그 것입니다. 공무원을 동원해 돈 봉투를 살포하고 투개표 조작까지 멋대로 합 니다. 관권, 금권 선거에 눈에는 눈, 이에는 이로 대응하지 않으면 야당은 정 치적으로 살 길이 없습니다." 1961년 인제 선거에서 김대중을 처음 만난 자 리에서 엄창록은 이렇게 말했다.

선거에서 자기 표를 만드는 것보다 상대편 표를 갉아먹는 것이 열 배 더 쉽고, '선거란 유권자를 조작하는 기술'이란 것이 엄창록의 신조였다. 그는 자신을 『별주부전』에 나오는 토끼로 자주 비유했다. 토끼의 생존 전략으로 자신의 철학을 합리화했다. 그의 전략 전술의 일단을 살펴보자.

- 양담배를 물고 거드름을 피우면서 지나가다가 공화당 후보를 찍으라고 권 유한다. 그러면서 유권자에게 싸구려 담배를 내민다.
- 공화당 후보 이름으로 돈 봉투를 살포하는데 봉투를 열어보니 단돈 천 원 이 들어 있다.

- 당시 가장 귀하다는 고무신을 공화당 후보 이름으로 온 마을에 돌리고는 다음 날 "아이고 고무신이 잘못 전달됐다."며 모두 회수해 간다.
- 동네에서 가장 큰 식당을 공화당 후보 이름으로 통째로 빌린 다음, 동네 사람들을 모두 초청한다. 물론 그 자리에 공화당 후보는 나타나지 않는다.
- 공화당 후보 유세 중 술 취한 사람을 보내 자해극을 연출하여, 공화당 사람에게 맞았다는 소문을 순식간에 퍼뜨린다.

상대를 교란시키는 이간책과 자기 군대를 통솔하는 조직 관리, 대중들의 밑바닥 정서를 불러일으키는 캠페인 전술 등 당시로서는 최첨단 기법을 창안한 사람이었다. 1967년 목포 선거에서 대통령 박정희가 직접 나서 고공전을 벌이고 있을 때, 땅 밑에서 엄창록은 게릴라전으로 전세를 뒤바꾸었던 것이다. 박정희는 이때부터 김대중 얘기가 나오면 "흑색선전과 마타도어에 당할 수가 없었어."라는 말을 자주 했다고 한다.

대선을 6개월 앞두고 여당 대선 지휘봉을 잡은 이후락의 체크리스트에는 엄창록이 맨 위에 있었다. 김대중의 칼로 김대중을 베어라. 이후락은 특별 명령을 하달한다. 공작금은 얼마가 들어도 좋다. 엄창록을 데리고 오라. 대선이 있는 해인 1971년 1월 27일 김대중 후보 자택에서 폭발물이 터지는 사건이 발생한다. 이 사건으로 김대중 측근들은 모두 경찰에 불려가 조사를 받는다. 엄창록의 경우 자신뿐 아니라 부인과 가정부까지 조사를 받게 된다. 이때부터 중정의 회유 공작이 본격화됐다고 한다. 결국 투표일 열흘을 앞두고 엄창록은 돌연 김대중 캠프에서 사라진다. 그리고 그가 사라진 다음부터 영남 전 지역에서 호남의 궐기를 촉구하는 삐라가 난무한다. 동교동 측근들은 직감적으로 엄의 작품이라고 판단했다.

1971년 대선을 거치면서 김대중 대 박정희의 대결 구도가 확립됐고, 이로 인해 향후 지역 대립 구도가 심각해질 것을 걱정한 식자들은 많았다. 역사란 우연의 요소도 많다. 하필이면 박정희는 경상북도 출신이었고, 김대중은 전라남도 출신이었다. 김영삼은 경상남도, 김종필은 충청남도 출신이었다. 김대중이나 김종필이 경상도 출신이었다면 역사는 어떻게 달라졌을까? 아니 박정희가 전라도 출신이었다면?

　　1971년 본격화된 지역주의 구도는 김대중 납치 사건(1973년)과 광주 민중 학살 사건(1980년)을 한 축으로, 영남 출신의 기업인, 고위 관료, 군벌을 핵심 지배계급으로 묶는 것을 다른 축으로 하여 한국 정치의 본격적인 대립 축으로 발전한다. 그리고 20년 동안 축적된 대립의 에너지는 1987년 한판 승부로 폭발한다.

4장

민란의 시대와
양김 합작

70년대 민란과 양산박

개발독재 10년. 명암은 넓고 깊었다. 개발의 수혜자는 부와 권력, 명예를 누렸다. 소외된 자들은 굶주림과 가난에 허덕였다. 우리 사회에 짙은 그림자가 드리워졌다. 개발독재의 핵심은 농촌 희생, 대기업 위주, 정경 유착이었다. 사회악과 부패 척결을 내걸었던 청년 장교들은 어느덧 권력을 통해 거대한 부를 축적한 기득권 세력으로 성장했다. '빽과 줄'이 권력과 부를 결정 짓는 요소가 됐고, 부정과 불공정은 한국 사회의 규범이 됐다. 유전무죄, 무전유죄라는 유행어가 생겨났다.

대기업은 권력과 유착하여 특혜와 이권 사업을 따냈고, 원조 물자, 차관, 금융 등 모든 면에서 특별한 혜택을 독점했다. 그러나 일반 서민들의 생활은 날이 갈수록 비참해졌다. 빈익빈 부익부 현상은 공업화의 어두운 그림자가 됐다. 농촌을 희생하는 정책으로 땅이 없는 대다수 농민들은 먹고살기위해 도시로 몰려와 거대한 무허가 판자촌을 형성했다.

개발 수혜 계층은 새로운 귀족계급을 형성했다. 시인의 예민한 감수성이 이 시대를 형상화했다. 김지하의 판소리 스타일 담시 '오적五賊'이 그것이다.

1970년 5월 잡지 『사상계』를 통해 발표된 오적은 박정희 정권 10년의 치부를 만천하에 드러냈다. 약관 29세의 김지하는 반공법으로 처벌받고 잡지는 폐간됐다. 재벌, 국회의원, 고급 공무원, 장성, 장차관의 최상층 집단을 대상으로 너무도 실감나게 당시 우리 사회의 풍속도를 풍자한 이 시는 70년대 우리 시대의 자화상이었다.

70년대는 민란으로 시작해 민란으로 끝났다. 1971년 8월 10일, 요즘은 천당 아래 분당이라는 이름으로 불리는 성남 지역. 당시는 광주 대단지로 불린 곳에서 폭동이 일어났다. 총인구가 약 20여만 명으로 추산될 때 5만에서 10만 가까운 주민들이 궐기한 민란이었다. 중앙정보부를 앞세운 철권통치가 사회를 통제하고 있었는데 민란이라니 도대체 무슨 일이 일어났던가?

박정희 정권은 1969년부터 도시 미관을 보호한다는 명목으로 서울 지역에 형성된 판자촌을 외곽으로 이주시키는 정책을 본격적으로 추진하기 시작했다. 그래서 일차로 선택된 지역이 당시 광주 대단지였다. 용산, 미아리, 영등포 등 각지에 산재한 빈민촌을 강제로 철거하고 광주 대단지로 이주시키기 시작했다.

70년대 개발을 상징하는 한강 이남의 강남 신도시 옆에 또 하나의 신도시를 만든 것이었다. 강남만큼은 아니었지만, 광주 대단지의 청사진도 화려하고 달콤했다. 그러나 아무런 기반 시설도 조성돼 있지 않은 황무지에 마구잡이로 강제 이주시킨 결과는 참혹했다. 변소, 상하수도, 전기, 도로 등 편의 시설은 물론이고 주택조차 없어 넓은 지역은 천막과 판자촌으로 뒤덮였다. 가장 치명적인 것은 먹고살 일자리를 그 안에서 구할 수 없었다는 사실이었다. 서울로 가려면 출근 시간이 1시간 이상 걸렸고, 그나마 버스조차 충분히 운행되지 않았다. 굶어죽는 사람이 속출했다.(김동춘, "71년 광주 대단지 8·10 항거의 재조명", 『8·10사건 30주년 기념 심포지엄 자료집』, 2001)

분양증을 나누어 주었지만, 이것을 되팔고 다시 서울로 빠져나가 새로운 빈민촌에 들어가는 사람도 생겼다. 이 와중에 분양증을 전매하는 투기 바람까지 세게 불었다. 1971년 대선과 총선을 앞두고 집권당은 엄청난 개발 계획과 달콤한 청사진을 남발했지만, 선거가 끝나자마자 180도 돌변한다.

투기를 억제한다는 명목으로 분양권 전매를 일체 금지하고, 처음 약속과는 달리 엄청난 토지 상환금을 일시불로 갚을 것을 발표하자 주민들이 동요하기 시작했다. 서울시와 경기도의 책임 있는 답변을 요구했으나, 아무도 나타나지 않았다. 좌절한 주민들이 관공서와 주요 시설에 대한 공격을 시작했다. 민란의 양상을 보였다.

주민들은 백 원에 매수한 땅 만 원에 폭리 말 것, 살인적인 불하 가격 결사반대, 공약 사업 약속 말고 사업하고 공약할 것, 배고파 우는 시민 세금으로 자극 말 것, 이간 정책 쓰지 말 것 등을 요구했다.

사건은 하루 만에 서울시가 백기를 드는 것으로 끝났지만, 이 사건을 통해 도시 빈민들의 처참한 생활상이 드러나고 이후 도시 빈민 운동이 기독교를 중심으로 본격화되는 계기가 됐다. 개발의 음지는 두 계층으로 구성됐다. 한 집단은 도시의 빈민들이었고, 또 다른 집단은 공업화를 실질적으로 담당한 노동자 계급이었다. 당시의 공업은 가발 산업이 상징하는 것처럼 경공업 위주였다. 노동환경과 조건은 지옥에 가까운 수준이었다. 군사정부는 급속한 공업화를 위해 노동자의 희생은 당연시했다.

청계천 인근의 봉제 공장은 대표적인 노동 집약적인 산업 지대였다. 어린 여성 노동자들이 가족을 먹여 살리기 위해 취업 전선에 내몰렸다. 열악한 작업환경, 쉬는 날이 없는 살인적 노동, 비인간적 처우와 병영식 통제. 당시만 해도 노동자도 인간이라는 개념이 없었다. 허나 어려움 속에서도 양심을 지키는 의인과 협객은 있는 법.

대구 출신의 젊은 재단사 전태일은 유별났다. 열일곱 살 때 시다로 시작해 재단사 일을 하던 그는 유달리 정의감과 의협심이 강했다. 밥도 먹지 못하고 굶고 있는 어린 노동자에게 자신의 버스비를 건네주고 20리 길을 걸어서 집에 가기도 한 그는 근본적 해결책이 없을까 고민했으며, 노동법이 있다는 걸 알게 된다. 근로기준법을 알게 되면서 동료들과 이를 공부하는 독서 모임을 만드는 등 그는 부조리한 현실을 개선하고자 노력하게 된다. 이때 그는 '나에게 대학생 친구가 한 명이라도 있었으면 얼마나 좋을까'라고 생각했다고 기록하고 있다. 누구도 그의 간절한 호소에 귀 기울이지 않자 1970년 11월 13일, 그와 동료들은 자신들의 처지를 알리는 행사를 기획했다. 당일 전태일은 오랫동안 내심으로 고민해 왔던 일을 결행한다. 자신의 몸에 시너를 붓고 활활 타는 몸으로 부르짖었다. "노동자도 인간이다. 근로기준법을 준수하라!" 그의 나이 22세였다. 절규 같은 그의 유서 내용이다.

'내 사랑하는 친우여, 받아 읽어 주게.

친우여, 나를 아는 모든 나여, 나를 모르는 모든 나여, 부탁이 있네.

나를, 지금 이 순간의 나를 영원히 잊지 말아 주게.

그리고 바라네. 그대들 소중한 추억의 서재에 간직하여 주게.

뇌성 번개가 이 작은 육신을 태우고 꺾어 버린다 해도,

하늘이 나에게만 꺼져 내려온다 해도,

그대 소중한 추억에 간직된 나는 조금도 두렵지 않을 걸세.

그리고 만약 또 두려움이 남는다면

나는 나를 아주 영원히 버릴 걸세.

그대들이 아는 그대 영역의 일부인 나

그대들이 앉은 좌석에 보이지 않게 참석했네.

미안하네. 용서하게.

테이블 중간에 나의 좌석을 마련하여 주게.

원섭이와 재철이 중간이면 더욱 좋겠네.

좌석을 마련했으면 내 말을 들어 주게.

그대들이 아는, 그대들의 전체의 일부인 나

힘이 겨워, 힘에 겨워, 굴리다 다 못 굴린,

그리고 또 굴려야 할 덩이를 나의 나인 그대들에게 맡긴 채,

잠시 다니러 간다네. 잠시 쉬러 간다네.

어쩌면 반지의 무게와 총칼의 질타에

구애되지 않을지도 모르는, 않기를 바라는,

이 순간 이후의 세계에서 내 생애 못 다 굴린 덩이를 목적지까지 굴리려 하네.

이 순간 이후의 세계에서 또다시 추방당한다 하더라도,

굴리는 데, 굴리는 데, 도울 수만 있다면,

이룰 수만 있다면.

전태일은 죽었지만, 수백 수천의 전태일이 부활했다. 그의 사후 청계피복노조가 결성되어 노동자의 기본권을 찾기 위한 노력이 본격적으로 시작됐다. 그의 의거는 사회 각계각층에 엄청난 충격을 주었다. 근대화의 구호 속에 진정으로 소외된 이웃이 존재한다는 것을 생생하게 알게 해 준 것이다. 한국 민주화 운동의 큰 줄기를 이루는 노동운동은 이렇게 시작됐다.

코끼리가 개미에 물려 죽었다는 이야기를 들은 적이 있는가? 세계가 놀라는 초고속 경제성장을 이룬 유신 체제는 단 한 번도 민중의 신음 소리에 귀 기울인 적이 없었다. 특히 노동자, 그중에서도 여성 노동자들의 절규에 대해서는 더더욱 비정했다. 부모 된 심정은 똑같다고 하는데, 박정희가 자신의 딸자식들에게도 이렇게 비정했을까? 철벽같은 유신 체제를 무너뜨린 것은 김일성의 붉은 군대가 아니었다. 어린 여공들의 간절한 절규가 유신 체제를 붕괴시키는 단초가 됐다. 이 당시 노동자들의 절규는 우리도 인간으로 대접해 달라는 생존권적 요구였다. 60년대 후반부터 노동자계급에 대한 착취가 구조화됨에 따라 종교계에서 관심을 가지기 시작했다. 개신교의 도시산업선교회와 가톨릭의 노동청년회 등이 그들이었다. 이들은 서구 사회에서 좌파 노동운동에 대응하는 가장 보수적인 노동운동관을 가진 조직체였다. 그런데 한국에서는 북한의 사주를 받았다거나, 용공 조직으로 매도당하는 코미디가 벌어지게 된다. 전태일이 분신한 지 2주일이 지나지 않아 청계피복노조가 결성됐다. 청계천에는 900여 개 사업체에서 약 2만7,000명가량의 재단사, 재봉사, 견습생 등이 고용되어 있었다. 이때부터 70년대 내내 청계피복노조는 한국 노동조합운동의 상징이 됐다. 업주의 비협조와 무관심은 기본이고, 당국은 경찰과 정보부의 사찰과 몽둥이로 노동자를 대했다.

70년대 여성 노동자들의 투쟁을 기억해 보자. 청계피복노조 노동자들의 투쟁(1971~79), 반도상사 노동자들의 노조운동(1974), 제일제당 종업원들의 노조 결성 투쟁(1977), 동일방직노동자들의 노조 투쟁(1976~79), 방림방적 노동자들의 권익 투쟁(1977), 남영나일론 노동자들의 임금 투쟁(1977), 인선사 노동자들의 파업 투쟁(1977~78), 해태제과 종업원들의 혹사 반대 투쟁(1979), YH무역 노동자들의 폐업 반대 투쟁(1979) 등 이루 다 열거하지 못할 정도로 현장에서 생존권 요구가 분출했다.

처음에는 너무나 열악한 노동조건 개선에 초점이 맞추어졌으나 당국의 가혹한 탄압은 노동조합 결성으로 나아가게 만들었다. 동일방직 노조 탄압 사건은 그 엽기적인 폭력 때문에 가장 수치스런 사례로 기록된다. 동일방직은 약 300여 명의 남성 노동자와 1,000여 명의 여성 노동자로 구성된 전형적인 섬유 회사였다. 그런데 소수의 남성 노동자가 노동조합의 주도권을 장악하면서 노동자의 권익보다는 기업주의 권익을 옹호하는 전형적인 어용 노조였다. 1972년에 여성들이 반란을 일으켜 여성 대표를 지부장으로 선출하게 된다. 이후 1976년까지 3대째 여성이 노동조합을 대표하면서 노동조건 개선을 위한 자주적인 교섭을 회사 측에 요청하게 되는데 회사의 반응은 물론 비타협적이었다. 1978년 2월 노조 대의원대회가 시작되자, 회사에서 동원한 남자 노동자들은 몽둥이로 무차별 구타는 물론, 똥을 퍼 날라다 마구 뿌리기 시작했다. 노조를 깨기 위한 이 참상은 이후 입소문을 타고 점차 알려져 유신 치하 노동자들의 무권리 상태를 알리는 계기가 됐다.

YH무역노조는 1979년 8월 제1야당 김영삼 총재가 박정희와 마지막 결전을 치르고 있을 때, 신민당사 농성을 함으로써 세상에 널리 알려졌다. 유신 체제의 야만성을 전 세계에 알리면서 박정희 정권의 종말을 재촉하는 발화점이 된 바로 그 사건이다. 기업주 장용호의 이니셜을 딴 YH무역은 무역진흥공사 뉴욕 부관장으로 있던 장용호가 1966년 설립한 가발 무역 회사였다. 60년대 후반부터 가발 무역으로 엄청난 돈을 벌었다. 그러나 70년대 중반을 거치면서 가발 산업이 기울자 기업주 장용호는 회사 돈을 미국에 빼돌리면서 결국에는 YH무역을 폐업한다. 파렴치한 기업주의 범죄 행위였다. 이에 항의한 노동자들에 대해 당국은 일방적인 탄압을 가하다 결국 정권의 붕괴를 초래하게 된다.

또한 전태일의 의로운 외침은 동료 노동자들뿐 아니라 지식인 사회에도 크나큰 반향을 일으켰다. 전태일의 분신 뉴스를 접한 서울대 법대생 장기표는 병원으로 달려갔다. 살아생전에 대학생 친구 한 명을 바랐던 전태일은 죽어서 대학생 친구를 갖게 됐다. 장기표뿐이 아니었다. 서울대 상대 출신 김근태, 정치학과 출신 손학규, 이화여대 출신 인재근 등 많은 지식인들이 본격적으로 노동 현장에서 민중과 희로애락을 같이하기 시작했다. 역시 학생 출신이었던 제정구도 청계천에서 빈민들과 같이 생활하기 시작했다.

유신 시절(1972~79) 박정희의 전제 통치에 대항하는 협객들이 모인 최대의 양산박은 애국심과 의협심 가득 찬 젊은 학생들이 있는 대학 캠퍼스였다. 이들이야 말로 실질적으로 유신 체제에 도전하여 그 부당성을 알리고, 독재 정권에 실질적인 위협을 가했던 세력이었다. 지식인들의 저항 정치는 한국의 오랜 전통이었다. 조선 시대에는 성균관 유생들이 임금의 부당한 권력 행사에 자신의 목숨을 내걸고 상소문을 올리는 것이 선비의 마땅한 도리로 칭송받았다.

일제 강점기 때도 많은 일본 유학생과 대학생들이 독립운동에 일생을 바쳤다. 60년대까지만 해도 서울대 법대나 동경제대를 나온 고등실업자들이 내가 살던 마을에도 있었다. 어렸을 때는 동네 사람들이 수군거리면서 학력 높은 고등실업자라고 비하하는 말을 들었던 기억이 난다. 나중에 그들이 대부분 일제 때 독립운동하거나 자유당과 공화당 때 반독재 운동을 했던 선각자였다는 것을 알게 됐다.

유신 시절 이들에 가했던 탄압은 오늘날에는 상상하기 힘들 정도로 참혹했다. 정보부에서 지독한 고문을 당한 뒤 민간 법정이 아닌 군사 법정에서 사형, 무기징역 등 중형을 선고받았다. 이들의 높은 기개를 보여 주는 상징적인 사건이 있었다. 민청학련 사건 재판 때 군사법정의 재판관이 김병곤에게 사형을 선고하자 그는 "영광입니다."라고 큰소리로 답변했다. 단종을 폐위한 수양대군의 쿠데타에 저항한 사육신에 못지않은 기개였다. 뒤이어 변론에 나선 변호사 강신옥은 "지금 제 심정은 차라리 피고석에 같이 앉아 재판을 받는 것이 더 편하겠습니다."라고 발언해 법정에서 구속되는 초유의 사건이 일어나기도 했다. 지식인들은 굴하지 않았으며, 그들의 양산박은 전국적으로 확산되어 갔다. 당시 유신 시대 박정희가 장악한 권력이 어떤 것이었는지를 김형욱의 입을 빌려 들어보자.

박정희는 그가 원하면 언제든지 토론 없이 대통령으로 재선되고 심지어 10선도 할 수 있는 길을 확보했다. 그는 명목뿐인 국회가 그래도 못 미더워서 국회의원의 3분의 1을 자신이 임명하도록 만들었다. 그 과정에서 통일주체국민회의의 역할은 의장인 박정희의 결정을 무조건 추인하는 고무도장에 불과하다. 그는 사법부의 장인 대법원장, 대법관 및 감사원장을 임명할수 있다. 그래도 국회가 말을 잘 안 들으면 언제든지 국회를 해산할 수 있다. 그는 원한다면 언제든지 비상조치권을 발동해 국민의 기본적인 자유는 물론 거주 이전의 자유, 언론의 자유, 집회 결사의 자유를 제한할 수 있다. 그는 국민을 영장 없이 체포, 가택을 수색할 수 있고, 구속 기간을 무제한으로 연장할 수도 있고, 필요하다면 관선 변호사만 세워 두고 재판을 비공개로 진행해 누구에게든 사형 또는 무기징역을 선고할 수 있었다. 그는 마음이 내키면 언제든지 헌법을 개정할 수 있고, 만일 국회가 자신에게 불리한 개헌안을 추진할 경우 이를 자신의 허수아비인 통일주체국민회의에서 묵사발을 만들어 폐기시킬 수 있다. 따라서 유신헌법 아래에서는 박정희에게 불리한 개헌은 절대로 가능하지 않고, 오직 박정희에게 보다 유리한 개헌만은 손바닥 뒤집듯 쉽게 만들었다. 그는 심지어 누가 개헌하자는 말을 한 마디만 해도 그 사람을 법정에 세워 15년 징역을 선고할 수 있고, 누가 한 마디만 자신을 비판해도 그 사람에게 역시 15년 징역을 때릴 수 있다.

한 마디로 진시황 뺨치는 권력이었다. 이것이 유신 권력의 실상이었다. 분서갱유와 사화가 줄을 이었다. 그러나 어떤 철옹성 같은 권력도 민심을 거슬러 갈 수는 없다. 양심조차 뭉갤 수는 없다. 70년대 개발과 독재의 광풍 속에서도 양심과 의협의 목소리는 점점 커져 갔다.

김대중 납치와 2차 양김 합작

1972년 10월 17일 전국에 비상계엄이 선포되고, 초헌법적 비상조치를 통해 박정희의 영구 집권을 가능하게 하는 유신 쿠데타가 발발했을 때, 김영삼은 미국에, 김대중은 일본에 있었다. 이번 쿠데타의 1차 타깃은 양김이었다. 일생일대 정치적 위기를 맞아 그들은 각자 다른 선택을 하게 된다.

김영삼은 신변 위험을 만류하는 주변 사람들의 권유를 뿌리치고 박정희와 맞짱 떠 보자는 배포로 귀국했으나 가택 연금 상태에 놓였다. 김대중은 지병 치료를 위해 일본에 있었는데 그는 귀국하면 아무런 활동을 하지 못할 것이라 판단했다. 그는 차라리 해외에서 반유신 투쟁을 하는 것이 효과적일 것으로 보고 망명을 선택한다.

김대중의 지병은 정치 테러에 의한 것이었다. 1971년 4월 대선 패배 충격을 극복하기도 전, 다음 달 25일 치러지는 총선에서 김대중은 개헌을 저지할 수 있는 의석을 확보하기 위해 전국을 열성적으로 돌며 지원 유세를 펼쳤다. 투표 전날 목포 지원 유세를 마친 김대중은 서울 영등포의 마지막 유세에 참가하기 위해 비행기를 타려 했으나 우천으로 비행기 스케줄이 취소돼 차를 타고 광주로 이동하게 된다. 2차선 도로를 달리던 중 마주 오던 트럭이 갑자기 직각으로 꺾으면서 김대중이 탄 차량을 정면으로 들이박는다. 김대중은 팔 동맥이 두 군데 잘렸고, 손목과 오른쪽 다리에 중상을 입었다. 이 사고의 후유증으로 김대중은 이후 한쪽 발을 제대로 쓰지 못하게 됐다. 명백히 김대중을 암살하려던 시도였다.

민란의 시대였던 70년대는 세계적으로 테러와 폭력이 절정에 이른 시기였다. 1954년에서 1975년에 걸친 베트남 전쟁, 1973년 9월에 발생한 칠레의 군사 쿠데타, 그리고 1975년부터 1979년에 발생한 캄보디아의 킬링필드 사건 등을 꼽을 수 있다.

베트남전쟁은 최대 300만 명의 사망자가 발생했다고 한다. 칠레의 경우, 합법적 선거를 통해 집권한 아옌데 사회주의 정권을 전복한 아우구스토 피노체트 장군이 일으킨 쿠데타 직후 13만 명이 체포됐고, 3,000명 이상의 사망자가 발생했다. 그 과정에서 자행된 고문과 폭력의 잔인성은 널리 알려져 있다. 캄보디아에서 공산주의 세력인 크메르 루즈 정권은 공산주의 사회로 개조한다는 명분으로 전 인구의 4분의 1인 200만 명을 대학살하는 만행을 저질렀다.

우익 군사독재와 좌익 공산주의 세력 가릴 것 없이 전 세계적으로 대량학살과 고문이 유행병처럼 번진 것이 70년대의 시대적 분위기였다. 이 분위기는 한국의 군사정권 아래서도 그대로 존재했다.

야당 당수였던 유진산에 따르면, 한번은 박정희를 만났을 때, 진지한 목소리로 "이승만 박사는 200명 죽었다고 놀래서 권력을 내놓았지만, 난 다릅니다. 난 2만 명이 죽어도 눈썹하나 까딱 안 합니다."라고 협박했다고 한다. 이 말을 들은 유진산은 '이 사람은 정말 그럴 수 있을 것'이라는 생각이 들었다고 한다.

실제 박정희가 살해당한 바로 그날, 1979년 10월 26일 저녁, 궁정동 안가에서 30만 명 이상이 참가한 부산과 마산의 반박정희 민중 투쟁에 대해 김재규 정보부장이 사태가 심각하다고 보고하자, 당시 2인자 역할을 하던 차지철 대통령 경호실장은 "그까짓 것 탱크로 깔아뭉갭시다. 백만 명쯤 죽이면 가라앉을 겁니다."라고 발언했다. 박정희 역시 "정보부가 그렇게 약해서 어떻게 해?"라며 책망했다.

1972년 유신을 통해 박정희는 루비콘 강을 건넜다. 폭력으로 정권을 창출하고, 영구 집권을 밀어붙이는 관성에서 물러날 방법이 없어졌다. 스스로 내려올 수 없는 호랑이 등에 올라탄 것이다. 유신 시대 민주화 운동을 했던 사람들을 협객으로 부르지 않을 수 없는 것은, 그들이 폭력에 일상적으로 노출된 가운데서도 굴하지 않고 싸운 사람들이기 때문이다. 유신 선포 직후 권노갑, 한화갑, 김옥두 등 김대중의 비서들도 잡혀 들어가 처절한 고통을 받는다. 김옥두의 육성 증언을 들어보자.

"몇 시간 동안 각목으로 사정없이 후려치고, 통닭구이 고문과 물고문을 한바탕 해 댄 그들은 드디어 나를 의자에 앉혔다. 여전히 몸뚱이는 실오라기 하나 걸치지 않은 알몸으로 온몸은 이미 퉁퉁 부어올랐고, 푸르딩딩한 멍이 일직선을 긋거나 아니면 동그랗게 뭉쳐 있었다. 여기저기서 핏물이 조금씩, 조금씩 몸 밖으로 빠져나오고 있었다. 어깻죽지는 빠진 것처럼 축 늘어져 버렸고, 모든 게 귀찮고 차라리 죽어 버렸으면 하는 심정이 앞섰다. …… 어느 날은 의자에 앉히더니 뻰찌를 가지고 와 손톱을 뽑아 버리겠다고 잡아당기기도 했다. 손톱이 정말 곧 빠져 버릴 것처럼 아팠다. 손톱 밑에 금세 물집이 생겼다. 그러면서 또다시 머리카락을 한 묶음 잡아 뒤로 젖히더니 혀를 뻰찌로 잡아당기는 고문을 자행했다. 목구멍이 삽시간에 부어올랐고 숨을 제대로 쉴 수가 없었다. 그뿐이 아니었다. 통닭 바비큐처럼 몸뚱이를 또 다시 매달더니 이번에는 고춧가루 물을 들이 부었다. 어떤 날은 나도 모르게 그 자리에서 정신없이 오줌을 싸는 일도 있었다."(김택근, 『새벽: 김대중 평전』, 사계절, 2012, 99쪽)

1975년 2월 28일 '고문 정치 종식을 위한 선언문'이 발표됐다. 유신 당시 야당 국회의원 12명이 자신들이 당한 고문의 실상을 폭로한 기자회견이었다. 서명자는 조윤형, 홍영기, 이종남, 조연하, 김록영, 김경인, 최형우, 박종률, 강근호, 이세규, 유갑종, 김상현이었다. 국회의원들이 이랬으니 다른 사람들은 미루어 짐작할 수 있지 않겠는가.

1973년 미국에 망명한 김대중이 전 세계를 돌면서 반유신, 반박정희 투쟁을 전개하자 박정희는 엉덩이에 가시가 박힌 것처럼 고통스러웠다. 국내는 완전히 제압했지만, 국제사회의 여론은 매우 비판적이었고 그 중심에 김대중이 있었다. 드디어 정보부가 움직이기 시작했다. 다시 한 번 김대중을 지상에서 소멸하는 작전을 전개한 것이다. 1973년 8월 8월 오후 1시 15분 김대중은 한국에서 온 야당 지도자 양일동을 호텔에서 만나고 룸을 나온 직후 괴한들에게 납치됐다. 2시경 김대중 비서가 실종을 알아차렸고, 일본 경찰에 신고한 시간이 2시 40분이었다. 곧 이어 NHK에서 속보를 통해 김대중 납치 사건을 최초로 보도한 시간이 3시 50분이었다.

같은 날 오후 3시경 서울 주재 CIA 지부는 주한 미 대사 하비브에게 납치 정보를 알렸다. 정보에 접한 하비브는 즉각 청와대에 미국이 납치 사실을 알고 있고, 한국 정부의 동향을 예의 주시하고 있다고 통보했다. 당일 김대중의 친구인 하버드 대학의 제롬 코언 교수도 소식을 듣자마자 유엔 총회에 참석 중인 헨리 키신저 국무장관에게 전화를 걸었다. "키신저 장관, 우리의 친구 김대중 씨가 일본에서 납치를 당했다고 합니다. 몇 시간 안에 그가 처형될지도 모르겠습니다. 우리가 그를 살려야 합니다." 키신저는 모든 조직을 동원하여 진상을 파악하고 김대중을 구할 것을 지시했다.(김택근, 『새벽: 김대중 평전』, 사계절, 2012, 114~115쪽)

김대중의 회고에 의하면 온몸이 꽁꽁 묶이고 등에는 널빤지를 대고 양쪽에 쇠뭉치를 달고 바다에 막 던져지기 직전 비행기 소리가 들리면서 그 뒤 자신이 살아났다는 것을 알게 됐다고 한다. 박정희 정부는 처음에 한국 정부의 관련성을 부인했다. 그러나 범행 현장에서 주일 한국 대사관 직원의 지문이 나오면서 더 이상 오리발을 내밀 수 없는 곤경에 빠졌다. 미국은 1998년 해제된 비밀문서에서 중앙정보부의 소행임을 밝혔다. 9개조 46명의 요원이 투입된 암살 프로젝트였다. 이후락은 나중 1980년 서울의 봄 당시 친구인 최영근에게 박정희 대통령의 지시로 "납치할 수밖에 없었다."고 털어놓았다.(김택근, 『새벽: 김대중 평전』, 사계절, 2012, 116쪽)

유신 당시 미국에 망명키로 한 김대중의 결정은 그의 인생에서 매우 중요한 의미를 지닌 결정 중 하나였다. 해외 활동을 통해 그는 국제적 지도자들과 개인적 교분을 쌓고 세계적인 민주화 운동의 지도자로 인정받았다. 또한 미국에 깊은 네트워크를 형성하여 미국이 그를 비토하지 않는 기반을 조성했다. 70년대 초 공화당의 닉슨 대통령에서 1976년 인권을 중시하는 카터 행정부가 들어서며 박 정권과 미국은 더욱더 불편한 관계가 되었고, 인권 차원에서 미국은 한국의 반유신 운동에 지지를 표명했다.

박정희를 비롯한 군부 핵심의 김대중에 대한 증오심을 생각했을 때, 만약 미국의 견제가 없었다면 유신을 거치면서 야당 지도자는 암살이든 어떤 다른 방법이든 제거 당했을 가능성이 매우 크다.

이 점에서 김상현의 증언은 매우 시사적이다. 김상현은 유신 직후 고문

당하고 감옥 생활을 할 때 윤필용 수도경비사령관과 같이 있었다고 한다. 윤필용은 1973년 4월 박정희의 후계를 언급하며 이후락이 뒤를 잇는 것이 어떻겠냐는 술자리 발언을 했다가 숙청당해서 감옥 생활 중이었다. 윤필용은 군부에서 박정희의 분신이었고, 군부 내 박정희 사조직 하나회의 대부였다. 그런 윤필용에게 김상현이 "만약 1971년 대선에서 김대중이 이기고 박정희가 졌다면 군부가 어떤 행동을 취했겠는가?"라고 물으니, 윤필용은 기관총을 드르륵 갈기는 제스처를 취했다고 한다.(김성동, 『한국 정치 아리랑』, 동녘, 2011, 320쪽)

1971년 대선에서 김대중이 이겼다면 평화적 정권 교체보다는 칠레의 피노체트 쿠데타 같은 유혈극이 이 땅에서 일어났을 것으로 보는 것이 더 합리적 추측일 것이다. 그때는 그런 시대였다. 동경에서 8월 8일 납치된 김대중은 5일 뒤 동교동 자택 근처에서 풀려난다. 그 이후 그는 줄곧 현대판 위리안치圍離安置인 가택 연금 상태에 놓인다.

위리안치는 조선 시대 중죄인에 대한 유배형 중의 하나였다. 죄인을 배소에서 달아나지 못하게 하기 위해 귀양 간 곳의 집 둘레에 가시가 많은 탱자나무를 돌리고, 그 안에 사람을 가둔다. 탱자나무는 전라남도에 많았기 때문에, 대개 죄인들은 전라도 지역의 섬에 유배됐다. 연산군, 광해군, 기타 정치적으로 숙청당한 유림 실세들이 위리안치 형을 받았다.

김대중은 사법 당국의 적법한 절차를 거쳐 연금당한 것이 아니었다. 아무런 법적 근거 없이 오랜 세월 위리안치 형을 당했다. 1973년 8월 발생한 김대중 납치 사건은 국제적으로 엄청난 충격을 불러일으켜 김종필 총리가 연말 진사 사절단으로 일본에 파견됐고, 정보부장 이후락은 이 사건으로 면직되는 등 박정희 정권은 내부적으로 큰 충격을 받게 된다. 1973년 가을 대학생들의 민주화 시위를 시작으로 다시 유신헌법 개정 운동이 점화됐다.

공포 분위기 아래서도 김수환 추기경, 지학순 주교, 광복군 출신으로 지식인 사회를 이끌었던 장준하, 재야 어른 함석헌 등이 중심이 되어 개헌 청원 100만 인 서명운동을 시작한다.

1974년 들어 박정희 정권은 또 한 번 사화를 일으킨다. 긴급조치 4호를 발동해, 유신 체제를 비판하는 시위를 계획했던 전국의 대학생 1,024명을 연행했고, 이들 중 180여 명을 반국가 조직 활동으로 몰아, 군사 법정에서 사형, 무기징역 등 중형을 선고한다. 소위 민청학련 사건이다. 그리고 민청학련을 배후에서 조종했다는 혐의를 씌우기 위해 인민혁명당 사건을 조작하여 핵심 인사 8명을 사형에 처했다. 2007년 법원은 뒤늦게 인혁당 사건이 중앙정보부의 조작극이라고 최종 판결했다.

반유신 운동에 중요한 계기는 1974년 8월 22일 김영삼이 제1야당 당수로 복귀한 사건이었다. 김영삼은 유신 이후 장기간 연금 상태에 놓여 있었다. 김대중 납치 사건이 발생했을 때 이를 정치 탄압으로 규탄하는 성명을 발표하기도 했으나 제대로 대중들에게 전달될 방법이 없었다. 야당의 총재는 유진산이었다. 유신 이후 당수가 된 유진산은 유신 체제에 협조하는 노선을 걸어 제1야당의 존재감은 사실 제로였다. 4월 28일 유진산이 암으로 세상을 떠났다. 이제 제1야당은 유신 체제에 대해 어떤 노선을 취할 것인가?

이해 8월 제1야당은 새로운 대표를 뽑는 전당대회를 열었다. 박정희 정권에 대한 '투쟁 노선'을 정하는 중요한 대회였다. 김영삼은 선명 야당론을 내세웠다. 1차 투표 결과 김영삼(27%), 김의택(19.5%), 정해영(17.3%), 고흥문(15.2%), 이철승(14.7%) 순으로 나타났다. 과반 득표자가 없어 2차 투표로 넘어갔는데, 4위인 고흥문은 김영삼 지지를 선언하고, 5위인 이철승은 김의택 지지를 선언하며 사퇴했다. 2차 투표의 결과는 김영삼(44.8%), 김의

택(28.1%), 정해영(25.6%)로 나와 김영삼과 김의택 결선 투표가 진행될 예정이었으나 김의택 후보가 사퇴해 김영삼이 총재로 선출됐다.

이 전당대회에서 김대중계가 김영삼을 지원함으로써 김대중과 김영삼의 2차 합작이 이루어졌다. 제1야당이 반유신 투쟁의 기치를 내걸고 투쟁 대열에 합류하자 반유신 운동은 본격적으로 전개되기 시작했다.

그해 연말 〈동아일보〉 광고 사태가 터졌다. 유신 이후 일체의 반정부 투쟁은 신문, 방송에 보도되지 못했다. 수많은 사람이 죽고, 감옥에 들어가고 연행돼도 신문은 태평성대만 노래했다. 언론사에는 정보부 요원이 상주하여 일점일획에 이르기까지 통제하고 재갈을 물렸다. 1974년 10월 24일 〈동아일보〉 기자들은 자유언론 수호대회를 열고 기관원 출입 거부와 외부 간섭 배제, 언론인 양심의 판단에 따른 기사 작성 등을 결의했다. 이후 〈동아일보〉에는 재야 운동가나 야당에 관한 보도가 실리기 시작했다.

이에 맞서 중앙정보부는 광고주들을 협박하여 광고를 철수시킴으로서 〈동아일보〉 고사 작전을 편다. 연말부터 대형 광고주들이 철수하자 〈동아일보〉는 그 자리에 백지 광고를 내보낸다. 백지 광고는 수많은 익명의 시민들이 자발적으로 격려 광고를 내보내는 예기치 못한 사태를 가져왔다. 하지만 신문 경영진은 7개월 만에 정부의 압박에 굴복하여 130여 명의 기자를 강제 해고함으로써 이 투쟁은 일단 정리된다. 15년 뒤 이때 해고된 기자들이 중심이 되어 국민주 모집 운동을 거쳐 〈한겨레신문〉을 창간하게 된다.

1975년 들어 대형 사건이 빈발했다. 4월 30일 20년에 걸친 베트남전쟁이 사실상 미국의 패배로 막을 내렸다. 이 사건은 전 세계에 큰 영향을 미쳤는데, 특히 한국에 엄청난 후폭풍을 몰고 왔다. 사이공이 함락되는 생생한 사진은 북한의 적화 야욕 위협을 체제 유지의 버팀목으로 삼은 박정희에게는 유신 체제의 정당성을 내세울 수 있는 절호의 기회로 다가왔다. 대중들 역시 안보 위협 앞에서 많이 움츠러들지 않을 수 없었다.

이런 정세 하에서 5월 21일 박정희와 김영삼의 영수 회담이 열린다. 김영삼이 강경 투쟁 기조를 유지할 것이라는 일반의 예측과 달리 이 회담 이후 그는 돌연 투쟁의 기조를 온건 노선으로 바꾼다. 도대체 무슨 일이 일어났던 걸까?

이 회담은 박정희가 꾸민 회심의 역작이었다. 그는 김영삼을 만나자마자 눈물을 보였다 한다. 1년 전 여름 광복절 기념식장에서 총 맞아 세상을 떠난 부인 육영수 이야기를 꺼내면서 인생무상, 권력무상을 언급한다. 그리고 조만간 권력을 이양할 계획임을 넌지시 귀띔한다. 그리고 그때가 되면 당신이 이 나라를 책임져 달라는 말까지.

박정희와 유신 체제에 대한 비타협적인 투쟁 의지에 불타던 김영삼의 결기는 봄눈 녹듯 사라지고 말았다. 김상현의 회고에 의하면 회담을 마친 김영삼은 중진들이 기다리던 외교 구락부로 돌아와서 외친 첫 마디는 "김대중이는 이제 끝났소."였다. 그리고 다음 말은 "이철승이도 대통령이 신임하지 않아요."였다. 적어도 김대중 진영은 이날의 회담을 이렇게 기억하고 있었다.

당시만 해도 아직 민주 진영이라는 실체가 형성되지 않았다. 김영삼과 김대중은 보수적인 제1야당의 정치인으로서 대통령을 노리는 야심가였고, 종교계와 지식인층의 리더들 일부가 재야라는 이름으로 반유신 투쟁을 벌이고 있었고, 학생들은 나름대로 독자적으로 투쟁을 할 때였다.

따라서 박정희 측은 월남 패망 이후 유리해진 정세를 최대한 활용하기 위해서는 김영삼과 김대중의 합작을 깨는 것을 정세 돌파의 핵심으로 파악했다. 그리고 그들의 계략은 성공했다. 양김을 이간하는 데 효과를 거둔 것이었다.

이 회담 이후 김영삼은 반유신 투쟁 대오에서 이탈하고 불신을 사게 된다. 김영삼의 변심을 목격한 김대중은 재야 세력과 본격적인 연대에 나서 다음 해인 1976년 3월 1일 명동성당에서 문익환 목사 등 재야 지도자들과 함께 민주구국선언을 발표하면서 비타협적 반유신 투쟁에 나선다.

김영삼이 온건 노선으로 돌아선 후 5월에 열린 신민당 전당대회는 깡패와 폭력이 어우러진 아수라장이었다. 김영삼은 내부적으로는 김대중 진영이 이철승을 지지함으로써 고립됐고, 외부적으로는 중도통합론을 내세우는 이철승을 정보부가 적극 지원함으로써 안팎곱사등이가 됐다. 깡패의 난입으로 다리가 부러지는 중상을 입기도 했던 김영삼은 결국 그해 9월 전당대회에서 이철승에게 패하고 만다.

여기서 김대중과 김영삼, 김영삼과 김대중은 어떤 관계였을까? 의문을 품지 않을 수 없다. 그들은 손잡았을 때 승리했고, 갈라서면 패배했다. 양김 씨 관계를 가장 정확하게 파악하고 있던 것은 박정희와 중앙정보부였다. 그리고 이들 군부독재 세력은 자신들이 절체절명의 위기에 처했을 때마다 양김 분열책을 구사했고, 믿을 수 없을 만큼 이 반간계反間計는 탁월한 효과를 발휘했다. 1980년 서울의 봄이 '전두환의 난'으로 마무리 될 때도, 1987년 6월 혁명이 노태우 당선으로 귀결될 때도 어김없이 그들의 반간계는 놀라운 성과를 보였다. 한 마디로 양김을 이간하여 이이제이하는 것은 군부독재 세력에게 생명줄이나 다름없었다. 이제 두 사람, 두 정치 세력의 관계를 자세히 들여다보자.

양김이몽 兩金異夢

경쟁과 협력 관계를 통해 합작과 대결을 반복하면서 한국 민주화 운동을 끌고 온 양김은 결국 결별로 평생의 라이벌 관계를 마무리했다. 이들의 결별로 인한 후과라 보아야겠지만 한국 민주주의도 온전치 못한 상태가 되고 말았다. 이 두 지도자의 관계야말로 야당사 그 자체라고 말할 수 있다. 1967년 총선에서 국회의원으로 당선된 김대중은 1968년 6월 3일 당수 유진오로부터 원내총무 후보자로 지명을 받았으나 의원총회에서 재석 41명 중 찬성 16명, 반대 23명으로 부결되어, 결국 원내총무 자리는 김영삼에게 돌아갔다. 두 지도자가 일합을 겨룬 최초의 대결로 기록된다. 양김 씨의 평생에 걸친 쟁투의 시작이었다.

김영삼은 이른바 민주당 구파의 적자, 김대중은 민주당 신파의 아이돌이었다. 60년대 제1야당은 구파가 주류였고, 구파의 지도자였던 유진산과 윤보선의 대결 구도였다. 신파는 사실상 리더가 부재한 상태에서 비주류 신세를 벗어나지 못했다.

50년대부터 제1야당은 분열과 합당 그리고 다시 분열과 합당을 반복해

왔다. 1960년 4.19 혁명으로 인해 준비되지 않은 상태에서 집권당이 된 민주당은 집권하자마 신파와 구파의 헤게모니 투쟁으로 날을 새고 있었다. 대통령은 윤보선(구파), 내각제 하의 실권자인 국무총리는 장면(신파)으로 구성된 집권 세력은 윤보선이 헌법적 규정을 무시하고 끊임없이 인사와 내정에 간섭함으로써 정면충돌로 치달았다. 마침내 그해 말 구파는 분당해 나갔다.

이듬해 5.16 쿠데타가 났을 때 윤보선 대통령은 쿠데타를 묵인했고, 실질적 국정 수반이었던 장면 총리는 새벽에 미국 대사관에 피신하려다 실패하자 서울 혜화동에 있는 천주교 수녀원으로 피신해 버리고 일체 외부와 연락을 끊어 버렸다. 쿠데타에 반대했던 군 지도자나 미군 사령관이 쿠데타 진압 명령을 받아 내기 위해 장면 총리를 애타게 찾았으나 초기 55시간 동안 실종 상태였다.

장면 총리는 인격적으로는 훌륭한 정치인이었다고 한다. 그러나 국가수반의 자질은 사람이 좋다고 해서 되는 것은 아니다. 장면이 비상시국에 보인 대응 모습은 일국의 국정을 책임진 지도자로서는 참으로 무책임한 자세가 아닐 수 없었다. 만약 그가 10년 뒤의 칠레 아옌데 대통령처럼 기관총을 들고 쿠데타 군에 대응하다 장렬히 전사했다면 역사에서 그에 대한 평가는 어떻게 달라졌을까?

학생들의 피로 세워진 민간 민주 정부라면 난세에 자신의 목숨 정도는 내거는 자세를 보였어야 했다. 장면과 윤보선이 보인 태도를 통해 이후 무신(소위 5.16 혁명 주체 세력)들은 문신(민간 정치인)들을 마음속 깊이 경멸하는 마음을 갖게 됐다. 자신들이 전쟁터에서 목숨을 걸고 싸울 때 후방에서 권력투쟁이나 일삼다가 막상 위기 상황에서 그들이 보인 모습을 보자니!

40대 기수론으로 맞붙은 1970년 제1야당 대선 후보 경선은 김영삼과 김대중의 첫 진검 승부였다. 김영삼은 대세론을 바탕으로 이긴 거나 다름없었다. 의원이라고는 김상현 한 명이었던 김대중의 도전은 계란으로 바위 치는 것으로 밖에 보이지 않았다. 그러나 뚜껑을 열고 보니 김대중의 역전승. 승자는 신데렐라처럼 화려하게 무대의 주인공이 됐고, 패자는 눈물을 훔치며 무대 뒤로 사라졌다. 김영삼은 패배하고 나서 단상에 올라가 "이제 우리 당의 대통령 후보인 김대중 의원과 내가 손잡고 전국을 방방곡곡 돌아다니며 박정희 정권을 끝장내겠다."라는 승복 연설을 해 박수갈채를 받았다.

이때만 해도 김영삼은 페어플레이를 보임으로써 정치가 하기에 따라서는 얼마나 아름다울 수 있는가, 하는 것을 보여 주었다. 그런데 1971년 대선을 치르면서 양김 사이에는 넘을 수 없는 불신의 벽이 쌓이게 된다. 대선 후보는 김대중(비주류), 당 총재는 유진산(주류)으로 분리된 상태에서 치른 선거에서 패배하자 패배 원인을 둘러싸고 서로 완전히 다른 판단을 내린다.

김대중 진영은 당권을 쥐고 있는 주류가 선거 기간 중 사실상 사보타지를 했다고 평가했다. 뒷짐 지고 선거를 구경하고 있었다는 얘기다. 아마도 중앙정보부의 공작 탓도 있었으리라 생각된다. 이런 연장선에서 김대중 쪽은 김영삼도 김대중 당선보다는 자신의 홍보에만 몰두하고 있었다고 보았다. 대선은 후보가 당권을 확실히 장악하고 선거를 진두지휘해야 한다. 이것이 대선을 치른 김대중이 몸에 새긴 처절한 교훈이었다.

김영삼도 김대중에 대해서 서운함을 넘어 불신을 가졌다. 우선 선대위를 구성할 때 당연히 선대위원장으로 위촉할 줄 알았는데 급에 맞는 직책을 주지 않았다. 또한 김대중 후보와 한 무대에 서게 하지 않고, 중요한 일정 때는 지방 순회 유세로 돌려 뉴스의 뒤안길에 서게 만들었다. 4월 17일 장충단 유세 때 김영삼을 지방에서 유세하게 만들어 역사의 무대에 끼지도 못하게 만들었다. 장충단 유세 때 김대중의 사자후는 그를 야당의 거목으로, 대선 후 정신적 대통령으로까지 상승시켜 김영삼과는 차원이 다른 정치인으로 컸다. 김영삼은 패배의 의미를 눈물 속에 곱씹었다. 다시는 지지 않겠다고 결심했다.

정치인의 경쟁 관계란 묘한 것이다. 홧김에 서방질 한다고 했다. 당내 헤게모니 싸움에 패배한 사람이 아름다운 승복보다는 상상치 못한 변절을 하는 경우를 가끔 볼 때가 있다. 특히 아름다운 승복을 한 사람을 바보로 만들거나, 완전히 죽여 버리는 풍토가 있다면 그 다음부터는 아무도 승복하지 않게 된다. 야당에서 끊임없이 결과에 불복하는 원인 중의 하나다. 대표적 사례 가운데 하나가 60년대 야당 투사였던 이철승의 경우다.

이철승은 70년대 유신 독재 와중에 박정희와 타협을 추구하는 '중도통합론'을 주창하여, 처음에는 김영삼과 나중에는 김대중과도 적대적인 관계로 돌변했다. 이철승의 변신도 양김의 헤게모니 속에 자신의 설 자리가 없어지다 보니 친박정희 노선으로 갔을 것이다. 특히 전주 출신 이철승은 전남 출신 김대중과 지역 기반을 공유하는 편인데 김대중이 호남 전역에서 강력한 카리스마를 확보하자 더욱 더 설자리가 좁아졌다.

다행히도 김영삼은 박정희와 투쟁을 더 잘함으로써 자신의 위상을 회복하고자 결심했다. 그러나 박정희와 싸우는 와중에서도 그는 끊임없이 김대중을 의식했다. 김대중이 동경 납치 후 가택에서 사실상 연금 상태에 놓여 아무런 정치 활동을 할 수 없었음에도 불구하고(그런데 사실은 정치적 연금이 가장 강력한 정치 활동이었다).

양김의 개인적 자질과 리더십 차이 말고도 오늘날의 기준으로 보면 김대중은 온건 진보주의자로 볼 수 있고, 김영삼은 개혁적 보수라고 볼 수 있다. 이런 관점에서 김대중은 내정 개혁이나 통일 문제에서 훨씬 진보적이었고, 김영삼은 민주 회복에 훨씬 열정적이었다.

김영삼이 자기가 함정에 빠진 것을 깨닫는 데까지 오랜 시간이 필요하지 않았다. 차기에 대한 암시로 김영삼을 착각케 만들었던 박정희는 민주화 운동을 긴급조치 9호로 침묵시키고 김영삼에 대해서도 여전히 가혹했다. 1978년 총선에서 제1야당 전국 득표율이 집권당인 공화당을 1.1%포인트 앞서는 의미심장한 결과가 나왔다. 고도성장의 후유증이 그 열매의 맛을 너무 쓰게 만들었다. 민중이 박정희를 토사구팽 시킬 자세가 되어 있다는 사인이었다.

　김영삼은 다시 일생일대의 결단을 내린다. 이번에는 박정희와 죽을 때까지 끝장을 보자, 다시 내 인생에서 똑같은 실수를 되풀이 하지 않겠다는 굳은 결심을 하고 생명을 건 투쟁에 나선다. 1979년 5월 30일 신민당 전당대회에서 새로운 야당 기수를 뽑는 날이 D-Day였다. 김대중도 당시 어려운 상태에 빠져 있었다. 1976년 3월 1일 민주구국선언 이후 재야에서도 투쟁의 열기는 가혹한 탄압으로 소강상태에 빠져 있었다. 야당 당수를 하고 있는 이철승은 박정희와 싸울 생각은 조금도 없었다. 그저 중앙정보부에서 주는 떡고물에 감지덕지할 뿐이었다. 양김은 다시 과거를 잊고, 아니 과거를 기억하는 주변 사람들을 설득해서 3차 합작에 나선다. 이제 양김과 박정희의 인생 전부를 건 마지막 건곤일척의 대결이 시작됐다.

유신체제 붕괴시킨 3차 양김 합작

유신 체제의 붕괴

1979년 5월 30일이 밝아왔다. 제1야당의 총재를 뽑는 전당대회 날이다. 신문과 방송 등 모든 언론은 재갈이 물린 상태에서 조용했지만 그날 민중의 뜨거운 시선은 당사가 있는 마포로 쏠렸다. 18년째 접어든 박정희 정권의 철권통치에 민심은 지칠 대로 지치고 폭발 직전 상태였다. 어떻게든 이 갑갑한 상황을 바꿀 길은 없을까? 압력이 꽉 찬 풍선 속에서 뭔가 빵 터지기를 간절히 바라는 분위기였다. 이번 전당대회는 박정희 정권과 타협 없는 선명 투쟁을 내세운 김영삼과, 타협하자는 중도통합론의 이철승이 한판 승부를 벌이는 날이었다. 재야의 민주 회복 투쟁이나 대학생들의 반독재 시위는 극히 산발적이거나 제한적이었고, 일반 대중들에게 그들의 투쟁 소식은 알려지지도 못했다. 그나마 제1야당이 시민들이 기댈 수 있는 유일한 언덕이었다. 시민들은 김대중 대통령 후보를 탄생시킨 1971년 전당대회를 기억하고 있었다.

당사자인 김영삼과 이철승이 가장 초조했을 것이다. 그러나 이날 새벽까지 가장 바빴던 곳은 중앙정보부와 대통령 경호실이었다. 박정희는 김영삼이 민주 회복을 위한 선명 투쟁을 내세운 것에 대해 신경질적이었다. 어떻게 하든 김영삼의 총재 복귀를 저지하고 싶었다. 야당에 대한 정보부의 정치 공작은 당연한 일상 업무였다. 최고 권력자의 분노에 대해 정보부는 어떤 공작으로든 응답해야 했다. 대통령이 계속 상황을 체크하고 이중 삼중으로 결과를 다그치는 상황이라면 어떤 일이 벌어지겠는가?

그런데, 이번에는 통상적인 사례와 달랐다. 차지철이 실장으로 있는 대통령 경호실이 정치 공작의 전면에 나섰다. 전당대회가 열리기 1주일 전 김대중의 측근 참모였던 김상현 전의원에게 공화당의 신형식 사무총장이 만나자는 연락이 왔다. 다음은 김상현이 밝힌 두 사람의 대화록이다.

"각하께서 신민당 전당대회에 많은 관심을 갖고 계십니다. 차지철 실장도 마찬가지고."

"관심을 가져 주신다니 고맙습니다."

"나하고 얘기하는 것은 각하나 차 실장하고 얘기하는 것과 다름없는데, 한 마디로 김영삼 씨를 미는 것에서 손을 떼시오."

"아시다시피 나는 신민당원도 아닙니다. 따라서 김영삼 씨를 민다고는 하지만 영향력이 얼마나 될지는 미지숩니다."

…… (중략) ……

"어쨌든 김영삼 씨를 미는 것에서 손을 떼시오. 그렇지 않으면 김 의원의 정치 생활에 대단한 어려움이 있을 거요. 김영삼이는 절대로 안 됩니다."(김성동, 『한국 정치 아리랑』, 동녘, 2011, 375쪽)

당시 유신 권력 내부에 치열한 권력투쟁이 진행되고 있었다. 유신 말기 권력의 축은 경제 테크노크라트를 대변하는 비서실장 김정렴, 친위 세력을 대변하는 차지철 경호실장과 김재규 중앙정보부장의 트라이앵글로 이루어졌다.

그런데 1978년 가을 총선에서 집권당인 공화당이 전국 득표율 기준으로 야당에 1.1%포인트 차이로 패배하자 그 책임 소재를 둘러싸고 청와대 내에는 치열한 파워 게임이 일어났다. 차지철과 김재규는 힘을 합쳐 패인을 부가가치세 도입과 물가 상승 등 경제난으로 돌렸고, 비서실장 김정렴에게 총선 패배 책임을 물어 일본 대사로 밀어내는 데 성공했다. 김정렴이 사라지자 차지철이 본격적으로 권력 독점의 야심을 드러내면서 김재규와 치열한 경쟁 관계에 돌입한다.

1974년 8월 퍼스트레이디 육영수 여사가 재일 교포 문세광에게 암살당한 이후 박종규에 이어 경호실장이 된 차지철은 유신 권력의 2인자를 노리고 부단히 자신을 중심으로 권력을 집중시켜 나간다. 경호실 직제를 고쳐 차장과 차장보에 중장, 소장, 준장 등의 현역 장군들을 보임하는가 하면, 법을 개정하여 민간인인 경호실장이 수도경비사령부를 직접 지휘할 수 있는 권한을 확보했다. 작전 차장보에 전두환, 노태우, 김복동 등 하나회 핵심 인물들이 박정희의 신임을 받으며 차례로 청와대 근무를 했다.

또 대통령 경호위원회라는 조직을 신설하여 자신이 위원장이 되고, 위원에는 중앙정보부장, 국방부 장관, 각 군 참모총장, 검찰총장, 치안본부장 등을 선임하여 자신을 대통령 다음의 2인자로 만들었다. 1979년에 들어서자 차지철은 자신의 국회 내 인맥과 사설 정보대 그리고 그동안 쌓은 광범위한 인맥을 바탕으로, 그리고 무엇보다 박정희의 신임을 무기로 정치 공작에서도 정보부를 밀쳐 낸다. 문제는 그의 정치적 성향이었다.

그는 박정희와 국가를 동일시했으며 유신 체제를 박정희라는 신을 모시는 신성불가침의 신정국가로 간주했다. 정권의 안위를 위해서는 정치 공작이든, 매수든, 민중 학살이든 그 어떤 일도 거칠 것이 없었다. 그는 강경 일변도의 대책을 건의했고 박정희의 동의를 받아 냈다.

차지철에 비해 김재규는 정확한 정세 분석에 입각하여 비교적 온건하고 합리적인 대책을 건의했다. 그러나 박정희는 이미 절대 권력에 너무나 심취하여 판단력이 심각하게 훼손되어 있었다. 이런 절대 권력자의 심리를 너무도 잘 아는 차지철이 번번이 기선을 잡고 강경책을 관철시켜 나갔다. 최고 권력이 폭력적인 방법을 선호할 때 온건론은 가장 비겁한 노선이 되기 마련이다.

1차 기폭제가 김영삼과 이철승이 맞붙었던 5월 30일 전당대회였다. 박정희는 어떻게든 이철승을 당선시키고 싶었다. 정보부장 김재규는 김영삼과 담판을 통해 주저앉히려 했다. 협박도 하고, 애원도 해 보았지만 이번에는 김영삼이 단호했다. 죽는 한이 있더라도 박정희와 끝장을 보겠다는 결심에 김재규는 물러섰다. 5월 29일 저녁 김대중은 평소 연금 상태였는데 그날만큼은 아무런 제지를 받지 않고 을지로 중식당 아서원에서 김영삼 지지 연설을 할 수 있었다. 나중에 박정희는 이를 이유로 김재규가 김영삼을 사실상 도운 것 아니냐며 질책했다. 차지철은 이철승 당선 공작에 총력전을 폈다. 신도환을 회유하여 2차 투표에서 이철승을 지지키로 하는 등 막후 공작에 나섰다.

이보다 앞서 전당대회를 앞두고 연금 상태에 있던 김대중은 김영삼을 지지해야겠다는 결정을 내리고 주변 참모와 재야인사들을 설득하기 시작했다. 김대중 진영의 노력에 힘입어 조윤형, 박영록 그리고 김재광이 김영삼 지지를 선언하고 후보를 사퇴했다. 김영삼은 김대중에게 모든 당직을 양자 합의로 결정하고 김대중을 상임 고문으로 추대하겠다고 약속했다.

양김을 상대로 이철승과 유신 정권이 한판 승부를 벌인 5월 30일 전당대회에서 1차 투표 결과는 아래와 같이 나왔다.

이철승 292표
김영삼 267표
이기택 92표
신도환 87표
김옥선 11표
무　효 2표

2차 투표에 들어가기 전 각 계파 사이에 숨 가쁜 마지막 협상이 벌어졌다. 마침 당사 앞뜰에는 1,000여 명의 시민, 학생들이 모여 있었다. 1차 투표 결과가 발표되자 자연스럽게 대중들이 "김영삼! 이기택!"을 연호하기 시작했다. 김영삼과 이기택은 복도에서 마지막 협상을 진행 중이었는데 4.19 세대의 맏형이라는 자부심을 갖고 있던 이기택은 두 사람을 연호하는 대중의 함성을 들으면서 그의 일생에 걸쳐 가장 극적인 결정을 내렸다. 그는 2차 투표에 들어가기 전 김영삼 지지를 선언했다. 반면 신도환은 각본대로 이철승 지지를 선언했다. 2차 투표 결과는 김영삼 378표, 이철승 367표를 얻었다. 김영삼이 과반수에서 2표를 넘기며 아슬아슬하게 승리했다.

차지철과 유신 권력의 총력을 기울인 방해 공작에도 불구하고 또 한 번 전당대회의 역전 드라마가 국민의 가슴에 감동의 파도를 불러일으켰다. 이 파도는 결국 커다란 해일로 발전하여 유신 체제를 삼켜 버리고 만다. 5월 30일부터 10월 26일까지 5개월간 김영삼과 김대중을 지도부로 한 민주 세력과 박정희를 정점으로 한 유신 권력과의 마지막 혈투가 시작됐다.

전두환의 등장

1979년 한국 사회는 외면적으로는 폭풍 전야의 고요함 속에서도 세기말적 분위기를 풍기고 있었다. 18년째 집권한 박정희 권력은 이성을 상실하고 극도로 경직된 상태에서 막바지 국면으로 치닫고 있었다. 우연과 필연이 씨줄과 날줄이 되어 대폭발로 한발 한발 다가섰다. 몇 가지 조짐들을 살펴보자. 우선 공동의 적을 앞에 두고도 오랫동안 서로 경원시하던 김대중과 김영삼이 손을 잡고 박정희 타도를 내걸면서 제1야당의 당권을 잡았다. 정권이 총력을 기울인 정치 공작을 뚫고 이룩한 쾌거였다. 이로 인해 유신 체제와 전면전을 벌일 수 있는 야전 사령부가 확보됐다.

둘째 후방에 거대한 병참 보급로가 생겼다. 즉 민심이 양김을 받쳐 주었다. 경제는 발전했지만, 혜택은 권력 핵심과 재벌만 챙겼다. 일반 서민들에게 더 이상 조국 근대화는 설득력을 갖지 못했다. '근대화해서 뭘 할 건대?'라는 의문이 생긴 것이다. 살인적인 고물가와 부동산 투기, 만연한 부정부패, 기본권을 압살한 긴급조치를 통한 철권통치는 박정희 독재에 대한 민중의 환멸을 고조시켰다. 최소한의 기본권과 생존권을 요구하는 노동자들에게 공권력이 무자비한 폭력으로 대처하면서 민중의 동정과 분노를 촉발했다.

셋째로, 미국과의 관계도 파국으로 치달았다. 유신 체제 이후 김대중 동경 납치 사건, 박동선 불법 로비 사건, 미 하원 프레이저 청문회, 주한 미군 감군과 철수 등 한미 관계는 긴장 관계가 계속 고조됐다.

1977년 카터 행정부가 들어서서 인권 외교를 표방함에 따라 대표적 인권 탄압국인 한국의 박정희 정부와 카터 행정부 사이 긴장의 수위가 점차 높아져갔다. 수면 밑에서는 더욱 심각한 현안이 있었다. 70년대 들어와 박정희는 중화학공업을 집중적으로 키우면서 동시에 주한미군 철수에 대비해 자주국방을 명분으로 방위산업 육성에 전력투구했다.

한국형 소총, 중화기, 전차 등 재래식 무기 개발은 박정희의 꿈이 아니었다. 박정희의 최종 꿈은 핵무기 개발이었다. 박정희는 자주국방의 최종 단계는 독자적 핵보유국이 되는 것이라고 확신했다. 미국의 견제와 감시를 피하면서 은밀하게 그러나 단호하게 미사일과 핵무기 개발을 추진했다. 인권 문제와 핵무기 개발로 인해 박정희는 미국의 진보 세력과 보수 세력 모두를 적으로 돌리게 됐다.

넷째, 권력 내부의 균열이 지각 붕괴를 일으킬 정도로 심각해졌다. 경호실 의전 부대의 복장을 독일 히틀러의 SS 친위대 복장을 본떠 만들어 입힌 차지철 경호실장은 한 마디로 괴기스러운 권력자였다. 권력 내부의 견제와 균형은 완전히 무너졌다. 합리적이고 이성적 판단은 불충이고, 무능이고, 비겁한 것으로 매도됐다.

민중 시위에 대해 박정희가 "이번에는 내가 직접 발포 명령을 내리겠어. 4.19 때는 내무 장관이던 최인규와 대통령 경호관 곽영주가 발포 명령 내렸다고 사형당했지만, 대통령인 내가 직접 발포 명령을 내리면 누가 뭐라 하겠어."라고 말하자 차지철은 "캄보디아에서 300만 명을 죽였는데 우리도 100만이나 200만 정도 탱크로 깔아뭉개 버리겠습니다."라고 맞장구 쳤다.

차지철의 독주는 권력 내부의 시스템을 완전히 무너뜨렸다. 내각과 당이 무력화됐을 뿐 아니라 중앙정보부조차 차지철에게 압도당한 것이다. 경호실장 차지철과 정보부장 김재규의 날카로운 대립은 박정희 권력의 심장부를 쏘는 총탄으로 돌아온다.

이 모든 정세가 10.26으로 가는 빅뱅의 배경을 이룰 때, 아주 우연적이면서도 제일 치명적인 결과를 가져온 통상적인 일이 있었다. 1979년 3월 5

일 육군 제1보병 사단장이던 전두환 소장이 보안사령관으로 발령이 난다. 박정희가 집권 18년 동안 키운 세력을 세 개 꼽는다면 관료 세력, 현대·삼성·대우로 상징되는 재벌, 그리고 군부 내 친위 결사 세력 하나회일 것이다.

전두환은 바로 이 하나회를 만든 핵심 주동자 중 한 명이며, 카리스마를 가진 실질적 리더였다. 전두환의 하나회는 절대 권력자 박정희가 사라진 권력의 공백에서 불과 7개월도 되지 않았던 짧은 시기에 두 번의 군사 반란을 감행했다. 처음에는 군부 내 선배들을 제거하고 두 번째는 민간 지도자를 유혈 진압하여 새로운 무신 정권을 만들어 낸다. 바로 그 핵심에 전두환 소장과 하나회가 있었다.

전두환은 경상남도 합천의 가난한 집안에서 태어났다. 1951년 4년제 정규 육사 시험에 처음에는 불합격했으나 나중에 결원이 생겨 추가 합격했다. 그는 공부 성적은 바닥권이었고, 축구부 주장을 하는 등 체육 활동에서 두각을 나타냈다고 한다.

1955년 육사 11기로 소위 임관했는데, 11기는 4년제 육사의 첫 기수로서 자신들이 정식 육사 1기라는 자부심이 매우 컸다. 군 생활을 시작하면서부터 전두환은 자신의 장점을 살리고 약점은 포기하는 인생 전략을 세운다. 그는 인간관계를 구축하고 다지는 일에 집중하면서 군대 내 네트워크를 만들어 나간다.

5.16이 일어나던 해 그는 혜화동에 있는 서울대 문리대 ROTC 교관으로 재직 중이었다. 쿠데타가 일어났다는 소문이 들리자마자 친구들과 더불어 적극적인 지지 동조 활동에 나선다. 육사 교장이 생도들에게 일체 정치적 활동에 개입하지 말라는 지침을 내렸지만 이를 어기고 교장도 모르게 5월 18일 서울 시청 앞에서 생도들의 쿠데타 지지 행렬을 조직하는데 성공해

쿠데타 주도자인 박정희 소장의 눈에 들게 된다. 이 공을 인정받아 그는 국가재건 최고회의 의장 민원 비서관으로 발탁된다. 야심만만하고 신분 상승을 꿈꾸던 대위 전두환은 최고 권력자와 줄을 대면서 본격적인 정치군인의 길로 나아간다.

최고회의 의장실에서 박정희의 경호원이던 차지철 대위와 함께 근무했다. 전두환은 1931년생으로 차지철보다 세 살 위였다. 차지철은 육사에 지원했으나 불합격했고, 그 후 육군 갑종장교 포병 간부 후보생을 통해 육군 소위로 군 생활을 시작했다.

1963년 육군 대장을 전역하면서 박정희는 전두환과 차지철에게 자신과 함께 민정에 참여하자고 권유했다. 차지철은 이때 박정희를 따라가 그해 서른도 채 안된 젊은 나이에 국회의원이 됐다. 박정희의 정치 참여 권유에 전두환은 "아닙니다, 각하. 군에서도 각하에게 충성을 바치는 사람이 필요합니다. 저는 군에서 각하를 돕겠습니다."라며 군대 잔류를 희망했다. 아마도 이 말이 박정희를 기쁘게 했나 보다. "그래, 군에서 잘해 봐. 내가 밀어줄 테니."라며 전두환을 격려했다.

어릴 적부터 군부 쿠데타를 통해 정치 지도자를 꿈꾸었던 박정희는 자신이 쿠데타를 통해 권력을 움켜쥐었던 만큼 군에 대한 감시를 게을리 한 적이 없었다. 그런 면에서 전두환은 그에게 군부 통제의 끄나풀로 매우 적합한 사람이었던 것이었다. 박정희의 이 격려가 하나회 탄생의 계기가 됐다.

영남 군벌, 하나회

계절에 따라 온갖 꽃이 만발하고, 시민들에게 산책과 휴식의 공간을 제공하는 여의도 공원은 군벌 통치 시대에 무신의 위엄을 뽐내던 곳이었다. 공원으로 바뀌기 전 여의도 광장은 70년대에는 5.16광장으로 불렸다. 1년에 한 번, 10월 1일에 벌어지는 국군의 날 열병식과 분열식은 박정희가 북한의 김일성에게 그리고 그의 지배하에 있는 남한 국민들에게 자신의 힘의 원천이 어디에 있는지를 보여 주고, 함부로 자신에게 도전하지 말라는 무력 과시를 하는 행사였다. 경상북도 선산 시골구석에서 배고프고 가난했던 어린 시절을 보낸 박정희는 큰 칼 차고 말 타고 다니는 일본 군인을 동경했다고 한다. 커서 꼭 군인이 되어야겠다는 꿈을 키웠다고 한다. 보통학교 시절 일반 과목에는 별 관심이 없었지만 유도와 검도 등 체육을 좋아하고 나폴레옹이나 사무라이 같은 군인 영웅들의 책을 많이 읽고 존경했다고 한다.

박정희에게 군인과 정치인은 같은 의미로 받아들여졌다. 나폴레옹처럼 무력을 바탕으로 정치권력을 장악하는 것을 그는 당연시 했다. 그리고 그는 일생을 통해 그런 길을 걸었다. 70년대 그의 나이 50대였다. 일제 식민 지배에서 해방된 지도 25년이나 흐른 뒤였다. 50대에 들어선 대한민국 국가원수 박정희의 마인드를 증언하는 그의 측근들이 있다. 대통령 집무실에 들어갔을 때, 박정희가 일본 장교복을 입고, 가죽 장화와 가죽 잠바를 입고, 말채찍을 들고 있는 모습을 종종 목격했다는 것이다. 동경에 근무하는 한국 대사관 직원들은 메이지유신과 군국주의 일본 시대를 다룬 사무라이 영화와 소설 등 작품들을 빠짐없이 청와대로 공수했다고 한다.

어느 일본의 외교관이 10.26 직후 "대일본 제국 최후의 군인이 죽었다." 고 탄식했다는 말에서 짐작할 수 있듯이 그는 사무라이 문화 속에서 살다 이 세상을 떠났다. 문제는 사무라이 문화는 민주주의와 상극이었다는 점이었다. 박정희는 산업화를 통한 조국 근대화와 민주주의는 양립 불가능하다는 인식을 가졌고, 실제 한국을 그렇게 통치했다. 따라서 그가 열성적으로 키워 낸 문화와 조직은 모두 민주주의의 적이었다.

그는 한 국가를 자신이 중심이 된 거대한 사조직으로 만들어 경영했다. 특히 군에 관한 그의 관심과 통제는 각별했다. 권력은 총구에서 나온다는 말은 중국 공산당 주석 모택동만의 금과옥조가 아니었다. 쿠데타를 통해 합법적인 민간 정부를 전복하고, 처음 3년 동안 10여 차례나 군부 내 반대 세력의 역쿠데타 공격을 받았던 박정희는 군을 장악하는 데 비상한 노력을 기울였다. 군이야말로 자신을 위협할 수 있는 유일한 세력이라는 점을 절대로 잊지 않았다.

우선 그는 친위 세력을 키울 필요를 느꼈다. 개인의 안전은 경호실과 경호 부대로 충당하면 될 일이었다. 그러나 그는 그 차원을 넘어서 어떤 일이 있어도 자신을 보위하고 지켜 줄 충성스러운 친위 세력이 군부 내 필요하다고 생각했다. 박정희는 남로당에서 귀순한 사람이라는 낙인으로 인해 군 내부에서 항상 비주류로 겉돌았기 때문이다. 4년제 육사 1기 졸업생인 11기는 그런 그의 주목을 끌기에 충분했다. 쿠데타 직전 그의 참모장이었던 손영길, 쿠데타를 열렬히 지지했던 전두환 등이 모두 11기였다. 그는 이들을 자신의 친위 조직 핵심으로 삼기로 하고, 최고회의 의장 비서실장 윤필용과 경호실장 박종규에게 11기를 각별히 키울 것을 당부했다.

박정희 의중이 무엇인지를 150% 꿰뚫고 있었던 또 한 명의 타고난 정치 군인 전두환은 신중에 신중을 기해 핵심 동지를 규합해 나간다. 1964년 1년여의 작업 끝에 소위 11기 텐 멤버들이 김복동 소장의 집에서 박정희 친위 비밀결사대 '하나회'를 결성한다. 전두환, 노태우, 김복동, 손영길, 권익현 등이 멤버였다. 하나회라는 명칭은 '태양을 위하고 조국을 위하는 하나같은 마음으로 모였다'는 뜻이라고 한다. 여기서 태양은 박정희를 지칭한다.(박보균 외, 『청와대 비서실』, 중앙일보사, 1994, 103~104쪽)

전두환은 하나회에서 절대적인 두령이었다. 원래 11기는 크게 두 갈래 집단으로 나뉘었다고 한다. 하나는 공부 잘하면서 주로 육사 교관이나 본부 참모로 일하게 되는 그룹, 두 번째는 공부보다는 운동을 좋아하고 나중에 야전에 주로 배치되는 그룹. 그런데 참으로 공교롭게도 첫 번째 그룹은 주로 이북 내지 비영남 출신이 많았고, 두 번째 그룹은 대구를 중심으로 한 영남 출신이 많았다.

50년대 한국 군부는 만주군과 관동군 출신들이 주류였기 때문에 첫 번째 그룹은 이들 주류와 친하고 지원을 받았다. 이런 상황에서 군내 비주류였던 박정희가 권력의 정점에 서자 경상도 출신이 많던 전두환 그룹은 박정희와 자연스럽게 가까워졌다. 하나회는 11기를 시작으로 각 기수별로 10여 명씩 주로 영남 출신을 엄선하여 비밀리에 조직을 확장해 갔다. 박정희와 전두환의 콤비 플레이가 진행되면서 11기 중에서 하나회가 주도권을 잡아 나갔고, 군 내부의 핵심 보직은 하나회 인맥들끼리 인수인계하는 방식으로 군의 골간을 장악해 갔다. 그 최정점이 10.26 전야였다. 이때 11기들은 소장급으로 보안사령관, 사단장 등에 막 올라 있었고, 14기와 17기 등이 군 병력 동원력이 있는 준장과 대령급으로 포진해 있었다. 이 모든 것이 우연이라 하기에는 너무도 기이한 타이밍이었다.

전두환은 5.16 후 정치군인으로 출세 가도를 달리게 된다. 최고회의 의장 민원 비서관(대위)을 거쳐 수도경비사령부 제30연대장(중령. 청와대 경호실 지휘를 받는 특수부대), 경호실 작전 차장보(준장), 보안사령관(소장)을 거치면서 군인 본연의 역할인 야전보다는 최고 권력 주위에서 권력의 생리와 정치 공작의 이면을 현장 학습했다. 대위 시절부터 대통령과 직거래 파이프를 가졌던 그는 자신의 특수한 자산을 하나회 동료와 후배들을 키우는 데 아낌없이 투자했다. 수경사 30연대장 시절 그는 박정희 대통령과 저녁에 관저에서 축구 경기를 같이 보는 등 중령급으로서는 상상할 수 없는 줄을 과시했다.

1973년 초 전두환과 손영길이 11기로서는 처음으로 별을 달았을 때는 박정희가 청와대에서 직접 축하연을 베풀고 6기통 크라운 승용차와 금일봉을 하사했다. 군과 집권 세력 내부에 이들에 대한 애정을 공개적으로 표현한 것이었다. 전두환과 하나회의 최대 시련은 군내 이북 출신과 영남 출신이 정면으로 충돌한 윤필용 수도경비사령관 쿠데타 모의 사건(1973년 4월)이었다. 이 사건은 절대 권력 아래서 보통 있을 수 있는 권력투쟁이었다. 윤필용은 군내 영남 인맥의 대부였고, 그를 수사한 강창성 보안사령관은 이북 인맥의 선두 주자였다.

결과적으로 박정희는 군내 자신의 대리인으로 통하던 윤필용과 윤과 경쟁 관계였던 강창성 둘 다 제거하고 군을 자신의 직할 체제로 만든다. 최종 수혜자는 전두환과 하나회였다. 박정희가 중간 보스를 내치고 직접 하나회의 대부가 된 것이다. 이것이 하나회로 통칭되는 영남 군벌의 탄생 과정이다. 박정희 이전 복잡다기한 군부는 단일지도체제로 정리되고 그 핵심에 영남 군벌이 우뚝 서게 된 것이다.

전두환은 자신을 애지중지 키운 박정희에게 사후 보답한다. 탁월한 정치 감각, 미드필드를 가로지르는 돌파력과 추진력, 하나회 내부의 절대적인 리더십으로 무장한 전두환은 박정희 사후 김대중과 김영삼이 이끌던 민주화 세력을 1980년과 1987년 두 번이나 완파하고, 박정희가 만든 세력과 시스템이 한국 사회에서 우뚝 서게 만드는 역할을 해낸다. 죽은 박정희가 산 양김 씨를 이겼다고나 할까?

박정희 체제의 최후

18년간 청와대에 앉아 천하를 호령했던 박정희의 마지막 5개월을 추적해보자. 1979년 5월 30일 청와대의 전면적인 정치 공작에도 불구하고 제1야당 총재 선거에서 김대중의 지원을 받은 김영삼이 승리하자 박정희는 '닭의 목을 따는 작업'에 착수했다. 김영삼은 총재 당선 수락 연설에서 "닭의 목을 비틀어도 새벽은 온다."고 외치면서, 유신 정권에 대한 전면 투쟁 의지를 피력했다. 비록 김영삼이 불퇴전의 각오로, 반드시 승리할 것이라는 낙관적 믿음으로 투쟁을 진두지휘할지라도 대부분의 사람들에게 박정희는 거대한 절벽이었다. 박정희가 무너질 수도 있다는 것은 상상조차 불가능했다. 가혹한 폭력과 탄압이 올 때마다 김영삼은 '닭의 목과 새벽'의 비유로 국민들을 위로했다. 그리고 예언처럼 그 말은 실현됐다.

난타전의 시작은 6월 11일 외신 기자회견에서 시작됐다. 김영삼은 남북 간의 긴장 완화를 위해서라면 북한의 누구라도 만나 의논할 수 있다는 의사를 표명했다. 기자들이 그 누구에 김일성도 포함되는지 물었고, 김영삼은 그렇다고 답변했다. 며칠 뒤 북한에서 환영 담화를 내고 예비 접촉을 제의했다. 여기서부터 정부와 극우 단체들이 합세해서 맹렬한 공격을 퍼붓기 시작했다. 당사와 자택으로 반공 관변 단체들이 쳐들어왔다.

2라운드는 6월 29일 미국 대통령 카터 방한 때였다. 김영삼은 카터와 단독 면담에서 카터의 방한이 유신 정권의 인권 탄압을 용인한다는 잘못된 메시지를 줄 수 있다는 이유로 강력히 비판했다. 박정희와 카터의 두 번에 걸친 정상회담은 아주 고약한 분위기였다. 박정희는 주한 미군 철수의 부당함과 한국에 인권 문제가 없다는 점을, 의전 절차를 무시하면서까지 카터에게 설교했고, 카터는 공개적으로 불쾌감을 표시했다. 최종적으로 주한 미군 철수 보류와 인권 개선을 주고받는 선에서 한미 간 합의가 이루어졌다. 카터가 다녀간 다음 달 87명의 양심수들이 석방됐다.

그러나 이것은 표면적인 봉합에 불과했다. 한미 간 최대 현안은 건드리지도 못했다. 바로 박정희의 핵무기 개발 추진이었다. 1978년 9월 26일 한국 최초의 지대지 미사일 발사 실험이 성공했다. 미사일 추진체 기술 개발을 적극 방해했던 미국 국방부는 경악했다. 70년대 중반 박정희는 이미 핵폭탄 설계를 마친 상태였으며, 공보 비서관 출신인 선우연에 의하면 자신이 1979년 1월 2일 박정희로부터 "81년 전반기에 핵폭탄이 완성된다고 국방과학연구소장한테 보고받았어."라는 말을 직접 들었다고 증언한다.("집중 연재 박정희 육성 증언: 선우연 공보비서관, 8년간의 육성 비망록 여섯 권, 역사적인 대공개", 『월간 조선』, 1993, 3.)

7월 23일 임시국회에서 김영삼은 대표 연설을 통해 긴급조치 해제와 평화적 정권 이양을 위한 민주화 일정을 박정희에게 요구한다. 박정희는 다시 한 번 김영삼을 가만 두지 않겠다고 벼른다. 차지철과 김재규에게 김영삼을 침묵시키라고 닦달한다.

곧이어 3라운드가 벌어졌다. 8월 9일, YH무역 여성 노동자 187명이 신민당을 찾아왔다. 악덕 기업주가 회사의 실속은 미국으로 빼돌리고 껍데기만 남은 회사를 폐업시킨 것이다. 악덕 기업주에 대한 처벌과 밀린 임금 그리고 회사 정상화를 내걸고 항의하던 노동자들은 최후의 수단으로 야당 당사에서 항의 농성을 요청했고, 오갈 데 없는 노동자들의 요구를 김영삼은 흔쾌히 수용했다.

정권의 반응은 상상을 초월했다. 8월 10일 자정을 넘기고 11일이 되자 박정희 특명을 받은 경찰 1,000여 명이 당사를 난입, 농성 해산 작전을 폈다. 노동자만 강제로 해산시킨 것이 아니었다. 벽을 뚫고 들어선 경찰들은 국회의원, 당직자, 기자 가릴 것 없이 무차별로 폭행했다. 그 와중에 김경숙이라는 스물두 살의 노동자가 4층에서 추락해 목숨을 잃은 비극이 생겼다. 경찰을 동원해 폭력으로 농성을 해산시켰지만, 정작 국민의 마음에서 떠난 것은 박정희였다. 모두가 치를 떨었다. 김영삼 이하 신민당 의원들은 당사에서 규탄 농성을 벌인다.

4라운드. 8월 13일, 차지철의 사주를 받은 일부 원외 지구당 위원장이 김영삼 총재 직무 정치 가처분 신청을 법원에 냈다. 전당대회 때 무자격 대의원이 있어 김영삼의 당선이 무효라는 것이다. 9월 8일, 놀랍게도 법원은 이를 받아들인다. 법원은 김영삼의 총재 직무를 정지시키고 정운갑 대행 체제를 결정했다. 격분한 김영삼은 박정희가 권좌에서 하야할 것을 요구하면서 정권 타도 투쟁을 선언한다. 이제 마지막 충돌 코스로 들어선 것이다.

5라운드. 박정희 정권에 대한 미국의 지지를 철회하라고 요구한 김영삼의 9월 15일자 〈뉴욕타임스〉 인터뷰 내용을 문제 삼아 박정희는 김영삼을 국회의원직에서 제명할 것을 지시한다. 10월 4일 유신의 돌격대들은 충실하게 명을 받들어 김영삼을 국회의원직에서 추방한다. 이때 김영삼은 그 유명한 "닭의 목을 비틀어도 새벽은 온다. 나는 영원히 살기 위해 잠시 죽는 길을 택한다."는 감동적인 메시지를 남긴다. 10월 13일 야당 의원 전원이 김영삼 의원 제명에 반대하여 의원직 사퇴서를 제출함으로써 이제 민주화 세력과 유신 정권은 둘 중 하나가 죽어야 할 외나무다리에서 맞섰다. 다음 수순은 김영삼의 구속뿐이었다. 박정희는 나라 안팎으로 철저히 고립됐으나 그와 차지철만 몰랐다. 그러나 곧 그들도 알게 됐다.

6라운드. 10월 16일 오후 7시, 남포동과 부산 시청 앞에 5만여 명의 시민이 모여 유신 철폐, 언론 자유 보장, 김영삼 총재 제명 철회 구호를 외치고 파출소 등 공공건물을 공격했다. 6월 18일 새벽 0시를 기해 부산 지역에 비상계엄이 선포됐다. 그러나 18일 마산에서 더욱 격렬한 시위가 발생했다. 다시 마산·창원에 위수령이 발동됐다. 유신 이후 최초, 최대의 민중 시위였다. 역사는 이 사건을 부마 민주항쟁이라 이름 붙였다.

부마 민주항쟁은 이 지역이 낳은 지도자 김영삼에 대한 가혹한 탄압이 직접적인 계기가 됐지만, 밑바닥에는 서민 경제에 대한 불만이 깔려 있었다. 이 부문에 대한 방대한 자료를 연구한 조갑제에 따르면 1979년 부산 지역의 세금 징수액은 그 전해보다 32%나 증가하여 서민들이 느끼는 체감 경기가 최악이었다고 한다.(조갑제, 『유고①』, 한길사, 1987.)

마지막 라운드. 10월 26일 밤 부마 항쟁과 김영삼 대처 문제를 놓고 권력 핵심에서 대충돌이 일어난다. 직접 발포 명령을 내리겠다는 박정희와 탱크로 100만이나 200만 명 정도 죽이면 조용해질 것이라는 차지철의 강공책에 맞서 온건론을 주장하던 김재규는 마침내 강경론자를 죽이는 것이 국민과 나라를 살리는 길이라는 판단으로 방아쇠를 당겼다. 박정희와 차지철은 현장에서 사망했다. 아무도 예상하지 못했던 궁정 쿠데타였다. 절대 권력자 박정희가 최측근인 중앙정보부장에게 암살당하다니.

5장
박정희 대 김일성

천하 오패지세 ^{天下} 五覇之勢

역사상 난세를 꼽으라 하면 중국의 춘추전국시대를 먼저 떠올릴 것이다. 기원전 770년 주^周나라가 이민족의 침입을 피해 오늘의 낙양으로 천도하면서 동주 시대가 열렸다. 이때부터 진시황이 천하를 통일한 기원전 221년까지 약 550여 년을 춘추전국시대라 역사는 기록한다. 진^晉나라가 한^韓, 위^魏, 조^趙의 세 나라로 나뉘게 된 기원전 403년까지 전반부는 춘추시대, 후반부는 전국시대라 불린다.

춘추시대가 개막되면서 주 왕조 권위는 실추되고 전국 각지에서 100여 개의 나라가 할거하면서 생존 투쟁을 벌이기 시작했다. 이 투쟁 속에서 5대 강국이 부상하는데 이 나라들의 패자를 춘추오패^{春秋五覇}라 했다. 제^齊 환공^{桓公}, 진^晉 문공^{文公}, 초^楚 장왕^{莊王}, 진秦 목공^{穆公}, 송^宋 양공^{襄公}을 말한다.

전국시대는 문자 그대로 전쟁의 시대였다. 춘추시대 100여 개에 달했던 제후국들이 서로 잡아먹고, 잡아먹혀 7대 강국으로 재편되는데 이들을 전국칠웅^{戰國七雄}이라 불렀다. 진秦, 제^齊, 초^楚, 한^韓, 위^魏, 조^趙, 연^燕이다.

춘추전국시대 일반 백성의 삶은 참으로 고달팠다. 전쟁터 화살받이로,

세금 납부자로, 지배계급의 노예로 비참한 생활에서 빠져나올 수 없었다. 오죽 했으면 '가정맹어호苛政猛於虎'라는 말이 생겼을까? 예기禮記의 단궁檀弓 하편에 이런 이야기가 실려 있다.

공자가 노나라의 혼란 상태에 환멸을 느끼고 제나라로 가던 중 허술한 세 개의 무덤 앞에서 슬피 우는 여인을 만났다. 사연을 물은 즉 시아버지, 남편, 아들을 모두 호랑이가 잡아먹었다는 것이었다. 이에 공자가 "그렇다면 이곳을 떠나서 사는 것이 어떠냐?"고 묻자 여인은 "여기서 사는 것이 차라리 괜찮습니다. 다른 곳으로 가면 무거운 세금 때문에 그나마도 살 수가 없습니다."라고 대답했다. 이에 공자가 "가혹한 정치는 호랑이보다도 더 무섭다는 것을 알려주는 말이로다." 했다.

그럼에도 난세를 헤쳐 가려는 인간의 노력이 가장 치열했던 시기 또한 춘추전국시대였다. 제자백가라 하여 경세經世의 도에서부터 병법, 전쟁 기술, 처세술에 이르기까지 인간사회의 모든 지혜가 발전한 것도 바로 이 시대였다. 도전과 응전, 난세와 이를 극복하기 위한 치열한 노력이 춘추전국시대를 인류 문화유산의 보고로 만들었다.

1979년은 한반도의 정치 지형에 거대한 소용돌이가 휘몰아친 분기점이었다. 이 무렵 천하오패天下五覇라 부를 수 있는 세력의 구도가 분명해졌다. 시대 순으로 나열한다면 김일성의 북한, 박정희의 영남 중심 군벌, 김대중의 호남, 김영삼의 부산·경남(가야), 김종필의 충청이라는 5대 세력이 서로 각축을 벌이는 세력 구도의 조짐이 보이기 시작했다.

해방 이후 수없이 명멸했던 수많은 정치인들과 이들이 다른 점은 자신만의 정치적 왕국을 건설했다는 점이다. 정치적 영토와 카리스마적 리더십, 그리고 한반도 경영에 관한 자신의 철학과 비전을 갖춘 이들은 20세기 후반 한반도 오패 시대를 연 주인공들이다. 이들의 합종연횡의 역사가 곧 한반도의 최현대사인 것이다.

난세의 소용돌이를 더욱 거세게 휘돌린 것은 그 밑바닥에 세 개의 혁명적 에너지가 맞부딪쳤기 때문이었다. 공산주의 혁명, 근대화 혁명, 민주주의 혁명이 생사를 건 치열한 각축전을 벌이고 있는 곳이 바로 한반도이다. 세 개의 혁명은, 해방 70년을 지나고 있는 지금도 현재 진행 상태다. 김일성은 공산주의 혁명의 깃발을 높이 들고 군사적 대결을 통해 한반도 패권을 호시탐탐 노렸다. 박정희와 김종필은 근대화 혁명을 완수하여 빈곤을 추방하면 멸공통일을 주도할 수 있다고 굳게 믿었다. 김대중과 김영삼은 민주주의 혁명을 통해서 난세를 평정하고 평화통일의 길을 열고자 했다.

1979년 반박정희 투쟁을 주도하면서 유신 정권을 타도하는 데 일등 공신이 된 김영삼은 그 정치적 지위가 업그레이드됐다. 이전까지 그는 보수 야당에서 대통령이 되기를 꿈꾸는 정치적 야심가 중 한 명으로 인식됐다. 그의 야심에도 불구하고 1971년 대통령 후보를 뽑는 전당대회에서 김대중에게 패배하고, 1976년 야당의 당수로서 불명예스럽게 퇴진한 뒤 그는 잊힌 존재였다. 반유신 투쟁의 상징적 지도자는 탄압받던 김대중과 재야 지식인 사회의 리더들이었다. 김영삼은 이런 흐름과는 깊은 인연이 없었다.

그러나 1979년 5월 제1야당의 당수로 취임한 뒤 보여 준 목숨을 건 투쟁의 리더십은 일반 국민들에게 깊이 각인됐고, 이로 인해 그는 국민적 지도자 반열에 올랐다. 특히나 그를 정치적으로 매장하기 위해 박정희 정권이 획책한 국회의원 제명 사건은 그의 출신 지역인 부산·경남의 민중들을 전면적 정권 투쟁에 나서게 하는 기폭제가 됐다. 부마 민중항쟁을 통해 김영삼은 이제 더 이상 중앙 정치의 야심가에 머물지 않고 강력한 정치적 근거지를 가진 맹주로서의 입지를 확보한다.

이보다 앞서 김대중은 비록 몸은 연금돼 정치적 활동은 봉쇄당했지만, 이미 정치적으로 맹주의 지위에 도달했다. 1971년 드라마틱한 역전승으로 제1야당의 대통령 후보가 된 뒤 그가 보여 준 탁월한 역량은 단숨에 박정희를 반대하는 민주 진영의 지도자로 부각시켰다. 당연히 그를 배출한 호남 지역은 무척이나 자랑스러워했다.

더욱이 그가 1973년 8월 동경에서 납치돼 죽을 뻔했다가 기적적으로 살아난 사건 이후에는 그를 향한 호남 지역 민중의 애틋한 사랑과 지지는 날로 응집되어 갔다. 호남이 낳은 인물, 그렇지만 언제 독재 권력의 마수에 죽을지 모르는 운명이라는 이 서사적 구조 속에서 김대중의 정치적 기반은 강고해졌다.

10.26 사태로 박정희가 사라지자 집권 여당 공화당은 공황 상태에 빠졌다. 오직 유신 권력의 돌격대로 권력의 단물을 노리고 모여든 그들이 대안이 있을 리 만무했다. 이 공백을 메우는 것은 어차피 김종필에게 맡겨진 숙명이었다. 박정희와 함께 2인자로 5.16 쿠데타를 일으킨 김종필은 1967년경 이미 세력으로는 거세된 상태였다. 박정희가 3선과 장기 집권 구도를 세우면서 제일 먼저 한 작업이 2인자로 불린 김종필 세력을 와해시키는 것이었다. 김종필은 선택해야 했다. 박정희와 전면 투쟁할지 이후를 기약할지. 그는 후자를 선택했다.

박정희 시대 권력을 누린 2인자들은 하나같이 말로가 비참했다. 김형욱, 이후락, 박종규, 차지철, 김재규. 그러나 유일하게 김종필은 2인자로서 운명을 숙명으로 받아들였다. 박정희가 아무런 예고도 없이 사라졌을 때 김종필은 박정희 세력의 정통 계승자를 자처할 아무런 힘이 남아 있지 않았다.

박정희 권력이 키운 힘은 고스란히 영남 군벌에 남겨져 있었다.

　그러나 박정희 세력의 비주류로 전락한 김종필을 그의 고향 사람들은 외면하지 않았다. 박정희 세력의 주류가 다시 한 번 쿠데타를 일으키고 그를 부정 축재자로 만들어 정치적으로 매장했을 때도 그는 고향의 힘으로 불사조처럼 다시 일어섰다. 대통령은 되지 못했지만 박정희, 김영삼, 김대중을 대통령으로 만들어 내는 이전에도 없었고, 앞으로도 영원히 없을 기적을 만들어 낸 것도 그가 충청의 맹주였기 때문에 가능했다.

김일성 권력의 확립

1972년 5월 이후락 중앙정보부장이 평양을 다녀온 뒤 어느 날 저녁, 청와대 영사실에서 북한이 제작한 선전 영화가 박정희, 이후락, 김정렴 등 정권의 핵심 실세가 참석한 가운데 상영됐다. 북한의 열병 사열식, 웅장한 매스게임, 시커먼 연기를 뿜고 있는 거대한 공장 등 북한의 발전상을 선전하는 내용이었다. 영화가 끝났을 때 박정희의 좌석 옆 재떨이에는 몇 모금 빨지도 않고 버린 꽁초가 가득했다. 아무도 자리에서 일어나지 못했다. 영화에서 본 북한의 발전상에 압도당하는 분위기였다.

다음 날 아침 새벽부터 김정렴은 박정희에게 호출됐다. "어제 본 북한 어때?" 김정렴은 밤새 생각해 둔 설명을 했다. 남한이 북한을 이길 수 있다고. 북한은 자주적 폐쇄 경제이고 남한은 세계를 상대로 무역하는 나라이며, 잠재력에서 북한을 충분히 따라 잡을 수 있다고. 조목조목 설명을 듣고 난 박정희의 안색이 비로소 좀 풀어졌다.

60~70년대 20년 동안 한반도를 움직이는 기본 축은 김일성과 박정희의 대립과 투쟁이었다. 김일성은 김일성대로 내부의 반대 세력을 제거하고 자

신의 권력을 공고히 하는 투쟁을 벌였고, 박정희는 박정희대로 반대 세력을 제압하기 위해 온갖 정치적 무리수를 동원했지만, 김일성과 박정희의 최대 관심사는 바로 상대방이었다. 어느 시인이 유신 독재를 '겨울 공화국'이라 비유한 바 있다. 이에 비하면 김일성의 독재는 '툰드라 왕국'이라 말할 수 있지 않을까?

영국의 경제학자 로빈슨은 1965년 박정희가 주도한 한강의 기적 이전 인 50년대 후반과 60년대에는 '김일성의 기적'이 있었다고 지적한 바 있 다.(Robinson, Joan. "Korean Miracle", Monthly Review, Jan, 1965. 양성철의 『박정희와 김일성』에서 재인용)

6.25 전쟁 휴전 이후 자신의 최대 정적이던 박헌영 등 남로당계를 신속 하게 제거하고 권력기반을 다진 김일성은 북한의 전면적인 사회주의화를 서둘렀다. 모든 산업을 국유화하고 토지를 협동농장으로 만들어 전후 복구 작업에 나섰다. 초기의 경제 발전은 놀라운 성과를 기록했다. 공산주의적 개발독재가 효과를 발휘했다.

북한 경제는 1946년을 100이라 할 때 종전 시점인 1953년 70까지 떨어 졌다가 1956년, 59년, 60년에 각각 153, 305, 328로 급성장했다. 공업 총 생산 역시 1946년을 기준으로 1953년, 56년, 59년, 60년 각각 2배, 6배, 19배, 21배로 급성장했다. 공업 생산은 전후 1954년에서 1960년까지 연 평균 39%씩 성장했다. 그 결과 북한은 1961년 단 한 해 동안 1946년부터 1955년까지 10년 동안보다 더 많은 공업 제품을 생산했다고 자랑했다.(박 명림, "박정희와 김일성: 한국 근대화의 두 가지 길", 『역사비평』, 2008, 봄, 142쪽)

1961년 김일성은 인민 경제발전 7개년 계획을 발표했다. 김일성은 '7개 년 계획이 달성되면 전 인민의 수요를 충분히 공급할 사회주의 공업을 갖게 될 것이며, 국토를 개조해서 매년 대풍작을 거둘 것이고, 도시와 농촌은 더

한층 아름답게 건설되어, 전 인민의 생활은 윤택하고 문화적이고 더욱 즐겁게 될 것이다. 모두가 기와집에서 살고, 흰 쌀밥과 고깃국을 먹고, 비단 옷을 입는 부유한 생활을 하게 된다."고 청사진을 제시했다. 이때만 해도 김일성 체제는 욱일승천의 기세였다.

1945년 해방 직후 귀국하자마 당시 33세였던 김일성은 난세를 요리하는 탁월한 능력을 선보이기 시작했다. 귀국 당시 그의 동료는 150~200명으로 추산되는, 만주에서 함께 항일 빨치산 투쟁을 했던 동지들뿐이었다. 소련의 지원이 가장 중요한 요인이었지만, 나이에 걸맞지 않은 그의 노련한 정치적 역량도 그가 권력투쟁에 승리하는 데 결정적이었다.

절대 권력을 향한 그의 20여 년에 걸친 투쟁은 크게 두 가지 재능으로 가능했다. 첫째, 그는 아래로부터 민중의 요구를 적극 반영해 대중적 지지 기반을 만드는 데 능숙했다. 둘째, 정치 전략적으로 그는 소수의 세력으로 다수 세력을 형성, 가장 바깥의 적으로부터 시작해 최종적으로 가장 안쪽의 정치적 반대자를 솎아 내는 통일전선 전략의 천재였다.

처음에는 일본 제국주의 부역자와 민족 배신자를 제외한 모든 세력의 대동단결을 내세웠다. 이런 입장에서 민족주의 우파 리더였던 조만식을 지도자로 내세웠으나 불과 몇 달 만인 1945년 말 조만식의 신탁통치 반대 입장을 민족 반역자로 규정하고 그를 제거했다. 북한에서 민족주의 우파 세력을 거세한 김일성은 곧 당내 그의 경쟁 파벌에 대한 견제에 나선다. 그러나 이때까지만 해도 김일성은 북한 공산당 내 여러 세력 가운데 하나였다. 조선노동당은 연안파의 김두봉과 무정, 남로당계의 박헌영, 국내파 현준혁, 소련파 허가이 등 파벌 연합체였다.

6.25의 전세가 불리하게 돌아가자 북한 지도부 내부 갈등이 폭발했다. 김일성은 이 상황을 기민하게 경쟁자를 제거하는 기회로 활용했다. 1950년

12월 평양 방어에 실패한 2군단장 무정을 숙청했다. 무정은 항일 무장투쟁 경력에서 유일하게 김일성을 능가하는 인물이었다. 김일성에게는 가장 두려운 상대였다. 곧 이어 그는 1951년 11월부터 새로운 공격 목표를 제시했다. 이때 그가 지목한 것은 당내의 관료주의, 형식주의, 교조주의, 분파주의, 지역주의, 지방주의, 연고주의, 수정주의 등이었다.

『김일성 선집』에 따르면, 1952년 12월 15일 그는 남로당계에 대한 공격에 나섰다. '자신의 할 일에 대해선 손톱만큼의 책임감도 없으면서 오직 높은 지위에만 관심을 쓰며 자신의 과거 혁명 경력을 뽐내는 사람들, 큰 과업을 떠맡을 생각을 하지 않는 사람들, 이런 자들이 아직도 존재한다. 또한 인척, 동창, 친구, 아니면 동향, 같은 지역, 남조선 또는 북조선 출신이기 때문에 원칙도 없이 정치적 자리에 앉혀진 사람들도 눈에 띈다.'(『김일성 선집 1권』, 397쪽)

그의 사후 3대째 세습이 이루어지고 한 줌도 안 되는 빨치산 인맥이 대대손손 최상층 지배계급을 형성하고 있는 오늘의 북한에 대해 그가 어떻게 변명할지 궁금해진다. 10년 뒤 1963년 2월 8일 김일성은 박헌영의 죄상을 이렇게 열거했다.

'미 제국주의의 고용 간첩인 박헌영은 남조선에는 20만 당원이, 그리고 서울에만도 6만 명에 이르는 당원들이 있다고 허풍을 떨었다. 그러나 이 악당은 양키와 손을 잡고 남조선 내의 우리 당을 완전히 파멸시켰던 것이다. 우리는 낙동강까지 진격했지만, 남조선에서는 아무런 봉기도 일어나지 않았다. 부산은 대구에서 엎드리면 코가 닿을 만큼 가까운 거리에 있었다. 따라서 부산에서 수천 명의 노동자들이 데모를 벌이고 궐기하기만 했더라도 문제는 달라졌을 것이다. 남조선의 일부 민중들이 봉기했었더라면 우리는 틀림없이 부산을 해방시켰을 것이며, 미 도당들은 상륙하지 못했을 것이다.'(『김일성 선집 3권』, 519쪽)

그런데 미 군정 당시 정치 고문관 랭든이 1946년 11월 14일 국무성에 보낸 비밀 전문을 보면 흥미로운 사실이 드러난다.

'…… 려운형은 북한의 민주주의자인 김일송〔김일성〕과 김두봉은 민족주의적 성향을 가진 인물들로서, 남한의 박헌영, 북한의 김무정〔무종〕으로 대표되는 파괴적인 반미 공산주의자들에게 반대한다고 말하였다. ……'(양성철, 『박정희와 김일성』, 한울, 1992, 145쪽, 『김일성 선집 1권』, 523쪽에서 재인용)

소련, 중국, 베트남, 쿠바 등 많은 공산주의 나라에서 공산주의 운동의 개척자이자 2인자를 미제의 간첩으로 처형한 나라는 없었다. 김일성과 경쟁하는 파벌을 미제의 간첩이라는 죄목으로 처형하는 피의 숙청은 이후에도 거듭된다. 이런 피의 숙청사는 북한을 오직 수령 1인 만이 자유로운 툰드라의 왕국으로 만들어 버렸다.

주체사상의 나라

"조국과 조선 인민의 운명을 한 어깨에 짊어지고 가장 확실한 길을 따라 조선 혁명을 승리로 이끈, 비길 데 없는 애국자이며 민족의 영웅, 싸우면 이기는 강철같이 위대한 지도자, 위대한 주체사상의 창시자 …… 위대한 마르크스-레닌주의자, 가장 위대한 반제 · 반미 투쟁의 전략가, 조선의 태양, 20세기의 영웅이자 모든 혁명 지도자 중 가장 위대한 지도자 …… 제3세계의 위대한 영도자, 지도력의 장인, 인간을 해방시킨 구세주, '주체'의 태양, 세계 구원과 인민 구제의 태양, 우리 시대의 가장 위대한 이념 사상가, 전설적 영웅이자 인류의 수호신, 지도와 군사 전략, 혁명의 천재……"

1976년 무렵 북한의 뉴스 매체는 김일성을 64개 호칭으로 부른다.(『인민들 속에서』 1~2권, 조선로동당 출판사, 1981 ; 백봉, 『민족의 태양 김일성 장군』, 인문과학사, 1968.)

김일성의 '주체사상'을 이해하는 것은 김일성 체제를 이해하는 알파요 오메가다. 북한만큼 과거의 역사를 오늘의 정치 관계에 맞춰서 재해석하는 것이 널리 용인되는 사회도 없다. 사진을 보면 멀쩡히 있던 사람이 없어지거나 다시 나타나기도 한다. 현재 북한의 공식 문서에 따르면 김일성의 주체사상은 그가 항일운동에 뛰어들 때부터 존재했다고 한다.

그러나 서대숙이나 이정식과 같은 학자들은 이런 주장에 반론을 제기한다. 그들은 1955년경부터 주체라는 용어가 등장한다고 주장한다. 스탈린이 1953년 사망한 후 짧은 과도기를 거쳐 흐루시초프가 새로운 집단지도체제의 수장으로 등장하면서 소련에서 스탈린 격하 운동이 시작됐다. 이를 계기로 소련과 북한은 심각한 불화를 겪기 시작한다.

중국의 모택동 역시 소련의 새 지도부를 수정주의라고 공격했다. 비록 김일성이 공개적으로 소련을 비난하지는 않았지만, 불쾌감을 가지고 있었던 것은 분명했다. 스탈린 격하 운동은 북한 내 정파들 사이에 권력투쟁을 촉발했다. 연안파와 소련파들이 김일성이 해외 방문 중일 때 집단지도체제를 요구하고 나선 것이다.

김일성은 이런 내부 도전을 맞아 해방 이후 소련과의 후원자 관계를 정리하고 독자 노선을 취하기 시작했다. 그것을 정치적으로 표현한 것이 주체 노선이었다. 주체 노선을 명분으로 내세운 김일성은 연안파와 소련파를 권력 핵심에서 추방하는 데 성공했다. 1955년 12월 28일 김일성은 당 선전선동 일꾼대회에서 '사상 사업에 있어서 교조주의와 형식주의를 제거하고 주체를 확립하자'라는 제목의 연설을 했다. 그는 인민군 막사에 시베리아 사진이 걸려 있고, 인민학교에 러시아 문학가들의 사진이 걸려 있는 것을 비꼬았다. 또 평화 공존과 같은 소련의 정치 노선을 추종하는 소련파들을 공격했다. 많은 당 사업에서 소련 것을 기계적으로 베끼거나, 마르크스-레닌주의를 소화하지 않은 채 날로 삼키고 있다고 그는 말했다.(서대숙,『북한의 지도자 김일성』, 서주석 번역, 청계연구소, 1989, 265쪽)

1960년 김일성은 주체의 개념 정립을 시도했다. '주체는 우리나라의 실제 조건에 맞춰 모든 것을 행하며, 마르크스-레닌주의의 일반적인 원리와 다른 나라의 경험을 우리의 현실에 맞게 창조적으로 적용하는 것이다. …… 자기 사회, 자기 인민, 그리고 자기 나라의 역사와 혁명적인 전통을 잘 모르는 사람이 어떻게 자기 나라에 맞는 혁명을 수행할 수 있겠는가? 그리고 자기 자신의 업적을 과소평가하고 오직 다른 사람들의 업적만을 찬양하는 사람이 어떻게 자기 자신을 발전시킬 수 있겠는가?'(『김일성 선집 2권』, 178쪽)

국내의 모든 반대파를 제거하고 자신의 빨치산 그룹을 북한 이너 서클로 끌어올린 김일성은 1961년 9월 11일 조선노동당 제4차 당 대회 중앙위원회에 이렇게 보고했다.

'우리나라 노동운동과 공산주의 운동의 역사상 우리 당이 조직적·이념적으로 오늘날처럼 이렇게 굳건했던 적은 일찍이 없었다. 오늘날처럼 당 전체와 모든 인민이 단일한 이념과 의지로 이처럼 강하게 밀착되고 단결된 적은 이전에는 전혀 없었다.'(『김일성 선집』)

마침내 1972년 12월 27일 사회주의 헌법은 주체사상을 북한의 지도 원칙으로 승인한다. 헌법 4조에 '조선민주주의 인민공화국은 마르크스-레닌주의를 우리나라의 조건에 맞게 창조적으로 적용한 조선노동당의 주체사상에 의해 지도된다.'라고 규정했다.

50년대 후반 60년대 전반기에 북한은 소련과 불화로 경제 재건과 군비 확장에 심각한 타격을 받았다. 60년대 후반 중국의 문화대혁명 시기 홍위병들은 김일성을 격렬히 비난했다. 봉건 왕조의 지배자처럼 군림하고 있다는 조롱을 받았다. 중소의 대립 속에 북한이 생존을 찾아나가는 외교 전술로서의 주체 노선은 나름 탁월한 선택이었다. 그런데 문제는 수령론이었다. 인민 대중의 자주성과 주체성은 수령에 의해서만 발현된다는 것이다. 여기서부터 백두혈통에 이르기까지 북한의 체제는 더 이상 정통 마르크스-레닌주의 이론으로는 설명할 수 없게 된다.

수령에 의한 주체사상에 입각하여 역사를 다시 쓰다 보니 과거 역사에 대한 광범위한 왜곡을 불러일으켰다. 이에 대한 서대숙의 평가는 혹독하다. "북한을 해방시킨 것은 소련이 아니었다. 그것은 그들 자신의 수령 김일성이었다. 한국전쟁에서 북한을 구한 것은 이제 중국 의용군이 아니었다. 그것은 그들 자신의 수령 김일성이었다. 아마도 가장 광신적인 것은 주체사상을 보편적 원리인 김일성주의로 발전시키고 북한 수령 김일성을 제3세계의 지도자로 부각시키려는 그의 아들의 무모한 시도일 것이다. 이름이나 주장의 정교성과는 관계없이 김일성의 주체사상은 마르크스-레닌주의와는 그다지 관계가 없는 외국 혐오의 민족주의 이상의 것이 아니다."

김일성은 여러 면에서 스탈린 키드라고 불릴 만하다. 그가 평생 가장 존경했던 인물이 스탈린이고 꼭 만나고 싶은 위인이었다고 한다. 1946년 8월 15일 해방 1주년 기념일에 김일성은 조선 인민은 "소련 인민의 아들딸들이 흘린 피를 잊어서는 안 된다."고 말했으나 그 구절은 채 10년도 되지 않아 삭제됐다. 소련의 경제원조에 대한 비슷한 찬사, 해방자이며 대부인 위대한 수령 스탈린의 영도 아래 소련군이 이룩한 업적에 대한 찬양, 스탈린의 자비로움에 대한 김일성의 개인적인 아첨 등은 그의 초기 저작에서 삭제됐다. 삭제된 부분에는 이런 내용도 있었다. "소련의 선전 문화 예술을 그대로 익히기만 해도 우리는 우리 자신의 찬란한 민족문화를 건설할 수 있다."

김일성은 그가 무명의 정치적 야심가일 때 국제 공산주의 운동의 수령 스탈린을 예찬하던 바로 그 수식어로 찬양받는 입장이 됐다. 아니 스탈린 이상이었다. 그러나 이는 인민들이나 북한에게 결코 이로운 일이 아니었다. 모든 절대 권력자는 자기애가 강하고 자기중심적인 권력의지의 화신이라고 말할 수 있다. 그런 점에서 천동설의 확신자라고 할 수 있다. 우주가 자신을 중심으로 돌아야 한다고 믿는 천동설.

마르크스-레닌주의는 르네상스 이후 발전해 온 철학과 사회과학의 집대성이라고 창시자들은 생각했다. 자신들은 사회에 관한 과학적 법칙을 찾아내고, 이를 지양할 수 있는 과학적 전략과 전술을 개발했다고 자랑했다. 그러나 김일성에 이르러 마르크스-레닌주의의 이름으로 지동설에서 천동설로 다시 퇴행했다. 제3의 물결이 넘실대는 새로운 사회혁명의 시대에 식민지 반봉건 시대의 유격대 활동을 신성시하고, 교주의 지침에 의해서만 나아갈 수 있는 사회에서 어떤 혁신과 창의력이 나올 수 있을 것인가? 북한의 수령 절대 체제는 내부적인 변혁의 가능성이 완벽하게 봉쇄된 사회라는 점에서 인민들의 고통은 김일성 사후 본격화된다.

남조선 해방을 겨냥하다

자신의 현재 위치를 아는 것은 개인뿐 아니라 국가 차원에서도 매우 중요한 일이다. 물리적 위치에 관해서 우리는 GPS라는 최첨단 기술의 도움을 받는다. 그런데 GPS는 지구상에서만 유효한 수단이다. 지구를 벗어난 태양계 이상의 우주에서는 별들의 삼각함수를 통해 위치를 파악한다. 우리가 일상 생활에서 흔히 접하는 태양계 그림이 있다. 정지된 태양을 중심으로 지구를 비롯한 행성이 공전하는 그림. 그런데 사실 이 그림은 태양계 현실을 왜곡해서 보여 준다. 태양은 위치가 고정된 항성이 아니다. 폭이 10만 광년이나 된다는 우리 은하계의 외곽에 위치하여 2억 년에 한 번씩 은하계를 공전하고 있다. 이 공전 속도가 시속 70만 킬로미터라고 한다. 즉 시속 70만 킬로미터로 치달리는 태양의 주위를 지구 등의 행성이 태양의 중력으로 인해 굽어진 시공간 궤도를 따라 돌아가는 것이 태양계의 진짜 운동 모습이다.

정치적 좌표를 찾는 데 영향을 미치는 요소는 국내외적으로 다양하다. 60~70년대 한반도의 정치에 영향을 미치는 운동 요소를 살펴보자. 국제적 요소를 든다면 첫째는 미·일 대 중·소의 대립이 있다. 둘째로 중국공산당

대 소련공산당의 대립이다.

한반도 내부의 대립 구조를 살펴보면 첫째, 북의 김일성 대 남의 박정희, 둘째 남한 내부의 박정희 대 야당 세력, 셋째 야당 내부의 김대중 대 김영삼 등의 중층적 대립 구도로 파악할 수 있다. 박정희 정권이 집권 초반기 일본과 관계 정상화와 베트남 파병에 올인한 것이나, 김일성 정권이 50년대 후반부터 주체사상 또는 김일성주의를 발전시킨 것은 국제적 구도가 주는 압력 속에서 생존하기 위한 몸부림에서 나왔다고 볼 수 있다.

해방된 지 15년이 넘는 60년대부터 양 진영은 내거는 이데올로기와 깃발은 전혀 달랐지만 내적으로는 매우 비슷한 궤적을 보이기 시작한다. 우연치고는 너무나 공교롭다. 김일성은 프롤레타리아 독재에 기반을 둔 인민민주주의를 내걸었지만, 유례없는 전체주의 국가로 치달았고, 남쪽에서도 박정희의 군사독재가 출현하여 권위주의 체제를 강화해 나갔다.

1961년 5월 16일 군사 쿠데타로 박정희가 권력을 잡고 남한에서 영남 군벌이 권력 핵심 집단으로 성장하는 과정은 충분히 설명한 바 있다. 북한의 경우도 1961년 9월 조선노동당 4차 당 대회에서 김일성의 빨치산 군벌이 드디어 군, 당, 내각의 주요 보직을 완전히 장악한다. 빨치산 군벌이 북한 권력의 최정점을 완전 장악하면서부터 군사 노선이 최우선 강조되기 시작했다. 이른바 선군 노선의 시조라고 할까. 이때 '한 손에는 총을, 다른 한 손에는 낫과 망치를'이라는 유명한 표어가 나왔다.

이들은 50년대 후반 중소 분쟁이 악화되면서 소련 기술자들이 철수하고, 소련의 원조가 삭감되면서 북한의 군사력이 받은 타격에 불안감을 느꼈다. 더욱이 흐루시초프가 쿠바 미사일 사건에서 굴복하자 큰 충격을 받았다. 북한의 독자적인 군비 태세 확립을 미룰 수 없는 과제로 판단했다. 당 중앙위 전원 회의에서 비록 경제개발을 제약하거나 희생시키는 한이 있더라도 북한의 군사력을 강화시켜야 한다는 결의안을 채택했다.

또한 이 회의에서 당의 4대 군사 노선, 즉 '전 인민의 무장화, 전 지역의 요새화, 전 군의 간부화, 전 군의 현대화' 노선이 발표됐다. 1966년 10월의 조선노동당 제2차 대표자 회의에서 김일성은 4대 군사 노선을 정교하게 설명했다.

'전 인민의 무장화' 노선에 따라 150만 명 이상의 노농적위대가 재편성됐고, 70만 명의 붉은 청년 근위대가 창설됐고, 일고여덟 살의 어린이부터 예순 살의 노인에 이르기까지 모두 군사훈련을 받았다.

'전 지역의 요새화' 노선에 따라 지하 방공호, 지하 비축 시설, 지하 공장과 지하 무기고를 전국 곳곳에 건설했다.

'전 군의 간부화' 노선에 따라 모든 군인들이 전쟁 시 한 등급 이상의 직무도 수행할 수 있도록 능력을 배양해야 했다.

'전 군의 현대화' 노선에 따라 북한의 산악 지형과 굴곡이 많은 해안선과 조선 인민군에만 독특한 요건을 감안하여 전군을 가능한 한 최신에 무기로 무장하도록 했다.

국가의 모든 핵심 역량을 전쟁 대비 태세를 위해 배치한 북한은 60년대 후반에 후속 조치를 취하기 시작했다. 1966년을 전후해 남한 사정을 비교적 잘 아는 온건파 실무자들이 대거 제거되고, 그 자리에 강경파 군벌 출신들이 배치되기 시작했다. 김일성과 그의 빨치산 동지들의 대남관은 어땠을까?

그들에게 남한은 외세의 식민 지배를 벗어나지 못한 미수복 지구였다. 일제 36년의 식민 지배가 끝나자마자 다시 미 제국주의의 식민 지배에 예속

당한 민족의 수치스런 지역으로 인식했다. 1930년대 수많은 조선 독립군이 일본 제국주의의 잔인한 토벌 속에 살해당했고, 토벌 보다 더 가혹했던 추위와 굶주림 속에서 반일 조선독립전쟁을 수행했던 사람들이 김일성의 빨치산 그룹이었다. 이들은 끝까지 일제에 항복하지 않고 버틴 불굴의 의지를 가진 집단이었다. 그들은 한반도에 실질적으로 두 개의 국가가 존재한다는 입장을 받아들일 수 없었다. 1948년 남쪽의 대한민국 정부가 유엔 인정을 받은 정통성 있는 정부이고, 자신들이 일으킨 6.25 전쟁이 외세의 전면적인 개입과, 한반도 전역에 궤멸적인 파괴를 가져오고 마침내 정전협정으로 일단락됐다는 현실을 인정하지 못하는 집단이었다.

그들에게 남한을 해방시키는 것은 1930년대 반일 유격대 전쟁의 연장선에서 민족 해방의 성전을 계속하는 것을 의미했다. 그들에게 조선은 오직 하나였다. 그리고 그 하나 된 조선은 당연히 적화통일이 된 한반도여야 했다. 60년대에는 자신들이 남한을 경제적으로나 군사적으로나 압도한다는 의식을 북한 지도부들이 갖고 있었다. 김일성을 정점으로 한 빨치산 군벌은 남한을 해방시키기 위해 두 가지 중대한 노선을 결정한다. 하나는 직접적인 군사적 도발을 통해 남한의 민중 봉기를 유도한다는 것이고, 둘째는 남한에 지하 혁명 조직 역량을 구축한다는 노선이었다.

무력 통일 노선의 좌절

정전협정이 전쟁 상태의 지속이라는 사실은 단순히 텍스트상의 문제가 아니었다. 그 당시 남북의 최고 지도자와 권력 핵심의 심리 상태는 실제 전쟁 상태에서 국정을 운영했다. 그들의 최대 관심사는 상대방의 동태였고, 자신을 전복하기 위해 상대가 무엇을 하는지 알기 위해 모든 촉각을 곤두세웠다. 그것은 무한대의 체제 경쟁으로 나타났고, 선의의 경쟁이 아니라 무력을 써서 남북통일을 이루겠다는 군사적 모험주의로 구체화됐다.

그럼 남쪽을 장악한 박정희의 대북관이나 통일관은 어땠을까? 박정희 전임인 이승만은 공공연한 북진 통일론의 기수였다. 실제 북진 통일을 할 군사력은 없었지만, 틈만 나면 그는 북진 통일을 부르짖었다. 이에 비해 박정희는 현실을 인정했다. 그는 자신의 공산주의 활동 전력에 관한 안팎의 관심을 잘 알고 있었기 때문에 역설적으로 반공을 입에 달고 살았다. 반공을 최고 가치로 모든 국가 체제를 재편했다. 또한 남한의 현실을 반영해 선건설 후통일 노선을 내걸었다. 경제성장으로 부강해지면 통일의 길은 저절로 열릴 것이라는 논리였다. 통일 문제에 대해 그는 수세적이었고, 소극적이었다. 그렇지만 반공을 통해 자신의 철권통치 기반을 만드는 데는 지속적인 노력을 기울였다.

남북의 권력 핵심들이 6.25 전쟁을 직접 경험하거나 지휘했던 군인 출신이라는 점에서 전쟁 마인드 혹은 전쟁 피해 의식은 당시의 남북한을 이해하기 위한 가장 중요한 포인트다. 김일성의 폭격 노이로제는 대단했다고 한다. 1972년 이후락을 만난 김일성은 직접 평양 지도를 보여 주면서 6.25 당시 미군의 포격으로 황폐화된 여러 지역을 열거했다고 한다. 김일성을 비롯한 북한 지도부는 언제라도 남한의 치명적인 폭격이 재개될 수 있다는 전제하에 모든 국가 체제를 재건했다.

김일성의 연령 문제도 북한의 대남 정책에 영향을 미쳤다. 33세에 북한지도자로 등장한 이래 김일성은 민족의 태양이라는 절대 권력자 지위로 부상했다. 그는 입버릇처럼 환갑연(1972년)은 서울에서 치르고 싶다고 말했다. 따라서 그가 60세가 되는 1972년과 70세가 되는 1982년에 그의 추종자들이 통일된 조선을 김일성의 생일상에 바치기 위해 총력 경주를 했으리라는 것은 충분히 있을 법한 추측이었다.

1967년 12월 16일 제4차 최고인민회의 연설에서 김일성은 "정부가 당면한 초미의 관심사는 남조선의 혁명 세력을 지원하여 가급적 빠른 시일 안에 남조선의 해방을 이루는 것"이라고 말했다. "현재의 상황은 우리가 좀 더 적극적이고 혁명적인 방법으로 모든 공작을 수행할 것과 남조선 인민의 혁명투쟁에 지지를 보냄으로써 남조선 혁명을 달성하고 조국을 통일하는 투쟁에 모든 것을 복무시킬 것을 요구하고 있다."라고도 말했다. 이로써 방아쇠는 당겨졌다.

빨치산 장군들은 교시에 따라 남한 혁명 정책을 추진하기 시작했고, 그 방법으로 제한된 목적을 지닌 소규모 게릴라 부대를 남파하기로 했다. 그

절정은 1968년 1월 16일 박정희 암살을 목적으로 특수부대 요원 31명을 남파시킨 사건이었다. 박정희의 침실 500미터까지 잠입하는 데 성공했으나 결국 발각돼 27명이 현장에서 사살됐고, 3명은 탈출했고, 1명은 생포됐다. 남한 전체에 엄청난 충격파를 던져 준 1.21 사태. 북한군 특수부대인 124부대 부대원들의 청와대 습격 사건이었다. 1968년 10월부터 11월 사이에 경상북도 울진 근방에 120여명의 무장 게릴라 부대가 파견됐다. 북한의 신문들은 남조선 인민들이 식민 통치를 전복하기 위해 생사를 건 싸움을 하고 있다고 주장했다. 무장 게릴라 부대가 제한된 목적을 지닌 군사 작전이었다면 훨씬 진지한 노력이 남한에 지하 혁명 정당을 구축하는 데 기울여졌다. 북한쪽 자료인 『조선중앙년감』(1969), 『조선자료』(1969. 8.)에 따르면 통일혁명당(통혁당)은 남한의 공산주의자 김종태와 북한의 스파이가 함께 창설한 지하조직이었다.

그는 1964년부터 1968년까지 북한을 왕래하며 훈련을 받고, 비밀 활동을 위한 지령과 공작금을 받았다. 그는 1963년 3월 15일에 통혁당을 조직했고, 서울의 일부 대학에 조직을 건설했다. 그러다가 1968년 7월 4일 체포됐고, 이후 통혁당의 모든 조직은 와해됐다. 김종태는 1969년 1월 24일 사형이 집행됐다. 북한은 김종태를 김일성의 지령을 따랐던 혁명 영웅으로 추앙했다. 공화국 영웅 훈장이 수여됐고, 김종태 추모 주간이 지정되는가 하면 해주 사범대학은 김종태 사범대학으로 이름이 바뀌었다.

김일성의 바람과는 달리 게릴라 부대의 선도 투쟁에도 불구하고 남한에서 민중 봉기는 일어나지 않았다. 또 통혁당은 그 뒤에도 지속적으로 활동한다는 북한의 주장에도 불구하고 북한을 추종하는 의미 있는 지하 혁명당은 나타나지 않았다. 오히려 남한의 군사정부는 통혁당 사건을 빌미로 많은 민주화 인사를 간첩으로 모는 용공 조작 사건을 체제 유지 수단으로 삼는 데 맛을 들이게 됐다. 무장 게릴라를 파견하거나 지하 혁명당을 조직하여 남한에 민중 봉기를 유도하겠다는 노선은 현실에서 실패한 노선으로 판명됐다.

또한 1968년 초 발생한 미군 푸에블로 호 나포 사건은 김일성으로 하여금 대남 혁명 정책을 전면적으로 되돌아보게 만들었다. 이 사건은 대내적으로 북조선과 김일성의 위엄을 높이는 홍보 수단으로는 매우 유익했다. 하지만 내면으로는 김일성과 집권 핵심 세력의 등골이 서늘해졌다.

김일성의 남조선 해방을 위한 군사 전략은 남한에서 미군을 철수시켜 남한 군과 일대일로 승부하는 것을 기본으로 짜였다. 미국과 다시 전면전을 한다는 것은 계획에 전혀 없던 일이었다. 푸에블로 호 나포 사건으로 미군과 전면적 충돌이 일어날지도 모른다는 현실에 직면한 김일성은 자신의 주변 빨치산 군벌의 무모성과 위험성을 절감했다. 잘못하면 자신의 권력 자체가 위협받는 리스크를 그는 감당할 수 없다고 판단했다. 남조선 무장 해방 노선을 광적으로 추구하는 빨치산 장군들을 그는 조용히 정리했다. 오직 그에 대한 충성심만으로 가득 찬 사람만 남겨 두었다.

이후에도 김일성은 한 번도 무력 적화통일에 대한 미련을 버린 적이 없었다. 1975년 4월 베트남이 망하고 월맹에 의한 통일이 확정되자 그는 소련과 중국의 지도부에 면담 신청을 했다. 모든 루트를 통해 그는 다시 한 번 북한에 대한 군사적 지원을 약속받고 싶어 했다. 그러나 중국과 소련은 그의 면담을 받아들이지 않았다. 중국과 소련 누구도 한반도에서 전면전이 발생하는 것을 원하지 않았다. '잃어버릴 것은 휴전선이요, 얻을 것은 민족의 통일'이라는 그의 외침에 아무도 호응하지 않았다.

그렇다고 김일성이 생각을 바꾼 것은 아니었다. 1974년 9월 휴전선 남쪽에서 땅굴이 발견됐다. 시간당 500명 내지 700명의 병력을 남쪽으로 투입할 수 있는 비밀 통로였다. 군내 정보통에서는 땅굴이 약 22개 정도 추정된 다고 판단했다. 실제로 81년까지 발견된 것은 4개였다. 그 중 두 번째 것은 지하 45미터 밑에 화강암을 뚫고 굴착된 것으로서 시간당 1만 명의 경무장 병력을 투입할 수 있는 크기였다.

승리의 여신은 김일성 편이 아니었다. 남북의 1인당 GNP는 1970년 마침내 역전되어 252달러 대 230달러를 기록, 남한이 처음으로 북한을 앞서기 시작했다. 박-김 경쟁 9년 만이었다. 1977년 남한은 100억 달러 수출 기록을 세운다. 애초 1980년 달성 계획이었으나 국내외 호조건으로, 특히 예상치 못했던 중동 건설 붐에 힘입어 몇 년 앞당겨졌다. 양적으로 쌓이게 되면, 질적인 변화가 수반된다는 헤겔의 '양질 전환의 법칙'이 있다. 이 100억 달러 수출이라는 것이 남북 관계에서 중요한 상징적 분수령이 된다. 대략이 무렵부터 남북의 체제 경쟁에서 남한이 확연히 앞서기 시작한다.

두 사람이 경쟁한 시기 남한은 정확하게 82달러에서 1,640달러로 20배 성장했고, 북한은 195달러에서 1,114달러로 약 5.5배 성장했다. 치열한 속도전에서 약 4배 가까운 차이가 났던 것이다. 박정희 사망 이후 김일성이 사망하는 1994년까지 김일성은 남북 격차를 전혀 좁히지 못한 채 더욱 벌어지는 과정을 고통스럽게 지켜봐야 했다. 그의 사망 직전 5년 동안 북한 경제는 -3.7%, -5.2%, -7.6%, -4.3%, -1.7% 성장이라는 치욕적인 수치를 보여 주었다.(박명림, "박정희와 김일성: 한국 근대화의 두 가지 길", 『역사비평』, 2008. 봄. 143쪽) 6.25 전쟁에서 60년대까지 한반도의 패권 경쟁에서 공세적 입장에 서 있었고, 심지어 군사적 무력 통일을 공공연히 장담했던 김일성의 북조선은 돌이킬 수 없는 내리막길을 타게 된다.

20년에 걸친 대결에서 박정희가 김일성을 이긴 것이다. 60년대 후반 아직 50대 중반이던 김일성은 자신의 후계 문제를 준비하기 시작했다. 이는 절대 권력자로서는 이례적인 현상이었다. 보통 절대 권력자는 절대로 2인 자나 후계자를 만들지 않는 것이 통상적이다. 아마도 그는 자신의 영웅이던 스탈린이 사후에 그의 수족들에 의해 격하되는 것을 직접 목격한 것에 영향을 받았을지도 모른다. 누구도 믿을 수 없다. 그래도 자신의 피붙이라면 믿을 수 있을 것이라고 생각지 않았을까?

또 다른 요소도 있을 수 있다. 주체사상을 전면에 내건 이후 그는 자신의 왕국을 조선 역사상 가장 광대한 영토를 다스렸던 고구려와 비유하는 경향을 보였다. 한때 중국의 황제를 패퇴시키고, 수나라를 멸망시켰던 고구려는 마지막 독재자 연개소문이 후계자 문제를 해결하지 못해 내부로부터 자멸한 역사를 가지고 있다. 김일성은 자신이 살아생전에 직접 후계자 문제를 매끈하게 정리하기로 결심했다. 가장 싹수 있는 후계자를 선정하고, 그를 위한 주변 정리를 자신이 직접 말끔히 해 주는 일. 그는 자신의 장남 김정일을 후계자로 낙점하고(김정일은 1942년생이라 20대 후반에 후계자로 정해짐) 동생 김영주를 비롯한 인척들을 일선에서 서서히 물러나게 하고, 후계 작업을 반대하는 빨치산 옛 동지들을 가차 없이 제거했다. 무려 30여 년간에 걸친 후계 구도 작업은 그의 성공작 중 하나였다.

70년대 중반부터 북한 언론 매체에 '당 중앙'이라는 상징어가 나타나기 시작했다. 그리고 사회 각계각층에 3대 혁명 소조라는 새로운 혁명 일꾼들이 등장했다. 그리고 김일성의 사상과 행적을 신격화하는 우상숭배가 전국적으로 치열하게 진행되기 시작했다. 70년대 후반 이후 김정일이 국정의 주요 업무를 점차 이어받기 시작하고, 그의 인맥들로 북한 고위직을 물갈이하기 시작했다.

6장

전두환의 난 亂

12.12 하극상 쿠데타

유신 권력의 심장 박정희가 김재규 중앙정보부장의 총에 사망한 그날 저녁 육군본부에 내각과 각 군 수뇌부가 모여 우왕좌왕 하던 중, 유일하게 총격 현장을 목격한 김계원 비서실장의 실토를 통해 김재규는 보안사 헌병에 의해 체포됨으로써 궁정 쿠데타는 1막을 내리게 된다. 제주도를 제외한 전국에 비상계엄이 선포되고 계엄사령관에 정승화 육군 참모총장이 임명되고, 박정희 대통령 살해 사건을 수사하기 위해 합동수사본부가 설치돼 전두환 보안사령관이 본부장에 임명됐다. 이 당시 비상계엄의 정식 지휘 계통은 대통령-국방장관-계엄사령관으로 이어졌다. 비상계엄 시에 합동수사본부를 설치한다는 규정은 그해 봄 전두환이 보안사령관으로 부임하고 나서 중앙정보부에 의해 훼손된 보안사령부의 권위를 세우기 위해 비상계엄법에 삽입한 규정이다. 운명의 장난일까? 이 규정이 전두환을 비상시국의 실세로 부상시키는 결정적인 계기가 됐다.

1주일도 지나지 않은 11월 초 일본 〈산케이신문〉에는 박정희 대통령이 사라진 한국의 군부에서 전두환 보안사령관 겸 합동수사본부장이 실세로 떠오르고 있다는 보도를 내보냈다. 그의 동기인 11기들이 사단장으로 핵심 보직을 장악하고 있다는 해설 기사와 함께.

형식적 지휘 계통은 정승화 계엄사령관이 장악하고 있었으나 그는 핵심 측근이 있는 것도 아니고 세력을 갖춘 군벌도 아니었다. 단지 그때 그 순간 육군 참모총장이었기 때문에 계엄사령관을 겸직하게 된 장군이었다. 그는 비상시국을 안정적으로 관리하고 헌법 규정에 따라 질서를 유지 하는 것이 계엄군의 임무라 생각했고, 별다른 정치적 야심을 갖고 있지 않았다.

그러나 전두환을 정점으로 한 하나회의 생각은 전혀 달랐다. 10월 27일 합동수사본부장이 된 전두환은 그의 보안사령부 핵심 측근 이학봉과 허화평에게 5.16 쿠데타와 『삼국지』를 연구하라는 지시를 내렸다. 자신의 시대를 예감한 것이다. 전두환을 보좌하는 핵심 측근 허화평, 허삼수, 이학봉 등은 천재일우의 기회가 왔다는 감을 잡고 이 기회를 놓치지 않기 위해 기획력과 집행력을 총동원했다. 직업군인 정신에 투철한 정승화 사령관과 정치적 야심에 불타는 전두환 진영 사이에 서서히 긴장의 파고가 높아졌다.

수도권 인근에 배치되어 있던 9사단장 노태우 소장을 비롯해 정호용 소장, 장세동 30대대장 등 하나회 핵심들은 빈번한 회동을 통해 정세를 분석하고, 자신들이 이 상황에서 어떻게 해야 주도권을 장악할 수 있을지 토론했다.

11월 중순 정승화 계엄사령관은 참모차장, 제3군단장, 특전사령관, 수경사령관, 헌병감 등의 핵심 보직 인사를 단행하여 비하나회 장성들을 전격적으로 임명했다. 하나회는 이를 자신들에 대한 공격으로 인식했다. 처음에는 정승화를 비롯한 선배들을 회유해 포섭할 생각을 했으나 12월 초 전두환 보안사령관을 한직인 동해안경비사령관으로 전보한다는 소문이 돌자 하나회는 전격적으로 쿠데타를 단행키로 내부 의견을 모았다.

12월 12일 저녁 6시, 정승화 장군에 우호적인 특전사령관, 수경사령관, 헌병감 등을 술집에 유인하는 데 성공한 하나회 계열은 육군 참모총장 자택에 군 병력을 보내 정승화를 총격전 끝에 체포하는 데 성공한다. 이때 9사단장인 노태우는 전방에서 병력을 빼내 서울로 진격했다.

계엄사령관을 체포하고 6시간이나 지난 뒤 다음 날 새벽에 간신히 최규하 대통령으로부터 계엄사령관 체포안 재가를 받아 낸 전두환 세력은 드디어 군권을 완전히 장악하기에 이른다. 표면상 체포 이유는 10.26 사건 때 정승화가 김재규와 공모한 혐의에 대해 조사한다는 이유를 댔으나 이는 명백한 하극상의 쿠데타였다. 1961년에 이어 18년 만에 다시 한 번 쿠데타가 일어난 것이다.

이때 정치권의 움직임은 어땠을까? 헌법 규정에 따라 최규하 국무총리가 대통령 권한대행이 됐다. 그는 연말 통일주체국민회의의 간선제에 따라 대통령에 선출되어 과도적 관리라는 임무를 맡게 됐다. 김영삼과 김대중은 10월 27일 새벽, 각각 해외 연락망으로부터 박정희 유고 소식을 접하게 된다. 다음날 김영삼은 즉각 제1야당 총재직에 복귀했다. 그는 박정희가 사라진 지금 다음 대통령은 자신이라고 확신했고, 남은 문제는 최규하 과도 정부가 차질 없이 차기 대통령 선거를 치르게 하는 것이라고 생각했다. 그리하여 그는 투명한 정치 일정 공개를 최규하 대통령 권한대행에게 요구했다. 김대중 세력을 일컫는 동교동계 역시 술렁거렸다. 개미 새끼 한 마리 접근할 수 없었던 그의 집에는 다음 날부터 내방객들이 물밀듯이 밀려들었다. 드디어 하늘이 주신 때가 왔다는 것을, 승리의 예감을 하면서.

오랫동안 반유신 운동을 해온 지식인 사회의 협객들은 박정희가 사라진 지금 또 다시 최규하가 통일주체국민회의에서 간선으로 대통령이 된다는 것을 받아들일 수 없었다. 백기완, 조성우 등 재야인사들은 YWCA에서 결혼식을 위장해 집회를 열고 간선제 반대, 거국 민주내각 구성을 요구했다. 그러나 계엄사는 이들을 연행하여 가혹하게 고문했다. 박정희가 돌연 사라진 권력의 진공 상태에서 모든 세력이 우왕좌왕하지 않을 수 없었다. 그리고 무엇보다 아직 국민들에게 하나회라는 영남 군벌은 그 실체가 공개되지 않았다. 심지어 김영삼과 김대중 등 야당의 지도자들조차 군부 동향에 대해서는 안테나가 없거나, 잘못된 정보가 들어오고 있었다.

그리고 양김의 일차적 관심은 군부가 아니라 상대방이었다. 박정희라는 공동의 적이 사라진 지금 대통령직을 놓고 서로를 최대의 경쟁자로 인식하기 시작했다. 천하의 박정희를 이긴 우리인데 박정희의 졸개 중에서 누가 감히 우리 상대가 되겠는가라는 낙관적 인식이 양 진영에, 특히 두 지도자의 뇌리 속에 꽉 차 있었다. 군부의 반동은 생각지도 않고 있었다. 김대중과 김영삼이 당시 시국에 대해서 어떤 생각을 하고 있었는지 보여 주는 기록이 있다.

양김의 환상

지도자의 최대 덕목은 국민의 재산과 생명을 지키는 것이다. 위기관리 능력이 가장 중요한 요소라는 뜻이다. 비상사태가 발생했을 때, 국난이 닥쳤을 때, 얼마나 유비무환의 자세로 임했는가에 따라 지도자의 그릇 됨이 드러나는 법이다. 우리 역사에서 유비무환의 상징이라면 이순신 장군을 첫손으로 꼽지 않을 수 없다. 고지식하고 원칙적인 성격의 이순신은 과거에 급제하고도 15년 동안 변방의 한직을 주로 돌았다. 그러다 유성룡의 화끈한 천거에 힘입어 1591년 2월 13일 전라좌도 수군절도사라는 수군의 주요 지휘관 자리에 올랐다. 임진왜란이 일어나기 불과 14개월 전이었다. 당시 조정에서는 동인과 서인 간에 일본이 조선을 침략할지에 대한 정보가 완전히 달라 갈피를 잡지 못하고 있었다. 1년 뒤 미래를 내다본 것은 아니겠지만, 수군 지휘관으로 부임한 이순신은 왜군의 침입에 대비하기 위해 최선의 노력을 기울였다. 우수한 참모를 영입하고, 제조법이 단절된 화약을 다시 제조하고, 전투를 수행할 판옥선과 거북선 제조에 총력을 기울였다. 그가 군비 태세를 어느 정도 마무리한 시점은 임진왜란 발발 며칠 전이었다.

1979년 12월 12일 전두환 그룹이 주도한 군부 쿠데타는 박정희 사후 다시 군벌정치가 부활할 것이라는 명확한 시그널이었다. 10.26 이후 일부 지식인 사이에 군부 세력의 대두를 염려하는 시각이 있었다. 1971년 대통령 선거 때 만약 김대중이 이겼다면 조금도 거리낌 없이 쿠데타를 일으켰을 것이라는 군 수뇌부들의 의지도 널리 알려져 있었다. 이럴 때 민주세력의 대동단결이 그나마 군부 세력의 준동을 억지할 수 있는 유일한 길이라고 생각한 사람들이 있었다. 경동교회 목사이며 크리스천 아카데미 원장으로서 오랫동안 민주화 운동을 후원하면서 김대중과 김영삼 두 지도자와 깊은 교분을 갖고 있던 강원용 목사도 그런 사람 중 한 명이었다. 강원용은 그의 회고록에서 12.12 쿠데타 직후 양김을 만난 사실을 기록하고 있다. 강원용 목사는 12.12 쿠데타가 일어난 다음 날 김영삼 총재를 만나 이렇게 말했다. 강 목사 얘기의 요지는 '지금 군의 움직임이 심상치 않다. 아무래도 군이 나서려고 하는 것 같다. 이럴 때 정치인들이 군에게 구실을 줘서는 안 된다'는 것이었다.

"김 총재님, 우선 당신과 김대중 씨, 그리고 김종필 씨 셋이서 공동전선을 취해야 합니다. 그렇게 된 다음에 학생과 시민들에게 '군인들에게 다시 정권을 넘겨주지 않으려면 우리를 믿고 기다려 달라'는 호소를 하십시오. 그리고 정부에 대해 계엄령 해제를 강력히 요구하세요. 계엄령을 해제시킨 다음엔 우선 학생들을 진정시키고 가능한 한 빨리 개헌을 한 다음 대통령 선거를 실시해야 합니다.

선거가 실시되게 되면 김종필 씨와는 갈라서게 되겠지만 김대중 씨와는 절대로 갈라서면 안 됩니다. 두 사람이 반드시 공동으로 힘을 합쳐야 하는데, 그 방법은 한 사람은 당권을 잡고 다른 한 사람은 당적 없이 대통령 후보로 나서는 겁니다. 그러면 틀림없이 당선이 될 것입니다. 그렇게 한 사람은 대통령이 되고 또 한 사람은 당권을 맡아 한 2년간 정치 안정에 주력한 다음에 당권을 맡았던 사람이 그 다음 선거에 입후보하면 좋지 않겠습니까?

그리고 한 가지 더 붙인다면 그런 일을 시작하기 전에 4.19 이후 민주당 구파였던 김 총재와 신파였던 김대중 씨가 당시 신구파의 대립이 군사혁명을 초래한 구실이 됐다는 것을 국민 앞에 함께 밝히고 사과하면서 다시는 그런 과오를 되풀이하지 않겠다는 약속을 하는 것이 좋을 것 같습니다.”

“좋은 말씀 고맙습니다.”

“이런 내 제의를 받아들일 수 있다면 내가 두 분 사이에서 일이 성사되도록 적극적으로 돕겠습니다.”

“목사님, 김대중 씨나 나나 지난 18년간 어떻게 살아왔습니까? 우리는 다 하나님의 은혜가 아니면 죽었을 목숨입니다. 우리가 그 은혜를 저버릴 수 있겠습니까? 그러니까 우리 두 사람 사이는 너무 걱정 마십시오.”

“총재님의 그런 말씀을 들으니 기쁩니다. 그렇다면 만약 하나님의 뜻이라면 김 총재께서 먼저 대통령 후보를 포기하고 당권을 맡을 수 있겠습니까?”

“그건 여기서 내 마음대로 결정할 문제가 아니지요. 그런 건 전당대회를 열어 그 결정에 따라야 하는 겁니다.”

“물론 옳으신 말씀입니다. 하지만 노파심에서 드리는 말이겠지만 전당대회에서 경쟁이 과열되면 또 1963년 선거에서처럼 야권이 분열되어 비극적인 결과가 나오지 않을까, 그런 걱정이 앞서서 하는 말입니다.”

“충분히 알아듣겠습니다. 앞으로 제가 김대중 씨하고 깊이 상의해서 잘 결정해 보겠습니다.”

다음 날 14일, 강 목사는 동교동 자택에서 김대중을 만났다. 김대중이 먼저 강원용에게 한 말의 요지는 '계엄령이 해제되면 개정된 헌법에 따라 곧 대통령 선거에 들어갈 것이고 그렇게 되면 내가 대통령에 당선될 것'이라는 내용이었다. 강원용이 김대중의 발언에 제동을 걸었다.

"그런데 당신이 착각을 하고 있는 건 아닌지 모르겠습니다. 당신이 나보다 잘 알겠지만 박정희 정권은 당신을 탄압하면서 갖은 방법을 다 동원해 당신을 공산당으로 몰았고, 그게 상당한 효과를 봤어요. 특히 군에서 당신에 대한 거부감은 상당합니다. 그런데 군이 당신을 대통령이 되게 내버려두겠습니까? 내가 당신을 아껴서 하는 얘기인데 내 말을 잘 들어 보시오." 그리고 강 목사는 김영삼에게 했던 말을 그대로 해 주고 이렇게 덧붙였다.

"우선적으로 당신이 당권을 맡고 김영삼 총재를 후보로 내세워 그를 적극 지지하십시오. 특히 호남 지역을 다니면서 그의 지원 유세를 해야 합니다. 이겨도 압도적으로 이겨야 하는데 그렇지 않으면 김영삼 씨는 당선이 어렵습니다. 이번엔 전력을 다해 김영삼 총재를 돕고 다음에 당신이 나서면 좋지 않겠습니까?"

"그런데 목사님이 군 이야기를 하셨지만 군의 생리를 잘 모르시는 것 같습니다. 군인들은 통수권자에게 절대 복종하는 사람입니다. 지금까지는 박 대통령이 통수권자였으니까 그에게 충성을 보였지만, 이제는 상황이 다릅니다. 군 지휘관들은 이제 누가 통수권자가 될 것인지를 알고 있습니다. 이미 그 사람들이 내게 선을 대서 지지하고 충성하겠다는 약속을 해 오고 있습니다. 그 점에 대해서는 걱정하지 마십시오."

가만히 들어 보니 '이 분이 정보를 잘못 들어도 보통 잘못 듣는 게 아니

구나' 하는 생각이 들었다. 당시 그의 측근 중에는 새로운 군부 실세들과 줄
이 연결된 사람들이 있었는데, 그가 잘못된 판단을 내리고 있는 것이 아닌
가 하는 게 내 짐작이었다. 그때 나는 김대중에게 마지막으로 이런 얘기를
했다.

"김 선생, 내가 여기 오기 전에 양호민, 김점곤 이런 사람들 예닐곱과 시
국에 대한 얘기를 나눴습니다. 그런데 그 사람들이 입을 모아 하는 얘기가
만약 당신이 지금까지 내가 얘기한 그런 식대로 하지 않고 야권을 분열시킨
다면 결과는 뻔하다는 겁니다. 다시 말해 군인들이 그대로 두지 않을 것이
고 돌이킬 수 없는 결과를 초래할 것이라는 거죠. 그건 나도 그렇게 생각합
니다."

"목사님, 이렇게 찾아와서 좋은 말씀을 해 주시는 성의는 고맙습니다만
제 말도 들어 보십시오. 지금 저 보고 김영삼 씨를 먼저 대통령에 당선되도
록 한 후 다음에 제가 나서라고 하셨지만 그건 정치라는 걸 몰라서 하시는
말씀입니다. 정권이란 원래 잡는 거지, 내놓은 게 아니고, 특히 한국의 상황
에서 누구든 한 번 정권을 잡으면 쉽게 내놓을 것 같습니까?"(강원용, 『강원
용 나의 현대사 4권』, 한길사, 2003, 132~135쪽) 양김과 강원용의 대화는 이렇
게 끝났다.

김대중과 김영삼의 갈 길은 정해졌다. 자신이 대통령 후보가 되는 유리
한 조건을 최대한 만들어 보다가 안 되면 국민들의 비난을 적게 받으면서
대통령 선거에 출마하는 경로를 만들어 나가는 것. 김영삼은 제1야당의 총
재로서 또 박정희 정권 몰락의 선봉 장군으로서 자신이 선수를 잡았다고 확
신했다. 당내 유리한 세력 기반을 최대한 유지하면서 김대중을 입당시키는

것이 목표였다. 김대중은 제1야당의 세력 분포를 자신에게 유리하게 바꾸는 것이 선행 과제였다. 대체로 김대중에게 우호적으로 여겨졌던 재야 세력의 입당이 바로 핵심 쟁점이었다. 김영삼은 재야 세력에게 3분의 1의 지분을 주겠다고 제의했다. 김대중은 50 대 50으로 하자고 역제안했다. 서로 받아들일 수 없는 제안이었다. 재야 세력이 3분의 1이면 김대중이 김영삼에게 전당대회에서 이길 수 없는 구도가 되고, 반반이 되면 이미 당내에 있는 김대중 세력을 감안하면 김영삼이 필패하는 구도가 되기 때문이었다. 기자들 앞에서는 "우리는 민주화 이후에도 굳게 단결할 것"이라는 멘트를 날리면서 막후에서 서로 결별을 준비하고 있었다. 이 와중에 전두환 그룹이 본격 개입한다. 전두환을 킹으로 만들자는 K프로젝트라는 시나리오였다.

전두환을 킹으로: K프로젝트

1989년 뒤늦게 전두환의 신군부가 만든 'K-공작계획'이 공개됐다. K-공작은 전두환 대통령 만들기를 위한 여론 조작 방안이다. 이를 통해 언론인 대량 강제 해직, 언론사 통폐합 등이 이뤄졌다. K-공작의 시나리오는 3김을 민주 정치 세력, 신군부를 안정 구축 세력으로 차별화하여 '선안정 이론'을 확산시키고, 언론계 간부들의 성향을 분석하여 협조 가능한 사람들을 포섭한다는 내용도 들어 있다.

K-공작계획은 1980년 3월 보안사 언론반이, 전두환을 대통령으로 만들기 위해 작성한 언론 공작 계획을 말한다. 이에 따라 보안사 언론팀장 이상재는 서울시청 검열단에 '강기덕 보안사령관 보좌관'이라는 가명을 사용하며 언론 조종에 나선다. 실무 요원의 증언에 따르면 "언론 대책반은 12.12 이전부터 보안처 산하에 설치되어 있었다. 그러다 2월 초 신설된 정보처 산하로 옮겨지면서 확대 개편된 것이다. 한 마디로 3김 씨를 타도하고 권력을 장악하겠다는 길로 확실하게 나선 것이다. 언론 검열의 방향은 다분히 '혼란 방치'의 성격을 띠고 있었다. 혼란이 극심해져야 안정 세력의 명분이 생

기는 것 아니겠습니까?"(이도성, 『남산의 부장들 3권』, 폴리티쿠스, 2012, 149쪽)

여기서 의심이 든다. 지금 우리가 알고 있는 K-공작 말고 전두환 그룹의 집권을 위한 마스터플랜이 있지 않았을까, 하는 점이다. 10.26 직후부터 12.12를 거쳐 5.18로 이어지는 권력 탈취 과정은 대단히 정교하고, 저돌적이었다. 따라서 마스터플랜이 있었다고 보는 것이 합리적인데, 문제는 당시 주역 누구도 입을 열지 않고 있다는 점이다. 전두환 그룹의 정권 탈취를 추진한 핵심 참모진은 이른바 5인방으로 불린다. 허화평 사령관 비서실장, 허삼수 인사처장, 이학봉 대공처장, 권정달 정보처장, 정도영 보안처장이 그들이다. 이들에다가 3월 이후 주일 한국 대사관의 공보관이었던 허문도가 합류한다.

10.26 직후 보안사령부는 자연스럽게 새로운 권력의 핵심으로 등장했다. 그들은 치밀한 기획과 집행력을 통해 군권을 장악하고 민간 정부를 무력화한 다음 민간인에 대한 대학살극을 자양분으로 삼아 국가권력을 탈취했다. 이 과정에 대해 1997년 전두환, 노태우, 정호용 등 쿠데타 핵심 세력에 대한 재판이 있었음에도 불구하고 핵심적인 사항, 즉 광주 항쟁 시 발포 명령자가 누군지 등은 결국 밝혀 내지 못했다. 핵심 세력 중 누구도 전모를 밝히지 않는 지금 우리는 사실의 편린을 통해 퍼즐 조각을 맞추어 나갈 수밖에 없다.

1980년 '전두환의 난'은 대한민국을 역삼각형으로, 거꾸로 세우는 과정이었다. 나라를 지키라고 쥐어준 총과 칼을 상관들에게 들이대고 하극상을 일으켰다. 국민의 생명과 재산을 지키기는커녕 비무장 시민들에게 무자비한 폭력과 살인극을 벌였다. 내란을 일으킨 자들이 평화 질서를 옹호한 사람들을 내란 범죄자로 몰았다. 정의를 짓밟은 자들이 정의의 깃발을 높이 내걸기에 이르렀다. 두 번의 난을 성공시키고 마침내 대통령 권력을 장악한 전두환이 자신의 당을 놀랍게도 '민주정의당'으로 이름 지었다.

1단계로 군권을 장악한 전두환 그룹은 자신들에게 방해가 될 만한 군내 장군들을 대거 숙청했다. 몇 개월에 걸쳐 4성 장군 4명, 3성 장군 10명, 소장 38명, 준장 44명을 예편시켰다. 여기에는 신군부 핵심들이 정치에 나서기 위해 예편한 경우도 일부 포함되어 있지만 대부분 반전두환 성향으로 분류되어 옷을 벗은 것이었다.

다음 단계는 미군(미국)과의 관계 개선이었다. 미군 사령관 존 위컴과 주한 미 대사 윌리엄 글라이스틴은 전두환 그룹의 쿠데타에 격분했다. 그러나 그들이 실제 할 수 있는 일은 극히 제한적이었다. 일부 한국군 내 반전두환 세력이 접근하여 역쿠데타설을 흘리기는 했지만, 미국은 결국 군부 동향에 중립적인 입장을 취하게 된다.

그 다음 가장 중요한 단계가 3김에 대한 대처 방안이었다. 김종필에 대해서는 비교적 처리방법이 수월했다. 공화당 총재로 취임했지만, 이미 종이호랑이에 불과한 김종필은 부정 축재자로 처리하면 될 것으로 보였다. 김대중과 김영삼에 대해서는 철저한 분리·이간책을 사용한다. 병법에서 가장 흔히 사용되는 위장 전술을 최대한 구사하여 신군부는 정치권력을 장악할 생각이 없다는 정보를 꾸준히 흘리면서 시간을 버는 한편 양 진영의 내분을 조장한다. 김영삼은 1월 하순 이후 지방을 순회하면서 분위기를 띄우기 시작했다. 신군부는 김대중의 사면 복권 시기를 최대한 저울질했다. 김대중 진영을 초조하게 하고 양측의 대결 심리가 최대치가 되는 시점을 잡았다. 3월 1일 김대중을 사면 복권시켜 양김을 대결 무대로 올려 주었다. 2월 28일 김영삼은 관훈클럽 회견에서 대통령 후보 단일화를 낙관하면서 이렇게 말한다. "지금이야말로 애국심을 발휘할 때라고 생각합니다. 누가 대통령을 하는 것이 중요한 게 아니라 민주 회복과 자유를 찾는 것이 더 중요합니다."

3월 26일 김대중은 YMCA 연설에서 "나는 무엇이 되기 위해 사는 사람이 아니라 양심에 충실하기 위해 사는 사람이다. 국민과 내 양심에 충실하다가 대통령을 맡겨 주면 봉사하겠다."며 대통령 출마 의사를 표명한다.

이럴 즈음 신군부 내부에서는 권력을 잡기 위해 가장 중요한 준비를 해나간다. 2월부터 특전사는 '충정작전'이라는 이름으로 폭동 진압 훈련을 장기간 실시했다. 특전사에는 월남전에 참전한 베테랑 전투 요원 상당수가 아직 현역에 남아 있을 때였다. 외출과 외박이 전면 금지된 가운데 전 장병이 가혹한 지옥 훈련을 받으면서 적개심과 분노만 키워가고 있었다. 정신교육 훈련을 통해 '시위 군중의 배후에는 빨갱이가 도사리고 있다. 단호하고 무자비하게 때리고 짓밟아야 한다'고 주입시켰기 때문이다.

3월 6일부터 2박3일 동안 노태우 수도경비사령관과 정호용 특전사령관 지휘 하에 충정작전 회의를 통해 '군의 투입이 요구되는 사태가 발생할 때는 강경한 응징조치가 요망된다'는 결의를 다졌다. 4월 들어서자 신군부가 바라는 상황이 조성되기 시작했다. 김대중과 김영삼이 4월 4일 만나 '대통령 후보는 표 대결이 아닌 사전 조정에 의해 단일화한다'는 데에 합의한다고 발표했다. 그런데 불과 3일 뒤인 4월 7일 김대중은 '제1야당이 재야인사 영입에 적극적인 의지가 없다고 생각한다'는 말로 협상 결렬을 선언하고 독자적인 대선 행보를 시작한다. 4월 11일 〈조선일보〉는 〈뉴스위크〉의 기사를 전재하는 형식으로 한국의 세 지도자를 폄하하는 기사를 실었다. 김영삼은 능력 부족이고, 김대중은 너무 과격하고, 김종필은 너무 때 묻은 인사라는 것이었다.

4월 14일 드디어 전두환의 결정적 한 수가 나왔다. 보안사령관에 중앙정보부장 서리를 겸직하는 카드였다. 주한 미 대사 글라이스틴은 워싱턴에 보내는 보고서에 이렇게 썼다. '하룻밤 사이 전두환은 12.12 이후 쓰고 있던 가면을 벗어던지고 1면 뉴스로 등장하면서 자신을 서부 개척 시대의 영웅과 같은 고결한 인물로 묘사하고 있다.' 그는 전두환의 중앙정보부장 서리 임명이 뒷날 1980년의 역사를 뒤틀리게 만든 결정적인 계기였다고 평가했다.(윌리엄 글라이스틴, 『알려지지 않은 역사』, 황정일 번역, 랜덤하우스코리아, 1999, 158쪽)

4월 16일부터 24일까지 발생한 강원도 정선군 사북의 동원탄좌 광부 항의 시위도 신군부에게는 절호의 기회였다. 광부들의 어용 노조 반대와 임금 인상 요구로 시작된 항의는 곧 경찰과 공방전으로 발전했다. 경찰관 1명과 100여 명의 중경상자가 발생했다. 이 시위는 24일 평화적으로 해산했다. 그러나 중앙 언론은 계엄사의 언론 대책반 지휘 아래 이 사건을 방화와 약탈의 무법천지로 묘사했다. 전두환의 중앙정보부장 서리 임명 직후부터 대학생들의 시위가 점차 정치적 구호로 바뀌기 시작했다. 그리고 마침내 5월 15일 서울역에서 10만 명의 학생들이 모여 조속한 민주화를 요구했다.

5월 들어 신군부는 북한의 동태가 심상치 않으며, 시위의 배후에는 빨갱이들의 사주가 있을지 모른다고 시사하기 시작했다. 5월 13일 위컴 주한 미군 사령관을 만난 전두환은 북한이 학생 시위를 뒤에서 조종하고 있고, 남침의 결정적인 시기가 가까워졌을지도 모른다고 말했다. 위컴 장군은 그가 북한의 위협을 강조하는 것은 청와대 주인이 되기 위한 구실에 불과한 것 같다고 보고했다.(이도성, 『남산의 부장들 3권』, 동아일보사, 1993, 153쪽)

이제 신군부 핵심은 방아쇠를 당길 시점이 왔다고 판단했다. 일찍이 윤필용은 1971년 김대중이 대통령에 당선됐다면 지체 없이 총을 사용했을 것이라고 암시한 바 있다. 사망 직전 차지철은 캄보디아에서 민간인 300만 명을 학살한 것처럼, 한국에서도 탱크로 100만 명 정도를 밟아 버리면 조용해질 것이라고 말한 바 있다. 무력을 가진 군인이 권력욕에 사로잡히면 어디까지 갈 수 있는지 전두환이 보여 주게 된다. 운명의 날, 5월 17일 그리고 18일이 다가왔다.

전두환의 하나회, 광주를 조준 사격하다

전두환의 하나회 군벌은 5월 17일 2차 쿠데타를 일으킨 지 100여 일 만인 8월 27일 유신 시대의 잔재인 통일주체국민회의에서 사실상의 만장일치로 전두환이 11대 대통령에 선출됨으로써 국가권력 탈취에 성공한다. 애초 그들이 그렸던 시나리오를 유추해 보면 이렇다.

1단계, 비상계엄을 전국으로 확대하여 사실상 군이 권력을 접수한다.

2단계, 기존 정치권을 부패·무능 집단으로 규정해 퇴출시킨다. 그 중에서도 김대중은 학생 시위 등 사회 불안 배후 조종과 빨갱이 혐의로 정치적으로 매장한다. 군을 전진 배치하여 도전 세력 특히 대학생의 시위 발생 가능성을 원천 봉쇄한다.

3단계, 임시 혁명 기구를 설립하여, 각종 사회 개혁 조치를 선도하여 정권 인수를 위한 분위기를 조성한다.

4단계, 전두환을 수반으로 하는 혁명 정부를 출범시킨다.

20년 전 박정희가 주도했던 5.16 쿠데타를 나름 열심히 학습하여 비슷한 경로를 구상했던 것으로 보인다. 그러나 그들은 자신들의 무리수가 얼마나 큰 비극을 불러일으킬지 몰랐다. 김대중을 정치적으로 매장하기 위해 광주와 전라도를 정치적 희생양으로 삼는 시나리오는 6.25 전쟁과 더불어 우리 현대사의 최대 비극인 광주 대학살극을 불러왔다. 역사상 정적을 제거하는 군사 정변은 흔히 볼 수 있었다. 정적의 3족이나 9족을 멸하는 사례도 있었다. 그러나 정적의 출신 지역 전체를 상대로 무차별 대학살극을 벌인 경우는 극히 드물었다. 대부분의 경우, 적의 리더는 죽이더라도 백성에 대해서는 회유책을 쓰는 게 일반적이다. 몽골제국의 칭기즈칸이 자신에 항복하지 않는 나라를 완전히 죽여 씨를 말리는 잔인한 정책을 썼다고 알려진다. 그러나 이것도 이민족끼리의 전쟁이었다. 전두환을 필두로 한 하나회 군벌은 있지도 않은 죄목을 뒤집어 씌워 정적을 말살하려고 했을 뿐 아니라, 이에 대한 저항이 있을 것으로 예상하고 그 지역의 국민을 총칼로 진압해, 이른바 '뽄때'를 보여 주겠다는 계획을 세웠다.

5월 17일 저녁 9시 30분, 국무위원들은 비상 국무회의 소집 통지를 받았다. 회의장에 들어서니 계단과 복도에 군인들이 삼엄하게 줄지어 있었다. 외부로 통하는 전화선도 단절되어 있었다. 공포 분위기 속에서 10분도 안 돼 비상계엄을 전국으로 확대하는 안건이 통과됐다. 얼굴마담 노릇에 불과했던 최규하 대통령은 군부가 마련해준 성명서를 국민들에게 발표했다. "이 중대한 시기에 일부 정치인, 학생 및 근로자들의 무책임한 경거망동은 이 사회를 혼란과 무질서, 선동과 파괴가 난무하는 무법지대를 만들고 있어 우리 국가는 중대한 위기에 직면해 있습니다. 이러한 상태가 더 이상 계속된다면 우리의 국기마저 흔들리게 할 우려가 없지 않아 단안을 내리지 않을 수 없게 된 것입니다."

1차 타깃은 기존 정치권이었다. 김종필 등 구여권 출신들은 부정 축재자라는 죄명으로 잡아들였다. 야당 지도자 중 김영삼은 가택 연금에 처해졌다. 그러나 김대중에 대해서는 차원이 달랐다. 비상 국무회의가 열리는 시간에 김대중과 그의 비서들은 동교동 자택에서 체포됐다. 또 전국적으로 문익환, 이문영, 이해동 등 재야의 지도급 인사들에 대한 검거 선풍이 불었다.

다음날 5월 18일, 오전 광주 전남대 교정에서 무장 공수부대와 학생들이 정면으로 대치하기 시작했다. 이미 광주 인근 지역에는 1,000여 명의 특전사 공수부대가 전날부터 대기 중이었다. 오전 10시경 '계엄군 물러가라', '휴교령 철회하라'는 구호를 외치는 학생들에게 공수부대 책임자가 '돌격 앞으로' 명령을 내렸고, 이에 공수대원들은 학생들에게 쇠심이 박힌 살상용 곤봉을 마구 휘두르기 시작했다. 학생들이 시내로 이동하자 계엄군은 11시 50분경 페퍼 포그를 이용하여 가톨릭 센터, 광주역, 광주 고속터미널 인근에서 가혹한 진압 작전을 자행했다. 곧 이어 오후 3시, 공용터미널에 공수특전단이 투입됐다. 여기부터는 필설로 형용하기 어려운 잔혹한 학살극이 벌어지기 시작했다. 시위하는 학생을 해산시키는 것이 목적이 아니었다. 끝까지 쫓아가서 몽둥이로 때리거나, 대검으로 찌르고, 트럭에 포로처럼 실어 날랐다. 학생들만 겨냥한 것이 아니었다. 길가의 일반 시민은 물론이고 지나친 폭행을 만류하던 할아버지, 할머니에게도 상상하기조차 끔찍한 폭력과 몽둥이질이 가해졌다. 심지어 부상자를 실어 나르는 택시 운전자들을 대검으로 찔러 살해하기도 했다. 이 모든 일이 백주대낮에 모든 시민들이 보는 가운데 일어났다. 마치 수천 명의 사이코패스 살인마를 중무장시켜 인구 80만 도시 광주에 풀어놓은 것만 같았다. 18~19일 미친 듯이 광주를 휘저었던 공수부대의 만행에 스스로를 지키기 위해 시민들이 궐기에 나섰다. 20일에는 영업용 택시 200여 대가 차량 시위를 벌였다. 그날 저녁 광주역에서는 공수부대가 집단 총격을 가하기 시작했다.

21일 10만 명의 시민이 모여 계엄령 철폐, 전두환 퇴진을 요구했다. 군부는 헬리콥터의 기총소사로 응대했다. 마침내 시민들이 자위권을 행사하기 위해 스스로 무장하기 시작했고 공수부대는 외곽으로 밀려났다. 22일부터 26일까지 광주를 드나드는 주요 통행로와 주변 부락에서 차량과 민간인 심지어 어린이들에게까지 총격이 가해졌다.

27일 새벽 4시, 전두환 군부는 약 2만 명의 병력을 동원해 도청을 사수하던 시민군을 섬멸하러 나섰다. 당일 진압 작전에서 사망한 시민군은 160명에서 400여 명으로 추정된다. 광주 시민 항쟁으로 인한 시민 사망자 수는 200여 명에서 2,000여 명까지 다양한 주장들이 있으나 초기부터 계엄군 쪽에서 시신 처리를 했기 때문에 정확한 사망자 수는 영원히 미궁으로 남게 됐다.

정치학자 최정운은 당시 광주 시민들의 심리를 이렇게 설명했다. "일반적으로 사람들이 분노한 것은 공수부대의 폭력으로 인간의 존엄성을 짓밟는 행위였다. …… 다음 단계의 감정은 처참한 광경에 공포에 질려 우선 도망 온 후 느낀 자책감, 즉 자신의 무력함과 비참함에 대한 의식이었다. …… 광주 시민들의 분노는 이중적인 것이었다. 자기 자신이 인간 이하라는 수치에 대한 분노, 그리고 자신이 인간 이하임은 폭력에 대한 공포에서 비롯된다는 분노, 이것은 광주 시민들이 목숨을 걸고 공수부대와 싸워야 했던 운명이었다. 광주 시민들이 투쟁한 것은 인간의 존엄성, '인간임'을 회복하기 위한 것이었다."(최정운, 『오월의 사회과학』, 오월의봄, 1999, 73~74쪽)

전두환, 천하를 강탈하다

모든 무신 정변이 정해진 코스를 따라가듯 이번에도 헌법을 깔아뭉개고 비상 최고 권력기관이 만들어졌다. 박정희는 국가재건 최고회의라는 이름을 썼는데, 전두환은 국가보위 비상대책위원회(국보위)를 만들어 대통령 최규하를 얼굴마담으로 앉히고 자신은 상임위원회를 만들어 실권을 휘두르기 시작했다.

광주에서의 시민 저항으로 전두환 세력에 대한 국제적 평판은 땅에 떨어졌다. 국내에서는 완벽한 보도 통제로 거의 알려지지 않았으나, 국내외 양심적인 언론인들의 노력으로 광주 항쟁의 진행 상황은 거의 실시간 (남한을 제외한) 전 세계적으로 보도됐다. 그들은 실추된 명성을 만회하기라도 할 듯 국보위라는 조직의 이름으로 가공할 권력을 조자룡 헌 칼 쓰듯이 휘두르기 시작했다. 7월 9일 장관과 차관급 인사 38명을 포함해 232명의 고위급 공무원이 숙청됐다고 발표했다. 이후 계속된 숙청에서 공무원 5,699명, 정부 투자기관 및 산하 단체 임직원 3,178명 등, 모두 8,877명이 그해 여름 졸지에 밥줄이 잘렸다.

6월부터 7월 사이 933명이나 되는 기자를 포함한 언론 종사자들이 해직됐다. 전체 기자의 약 30%가 직장을 떠나야 했다. 7월 31일에는 정기간행물 172종을 폐간시켰다. 『창작과 비평』, 『뿌리 깊은 나무』, 『씨울의 소리』 등 정론 잡지들이 대거 사라졌다.(강준만, 『한국현대사 산책 1980년대 1』, 인물과 사상사, 2003, 213쪽)

그해 11월에는 언론 사주들을 보안사령부에 불러다 강제로 언론 통폐합 안에 도장을 받아서 전대미문의 언론계 M&A를 권력의 힘으로 밀어붙인다. 오늘날의 언론 질서와 문화를 만들어 놓은 언론 통폐합의 영향에 대해 강준만은 이렇게 분석한다.

첫째, 언론사들이 살아남기 위해 전두환에게 무한 충성하는 분위기를 만들었다. 둘째, 신군부 권력과 가장 유착이 강했던 〈조선일보〉가 고속 성장하는 결과를 가져왔다. 셋째, 언론을 정론에서 이윤으로, 비판 기능에서 어용 기능으로 변화시켰다. 넷째, 언론계와 기자 문화를 타락시키는 결정적인 계기가 됐다. 다섯째, 언론의 특권 계급화로 기득권 세력으로 만들었다.(강준만, 『한국현대사 산책 1980년대 1』, 인물과 사상사, 2003, 268쪽)

1980년 8월 4일 계엄 포고 제13호는 불량배 일제 검거를 목표로 한 포고령이었다. 전국에서 6만여 명을 연행했다. 검경, 보안사, 중앙정보부 등의 요원으로 구성된 심사위원회는 구속, 훈방, 삼청교육 대상으로 분류했다. 2002년 10월 1일 의문사 진상 규명위원회가 발표한 삼청교육대에 대한 통계에 따르면 모두 합해 6만755명이 검거됐고, 이중 4만347명이 군사훈련을 받았다. 삼청교육대의 교육과 그 후유증으로 인한 사망자는 339명이었고, 나중에 불구가 된 부상자는 2,700명이었다.

이들 중에는 진짜 불량배나 폭력배가 있기도 했을 것이다. 그러나 아무런 객관적 기준 없이 마구잡이로 할당량을 채우기 위해 사람들을 잡아갔다. 그러나 보니 억울한 사람이 너무나 많았다. 노조 지도자나 반정부 인사들도 삼청교육대에 끼워 넣었다. 훈련이라는 이름의 무자비한 폭력에 사망자와 부상자가 속출했다. 또 하나의 인간 지옥이었다.

종교계도 예외가 아니었다. 사회 정화라는 미명을 앞세워 10월 27일 새벽 무장한 계엄군을 전국 사찰에 투입했다. 이른바 10.27 법난法難으로 불리는 사건이다. 비리 조사 명목으로 155명의 스님을 연행, 폭행했는데, 이 가운데 18명이 구속되고 32명이 제적 또는 승적 박탈을 당했다. 이 사건은 불교를 '권력의 시녀'로 만들기 위한 만행으로 1,600년 한국 불교사에 유례없는 치욕으로 기록됐다.("불교는 왜 자주화 · 민주화를 주장하나?", 『말』, 1986, 12, 26~27쪽)

7월 4일 계엄사령부는 이른바 '김대중 일당의 내란 음모 사건'을 공식적으로 발표하고 이들을 비상 군사재판에 세웠다. 재판 중 이들에게 가한 비인간적 고문과 온갖 조작 실상이 나중에 폭로됐다. 9월 17일 1심 군사재판은 김대중에게 사형을 선고했고, 다음 해 1월 23일 대법원은 상고를 기각해 김대중의 사형을 확정했다. 김대중에게 적용된 죄목은 내란음모죄와 국가보안법, 반공법, 계엄법, 외환관리법 위반, 그리고 반국가단체 수괴 혐의였다. 김대중이 자금을 지원해 학생 시위와 민중 봉기를 지원했으며, 재경 폭력배 40여 명을 광주로 보내 폭력 시위를 주도하도록 배후에서 조종했다는 것이 죄목의 요지였다.

사실 내란 음모치고는 그 내용이 너무 함량 미달이었다. 학생 지도부에게 몇 십만 원의 자금을 지원하고, 광주 항쟁이 터진 사실도 40일 이상 지난 후에야 알게 된 사람이 배후 조종을 했다는 어이없는 내용이었다. 내란죄를 적용하려면 12.12 쿠데타 정도는 되어야 하는 것 아닐까? 그러나 이 개그 콘서트 같은 죄목을 입증하기 위해 계엄사는 연행자들에게 말로 못할 고문을 통해 자백을 받아 냈다. 군사법정의 사형 선고와 대법원의 상고 기각으로 김대중은 사형이 확정됐다. 전두환을 비롯한 신군부는 김대중에 대한 사형 집행 의지가 단호했다. 누구도 그들의 폭주를 멈추게 할 수 없는 것처럼 보였다.

2005년 12월 미 국무부는 비밀 해제된 편지 한 통을 공개했다. 김대중의 부인 이희호가 사형 선고 뒤 지미 카터 당시 미 대통령에게 김대중의 구명을 간절하게 호소한 편지였다. 김대중의 생명을 구할 마지막 남은 길은 대통령의 사면권이었는데, 미국 대통령이 인권 차원에서 전두환에게 영향력을 행사해 달라는 내용이었다.(박호재, 『사랑해요 DJ-김대중 평전』, 이룸, 2009, 211~213쪽)

이 편지는 20여 일 뒤 수많은 사람들의 릴레이 끝에 지미 카터의 백악관 집무실 책상에 배달됐다. 미국은 이희호 편지에 대해 적극적으로 반응했다. 1980년 여름 워런 크리스토프 국무부 부장관이 주재한 회의에서 카터 행정부는 김대중 석방 및 구명 운동에 최선을 다할 것을 결의한 상태였다.(돈 오버도퍼, 『두 개의 한국』, 이종길 외 번역, 길산, 2002, 217쪽)

카터는 헤럴드 브라운 국방 장관을 12월 중순 서울로 급파해, 김대중 사면을 전두환에게 요청토록 했다. 전두환은 "나는 군부로부터 김대중을 처형하라는 강력한 압력을 받고 있다."고 말했다. 대선에서 패배한 카터는 레이건 인수위 팀에 김대중의 구명을 특별히 강조했다. 레이건의 국가안보 보좌관 리처드 앨런은 12월 9일, 18일, 다음 해 1월 2일 여러 번에 걸쳐 한국 측 고위 관리와 접촉했다. 이들 중 가장 중요한 핵심 인사는 특전사령관이자 전두환의 최측근으로 알려진 정호용 중장이었다.

한국 정부가 보관하고 있는 당시의 회담 내용 기록에 따르면 정호용은 퉁명한 말투로 "김대중은 한국의 국가 안보를 위해하는 가장 위험한 인물이므로 법에 따라 반드시 처형해야 한다."고 말했다. 이에 대해 앨런은 "김대중을 처형한다면 한미 정부 사이의 거북한 관계를 청산할 수 있는 절호의 기회를 놓치게 될 것"이라고 답했다.…… 세 번째 미팅이 끝날 무렵 앨런은 김대중을 살려 주는 조건으로 전두환의 백악관 방문과 양국 관계의 정상화를 약속하는 타협안을 제시했다.(돈 오버도퍼, 『두 개의 한국』, 이종길 외 번역, 길산, 2002, 219쪽)

　미국 대통령 취임 바로 다음 날인 1981년 1월 21일 백악관은 전두환의 방미가 곧 이루어질 것이라고 발표했다. 그로부터 사흘 후 전두환은 계엄령을 해제하고 김대중의 형량을 사형에서 무기징역으로 감형한다고 발표했다. 이후 한미 간의 협의를 거쳐 김대중은 1982년 12월 가석방되어 미국으로 망명이 허용됐다.

7장

지각변동이
발생한 80년대

3저 호황

지진으로 인한 지각변동은 오랫동안 인류에게는 신비스러운 재앙이었다. 이 재앙의 신비가 풀린 것은 1915년 독일의 지질학자 알프레트 베거너가 대륙이동설을 주장하면서 부터였다. 이후 연구를 거듭한 결과 대륙과 해양으로 구성된 지구의 표면은 맨틀 위에 두께 100킬로미터 정도의 10여 개의 판 위에 놓여 있고, 이 판이 갈라지거나 충돌하면서 지진이 발생한다는 것을 알게 됐다.

1980년대 한반도에는 거대한 정치사회적 지각변동이 발생했다. 이 지각변동은 크게 세 가지 요인이 서로 충돌하면서 이루어졌다. 경제적으로는 3저 호황, 정치·외교적으로는 서울 올림픽, 그리고 1987년 6월 민주주의 혁명이 그것이다. 각각은 서로에게 원인과 결과로 작용하면서 전체적으로 거대한 순환 체계를 이뤘고, 이로 인해 한반도는 이전과는 완전히 다른 판으로 변모됐다.

전두환 정권이 출범한 1980년은 경제적으로 매우 암울한 시기였다. 박정희 정권 말기부터 확산된 경제 위기론과 2차 오일쇼크로 말미암아 국가 경제는 휘청거렸다. 1980년 물가는 30% 폭등했다. 중화학공업의 중복 과잉 투자와 고물가 체제, 만성적인 무역·재정 적자와 이로 인한 외채 상환 압박이 한국 경제의 목을 조르고 있었다. 외채망국론의 어두운 그림자가 어른거렸다. 1979년 203억 달러였던 총외채가 1985년 말에는 468억 달러에 달할 정도였다.

피를 묻힌 손으로 집권한 전두환 정권은 정통성 콤플렉스를 안고 있었기에 경제 부문에서 성과를 내야 한다는 강박관념을 갖고 있었고, 실제 경제 부문의 실적에 정권의 사활을 걸었다. 1980년 2회에 걸친 투자 조정을 시작으로 이후 수차례 중화학공업의 과잉 중복 투자를 조정하고, 인수 합병을 통해 다수의 부실기업을 정리했다. 다음으로 물가 안정을 비롯하여 경제 안정화에 경제정책의 초점을 맞추었다.

외채에 시달리던 전두환 정권은 레이건 정권과 나카소네 일본 정권의 3각 보수 안보 동맹에 편입된 것을 기화로 일본으로부터 현찰을 삥 뜯기도 했다. 일본의 안보 무임승차론과 누적된 대일 무역 적자를 내세워 1983년 1월 나카소네 정부로부터 40억 달러 규모의 일본 '정부개발원조'[ODA]를 공여받았다. 대외 경제정책에서도 국내 산업 보호에서 수입 개방과 경쟁의 촉진으로 바꾸었다. 긴축정책으로 인한 고통은 매우 컸다. 80년대 중반 외채의 원리금 상환 압박은 더 이상 감내하기 어려운 수준에 도달했다.

이때, 예상하지 못했던 변수가 발생했다. 국제경제에서 3저 시대의 도래였다. 저달러, 저금리, 저유가라는 새로운 국제 환경으로 말미암아 한국 경제는 뜻하지 않게도 단군 이래 최대의 호황을 누리게 된다. 3저 시대는 1985년의 플라자 합의에서 유래됐는데, 미국, 영국, 프랑스, 독일, 일본의 재무 장관들이 뉴욕의 플라자 호텔에서 외환시장 개입을 통해 달러화의 강세를 시정할 것을 합의했다. 그 목적은 환율 개입을 통해 미국의 무역수지

적자를 해소하는 것이었다. 이 합의 이후, 독일 마르크화와 일본의 엔화는 급속히 평가절상 되고 미국의 달러화는 평가절하 됐다.

　미국 달러를 구하기 위한 이 조치는 국제시장에서 한국 상품의 가격 경쟁력을 크게 강화시키는 결과를 가져왔다. 수출은 급증했고, 86년부터 역사상 최초로 경상수지 흑자를 기록했고, 이는 외채 축소로 이어졌다. 게다가 국제 유가조차 1985년 배럴당 27달러에서 1986년에는 15달러 수준으로 떨어져 한국의 경상수지 흑자 확대에 크게 기여했다. 1981년 1인당 국민소득은 1,598달러였던 것이 85년에는 2,229달러가 됐다가 86년 2,550달러, 87년 3,201달러, 88년 4,268달러, 89년 5,185달러로 가파르게 상승했다.

　3저 호황은 한국 경제를 질적으로 바꿔 놓았다. 한국 경제의 기초 체력이 강해졌고, 사회는 역동적으로 움직였다. 이제 한국 경제를 중남미의 저개발 국가와 비교하는 논리는 더 이상 통용되지 않게 됐다. 한국은 개발독재 전략으로 후진국을 탈출한 모델케이스로 국제사회에서 연구 대상이 되기 시작했다.

　전두환 정권은 집권하자마자 대학 졸업 정원제를 채택하여 대학생의 수를 획기적으로 늘렸는데, 이들은 대학을 졸업하고서 어려움 없이 직장을 잡을 수 있었다. 팽창하는 경제는 거대한 중산층을 일구어 냈다. 3저 호황으로 인해 국민의 70~80%가 스스로 중산층이라고 여기는 중산층 신화가 생겨났다. 예상치 못했던 3저 호황은 80년대 한반도에 지각변동의 빅뱅을 일으킨다. 우선 남북의 체제 경쟁이 사실상 끝난다. 체제 경쟁의 성적표는 서울 올림픽을 조직하는 과정에서, 떠오르는 남한과 추락하는 북한이라는 냉엄한 현실로 모습을 드러낸다. 그 다음으로 60년대부터 80년대에 이르기까지 근 30년에 걸친 군사정권이 최대 성과로 자랑하는 경제성장이 마침내 민주주의 혁명을 일으키는 에너지원으로 전환이 된다. 이제 이 빅뱅을 순차적으로 살펴보자.

서울 올림픽, 남북 경쟁을 끝내다

전쟁을 제외하고 한반도에서 일어난 최대의 단일 이벤트를 들라면, 1988
년 서울에서 개최된 올림픽이라는 것에 이의를 달 사람은 별로 없을 것이
다. 박정희 대통령이 사망하기 한 달 전 서울 올림픽 신청을 결정했을 때,
이것이 정말 실현될 것이라고 믿은 사람은 거의 없었다. 2년간의 노력 끝에
1981년 9월 30일 독일의 조그만 휴양 도시 바덴바덴에서 서울(52표)이 나
고야(27표)를 두 배의 표 차이로 누르고 최종 결정됐다는 소식이 알려졌을
때, 한순간에 한국은 열광의 도가니로 변했다. 서울 올림픽 유치 성공은 당
시 한국이 가진 국력의 총력전 결과라고 해도 과언이 아니었다. 국제올림픽
위원회IOC 바덴바덴 총회가 열리기 4개월 전 정주영 현대 그룹 회장이 추진
위원장으로 임명된 이후 안기부와 국무총리를 필두로 한 정부와 재벌 총수
까지 총동원돼 유치 노력을 기울였다. 아닌 말로 IOC와 위원 전체를 구워
삶아 얻어 낸 결과라 해도 과언이 아니었다.

88년 서울 올림픽은 한국 사회와 한반도에 엄청난 영향을 끼쳤다. 수백
년 동안 조선은 은둔의 나라로 알려졌다. 그러나 불과 2주일 동안의 올림

픽이 수백 년의 은둔을 깨뜨렸다. 6.25 전쟁으로 인한 파괴와 가난의 이미지를 단번에 날려 버렸다. 10억 명 이상의 시청자들이 2주일 동안 하루 10시간 이상 서울에서 날아 온 스포츠 뉴스에 귀를 기울였다. 컬러텔레비전을 통해 서울과 대한민국의 모습을 생생하게 볼 수 있었다. 그리고 '꼬레아'를 귀에 못이 박히도록 듣게 됐다. 서울 올림픽은 한민족의 존재를 세계에 긍정적으로 알린 유사 이래 최고의 홍보 이벤트였다. 올림픽을 애초에 유치한 사람들의 동기와 관계없이 올림픽 전과 후의 한반도는 차원이 전혀 달라졌다.

올림픽 유치가 확정되는 순간 전두환 군사정권의 첫 번째 국정 목표는 올림픽의 성공적 완수로 결정됐다. 해야 할 일이 너무나 많았다. 올림픽은 단순한 스포츠 이벤트가 아니었다. 한국 사회 전체가 힘을 모아 지구촌의 손님을 맞을 준비를 해야 했다. 정권 차원의 노력에 더하여 수많은 국민들이 자발적으로 참여하고 공헌했다. 역설적이지만, 올림픽은 또한 군사정권의 통제할 수 없는 폭력성을 그나마 제어할 수 있는 가장 강력한 진정제이기도 했다. 전두환 집권 7년 동안 최소한 세 번의 친위 쿠데타 시도가 기획됐다.

1981년 9월 21일, 전두환 정부 들어 첫 정기국회가 열린 날 당시 청와대에서 최고 실세로 군림하던 허화평 대통령 비서실 보좌관은 박철언 정무비서관에게 "이번 정기국회를 봐서 시원치 않으면 내년에 국회를 해산하고 국민 신임을 묻는 국민투표를 해서 국회 구성을 다시 하는 방안을 검토하고 있다."며 프랑스 드골 대통령의 국민투표 사례를 포함해 국회 해산 후의 대책을 연구하라고 지시했다. 이어 9월 26일 청와대와 여당의 실세들이 추가 대책까지 논의했다가 갑자기 흐름이 바뀐다. 9월 30일 올림픽 유치 소식아 전해진 이후였다. (박철언, 『바른 역사를 위한 증언』, 랜덤하우스코리아,

2005, 64쪽)

1986년 11월 8일 토요일, 전두환은 '비상 선진 계획'이라는 암호명으로 친위 쿠데타를 거사키로 했다. 밤 11시에 비상 국무회의를 소집하고, 자정을 기해 국회를 해산한 후 계엄을 선포하면서 비상조치를 발표한다는 계획이었다.(박철언, 『바른 역사를 위한 증언』, 랜덤하우스코리아, 2005, 238쪽)

1987년 6월 19일 전국에서 직선제 개헌과 독재 타도를 외치는 시위가 경찰의 방어선을 돌파했을 때, 전두환은 친위 쿠데타를 결심했다. 6월 19일 금요일 오전 10시를 기해 국방 장관과 각 군 수뇌부, 안기부장을 소집해 회의를 주재한 그는 다음 날 오전 4시까지 주요 대학과 도시에 전투태세를 갖춘 군 병력을 배치할 것을 명령했다. 한·미 군사협정에 따라 전방 병력의 이동 계획이 주한 미군 사령부에 통보될 예정이었고, 시위 학생들은 전원 체포될 운명에 놓여졌다. 전두환은 계획대로 비상사태가 선포되면 정당을 해산하고 군사법정을 설치해 반체제 인사를 처벌할 것이라고 선언했다.

친위 쿠데타를 막판에 저지시킨 가장 큰 명분은 서울 올림픽의 성공적 개최였다. 후안 사마란치 국제올림픽위원회 위원장은 서울에서 비상사태가 발생하면 올림픽 개최지를 옮길 수 있다고 위협했다. 미국 역시 올림픽 카드를 구사하면서 또 한 번의 비극을 저지하는 데 동참했다.

서울 올림픽이 가진 또 하나의 중대한 의미는 국제 외교 무대에서의 남북 대결이었다. 올림픽이 미국의 영향력 하에 있는 분단국 남한에서 열린다는 것은 남한에게도 도전이었지만, 북한에게는 더 큰 도전이었다. 남한의 입장에서는 올림픽을 성공시키기 위해서는 소련을 위시한 사회주의권과의 관계 개선이라는 숙제를 풀어야 했다. 80년대는 자본주의 진영과 사회주의 진영의 대립이 최고조에 도달했다가 해소되는 격동의 시기였다. 1980년 모스크바 올림픽은 소련의 아프가니스탄 침공에 항의하여 미국 등이 불참하는 바람에 반쪽 올림픽이 됐고, 1984년 로스앤젤레스 올림픽은 소련 등 사회주의권의 불참해 파행으로 끝났다. 1988년 서울 올림픽이 진영의 대립을 극복하고 전 지구촌의 스포츠 축제가 되기 위해서는 친미 반공 국가인 대한민국이 소련 등 사회주의권의 참여를 성사시키는 것이 관건이었다.

한편 북한으로서는 상상하기조차 끔찍한 도전에 부딪친 꼴이었다. 북한 주민들에게 남한은 미제의 식민지이고 일제시대와 다를 바 없이 굶주림과 가난에 찌들려 산다고 선전해 왔다. 북한 주민의 삶이 아무리 어렵고 힘들더라도 남한을 해방시키기 위해서는 이 모든 어려움을 참아야 한다고 북한 주민을 설득하고 통치해 왔다. 이제 서울 올림픽을 어떻게 설명해야 하나. 서울 올림픽이 확정된 지 두 달이 지나서야 북한은 〈노동신문〉을 통해 이렇게 보도했다. '최근 들어 남조선의 군사독재 정권은 괴뢰 정부의 고위 관리들과 나팔수에 불과한 친정부 인사들을 동원해 매일같이 88올림픽을 서울에서 개최한다며 우스꽝스러운 소란을 피우고 있다. 이제 남조선의 꼭두각시들은 사회주의 국가들과 비동맹 국가들에 접근해 공식적인 외교 관계를 수립함으로써 자신의 정부를 합법적인 것으로 승인받으려 애쓰고 있다.'

또한 북한은 서울 올림픽 개막일이 다가오자 사회주의권 우방들에게 심각하게 문제를 제기했다. 1985년 6월 황장엽 조선노동당 대외 담당 비서는 동독의 사회주의통일당 앞으로 '서울 올림픽은 단순한 스포츠 행사가 아니라 세계 공산혁명의 기저에 큰 영향을 미치는 중대한 정치적인 사안이다. 그에 따라 한반도에서 사회주의가 강화될지, 아니면 자본주의가 강화될지 판가름이 날 것이다.'라는 내용의 서한을 보냈다.(돈 오버도퍼, 『두 개의 한국』, 이종길 외 번역, 길산, 2002, 285쪽)

서울 올림픽 참가를 둘러싸고 남북한 사이의 진검 대결이 불가피해졌다. 이 대결은 1948년 남북한에 두 개의 정부가 들어서고, 1953년 휴전이 성립

한 이후 각자의 체제가 이룬 성과에 대한 냉혹한 성적표가 될 수밖에 없었다.

80년대 북한은 권력 이행기에 해당하는 시기였다. 70년대 후반부터 착실하게 당정군의 실권을 이어받은 김정일은 80년대 들어 사실상 아버지 김일성과 공동 통치 단계에 들어갔다. 김일성은 군림하는 상징으로, 김정일은 실질적인 통치자로서의 역할 분담이었다. 1984년 10월 10일 평양방송은 조선노동당 창건 39주년을 맞아, 조선노동당은 혁명 위업 계승 문제를 빛나게 해결한 당이라는 논평을 발표했다. 이 논평을 통해 김정일 후계 문제가 "당과 인민의 절대적 지지와 신뢰를 받아 제때에 가장 정확히 해결됐다."고 주장하고, 김정일이 김일성의 "유일한 후계자"로서 "당과 국가사업 전반을 통일적으로 장악, 지도하고 있다."고 발표했다. 1985년 6월 9일 김일성은 마침내 '김정일 시대'라는 말을 썼다. 일본의 월간지 『세카이』와의 대담에서 김일성은 한반도 통일이 자신의 세대에서 이뤄져야 하겠지만, 만약 그렇게 안 된다면 그 과업은 '김정일 시대'에 꼭 수행돼야 한다고 말한 것이다. 이로써 김정일이 북한의 사실상 통치자인 것이 확인됐다.(김학준, 『북한 50년사』, 동아출판사, 1995, 361쪽)

김정일은 1982년부터 해외 공작 관련 부서를 이양 받아 지휘했다고 한다. 김일성이 전두환과의 정상회담을 위한 비밀 교섭에 직접 참여하기도 했지만, 실제 대남 사업을 총괄한 사람은 김정일로 보인다. 올림픽을 둘러싼 남북 외교전에서 김정일은 테러와 대화라는 양면작전을 쓴다.

테러와 밀사 외교

북한의 집권 세력은 1980년 광주 민주 항쟁과 전두환의 쿠데타 집권을 보고 대단히 고무됐다. 광주 항쟁과 관련된 기록사진과 영상을 북한 주민들에게 대대적으로 홍보했다. 북한에서 다시 한 번 남조선 혁명에 대한 기대치가 급상승했다. 그리고 남조선 혁명 여건을 촉진하기 위한 북한의 적극적 역할을 모색했다. 북한 최고위층은 전두환을 비롯한 남한 군사정권에 대한 테러 공격이 남한의 민중 봉기를 유도할 기폭제가 될 것으로 판단하고 테러 공격에 착수했다. 1982년 가을 북한은 아프리카 순방길에 올랐던 전두환 대통령을 가봉에서 암살하려는 계획을 세웠다. 당시 이 계획에 가담했다가 후에 남한으로 망명한 고영환의 말에 따르면 이 작전은 마지막 순간 김정일의 지령에 의해 취소됐다. 김일성 주석의 불어 통역관을 역임하기도 했던 고영환은 아프리카 지역에서 남한 대통령을 암살하면 유엔 총회에서 아프리카 국가 전체의 지지를 일시에 상실하게 될지 모른다는 이유 때문에 암살 계획을 취소한 것으로 보인다고 말했다.(돈 오버도퍼, 『두 개의 한국』, 이종길 외 번역, 길산, 2002, 228쪽)

그러나 다음 해 북한은 드디어 전두환 암살 작전을 실행에 옮긴다. 1983년 10월 9일 오전 전두환 대통령과 수행원은 미얀마의 국립묘지인 아웅 산 묘소를 참배할 계획이었다. 그러나 전두환 도착 몇 분 전 북한 특수부대에서 파견된 암살단은 묘소 입구에 설치된 폭탄 스위치를 눌렀다. 대통령 비서실장을 비롯한 17명의 고위직 수행단이 그 순간 폭사했다. 미얀마를 방문한 것은 허문도의 아이디어였다는 것이 정설이다. 네윈이라는 독재자가 막후에서 수렴청정 하는 독재 시스템을 참고해 7년 단임을 내세운 전두환의 퇴임 이후를 위한 자료 준비의 일환이었다는 것이다.

사건 직후 북한의 김일성에게 직접 보복 공격을 가하자는 남한 군부의 강력한 의견을 전두환은 단호하게 거부하고 군사적 충돌로 나아가지 않도록 자제력을 발휘했다. 북한은 국제사회에서 테러국이라는 딱지가 붙었다. 북한의 오랜 맹방이었던 미얀마는 즉각 북한과 단교를 선언했고, 미국을 위시한 서방 국가들도 북한 제재에 나섰다.

그런데 지금까지 수수께끼로 남아 있는 사실은 아웅 산 테러 하루 전에 북한이 중국을 통해 미국에 새로운 평화 제안을 했다는 점이다. 1983년 가을 김일성은 전두환 정권이 교체되어야 한다는 기존 입장을 포기한다는 연설문을 발표하고, 중국의 최고 지도자 덩샤오핑에게 부탁하여, 미국과 남북한의 3자 회담을 미국에 제안해 달라고 부탁했고, 실제 덩샤오핑은 10월 캐스퍼 와인버거 미 국방 장관에게 북한의 제안을 전달했다.

덩샤오핑은 평양 정부가 자신을 통해 미국에 협상을 제안한 바로 다음 날 폭탄 테러를 자행했다는 사실에 격분했다. 그는 특히 김정일에게 분노했다. 김정일이 그 폭발 사건의 배후에 있다고 확신했기 때문이었다. 그는 사망할 때까지 김정일을 만나기를 거부했다(돈 오버도퍼, 『두 개의 한국』, 이종길

외 번역, 길산, 2002, 231~232쪽)

　1984년 9월 서울의 대홍수는 예기치 않은 남북 대화의 계기가 됐다. 북한이 남한에 구호물자를 제공하겠다는 호기로운 제안을 했고, 남한 정부가 이를 전격적으로 받아들임으로써 오랫동안 단절됐던 교류와 협력이 재개됐다. 이산가족 고향 방문단, 적십자 회담, 예술 공연단이 교환되는 가운데, 전두환은 남북 정상회담을 목표로 김일성과의 비밀 접촉을 지시했다. 전두환이 밀사로 선택한 사람은 재미 교포 임창영이었다. 임창영은 5.16 쿠데타로 무너진 민간 정부의 유엔 대표를 했던 인물로서 오랫동안 박정희 정권을 강력하게 비판하는 반정부 활동을 한 인물이었다.(돈 오버도퍼, 『두 개의 한국』, 이종길 외 번역, 길산, 2002, 238쪽)

　전두환의 부탁을 받은 임창영은 1984년 12월 26일 평양에서 김일성과 네 시간의 면담을 갖고 전두환의 정상회담 제안을 설명했다. 김일성은 이 제안에 동의를 표했다. 김일성은 며칠 뒤 북한 주민들에게 발표한 신년사에서 이례적으로 남북 대화를 지지한다는 내용을 포함시켰다. 김일성은 당시 진행 중인 실무자급 공개 회담이 성공을 거두면 고위급 회담으로 점차 승격될 것이고, 종국에는 남북한 고위급 지도자 사이의 정치 협상으로 발전하게 될 것이라고 선언했다. 이 면담을 계기로 남북한 사이에 정상회담 준비를 위한 책임 부서와 핫라인이 생겼다. 서울에서는 장세동 안기부장-박철언 안기부장 특보, 평양에서는 허담 조국평화통일위원장-한시해 노동당 통일전선부 부부장이 서로 파트너가 되어 교대로 서울과 평양을 방문해 최고위층의 친서를 서로 전달했다. 1985년 9월 북한 밀사단이 서울을 방문했고, 10월 서울 밀사단이 평양을 방문했다. 그러나 이후 정상회담 논의는 난항을 거듭하다 결국 좌초되고 말았다. 결렬의 직접적인 원인은 1986년 팀 스피리트 훈련이었다. 기본적으로 정상회담을 위한 상호 합의 정도가 낮은데다가 1985년 2.12 총선에서 대패하여 국내 정치에서 김대중과 김영삼이라는 강력한 도전 세력을 맞이한 전두환 정권이 북한과의 화해보다는 반공 노선 강화와 용공 조작이라는 정치 공작에 더 주력하게 된 것이 주원인으로 보인다. 이런 연장선에서 전두환 정권은 1986년 북한이 금강산댐을 만들면 서울이 물바다가 될 것이라는 논리로 평화의 댐 프로젝트를 터뜨린다.

정상회담 추진이 용두사미가 된 이래 남북 간의 실질적인 대화는 없어졌다. 유일한 교섭은 서울 올림픽에 대한 협상이었다. 북한은 처음에는 서울-평양 공동 올림픽을 주장했고, 나중에는 경기 중 3분의 1을 북한에 달라는 제안을 했다. 그러나 국제올림픽위원회와 남한은 북한의 공동 개최에 응할 생각이 전혀 없었다. 또 소련을 위시한 북한의 우방국들도 서울 올림픽을 보이콧할 의도가 없었다. 결국 남북한 공동 개최를 위한 협상은 1987년 8월 국제올림픽위원회의 최종 타협안을 북한이 거부함으로써 협상은 좌초 위기를 맞았고, 북한이 9월 24일 남북 직접 협상 재개를 제안했지만, 남한이 이를 거부함으로써 올림픽 협상은 완전히 결렬됐다. 협상은 좌초됐지만, 여기서 끝난 것이 아니었다.

2주 후 1987년 10월 7일, 해외로 파견돼 부녀지간으로 위장 활동을 하던 해외 공작원 김승일과 김현희는 평양으로 급거 소환됐고, 이들은 남한 여객기를 폭파하라는 지령을 받았다.(돈 오버도퍼, 『두 개의 한국』, 이종길 외 번역, 길산, 2002, 288쪽)

상부에서는 이 지령은 김정일이 친필로 직접 지시한 것이며, 세계 각국의 서울 올림픽 참가를 저지하는 것이 목표라고 설명했다. 그리고 11월 29일 두 사람이 설치한 고성능 폭탄이 대한항공 858기에서 터졌고, 비행기는 미얀마 상공에서 공중 분해됐다. 탑승객 115명은 전원 사망했다. 북한의 의

도와는 다르게 KAL기 폭파 사건으로 북한은 국제적으로 더욱 고립되고, 자신의 동맹국과 우방들이 서울 올림픽에 참가하여 지구촌의 축제로 만드는 광경을 지켜보아야만 했다.

8장
민주주의 동맹 대
군벌 정권의 4년 전쟁

위대한 혁명의 시작

나관중의 『삼국지연의』에 적벽대전이 없었다면 소설의 흡인력이 있었을까? 적벽대전은 실제 존재했던 전쟁에 나관중의 상상력이 결합돼 소설적 흥미를 배가해 독자를 끌어당긴다. 적벽대전에서 유비와 손권의 연합군이 조조의 백만 대군을 격파함으로써 제갈량이 설파한 천하삼분지계^{天下三分之計}의 구도가 현실로 정립된다.

80년대 중반 한국에는 적벽대전보다 더 소설 같은 민중의 혁명이 일어났다. 무력으로 천하를 장악한 전두환 세력에 대해 민주주의를 갈망하는 사람들이 하나둘 모여들어 마침내 맨주먹으로 군사정권에게서 항복을 받아 내는 기적을 일으킨 것이었다. 1987년 6월 민주주의 혁명을 가져온 이 투쟁은 군대끼리의 통상적인 전투가 아니었다. 무력, 권력, 돈, 제도적 폭력, 이모든 것을 가진 세력과 오직 민주주의에 대한 열망만을 가진 연약한 개인의 대결이었다. 이전까지 한반도에서 민중이 궐기하여 권력을 항복시키고, 민중이 나라의 주인으로, 자기 운명의 주인으로 성공한 혁명은 한 번도 없었다. 한^限, 이 땅에 일어났던 수많은 전란과 민란, 그리고 뒤이은 처절한 학살극. 이 모든 것의 결과로 인해 우리 민중의 정서에 한이 녹아들었다. 이 한이 마침내 폭발하여 이전에 누구도 가능하리라 믿지 않았던 민주주의를 우리 국민의 힘으로 쟁취해 내는 위대한 역사를 만들었다. 양심과 정의에 따라서 대의에 헌신하고 희생하는 조그만 물방울들이 모여 드디어는 절대 다수의 국민이 동참하는 노도와 같은 파도를 만들었다. 이런 점에서 1987년 6월 온 국민이 궐기한 민주주의 혁명은 신채호의 표현을 패러디하면, '한반도 역사 1천 년내 제1대 사건'이 아닐 수 없다. 80년대 중반 한반도의 남쪽과 북쪽은 방향은 정반대였지만, 절대 독재 체제가 들어서서 패권을 휘두르고 있었다. 남쪽의 경우, 전두환 정권은 광주 학살은 아예 없었던 것처럼 시치미를 뚝 떼면서 자신들이 정의의 화신인 양 행세했다. 처음 몇 년간 사람들은 너무나 큰 상처에 질린 나머지 일상생활로 돌아가거나, 프로야구에 심취하거나, 먹고사는 일에만 빠져드는 것처럼 보였다. 그렇지만 전두환이 지배하는 천하가 칠흑 같은 어둠으로 뒤덮인 감옥이라고 느낀 양심들이 있었다. 젊은 선비들, 그 중에서도 중고등학생 시절 광주 학살 참상을 직접 목격한 대학생들 중 일부는 심중의 고통을 조용히 삭일 수 없었다. 가해자들이 민주와 정의를 부르짖는 위선의 천하를 도저히 묵과할 수 없었다. 1980년 12월 9일 밤, 다섯 명의 대학생이 광주 미 문화원에 방화 사건을 일으켰다. 광주 학살을 방조한 미국에 경종을 올릴 필요가 있다고 보고 거사한 것이었다.

1982년 3월 18일 일단의 대학생들이 부산 미 문화원을 점거해 방화하면서 '미국은 더 이상 한국을 속국으로 만들지 말고, 이 땅에서 물러가라'는 제목의 성명서를 뿌렸다. 5.18 광주 학살극의 진상을 알고 받은 충격에서 비롯된 거사였다. 이외에도 1981년, 1982년, 대학 도서실에서 조용히 공부하던 학생이 갑자기 일어나 '살인마 전두환을 처벌하라'라는 말을 외치며 투신 사망하는 비극이 서울 지역에서 일어났다.

그러다 전두환 체제에 공개적이고 본격적인 저항과 투쟁이 시작된 것은 1983년 5월 18일 광주 학살 3주년을 맞이하여 연금 중이던 김영삼이 목숨을 건 단식투쟁에 들어가면서부터였다. 1980년 5월 이후 김영삼은 자신의 자택에서 외부와 완전히 격리된 생활을 강제 당했다. 김영삼은 단식을 시작하면서 '국민에게 드리는 글'을 발표했다. 그는 1980년의 비극을 막지 못한 점을 반성, 사죄하고 ① 정치범 석방 ② 해직 인사 복직 ③ 언론 통제 해제 ④ 대통령 직선제 개헌 ⑤ 정치 활동 규제 해제 등을 요구했다. 그리고 죽음을 각오하고 전두환 정권과 맞서 싸울 의지를 천명했다. 국민들의 의식에는 김대중과 김영삼이 1980년에 지도자로서 보인 모습에 대한 인상이 남아 있었다. 한 마디로 전두환의 손바닥 위에서 천진난만하게도 대통령 후보 경쟁에 몰두하다가 단칼에 싹쓸이 당한 어리석음을 기억하고 있었다(당시 이 판쓸이를 화투판에 응용한 전두환 고스톱이라는 것이 대유행했었다). 국민의 마음을 다잡을 지도자가 없는 공허한 상태였다. 그럼에도 김영삼의 단식투쟁 돌입이 던진 충격파가 점차 커지면서 새로운 태풍의 눈을 형성해 갔다.

단식투쟁 다음 날인 5월 19일 친김영삼계 모임인 민주산악회 인사 70여 명이 '김영삼 단식 대책위'를 구성하고 동조 단식에 들어갔다. 김영삼의 부인 손명순은 일일이 외신 기자들에게 전화로 단식 돌입을 알렸다. 국내 언론에서는 한 줄도 나오지 않고, '최근 정치 현안'이라는 알쏭달쏭한 용어가 나타났다. 대책위는 직접 유인물을 복사하여 국민들에게 뿌리기 시작했다. 문익환 목사, 고은 시인, 지학순 주교를 비롯한 재야인사도 지지를 표명했다. 5월 26일 상도동계 전직 의원 23명이 동조 단식에 들어갔다. 정권 측에서는 연금 해제와 해외 출국 등의 미끼를 제시하면서 회유했으나 김영삼은 "나를 시체로 만들어 부치시오."라며 단호히 거절한다. 6월 1일 김대중계도 포함된 전현직 국회의원 등 58명의 인사들이 연대 투쟁을 선언한다.

　누구보다 김영삼의 단식에 대해 동지적 연대를 표명하고 적극 지지한 것은 지구 반대편에 있던 워싱턴의 김대중이었다. 1982년 12월 워싱턴에 망명한 이래 김대중은 미국에서 한국 민주주의 현실을 고발하는 대중 강연 등 활동을 막 시작하던 참이었다. 그는 '김영삼 총재 단식투쟁 전 미국 비상대책위'를 결성, 대대적인 김영삼 지지 운동을 벌였다. 〈뉴욕타임스〉에 '김영삼의 단식투쟁'이라는 글을 기고하여 해외 여론에 호소하기도 했다. 6월 4일 김대중은 부인 이희호와 함께 워싱턴 집회에 참가하여 '김영삼 씨를 구출하라!'고 적힌 플래카드를 들고 한국 대사관에서 미 국무부를 거쳐 백악관까지 가두 행진 투쟁을 벌였다. 김영삼의 단식투쟁은 전두환의 폭거에 무참히 짓밟힌 민주화의 열망을 다시금 불러일으키는 촉매제 역할을 충분히 한 것이다. 단식 23일째인 6월 9일, 재야 원로 인사들의 간곡한 권유를 받아들여 김영삼은 단식 중단을 선언하며 이렇게 말했다. "국민 여러분, 나는 부끄럽게 살기 위해 단식을 중단하는 것이 아닙니다. 앉아서 죽기보다 서서 싸우다 죽기 위해 단식을 중단하는 것입니다. 나의 투쟁은 끝난 것이 아니라 이제 겨우 시작을 알렸을 뿐입니다."

4차 양김 합작

김영삼은 1980년 8월 전두환 세력의 압박 속에 정계 은퇴 성명을 발표하고 수년에 걸친 장기 연금 상태에 있다가 23일간의 단식투쟁을 통해 연금 해제를 쟁취했고, 국내에 반전두환 투쟁의 불씨를 되살려 냈다. 김대중은 1982년 12월 미국으로 망명하면서 전두환에게 해외에서 정치 활동을 하지 않겠다는 각서를 쓰고 출국했다. 그리고 미국에서 전두환 독재에 비판적인 여론을 조성하던 중 김영삼의 단식을 계기로 연대 투쟁을 하기에 이르렀다. 1980년 두 사람이 결정적인 순간에 서로 등을 돌린 것을 국민들은 잊지 않았다. 누가 보기에도 양자의 관계는 뻘쭘하게 보일 수밖에 없었다. 따라서 두 사람이 다시 국민 앞에 나서려면 양자 관계에 대한 진솔한 석명이 따라야 했다. 단식투쟁을 종료한 후 김영삼은 미국에 사람을 보내 김대중에게 합작 투쟁을 제의한다. 광복 38주년을 맞이하는 8.15에 공동선언을 발표하자는 제안이었다. 김대중은 적극 동의했다. 이렇게 해서 태평양을 오가면서 내용을 다듬은 결과 양김이 국민에게 보내는 메시지가 탄생했다. 국민에 대한 사죄, 그리고 전두환 독재에 대한 굽히지 않는 투쟁을 내외에 천명했다.

네 번째로 양김이 다시 손잡은 것이었다.

1983년 8월 15일 발표된 양김 합작은 이후 국내외의 반독재 투쟁 세력을 하나로 묶는 기폭제가 됐다. 1차적으로 정치권의 민주 세력이 총결집했고, 이후 재야 민주 단체 그리고 각계각층의 민주 단체들이 합세하여 87년 5월 민주헌법쟁취 국민운동본부(국본)로 발전하게 됐다. 이 국본은 내용적으로 민주주의 동맹의 완성이라고 불러도 될 정도로 해방 이후 최대의 연합 단체였고, 이 단체의 지도 아래 6월 민주주의 혁명이 일어나게 된다. 양김은 혼자서는 전두환의 상대가 되지 못하지만, 합치면 전두환과 자웅을 겨룰 수 있는 세력이었다. 두 사람은 정치적 이념, 리더십, 지역적 기반 모든 면에서 대조적이었고 그만큼 합작 시너지 효과가 컸다.

그러나 정치권에서 양김 세력을 하나로 묶는 일이 말처럼 쉬운 것은 아니었다. 두 사람은 대통령 권력을 추구하는 정치인이자, 세력을 대표하는 집단의 영수였다. 순국열사나 우국지사와는 다른 형태의 마키아벨리스트였다. 혹독한 독재 정권의 탄압 속에서 투쟁을 하면서도 서로 간의 지분과 세력균형을 위한 치열한 내부투쟁이 동시에 진행됐다. 정치권의 양김 세력을 하나로 묶는 데 1년 가까운 시간이 걸렸다. 이 과정에서 국내에 없는 김대중을 대리하여 창구 역할을 한 사람은 김상현이었다. 1935년생인 김상현은 일찍이 50년대 중반부터 김대중을 만나 호형호제하면서 동고동락한 관계였다. 평생 비서만 옆에 두었던 김대중에게 유일하게 터놓고 말하는 관계였다.

1983년 6월 9일 동교동계 중진 모임이 열렸다. 80년 봄 이른바 김대중 내란 음모 사건을 겪은 뒤 동교동계 전직 의원들은 친목 차원의 관계만 유지하고 있었다. 조연하, 김녹영, 박성철, 예춘호, 박종태, 양순직, 박종률, 김창환, 최영근, 김상현 등이었다. 동계동계 중진들은 김영삼의 상도동계와 연합 전선을 구축하는 데 대부분이 부정적이었다. 보스인 김대중이 없는 것도 이유 중의 하나였지만, 결정적인 것은 그동안 김영삼에게 당해 왔다는 피해 의식이었다. 사실 동교동계는 보스가 1973년부터 장기간 활동 정지 상태에 묶여 있었기 때문에 유형, 무형의 불이익을 당한 적이 많았다. 1979년 5월 김영삼을 총재로 밀 때에도 50 대 50의 지분 약속이 있었으나 이런 저런 이유로 제대로 지켜지지 않았다. 김영삼의 투쟁 의지에 대한 의구심도 한몫했다. 1975년 박정희-김영삼 회담, 5.18 이후 정계 은퇴, 특히나 광주 항쟁과 사형 선고까지 받은 김대중에 대한 침묵 등 동교동이 김영삼을 불신할 수밖에 없는 이유는 충분했다.

김상현이 적극적으로 나서 선배들을 설득했다. 그는 "지금 시점에서 과거를 따지지 말고, 김대중과 김영삼이 힘을 합쳐서 반독재 투쟁에 나서는 것보다 더 큰 대의는 없다. 이번에는 김영삼으로부터 확실한 상호 존중의 약속을 받아 내면 되는 것 아니냐."고 호소했다. 며칠 전 김영삼은 단식 중인 자신을 방문한 김상현에게 "단식하면서 사심을 버리고 나라를 위해서 목숨을 바칠 각오를 했소. 옛날처럼 국민 연합을 만들어서 민주화 투쟁을 시작합시다."라고 토로했다. 미국에 있는 김대중이 양김의 합작을 강력히 지지했지만, 동교동계 의원급 상당수가 결국 합작에 참여하지 않았다. 많은 논란 끝에 양 계파를 묶는 8인 대표회의가 만들어졌다. 동교동계 조연하, 김녹영, 예춘호, 김상현, 상도동계 김영삼, 이민우, 최형우, 김동영이 멤버가 됐다. 이들은 처음 국민 연합 형태의 넓은 조직을 검토했으나 1980년 투쟁 경험을 교훈 삼아, 정치인과 재야인사들을 별도 조직으로 묶기로 합의했다.

이렇게 하여 김대중과 김영삼의 연합 조직인 '민주화추진협의회(민추협)'가 탄생됐다. 1984년 5월 18일이었다. 정관도 만들지 않고 모든 것을 관례와 합의에 따라 처리하되 50 대 50의 정신을 존중키로 했다. 이번에는 제대로 지켜졌다. 위로는 의장에서 밑으로는 사무직원에 이르기까지 철저하게 지분에 따라 임명했다.

가장 중요한 문제는 간판이었다. 지도 체제를 어떻게 하느냐가 제일 민감한 문제였다. 단일위원장 이야기도 나왔으나 사실상 김영삼의 독주를 의미하기 때문에 동교동계에서 결사반대해 무산됐다. 결국 공동 의장으로 하기로 했으나 김대중이 공동 의장이 되는 것은 투쟁의 효율 면에서 명백하게 비능률적이었다. 최종적인 타협책은 김대중을 고문으로 하되, 동교동계에서 공동 의장 대행을 맡는 것으로 했다. 동교동계 중진 모임에서는 다수 의견으로 김상현을 추천했다. 이렇게 하여 김대중 고문, 김영삼 공동 의장·김상현 공동 의장 대행이라는 지도 체제가 최종 확정됐다. 민추협 발족에는 강력한 합작론자인 김상현의 역할이 컸다. 그러나 그는 김대중과 사전에 상의하기보다(사실 거리상, 시간상 쉽지 않은 일이었다) 자신의 판단 아래 나중에 승낙을 받아 내겠다는 자세로 고비마다 결단을 내리면서 난제를 풀어 나갔다. 나중에 동교동에 김상현의 적이 많아진 이유다.

최초의 반정부 투쟁 구심체인 민추협이 발족했으나 그 앞길은 평탄하지 않았다. 전두환 정권은 양김의 합작이 쉽지 않을 것으로 예측하고 방심했지만, 민추협이 발족하자마자 눈치코치 보지 않고 사방으로 탄압의 그물망을 조여 대기 시작했다. 민추협이 발족하자마자 당면한 가장 큰 과제는 1985년 2월 총선에 대한 대책이었다. 참여해서 투쟁할 것인가? 아니면 보이콧을 할 것인가?

전두환 프레임을 깬 2.12 총선

1985년 양김이 합작한 상태에서 총선에서 그들과 격돌하게 된 전두환. 격돌을 1년 앞둔 1984년, 전두환의 속내를 상상해 본다.

 1984년 늦가을 황혼이 질 무렵. 전두환은 대통령 집무실 창문을 통해 노을을 쳐다보았다. 돌이켜 보면 천하를 움켜쥔 지 벌써 5년의 세월이 흘렀다. 앞으로 남은 세월은 만 3년 정도. 스스로에게 대견한 생각이 들었다. 누란의 위기를 맞이한 나라를 구하기 위해 목숨을 걸고 거사해서 여기까지 오는데 우여곡절과 고비가 얼마나 많았던가? 12.12에서 5.18 광주를 거쳐 1983년 10월 미얀마 아웅 산 테러 사건에 이르기까지 갖가지 사연들이 주마등처럼 스쳐지나갔다.

 평생의 꿈은 육군 참모총장이 되는 것이었는데, 운명의 부름처럼 이 자리에 앉게 됐다. 이제 대통령으로서 원숙한 경지에 이르렀다는 생각이 들었다. 권력을 어떻게 써야 하는지, 나라를 경영한다는 것이 무엇인지, 모든 것이 훤히 보이는 듯했다. 지난 5년간 이 나라의 역사는 내가 써온 것이 아닌가? 자신을 이 자리에 오도록 키워 준 박정희 대통령보다 더 역사에 남는 대통령이 될 수 있다는 확신과 자신감이 온 몸에 팽팽하게 느껴졌다.

집권 초기 위태위태했던 경제도 이제 정상 궤도에 들어선 것 같다. 이대로만 가면 안정 기조 속에 성장을 계속할 수 있으리라는 판단이 든다. 김재익 경제 수석이 아웅 산 테러로 세상을 뜬 것이 새삼 더 아쉽게 생각됐다. 집권할 때만 해도 경제는 전혀 문외한이라 그 사람 말만 듣고 열심히 밀어 주었는데, 긴축정책의 고통을 참고 몇 년간 지속한 끝에 이제 점차 좋은 결과가 나오고 있다. 참 좋은 보좌관이었는데.

정치도 많이 안정됐다. 혹세무민의 선동으로 대권욕에만 사로잡힌 정치인들은 무대에서 사라졌다. 도대체 애국심이라고는 털끝만큼도 없고, 국민을 선동해서 권력을 한번 잡아 보려고만 하는 양김 씨를 생각하니 새삼 스트레스가 치밀어 올랐다.

생각 같아서는 완전히 끝장내고 싶었지만, 국내외의 여러 간청에 의해서 그들을 살려 주고 있는데, 그들의 위선과 이중 행각에 새삼 분노가 치밀어 올랐다. 정계 은퇴하겠다고 성명서까지 낸 사람이 다시 정치 일선으로 복귀하는 것은 무엇이며, 풀어만 주면 정치는 절대 하지 않겠노라고 간절하게 각서까지 제출해 놓고, 잉크도 마르기 전에 나를 독재자로 규탄하는 정치활동을 하는 것은 또 무엇이란 말인가?

북한에서는 김일성이 두 눈을 부릅뜨고 호시탐탐 남쪽을 집어삼킬 타이밍만 보고 있는데, 이들 두 사람은 나라 생각은 않고 오로지 권력 잡을 생각에만 사로잡혀 있지 않은가? 1980년에 이들을 방치했다면 나라는 혼란 속에 빠지고 아마 북한한테 먹혔을지도 몰라. 아니 먹혔을 것이야!

그런데 이 둘이 다시 정치 재기를 모색하고 있다니, 생각만 해도 불쾌했다. 어떻게 하든 이들 둘이 다시 정치에 끼어들지 않도록 단호히 쐐기를 박아야 한다. 안기부를 통해 좀 더 확실하게 통제를 해야겠어. 그 둘은 이제 내 상대가 못 돼. 내가 충분히 컨트롤 할 자신이 있어.

난 좀 더 대국적으로 큰 그림에 집중해야지. 역시 문제는 김일성이야. 북한을 확실히 압도해야 돼. 그러기 위해서는 시간을 버는 것이 중요해. 그렇다면 남북 정상회담을 한번 밀어 보는 것이 전략상 좋을 것 같은데. 안 되더라도 잃어버릴 것이 없잖아. 만약에 되면 남북 화해를 주도할 대통령이 되는 거니까. 이건 돼도, 안 돼도 남는 장사군.

그리고 서울 올림픽을 성공시키려면 소련과 동구권 등 사회주의 국가들을 참가시켜야 하는데 이것을 위해서라도 남북이 화해로 가고 있다는 메시지를 주는 것이 좋겠지? 단임제로 평화적 정권 교체를 실현하고, 88올림픽을 성공시키면 남한이 북한을 압도할 수 있을 거야.

그런데 누가 내 뒤를 이어 내 뜻을 실현할 수 있을까? 노태우? 글쎄, 한 사람으로 확정하기 보다는 몇 사람 더 가능성을 테스트해 봐야겠어. 근데, 누가 되든 나만큼 할 수 있을까? 내가 없어도 이 나라가 계속 발전할 수 있을까? 어려울 거야. 내가 가진 귀중한 지식과 경륜을 그대로 썩힐 순 없지. 누가 나만한 리더십을 발휘할 수 있겠어.

그런 점에서 단임제로 정권 교체를 이루더라도 내가 계속 국가에 기여할 수 있는 제도로 가야할 것이야. 내가 계속 이 나라를 다스리는 실질적인 역할을 할 수 있는 국가 체제로 가야만 우리나라는 안보와 성장을 달성할 수 있을 거야. 목숨을 걸고 구국의 결단으로 나선 우리가 20년 정도 더 이 나라를 이끌어야 돼.

그렇게 가기 위해서는 내년 초에 있을 총선에서 민주정의당이 압승을 거두어야 해. 지금 봐서는 김영삼이 내년 총선에 적극 끼어들 생각인 모양인데 결코 허용해서는 안 되지. 김영삼과 김대중이 다시 정치판에 나서게 할 수는 없지. 총선 승리를 위해 모든 역량을 집중하라고 지시를 해야겠군.

1980년 전두환 군부 세력은 정치권을 임의로 재구성했다. 기존의 정치인들을 일률적으로 구정치인으로 몰아 정치 활동을 금지시켰다. 즉 선거에 나설 수 없게 한 것이었다. 처음에는 835명을 정치 규제 대상자로 발표했다. 그리고 이들 중 전두환 정권에 충성을 맹세한 정치인들을 포함하여 268명을 구제했다.

집권당인 민주정의당에 이어 기존 야당 정치인들이 중심이 된 민주한국당(민한당)과 공화당 이념을 계승한다는 한국국민당(국민당)으로 아예 정치판을 보안사에서 짜 버린 것이다. 이른바 관제 야당이 탄생한 것이다. 세간에서는 민정당을 1중대, 민한당을 2중대, 국민당을 3중대라고 불렀다.

여기에다가 선거 제도 역시 한 선거구당 두 명씩 뽑는 제도였다. 따라서 집권당인 민주정의당은 기본으로 절반을 먹고, 나머지 절반을 놓고 관제 야당들이 나누어 먹도록 선거구를 제정했다. 이것만 가지고도 모자라 비례대표는 제1당이 3분의 2를 차지하는 안전판까지 만들어 놓았다. 집권당인 민주정의당이 절대 과반수를 항상 차지할 수 있는 제도였다.

1985년 2.12 총선은 양김을 리더로 한 민주주의 세력과 전두환을 리더로 한 군부 정권의 피할 수 없는 한판 승부였다. 향후 양 세력의 운명이 걸려 있었다. 또 그 결과에 따라 나라의 운명도 바뀔 판이었다.

전두환은 단임제 약속에도 불구하고 사실상 장기 집권 구도를 모색하고 있었다. 그냥 순순히 은퇴할 생각은 추호도 없었다. 자신이 그리는 구도를 실현하려면 2.12 총선에서 압도적인 승리를 통해 국회를 장악해야 했다.

김대중과 김영삼의 입장에서도 2.12 총선은 자신들과 민주주의 진영의 사활이 걸린 선거였다. 이 선거에서 전두환의 독주를 견제하지 못한다면 이후 반독재 투쟁의 동력을 유지할 수도 없고, 따라서 자신들의 정치적 재기도 어려워지기 때문이었다. 2.12 총선은 모든 것을 건 한판 승부였다.

재야 운동 단체나 학생운동에서는 선거에 대한 관심이 적었다. 80년대 초반 대학을 중심으로 반독재 투쟁이나 민주 회복 투쟁보다는 기층 민중이 중심이 되어 한국 사회의 근원적 모순을 극복하자는 변혁론이 풍미하게 되어 선거 투쟁에 대해선 별 의미를 두지 않았다. 아니 오히려 선거 보이콧 주장이 더 우세했다.

김영삼 역시 2.12 총선이 갖는 의미를 정확하게 내다보고 있었다. 이 전투를 반드시 이겨야 한다. 맹수적 본능이 꿈틀거렸다. 내가 누군가. 천하의 박정희를 꺾은 김영삼이 아닌가. 민심의 흐름을 나보다 더 잘 꿰뚫어 볼 사람이 누가 있는가. 이번 선거에서 전두환의 기세를 완전히 제압해야지!

예상대로 총선 참여 여부를 둘러싸고 참여와 보이콧으로 의견이 나뉘어졌다. 김영삼과 김상현을 비롯한 정치권 출신 인사들은 참여론을 강력히 개진했다. 반면에 재야와 지식인 사회는 보이콧을 주장했다. 섣불리 독재 정권이 깔아준 판에 끼어들어 성과를 내지 못하면 오히려 득보다 실이 크다는 논리였다. 또한 그 이면에는 광주 항쟁을 겪은 지금, 보다 근본적인 독재 타도 투쟁으로 나아가야 한다는 정세 판단이 깔려져 있었다. 애초에 정치인 출신으로 구성된 상도동과 동교동의 합작으로 만든 민추협에서 선거 참여 결정을 내리는 것은 자연스러웠다. 그 다음 문제는 참여 방식에 관한 것이었다.

김대중과 김영삼의 판단이 달랐다. 당시 관제 야당이라는 민한당을 보는 시각에서 차이가 있었다. 김영삼은 새로운 당을 창당해서 민한당을 무너뜨려야 한다고 생각했다. 그래야 전두환의 프레임을 근본적으로 허물어뜨릴 수 있다고 판단했다. 신당으로 승부하면 민심의 바람이 불 것으로 확신했다. 반면 미국에 있던 김대중은 신당보다는 민한당 입당을 통한 방식을 선호했다. 선거판이 불투명한 상태에서 신당으로 승부하는 것은 지나치게 모험적이라고 생각한 것이다. 실제 김영삼을 불신하던 조윤형 등 일부 동교동계 정치인들은 민한당으로 선거에 출마하게 된다. 조윤형은 신당의 총재로 모시겠다는 간곡한 제의를 했으나 숙고 끝에 결국 민한당 말을 타게 된다.

김상현의 판단 역시 신당이었다. 김영삼은 특유의 뚝심으로 신당 창당을 밀어붙였다. 따라서 새로 만들어진 신당은 김영삼과 동교동을 대리하는 김상현이 기본 설계를 맡고 주도하게 됐다. 신당이 해결해야 할 과제는 세 가지였다. 첫째 지분 구조, 둘째 지도 체제, 셋째 선거 구도와 전략의 하이라이트를 만들어 내는 것이었다.

지분 구조는 민추협과 비민추협이 50 대 50으로 구성키로 타협이 됐다. 비민추협 계열로는 이철승계, 이기택계, 김재광계 등이 있었다. 원래 민추협 자체가 동교동계와 상도동계가 반반이었기 때문에 신당의 지분은 동교동 25%, 상도동 25%, 비민추협 계열 50%로 확정됐다.

두 번째 지도 체제도 지분 비율에 따라서 최고위원을 안분키로 했다. 문제는 당을 대표하는 간판의 문제였다. 단일성 집단지도체제로 하는 것은 쉽게 합의됐으나 대표를 누구로 하느냐는 각 정파의 사활적 이익이 걸린 문제였다. 김영삼, 김대중, 김상현은 모두 총선 출마 자격이 없었다.

김영삼은 이민우를 강력하게 밀었다. 김상현은 조윤형을 적극 천거했지만, 조윤형이 결국 민한당에 입당하는 바람에 이민우 대표로 낙착됐다. 대표를 상도동이 맡았기 때문에 사무총장은 동교동이 맡기로 했다.

세 번째는 선거 구도와 전략의 포인트를 만드는 문제였다. 선거 구도는 반전두환 투쟁의 상징성을 집약하기 위해 대통령 직선제 쟁취를 제1공약으로 내걸었다. 또한 바람을 일으킬 '태풍의 눈'으로 2개의 카드를 준비했다. 첫째 카드는 당의 얼굴인 이민우를 정치 1번지라는 종로·중구에 출마시키는 것이었다. 그때까지만 해도 대중적 지명도가 거의 없었던 이민우는 비례대표 1번을 내심 바랐다. 그러나 김상현이 강력하게 주장하고 김영삼이 설득을 거듭해 이민우는 결국 종로·중구 출마를 받아들이게 된다. 상대는 민정당 원내총무 이종찬, 민한당 정대철 등 초강팀이었다. 정치 1번지에서 신당의 상징을 내세워 정면 승부를 걸어야 전국적으로 바람이 분다는 게 김상현의 판단이었다.

두 번째 카드는 반독재 운동 출신의 명망가를 상징적인 지역구에 출마시키는 깜짝 카드였다. 김상현이 운동권 출신의 명망가들을 접촉해 출마를 제안했지만, 난항에 부딪혔다. 재야인사나 조직 단체에 속한 인사들이 대부분 주위에서 강력히 반대한다는 정황을 내세워 선거참여에 난색을 표했기 때문이었다.

김상현은 70년대 민청학련 사건에서 사형 선고를 받은 이철을, 몇 번의 고사 끝에, 만날 수 있었고, 어렵사리 출마 승낙을 받아 냈다. 결과적으로 대박이었다. 성북구에 출마한 이철은 '정치 사형수 성북에 돌아오다'라는 충격적 카피를 앞세워 2.12 총선의 의미를 대중의 뇌리 속에 강렬하게 심어 주었다.

이제 전투에 나갈 대오와 비밀 병기가 준비됐다. 2월 12일 총선을 앞두고 1월 18일 신당이 신한민주당(약칭 신민당)이라는 이름으로 창당됐다. 투표일이 불과 25일 남짓밖에 남지 않았다. 100미터 경주에서 자기들(전두환)은 80미터 달려 놓고, 상대는 비로소 출발선에 서게 만들어 놓았다.

신당은 마지막 '비장의 카드'를 한 장 더 남겨 놓았다. 총선 직전 김대중의 극적 귀국이었다. 당시 김대중의 귀국은 세계적인 관심거리였다. 1983

년 8월 21일 김대중과 같이 하버드 대학에서 생활했던 필리핀의 반독재 투쟁 지도자 베니그노 아키노 전 상원의원이 총선에 참여하기 위해 마닐라 공항에 내리자마자 독재 정권이 사주한 것으로 나중에 판명된 암살자에 의해 피살된 사건이 발생한 직후였기 때문이었다. 아키노의 암살 현상은 전 세계에 생생하게 실황 중계됐다.

전 세계의 관심은 김대중이 귀국하면 암살당하지 않을까, 라는 데 모아졌다. 미국의 인권 단체와 정치인들이 김대중을 보호하기 위해 적극 나섰다. 레이건 행정부도 전두환에게 한미 정상회담을 선물로 주면서 김대중의 목숨을 해치지 말 것을 강력히 권고했다. 김대중은 나름대로 목숨을 걸면서까지 귀국해야 할 이유가 있었다. 그는 정치인이 총선이란 국면에서 존재감을 확보하지 못하면 잊힐 수밖에 없다는 것을 누구보다 잘 알고 있었다. 1979년 5월 자신의 지지로 야당의 당수가 된 김영삼이 언론과 전 국민의 스포트라이트를 받으면서 반 박정희 투쟁의 상징이 되고, 결국 박정희 정권 몰락의 일등 영웅이 됐을 때, 자신은 연금 상태에서 할 수 있는 일이 없었지 않았던가. 그 뒤 80년 봄 자신이 대선 행보를 할 때 얼마나 처지가 난감했던가.

더욱이 서울에서 자신을 대표한다는 김상현은 비서라기보다는 독자적인 정치인이었다. 이대로 총선이 치러지면 김대중계가 아니라 김상현계가 될 판이었다. 이미 서울에서는 김대중의 측근들이 김상현이 지역구와 비례대표의 공천과 공천 헌금으로 만들어진 정치자금을 장악해서 독주한다는 편지를 써서 워싱턴으로 보내는 판이었다. 모든 것을 고려한 끝에 김대중은 비장할 수밖에 없는 귀국을 결행하게 된다. 1985년 2월 8일 김포공항에는 헤아릴 수 없는 인파로 가득 메워졌다. 10만 명인지 30만 명인지 국내 언론이 완벽하게 통제된 상태에서 어떻게 이런 군중이 몰려나왔을까? 당시 정세로 봐서는 불가사의한 현상이었다.

전두환 정권의 철권통치 아래 5년 동안 침묵의 바다였던 한국이 양김의 신당이 구체화되면서 술렁이기 시작했다. 정치 상층부에서 시작된 균열이 점점 커지다가 선거운동에 돌입하면서 바람 정도가 아니라, 사상 초유의 정치 태풍으로 발전해서 기존의 모든 구도를 날려 버리기 시작했다. 김대중과 김영삼이 사실상 오너인 신민당이 만들어지자 관제 야당 민한당 국회의원들 일부가 탈당해서 합류하기 시작했다. 홍사덕, 박관용, 서석재, 최수환, 김현규, 김찬우, 손정혁, 김형래, 이정빈 등 현직 의원 10명과 전직 의원 3명이 탈당하고 신당 합류를 선언했다. 이들이 민주화 운동에 합류한 것을 폄하할 필요는 없으나, 이들은 나름대로 시류의 변화를 미리 간파한 것이었다.

이제 야당은 양김의 주도로 바뀔 것이고, 어차피 야당으로 국회의원을 하려면 양김의 간판 밑으로 들어가야 산다고 생각했을 것이다. 제도 정치권에서 일어난 균열을 결정적으로 키운 것은 유세장에 몰려든 엄청난 수의 유권자와 현장에서 형성된 정권 규탄 열기였다. 눈이 있어도 못 본 척하고, 귀가 있어도 못 들은 척했던 5년간이었다. 광주 학살을 입에 담기 시작하고, 전두환 정권의 불의와 부패에 선명 야당이 공격을 집중하자 유권자의 마음속 깊이 웅크리고 있던 한이 폭발했다. 그 대표적인 것이 광화문에 있는 구 서울고 운동장에서 열린 종로·중구 유세장이었다. 조그만 운동장에 무려 10만 명이 넘는 자발적 인파가 몰려들어 분위기를 띄웠다.

게다가 2월 8일 수십만 명의 자발적 군중이 경비가 삼엄한 김포공항에 김대중의 입국을 보기 위해 모였다. 전국 각지에서 선거 민란이라고 표현할 수밖에 없는 놀라운 숫자의 유세 인파가 몰렸다. 이 모든 현상이 선거 혁명을 예고하는 징조였다.

2월 12일 저녁 투표 종료 후 개표 결과는 전국적으로 민정당 35.25%, 신민당 29.26%, 민한당 19.68%, 국민당 9.16%를 얻어 내용적으로 신생 야당 신민당의 대승이었다. 특히 신민당은 서울과 부산에서 압도적으로 이겼다. 이러한 민심으로 인해 관제 야당 민한당은 내부 분열을 일으켜 붕괴되고, 신민당은 5월 9일 103석을 확보하여 전두환과 정면 승부를 겨룰 수 있는 거대 야당으로 발돋움하게 됐다.

2.12 총선은 양김이 전두환과 겨뤄 일구어 낸 소중한 승리였다. 이로 인해 양김은 1980년의 찜찜했던 기억을 말끔히 지우고 다시 민주화 운동의 지도자로 공인받게 됐다. 자신들이 힘을 합쳐 진두지휘하면 독재 정권과 싸워 이길 수 있다는 희망을 국민들에게 선사했다.

전두환 정권은 엄청난 충격을 받았다. 이제 좋은 시절은 끝났다. 기존의 모든 시나리오가 휴지가 되고 말았다. 전두환의 단임은 이제 되돌릴 수 없는 대세가 됐고, 그는 싫어도 양김을 상대할 수밖에 없는 처지가 됐다.

전두환도 전두환이었지만, 그의 측근 하나회 군벌들이 받은 충격도 너무나 컸다. 그들의 머릿속에 뭐가 있었을까? 여차하면 친위 쿠데타로 판쓸이하자는 생각밖에 들지 않았다. 보안사령관은 친위 쿠데타를 준비해야 한다고 길길이 날뛰었다.

정신을 수습한 전두환 정권은 양김과의 정면 승부 모드를 취했다. 대통령 경호실장 장세동을 안기부장으로 임명해 양김과의 전투를 지휘하는 총사령관 역할을 맡겼다. 2.12 총선 이후 1년 정도 양 진영은 숨고르기를 하면서 각자의 역량을 최대한 비축하여 피할 수 없는 마지막 혈투를 준비하기 시작했다.

9장
민주주의 동맹의 진화

양김 편

전두환 정권에 치명적 타격을 가하고 민주 진영에 대승리를 가져온 2.12 총선은 전두환 정권에 반대하는 각계각층의 세력을 활성화하는 결정적 계기가 됐다. 우선 양김 진영은 정치 구심점으로서 위상이 확고해지고 대중적 지도력을 확보하게 됐다. 둘째로 70년대 반유신 독재 투쟁을 했던 협객들은 어느덧 장년이 되어 청년운동과 지식인 운동의 허리로 성장하게 됐다. 이들이 뿌린 씨는 성장을 거듭하여 지역과 부문을 망라한 전국 조직으로 발전하게 된다. 셋째로 80년대는 대학생을 중심으로 한 학생운동의 절정기였다. 1983년 가을, 전두환 정권의 유화 정책으로 대학 캠퍼스에서 경찰 상주 병력이 철수했다. 이후 많은 대학생들이 2.12 총선에 적극적으로 참여했고, 이들이야말로 총선 대승의 숨은 주인공이었다. 1985년 이후 대학생들은 혁명적 담론을 선도하면서 한국 사회의 변혁을 위해 이론적으로나 실천적으로나 향도적 역할을 하게 된다. 이른바 80년대 세대가 태동하게 된다. 협객의 시대에서 혁명가의 시대로 흐름이 바뀌고 대학은 혁명가의 산실이 된다. 2.12 대승 이후 전국 각지의 민주 세력이 활성화되면서 상호 연대와 협력의 틀을 갖추고, 전두환 정권과 본격적으로 대치하기 시작했다. 각 진영의 흐름을 구체적으로 살펴보자.

양김 진영은 투쟁의 지도부로서 수권 세력의 면모를 갖춰 나가기 시작했다. 양김 합작이 갖는 정치사적 의미를 다양한 각도에서 분석해 볼 필요가 있다. 조선왕조 말기 개화파의 좌절과 해방 직후 민족 세력의 패배 이후 오랫동안 고난의 투쟁을 해 온 반독재 민주 진영은 양김의 합작으로 말미암아 역사상 최초로 이기는 혁명의 역사를 써 내려갔다. 2.12 대승이 양김에게 주는 의미는 무엇일까? 그들은 마음속에서 무슨 생각을 했을까? 그들의 마음속에 떠오른 제1감은 3년 뒤였다.

박정희와 전두환은 독재자라는 점에서는 비슷하지만, 결정적인 차이점이 있었다. 박정희는 유신 독재 체제에서 종신 대통령이었지만, 전두환은 7년 단임을 공언한 시한부 독재자였다. 전두환 독재는 종착점과 도착 시간이 정해진 곳을 향하는 기차와 같았다.

2.12 대승을 거둔 양김은 자신감을 회복했다. 1988년 초에 취임하게 될 다음 대통령은 반드시 자신이 되어야 한다는 점을 최우선적인 목표로 설정했다. 차기 대통령이 되기 위해 양김은 목숨을 걸고 전두환과 혈투를 벌이고, 양김 사이에서도 치열한 경쟁을 하게 되는 것이다. 이 점이 바로 양김의 경쟁과 협력의 본질이라 할 수 있다.

'투쟁은 같이 할 수 있어도 대권은 절대 양보 못한다! 다음은 나다!'

이 점은 집권 세력인 군벌 내부에서도 마찬가지였다. 전두환 이후의 권력을 잡기 위한 치열한 투쟁이 전개됐다. 선두를 달리고 있는 노태우가 최종적으로 전두환의 후계자가 될 것인가? 아니면 다크호스가 나타나 역전극을 벌일 것인가? 양김의 도전은 군벌 세력 내부의 역학 관계를 결정짓는 가장 중요한 요소이기도 했다. 양김의 도전이 없었으면 노태우가 후계자가 되지 못했을 수도 있었다. 양김의 합작은 민주 진영의 잠재력을 극한으로 끌어올렸다. 우선 1985년의 김대중은 국제적인 무대에서 이전의 김대중과는 격이 달라졌다. 소련의 솔제니친과 사하로프, 폴란드의 바웬사, 남아공의 넬슨 만델라, 그리고 한국의 김대중은 서방세계에서 양심수의 대명사들이었다.

김대중은 미국에서 70년대 초반 첫 번째 망명 생활을 했고, 이후 독재 정권으로부터 연금, 구속, 연금 등의 기나긴 탄압을 받는 사이에 국제사회에서 인권의 상징이 됐다. 게다가 1980년 광주 학살과 뒤이은 김대중에 대한 사형 선고는 김대중을 세계적 양심수 중에서도 첫 번째 관심 인물로 부각시키는 계기가 됐다.

이후 미국에서 2차 망명 생활을 하게 됨으로써 그는 미국의 지도층뿐 아니라 일반 시민들에게도 민주주의와 인류 양심의 상징으로 널리 알려지게 됐다. 한국에 가장 큰 영향력을 미치는 세계 패권국에 김대중을 지지하는, 나아가 한국 민주화 운동 세력을 지지하는 대중과 지도층이라는 확고한 여론과 기반이 생겼다. 김대중이 1971년 대선 후보가 되고 정치적 지도자로 부상하자 미국의 정보기관은 다각적으로 김대중의 과거와 정치적 성향을 분석했다. 그들은 김대중은 좌익이 아니고, 반미적 인물도 아니라는 최종 결론을 내렸다.

국무부를 비롯한 미국의 정책 결정자들은 군부독재 정권을 지지하는 것보다는 대중의 지지를 받는 양김의 민주화 세력을 지지하는 것이 미국의 국가 이익과 동북아 경영에 더욱 바람직하다는 판단을 서서히 갖게 된다. 양김의 대미 외교 승리는 중대한 의미를 갖고 있다.

1894년 동학혁명은 당시의 패권국 청나라와 일본이 적대적 개입을 통해 좌절됐다. 1910년 일본의 조선 식민지화는 카쓰라·태프트 밀약에 따라 미국이 양해함으로써 이루어졌다. 해방 이후 민족 세력은 미군 점령군이 친일파를 옹호함으로써 정치적으로 패퇴했다. 세계 패권국의 지지를 확보함으로써 김대중과 김영삼은 결정적인 시기에 피를 흘리지 않고 혁명에 성공할 수 있었다. 전봉준의 참수, 안중근의 사형 집행, 김구의 암살이라는 불행한 역사를 딛고 양김은 민주주의 혁명을 이루어 낼 수 있었던 것이다.

한편 김대중과 김영삼의 정치적 동맹은 국내 정치에서도 심대한 의미를 갖고 있었다. 박정희-전두환으로 이어지는 군벌 독재의 기본 통치 구도는 영남을 장악하여 호남을 희생양으로 삼는 지역 대결 구도를 제1로 삼았다. 1980년 광주 학살은 이러한 통치 구도의 가장 비극적 표현이었다. 고립무원의 절망감에 좌절하고 있던 호남의 입장에서 보면 김대중과 김영삼의 합작은 호남이 강력한 동맹을 얻었음을 의미했고 군부독재가 덧씌우는 영호남 대결 구도를 돌파할 수 있는 계기를 확보한 것이었다.

김영삼이 정치적으로 대표하는 부산·경남(옛 가야) 지역은 지정학적으로 중대한 의미를 가진 곳이었다. 영남에서 가야 지역이 떨어져 나와 호남과 동맹을 맺게 되면, 대구·경북 지역에 근거를 둔 군벌 독재 세력이 거꾸로 역포위 당하는 전세 역전이 일어나기 때문이다. 이 지역은 현대 한국사에서 권력의 향배를 최종적으로 결정하는 결정자 역할을 수행해 왔다. 1960년 4.19 혁명을 촉발한 것도 이 지역이었고, 1979년 박정희 독재를 끝낸 것도 부산·마산 민주 항쟁이었다. 1987년 민주주의 혁명도 부산·경남 지역이 결정적인 역할을 수행했다. 1997년 이 지역의 지지를 잃어버린 이회창은 김대중에게 근소하게 패배했고, 2002년 호남이 '가야' 출신의 노무현을 밀어 대통령 선거를 이길 수 있었다. '호남과 가야'의 정치적 동맹은 군벌 독재의 호남 포위 전략을 돌파하고, 민주화 운동을 지지하는 대중 기반을 극대화하는 정치적 구도였다.

정치적 성향에서도 보다 진보적인 김대중과 개혁적 보수 성향인 김영삼의 동맹은 민주화 세력에 대한 군벌 세력의 악선전(빨갱이 만들기)에도 불구하고 보수적인 세력에까지 민주화 운동을 지지하게 만드는 최대 연합의 창출이라는 결과를 가져왔다.

김대중은 논리적 사고를 중시하는 지식인 스타일이고, 김영삼은 직관과 통찰력이 뛰어난 검투사 스타일이었다. 정치적 성향은 김대중이 진보적이고 김영삼이 보수적으로 보였지만, 실제 정치 현실에서는 다른 면이 많았다.

김대중은 진보라기보다는 실용주의를 중심에 둔 정치인이었다. 일찍이 60년대 월남 파병에 조건부 찬성했고, 군벌 독재 세력과의 화해를 추구했으며, 자신이 대통령이 됐을 때 군벌 정권 출신의 핵심 인물을 대통령 비서실장에 기용했고, 그를 자신의 후계자로 만들려고 노력했다. 반면에 김영삼은 국가 경영에서 보수적 시각이 강했고, 독자적인 지성은 부족했지만, 독재 정권과의 투쟁에 있어서는 예측 불허의 승부수로 독재 권력의 간담을 서늘하게 만들었다.

군사독재 정권 자체 평가에서도 논리적으로 움직이는 김대중은 오히려 다루기 쉽고, 직관적으로 움직이는 김영삼은 다음 수를 예측할 수 없어 대응이 매우 어렵다고 했다. 양김의 정치 동맹은 여러 가지 측면에서 시너지 효과가 극대화되는 환상적인 동맹이었다.

민청련과 민통련 편

김근태는 1946년 지금의 부천에서 태어났다. 경기고등학교를 졸업하고, 1965년 서울대 상대 경제학과에 입학하면서 파란만장한 민주화 운동의 삶에 뛰어들게 된다. 이후 그의 인생 자체가 곧 70~80년대 민주화 운동의 역사라 해도 과언이 아니다. 그는 성실함과 진지함으로 통했고, 고결한 인품을 지닌 맑은 영혼의 소유자였다. 그러면서도 치열한 이론가이자 최고의 지성인이었다. 협객 세계의 두령으로서 조금도 손색이 없는 사람이었다. 70년대 박정희 정권의 유신 독재 시절에는 거의 10년을 수배 생활로 보냈다.

그때만 해도 노동운동이 막 태동하던 시기였다. 그는 지식인 운동보다는 노동운동을 하고자 이 공장 저 공장에 취직하기도 하고, 이런저런 기능사 자격증을 따기도 했다. 그러면서도 그를 끈질기게 추적하던 경찰에게 용케도 체포되지 않았다. 1980년 초 전두환 독재가 시작됐을 무렵 그는 인천 도시산업선교회에서 노동 상담역으로 일자리를 얻었다. 그를 끌어들였던 조화순 목사의 회고에 의하면 김근태를 통해 살아 있는 예수를 본 느낌이었다고 한다. 어려운 사정을 갖고 상담을 하러 온 노동자 한 사람, 한 사람에게 열정과 애정을 갖고 대하는 자세와 성실함에 진심으로 놀랐다고 한다.

조용히 맡은 바 직분을 다하던 김근태를 후배들이 엄혹한 투쟁의 광장으로 불러냈다. 양김의 서울·워싱턴 공동선언이 발표된 직후, 1983년 여름 무렵 70년대 반유신 독재 투쟁에 헌신했던 후배들이 전두환 군사독재 정권에 맞서는 공개 조직을 만들자는 논의를 시작했다. 서울대 출신 운동가 이범영이 주도적으로 나서 사람들을 모으고 논의 테이블을 만들어 나갔다. 전두환 정권 출범 이래 상당수 활동가들이 비공개적인 노동운동으로 몰려갈 때였다. 비공개 민중운동도 필요하지만 공개적인 반독재 정치 투쟁 단체도 필요하다는 점에 적지 않은 사람들이 동의했다.

지도부로는 많은 선배들을 올려놓고 검토했지만 최종 다수 의견은 인천에 있는 김근태를 추대하자는 것으로 모아졌다. 김근태의 회고에 의하면 공개 투쟁 단체에 나서는 순간 연행, 투옥, 고문 등의 탄압을 피할 길이 없다는 것을 너무도 잘 알고 있었기 때문에 할 수만 있다면 피하고 싶은 쓴 잔이었다고 한다.

그러나 후배들의 간곡한 요청과 자신의 결단으로 십자가를 지기로 결심하고 의장직을 수락했다. 이렇게 하여 1983년 9월 30일 저녁 돈암동에 소재한 가톨릭 상지회관에서 민주화운동청년연합(민청련)이 돛을 올렸다.

민청련의 발족은 80년대 민주화 운동의 기지개를 알리는 사건이었다. 70년대 운동의 한계를 극복하고자 지역·부문별 조직을 중심으로 전국 조직 건설의 전망을 설정했다. 또한 누구도 대놓고 말하지 못하고, 유언비어처럼 소곤거리던 광주 학살의 진실과 전두환 정권에 대한 고발을 공개적으로 거론하기 시작했다.

구속을 각오한 회원들이 차례를 정해 서울의 대로 위에서 유인물을 뿌리는 등 진실을 알리는 항의 투쟁을 전개하기 시작했다. 1984년 5월 18일에는 최초로 광주 망월동에 집단 참배단을 조직하여 추모하는 행사를 가졌다.

이 당시 민주화 운동 세력은 크게 시니어 그룹과 주니어 그룹으로 나뉘었다. 시니어 그룹은 문·계·백으로 상징됐다. 70년대부터 모든 시국 성명서는 문익환, 계훈제, 백기완 등의 서명으로 발표됐다. 이 세 사람은 민주화 운동의 원로로서 앞장서서 후배들의 병풍이 되어 주기도 하고, 양김 등 정치권과 대화의 통로가 되기도 했다. 이들과 더불어 종교계, 문학 예술계, 학계, 인권 변호사 등 각계각층의 원로들이 시니어 그룹을 형성했다.

주니어 그룹은 다시 두 그룹으로 나뉘었다. 첫 번째 그룹은 민청련과 같이 70년 반유신 민주화 운동을 해 온 선배 그룹이었다. 이들은 민주 회복이라는 대의명분을 내걸고 민주화 운동을 한 협객 마인드를 가진 사람들이었다. 후배 주니어 그룹은 한 마디로 혁명가 세대로 부를 수 있다. 학생운동과 노동운동에 주로 투신했던 사람들을 가리킨다. 광주 학살 이후 대학가의 분위기는 크게 바뀌었다. 민주 회복보다는 보다 근원적인 목표를 찾기 시작했다. 총을 쏘아 대는 군벌 권력에 대해 힘으로 대항할 수 있는 것을 찾고자했고, 한국 사회의 근본적 비전에 대해 고민하기 시작했다.

민청련 의장이 된 김근태는 민청련 차원의 투쟁에도 열심이었지만, 지역·부문별 전국 조직의 건설에도 심혈을 기울였다. 그 결과 1984년 6월 29일 민청련과 청년, 노동자, 농민, 재야, 종교계 등 사회 각 민주 세력의 조직들이 연대하여 민중민주운동협의회(민민협)를 결성했다. 이 협의회는 단체 가입이 원칙이었다. 이와는 별도로 1984년 10월 6일 재야 원로를 비롯한 명망가들이 개인별로 가입한 민주통일국민회의(국민회의)가 출범했다.

'민민협은 조직 원칙을 강조하고 기층 민중운동의 역할을 강조했으나 국민적 명망성이 떨어지고 내적 통합성이 약하다는 약점이 있었고, 국민회의는 대표성과 명망성 그리고 조직의 통합성이 높았으나 청년 활동가들의 불참으로 집행력이 담보되지 않은 약점을 안고 있었다.'(이명식, "민통련 운동의 전개과정과 평가", 2005)

두 단체의 통합은 필연적이었지만, 상당한 진통이 따랐다. 느슨한 협의체로 할 것인지 강력한 집행력이 담보되는 연합체로 할 것인지 치열한 논쟁이 벌어졌다. 2.12 총선에서 민주 세력이 약진하자 통합 논의에도 탄력이 붙었다. 향후 예상되는 본격적인 반독재 투쟁을 위해서는 강력한 투쟁을 수행할 수 있는 연합체를 건설해야 한다는 의견이 대세를 이루었다. 1985년 3월 29일 두 단체가 통합해 민주통일민중운동연합(민통련)이 탄생했다. 민청련과 개신교 측은 6개월 뒤 민통련에 합류했다.

민통련의 출범은 산발적으로 흩어져 있던 지역과 부문, 그리고 원로 명망가들을 총망라한 재야의 연합 투쟁 조직의 탄생이라는 의미가 있었다. 이제야 정치권과 재야 진영의 양 날개를 중심으로 한 민주주의 공동 투쟁 전선이 만들어진 것이다.

1985년 9월 또 하나의 비극이 일어났다. 민청련 의장을 막 사임하고 지친 심신을 좀 추스르려던 김근태가 남영동 대공 분실에 강제로 연행되어 무지막지한 고문을 당한 사실이 공개됐다. 광주 학살로 시작된 전두환 정권의 폭력성이 얼마나 뿌리 깊게 제도화되어 있는지를 보여준 야만적인 사건이었다. 이 사건으로 민통련과 민추협을 비롯한 모든 양심적인 시민 단체들이 '고문 및 용공 조작 저지 공동대책위'를 결성하여 군벌 정권과 본격적인 투쟁에 나서기 시작했다.

혁명가 편

1985년 6월 24일 구로 공단(지금의 구로 디지털 단지)에 있던 대우어패럴 노동조합 위원장의 구속에 항의하여, 대우어패럴 노조를 필두로, 가리봉전자, 효성물산, 선일섬유, 부흥사 등의 노동조합원들이 '구속된 노조 위원장을 석방하라', '민주 노조를 지키자'는 요구를 내세우며 동맹파업에 들어갔다.

노동자들의 기본 인권과 노동조합 활동의 초보적인 자유를 수호하고자 하는 이 파업 투쟁은 노동운동사에 새로운 이정표를 세운 대사건이었다. 노동자들이 개별 기업의 한계를 뛰어넘어 정치적 의미를 띠는 투쟁에 나섰기 때문이었다. 1971년 가을 전태일 분신 사건이 일어난 지 14년 만이었다. 1주일가량 지속된 동맹파업으로 노동자 34명과 이 파업을 지원코자 달려온 대학생 9명이 구속됐고, 3,000명의 노동자가 집단 해고됐다. 구속된 노동자 가운데 대학 출신이 8명이었다. 이 동맹파업은 이후 노동자들이 본격적으로 민주화 투쟁에 참여하는 계기가 됐다.

구로 동맹파업은 우주과학에서 나오는 블랙홀의 발견과 같은 충격을 주었다. 빛조차 집어삼키는 엄청난 질량의 주인공인 블랙홀은 원래 아인슈타

인의 일반상대성 이론에서 이론적으로 예측됐으나 실제 그 존재가 공인된 것은 그로부터 50년이나 지난 뒤였다.

80년대 초반 광주 학살이라는 엄청난 충격과 전두환의 군벌 쿠데타를 목격한 민주화 운동가들은 기존의 민주 회복 운동을 뛰어넘어 군부 파시즘 세력을 극복할 수 있는 새로운 비전과 나침반을 원하기 시작했다. 그들이 일차적으로 주목한 것은 당시 한국 자본주의의 발전에 따라 대규모로 생성된 노동자 계급이었다. 노동자 계급이 정치적으로 각성해서 이들이 학생운동과 결합하여 민주화 운동의 중심을 형성한다면 협객이나 지사 차원의 운동을 뛰어넘어 한국 사회를 근본적으로 변혁시킬 수 있지 않을까 하는 바람이었다.

구로 동맹파업은 이러한 바람, 즉 이론적 가설이 현실에서 검증됐다는 의미로 받아들여졌다. 80년대 초반부터 100년 전 러시아 계몽 지식인들이 브나로드(민중 속으로)운동을 벌였듯이 대학생들이 학업을 포기하고 노동운동에 투신하는 흐름이 생겼는데, 동맹파업 이후 이러한 흐름은 가속화됐다. 아무도 정확한 수치는 알지 못하지만 1만 명이 넘는 대학생들이 노동 현장에 뛰어들었을 것으로 추산된다.

이보다 정확히 한 달 전인 5월 23일 정오에 73명의 대학생들이 서울 도심에 있는 미 문화원 도서관을 72시간 동안 점거해 농성을 벌였다. 이들은 '광주 학살 지원 책임지고 미 행정부는 공개 사과하라!', '미국은 전두환 군사독재 정권에 대한 지원을 즉각 중단하라!', '미국 국민은 한미 관계의 올바른 정립을 위해 진지하게 노력하라!' 등의 요구를 내걸었다.

이 사건은 이전의 미 문화원 방화 사건과는 달리 엄청난 충격파를 한국 사회에 던졌다. 집권 세력과 보수적인 지배 계층은 미국에 대한 직접적인 테러 공격으로 간주하고 이를 대대적으로 국민들에게 홍보했다. 그러나 그들의 기대와는 달리 이 농성을 통해 일반 국민들은 광주 학살에 대한 미국의 역할과 책임에 대해 깨닫는 계기가 됐다. 미국 역시 반미의 무풍지대였던 한국에서 본격적인 반미 운동의 대두를 심각히 우려하여, 한반도 정책을 전면적으로 재검토하는 과정에 들어서게 됐다.

한 가지 덧붙인다면 미국 당국이 공식적으로 미국에 대한 테러로 명명한 이 사건은 사실 당시 레이건 미 행정부에 대한 중동 지역과 비교하면 테러라기보다는 항의 내지는 상소문을 올리는 정도의 액션이었다. 너무나 정중하고 온순한 테러(?)였던 것이다.

그러나 이들의 항의 농성은 2년 뒤 결정적인 시기에 미국의 태도를 변화시키는 자양분 역할을 했다. 결코 헛된 일이 아니었다. 학생운동을 필두로 미국의 책임을 묻는 선도적인 반미 투쟁이 격화되자 미국은 군부독재의 대안으로 양김의 민간 정부를 지지하는 방안을 적극적으로 검토하기 시작했기 때문이다.

구로 동맹파업과 미 문화원 농성 투쟁은 2.12 총선에서 민주화 진영이 거둔 대승과 전두환 정권의 참패라는 새로운 시대 흐름을 배경으로 우리 사회의 민주화 분위기를 극적으로 고양시키는 선봉대 역할을 했다. 또한 이 두 개의 사건은 서로 별개였지만, 한국 사회를 근본적으로 변혁해야겠다는 문제의식을 가진 운동권의 핵심 그룹에게 강렬한 영감을 주었다. 민주화 운동 세력 내부에서 전두환 독재 타도 이후의 전망에 대한 이른바 담론 논쟁이 본격화 됐다.

변혁 운동, 달리 말하면 혁명운동으로까지 민주화 운동을 끌어올리려면 판도라 상자를 열어야 했다. 한국의 미래, 아니 남북한을 포함한 한반도 전체의 미래를 그려 내자면 남한 사회에서 상상력에 족쇄를 채우던 것조차 깨부수어야 했다. 드디어 판도라 상자에 남아 있던 두 개가 세상에 모습을 드러냈다. 1985년 겨울 무렵 노동운동과 학생운동 그룹들 사이에서 무시무시한(?) 문건이 돌아다니기 시작했다. 소비에트 혁명의 아버지 블라디미르 일리이치 레닌이 1902년 작성한 『무엇을 할 것인가?(what is to be done?)』의 번역본이었다.

서울대 국사학과 78학번인 최민이 주도하여 번역한 것으로 알려진 이 책은 국제 공산주의 운동사에 큰 획을 그은 책이었다. 이 책에서 레닌은 국제 사회민주주의를 강력하게 비판하고, 노동계급은 혁명적 정치의식으로 무장해야 하며, 이는 오로지 혁명적 이론으로 무장된 선진적 혁명가에 의해 지도되는 프롤레타리아의 전위 혁명적 당에 의해서만 가능하다는 점과 이를 위해서는 정치 신문이 필요하다는 논지를 전개한다. 1985년 겨울 시점에 이 문건이 돌아다니는 이유는 명백했다. 남한에서도 혁명적 당이 필요하다, 그리고 직업적 혁명가에 의해 민주화 운동이 지도되어야 한다는 이야기였다.

뒤질세라 1986년 봄에 더 무시무시한(?)한 문건이 영화 제목처럼 '은밀하고 위대하게' 돌아다니기 시작했다. 강철이라는 필명으로 '한 노동 운동가가 청년 학생들에게 보내는 편지'라는 부제를 단 이 편지 형태의 글은 처음에는 '미제의 스파이 박헌영으로부터 무엇을 배울 것인가?'로 시작하여, 차례로 '수령론', '품성론' 등을 연작으로 선보이면서 김일성주의라 부르는 주체사상이야말로 남한 민주화 운동의 '지도사상'이 되어야 한다고 주장했다. 강철은 나중에 서울대 법대 82학번인 김영환으로 밝혀졌다.

엄혹한 반공 국가인 대한민국에서 자생적 마르크스-레닌주의자와 자생적 김일성주의자가 탄생한 것이다.

1986년에 들어서면서 마르크스-레닌주의와 주체사상까지 수용 대상에 올린 변혁 운동권은 이후 4대 문파로 대오를 갖추게 되는데, 크게 주체사상을 수용한 그룹과 부정한 그룹으로 나뉘어졌다. NLPDR(민족해방파)로 불린 NL그룹은, 주체사상의 핵심 내용인 수령론 수용 여부에 따라 주사파와 비주사파로 다시 분화됐다. 주체사상을 거부한 쪽도 CA그룹(제헌의회소집파)과 PD계열(민중민주파)로 분화된다.

CA그룹은 직업적 혁명가 조직에 의한 선도 투쟁을 핵심으로 삼았고, PD그룹은 정치적으로 각성된 노동계급이 변혁 운동의 중심적인 지도 세력이 되어야 한다는 입장을 가졌다. 따라서 CA그룹은 직선제 개헌 투쟁 대신 제헌의회를 소집하자는 슬로건을 내걸었다. PD그룹은 노동자계급의 조직을 통한 정치 세력화에 초점을 맞추었다.

한편 NL그룹은 민족문제의 해결, 즉 남한이 미제의 식민지 상태에서 벗어나는 것이 최우선 과제라는 인식 하에 반미 자주화 투쟁을 핵심 고리로 제시했다. 주사파와 비주사파 구분 기준은 주체사상은 받아들이되 김일성을 수령으로 인정할 것인가 여부였다.

물론 모든 사람이 이 4대 문파에 소속됐던 것은 아니었다. 전두환 정권과 싸우는 대다수의 학생과 노동자, 민주 시민들은 이념과는 무관하게 다양한 이유로 반독재 운동에 나섰다. 그럼에도 이들 문파들은 조직화된 세력으로 학생운동과 노동운동의 방향에 큰 영향을 미쳤다. 지식인 사회 역시 이들과 궤를 맞추어 한국 사회의 현황과 미래에 대한 '과학적 분석과 전망'을 도출하기 위한 대논쟁에 돌입했다. 이른바 '사회 구성체 논쟁'이었다. 한국이 신식민지 국가독점자본주의 사회인가, 아니면 반#봉건 반#식민지 사회인가, 이도저도 아니라면 종속이론에서 말하는 주변부 자본주의 사회인가?

민주주의 동맹에 대한 이들 4대 문파의 태도는 서로 달랐다. 전두환 정권과의 비타협적 투쟁이라는 원칙은 같았지만, CA그룹은 양김이 주도하는 민주주의 동맹은 혁명에 해로운 것으로 파악하여 적대적 입장을 견지했다. PD그룹은 대체로 무관심했다. NL그룹은 초기에는 무관심했으나 나중에 직선제 개헌 투쟁을 매개로 적극 참여하는 쪽으로 노선을 바꾸었다.

NL그룹은 학생운동에서 빠르게 대세를 장악해 갔다. 그들은 대중들에게 미국의 진정한 정체를 폭로하기 위한 선도적 투쟁에 나서기 시작했다. 1986년 봄 전방 입소를 반대하는 NL계 학생 운동가들이 입소 반대 투쟁을 벌였다. 이들은 '미 제국주의 몰아내자', '반전반핵 양키 고 홈', '양키의 용병 교육 전방 입소 결사반대' 등의 구호를 외쳤다.

반미 자주화 투쟁의 정점은 그해 가을 건국대 사태로 발전했다. 1986년 10월 28일 오후 건국대 민주광장에서 전국 29개 대학 학생 2,000여 명이 모여 '전국 반외세·반독재 애국학생 투쟁연합'(애학투련) 발족식을 열었다.

기다리고 있던 정부는 총공세를 퍼부었다. 전격적인 진압 작전을 펼쳐 학생들을 건물로 몰아넣었다. 4일째 되는 날 경찰은 대대적인 해산 작전을 실시하여 1,525명의 학생을 연행하고 그 중 1,290명을 구속했는데, 이는 단일 사건 구속자 수로는 당시 세계 최고 기록이었다고 한다.

NL진영은 반미 자주화 투쟁과 통일 촉진 투쟁을 내걸고 조직력을 총동원한 투쟁을 벌였으나 결과적으로 건대 사태로 궤멸적 타격을 받았다. 지나친 이념성으로 대중의 지지도 받지 못했다. 이에 대한 반성으로 건국대 사태 이후 NL진영과 학생운동의 다수 세력이 양김이 주도하는 직선제 개헌 투쟁에 합류하기로 노선을 변경한다.

역사학자 한홍구는 80년대의 혁명가들에 대해 "광주 학살의 충격 속에서 당시 수많은 청년 학생들이 전두환 정권을 타도할 수만 있다면 기꺼이 메피스토펠레스에게 영혼을 팔 준비가 되어 있는 파우스트들"이었다라고 표현한 바 있다.

80년대 중반 남한 학생 운동의 주류를 주체사상파가 장악했다는 사실이 가진 진정한 의미는 그로부터 5~6년 뒤 비로소 정확하게 알려졌다. 1989년 가을 동베를린 장벽의 붕괴로부터 시작된 사회주의 몰락은 동유럽 국가들의 몰락을 거쳐, 1991년 소련 연방의 해체로 끝났다. 80년대는 한반도에서도 지각변동이 일어났지만 전 세계적으로도 지구촌의 판이 새로 짜이는 거대한 격동의 시기였다. 사회주의권의 몰락은 그 중 하나였다.

1980년 3월 미국의 미래학자 엘빈 토플러는 1만 년 전 농업혁명으로 시작된 제1의 물결에서 17세기 산업혁명으로 인한 제2의 물결을 거쳐, 지식 정보화 혁명인 제3의 물결이 곧 시작된다는 예언을 담은 책『제3의 물결』을 출간했다. 1985년 9월에는 금융 혁명을 기반으로 전 세계를 유린하게 되는 신자유주의 프레임의 출발점인 워싱턴의 플라자 합의가 이루어졌다. 주식 시장에 '상투를 잡는다'는 표현이 있다. 폭락 직전의 주식을 최고가에 사는 현상을 빗대는 표현이다. 20세기는 이데올로기 전쟁의 시대였고, 한국은 그 이데올로기 전쟁의 최전선이었는데, 이데올로기 전쟁에서 상투를 잡게 된 것이었다.

이렇게 된 데는 지정학적인 이유가 컸다. 당시 민주화 운동 진영은 지구촌의 변화를 자력으로 분석하고 소화할 수 있는 여건이 아니었다. 오히려 분단으로 말미암아 남한은 동아시아의 절해고도가 되어 버렸는데, 지적인 차원에서도 고립된 섬이었다. 20세기 초의 레닌주의나 30년대 항일 무장투쟁에 기반을 둔 주체사상이 그나마 권위 있는 대안으로 보였던 것이다. 일찍이 조선 후기의 실학사상이나 20세기 초 민족 독립운동의 시기에는 선각자들이 당시 세계적 조류의 최첨단을 흡수한 사람들이었다.

양김이 주도하는 민주주의 동맹은 이러한 급진적인 경향을 통제할 능력이 없었기 때문에 매우 곤혹스러운 입장이었다. 반면 이 같은 새로운 경향에 환호성을 지르는 두 집단이 있었다.

전두환 그룹은 불감청고소원이었다. 떡 본 김에 제사 지낸다고 이 기회에 민주화 운동 전체를 김일성의 지휘를 받는 공산혁명 운동으로 만들어 버리고자 했다. 서울에서 '양키 고 홈'이 울려 퍼지자 누구보다 기뻐한 사람은 북한의 패자 김일성이었다. 그 얼마나 학수고대해왔던가. 남한에 주체사상파가 생기다니! 김일성의 속마음을 알려 주는 기록이 남아 있다.

1986년 10월 김일성은 소련의 고르바초프를 만나러 모스크바를 방문했다. 남북 정상회담을 위한 비밀 협상은 완전한 파탄으로 끝났고, 서울 올림픽 개최를 위해 전두환 정권이 소련을 비롯한 사회주의권에 저돌적인 접근을 시도할 무렵이었다.

그는 고르바초프에게 남한과의 관계 개선을 재고할 것을 종용하고, 한 걸음 더 나아가 미국에 주한 미군과 핵무기 철수에 대해 압력을 넣어 달라고 요청했다. 그는 미국의 보호막이 사라지면 남한 정권이 곤란을 겪게 될 것이라는 말과 함께 "남조선에 사회주의 세력이 크게 성장했고, 국민전선이 형성되고 있는 중이다. 남조선 국회의원 가운데 3분의 1이 북조선을 지지하고 있다. 얼마 전까지도 남조선 인민들은 미국을 해방국이나 후원국으로 오인했지만 이제 학생들은 말할 것도 없고 대다수의 인민들이 미군들의 주둔에 반대하고 있다."고 주장했다.(돈 오버도퍼, 『두 개의 한국』, 이종길 외 번역, 길산, 2002, 253쪽)

양김의 민주주의 동맹은 남북의 좌우 독재 세력에 의해 샌드위치 신세였지만, 굴하지 않고 86년 초 전두환 정권과 정면 승부를 선언한다.

10장
진검 승부가 시작되다

대통령 직선제 개헌 투쟁

1986년 들어 전 세계의 눈과 귀가 필리핀의 마닐라에 쏠렸다. 이른바 피플 파워(people power: 인민의 힘) 혁명이었다. 3년 전 마닐라 공항에서 베니 그노 아키노 전 상원의원이 귀국 비행기에서 내리자마자 집권 세력이 보낸 암살자에게 저격당해 사망한 사건은 앞쪽에서 언급한 바 있다. 이후 그의 부인 코라손 아키노가 평범한 가정주부에서 야당의 지도자로 변신하여 반독재 투쟁을 이끌었는데, 집권파의 부정선거 때문에 마르코스에게 대통령 자리를 도둑맞은 사건이 발생했다.

필리핀 시민들은 연일 대규모 규탄 시위를 벌였다. 필리핀에서 가장 영향력이 큰 로마 가톨릭 교단도 반정부 투쟁에 힘을 보탰다. 마침내 1986년 2월 25일 21년 동안 철권통치를 해 온 마르코스 대통령이 권좌에서 쫓겨났다. 눈여겨 볼 점은 마르코스 대통령의 든든한 후원자였던 미국의 레이건 행정부가 결정적인 순간에 독재자 마르코스를 버리고 코라손 아키노의 야당을 지지한 점이다. 이는 군사독재 정권을 맹목적으로 후원해 온 미국의 기존 정책에서 중대한 전환이었다.

필리핀의 피플 파워 혁명의 승리는 민주화 혁명의 승리를 알리는 도미노의 시작이었다. 필리핀을 거쳐 한국으로, 그리고 마침내는 소련의 영향권에 있는 동유럽 공산 독재국가들이 80년 후반 몰락하기에 이르렀다. 자본주의권과 사회주의권을 망라한 이 민주화 도미노에서 거의 유일한 예외가 김일성이 이끄는 북한이었다.

필리핀의 민주혁명이 성공하자 세계의 눈길은 남한으로 쏠렸다. 야당의 민주개혁 요구에 전두환이 선공을 날렸다. 1986년 연두 기자회견에서 그는 개헌 논의를 서울 올림픽 이후인 1989년까지 유보하겠다고 발표했다. 이에 강력 반발한 야당과 민추협은 2.12 총선 1주년 기념식에서 '대통령 직선제 개헌 천만 명 서명운동'을 전격적으로 선언했다. 천만 명이 현실적으로 불가능하니 백만 명으로 하자는 김대중의 제안에 누가 일일이 세느냐면서 천만 명으로 하자고 김영삼이 밀어붙였다는 후일담이 전설처럼 전해진다.

곧 이어 필리핀에서 시작된 피플 파워 태풍이 한국에도 상륙했다. 양김을 포함한 모든 민주화 세력이 고무됐다. 3월 들어 신민당과 민통련이 '민주화를 위한 국민연락 기구'를 만들어 정치권과 재야 세력의 공조 체제가 만들어지고, 각 시도별 개헌 추진 기구 현판식이라는 이름으로 전국 순회 투쟁을 개시했다. 하지만 당시 김대중은 연금 상태여서 지방 순회는 김영삼만 참석했다.

전두환 치하 6년 만의 최초 장외 투쟁이었다. 대중들의 호응은 뜨거웠다. 3월 23일 부산에서 열린 집회에는 4만 명의 시민들이 경찰의 삼엄한 경비에도 불구하고 자발적으로 참여했다. 다음 집회는 3월 30일 광주에서 열렸다. 민주화 세력은 물론이고 정보부와 경찰을 앞세운 청와대도 숨죽여 광주 집회를 주시했다. 그날 아침부터 인파들이 금남로 광장에 모여들기 시작했다. 끝이 보이지 않을 정도였다. 모두가 상기된 표정이고, 긴장된 분위기였다. 학살 사건 이후 6년 만이었다. 울음소리조차 내지 못한 채 울고, 진상 규명이란 말조차 꺼낼 수 없었던 지난 세월이었다. 10만 명이 훨씬 넘을 것으로 보이는 엄청난 수의 군중들이 가슴속에 한과 흥분을 가득 안고 모였다. 전남도청 앞 연단에 처음 오른 김영삼이 전두환을 규탄하는 연설을 시작했다. 뜨거운 박수가 쏟아졌다. 아마 김영삼 인생 중 광주에서 가장 열렬한 환영을 받은 날이었을 것이다.

뒤이어 김대중의 육성 녹음을 담은 카세트테이프가 돌아가기 시작했다. 원래 천재적 웅변가인 김대중이니만큼 사람을 감동시키는 힘이 컸지만, 그날은 차원이 달랐다. 연설하는 김대중도 울음이 섞인 것 같았고, 듣는 청중들도 환호성과 눈물로 범벅이 됐다. 행사를 마치고 돌아가는 군중들 사이에서 "전두환은 이제 끝났어."라는 말이 여기저기서 들려왔다. 마치 서로 다짐하는 것처럼 들렸다.

전두환 정권의 홈그라운드인 대구에서도 2만 명의 군중이 몰려들었다. 처음 민통련은 독자적인 개헌 투쟁을 기획했으나 양김 집회에 몰리는 어마어마한 군중을 보고서는 양김의 개헌 현판식 투쟁에 동참했다. 들끓는 민심을 확인하고 발등에 불이 떨어진 청와대는 대응책 마련에 부심했다. 4월 말 전두환은 기존의 입장을 바꿔 국회가 합의한다면 임기 내 개헌을 반대하지 않겠다는 카드를 던졌다.

다목적 카드였다. 일단 양김을 국회 내로 끌어들여 대중투쟁의 열기를 냉각시키면서 시간을 버는 한편, 양김과 재야 세력의 분열을 노린 카드였다. 지역 순회 투쟁의 피날레는 5월 3일 인천에서 열린 수도권 집회였다. 이날 민주화 운동 진영 내부의 복잡한 입장 차이와 조직 간의 대결이 극적으로 폭발했고 정권은 이 분열의 틈을 최대한 벌리고 탄압의 고삐를 조이게 된다. 폭발의 단초는 학생들의 강력한 반미 투쟁에 대한 양김과 민통련의 충돌에서 비롯됐다.

양김은 학생들의 '양키 고 홈' 등 급진적인 주장이 국민들의 지지를 잃어버리고 독재정권에 탄압의 빌미를 줄 수 있다고 보고 자제를 요청했으나, 민통련은 양김에 대해 기회주의적이라고 강력히 비판했다. 게다가 4월 말 전두환의 국회 내 개헌 협상 제의를 양김이 수용한 것에 대해서도 민통련은 강력히 반발했다. 그 결과 5월 3일 인천 집회는 따로 열리게 됐다. 게다가 80년대 전반을 통해 성장한 노동운동과 학생운동의 주력군이 인천을 비롯한 수도권에 포진해 있었다. 이들은 대체로 양김의 직선제 개헌 투쟁이 체제 내 개량주의 운동에 불과하다고 보고, 노동자계급을 비롯한 기층 민중을 바탕으로 한 혁명운동이 반독재 민주화 운동의 주도권을 양김에게서 빼앗아 와야 한다는 정세 판단을 내리고 있었다.

5.3 인천 집회는 명실공히 민주화 운동 내부의 모든 정파와 세력이 자기 깃발을 내걸고 대중들에게 첫선을 보여 주는 투쟁의 백화점이 됐다. 양김과 민통련이 서로 다른 집회를 하기로 했으나 행사를 시작하기 전에 주안역 앞은 온갖 운동 세력의 깃발로 뒤덮였다. 곧 전투경찰과 시위 군중이 전면적인 난타전에 돌입했다. 엄청나게 독한 최루가스와 백골단의 진압 작전, 다른 편에는 화염병과 짱돌이 난무한 공방전. 문자 그대로 시가전이었다.

전두환 정권은 이 사건을 빌미로 민통련의 지도부와 간부에 대한 수배와 구속을 통하여 조직 와해를 기도했다. 또한 급진적인 운동의 주장을 반복해 텔레비전을 통해 홍보함으로써 민주화 운동을 용공 세력의 움직임으로 몰아갔다. 이 사건으로 양김은 정치적으로 고립됐고, 민통련은 치명적 타격을 입었으며, 급진적 운동 단체들은 전부 지하조직으로 들어갔다.

전투라는 관점에서 볼 때 전두환은 승기를 잡은 것처럼 보였다. 자신감이 넘친 전두환은 그해 가을, 86아시안게임이 성대하게 끝나자마자 자신이 내심 정말로 하고 싶은 일을 하기로 결심하고 진두지휘에 나선다. 또 한 번의 친위 쿠데타로 정치판과 시스템을 완전히 갈아엎는 작업이 이번 목표였다. 양김을 비롯한 민주화 운동 세력을 깨끗이 청소하고, 내각제 개헌으로 자신이 지도하는 군벌 세력이 영원히 정권을 잡을 수 있는 정치체제를 수립하는 것. 이번에는 전두환이 직접 나섰다.

친위 쿠데타의 무산

전두환은 군사 쿠데타에 관한한 이론과 실전을 겸비한 세계 최고의 전문가였다고 해도 과언이 아니다. 30대 초반 대위 시절부터 최고 권력자 박정희의 비서관으로 군인이 권력을 장악하는 과정과 쓰는 법을 어깨너머로 배웠다. 50세가 되기 전에 두 번에 걸쳐 쿠데타를 직접 지휘해서 성공시켰다. 대통령으로서 7년, 이제 권력에 대해서는 스스로 생각해도 경지에 올랐다는 생각이 들었다. 탁월한 정치군인의 본능적인 감으로 그는 1986년 가을이 승부처임을 느끼고 있었다. 내년이면 임기 마지막 해에 들어가고 레임덕이 올 수도 있다. 판을 바꾸려면 지금이 적기다. 그는 민주화 운동의 약점을 꿰뚫어 보고 있었다.

'양김은 지금 일시적으로 연대하고 있지만 언제라도 서로 등질 수 있다. 그 둘을 어떻게 쪼갤까? 재야 세력이라는 것은 입만 가지고 있다. 감옥에 넣어 버리면 충분히 해결할 수 있다. 학생운동권이나 노동운동권이 급진적인 구호를 들고 나오는 것은 "땡큐"다. 그래야 북한의 남침 위협과 공산혁명

위기론을 들먹일 명분을 세울 수 있으니까, 또 미국에 대해서도 말발을 세울 수 있으니 이건 오히려 고맙지.'

5.3 인천 사태 이후 전두환은 인파이팅으로 민주화 운동 전체를 거칠게 코너로 몰아붙였다. 9월 20일 아시안게임이 시작됐다. 그는 아시안게임 후 마무리 펀치를 날려야겠다는 결심을 굳혔다. 9월 26일 오후 궁정동 안가로 최측근을 소집했다. 안전기획부장(중앙정보부의 후신), 육군 참모총장, 보안 사령관, 경호실장과 박철언 대통령 비서관 등이 참석자였다. 이 자리에서 그는 비장한 음성으로 나라를 구하기 위해 또 한 번의 비상조치를 취할 수밖에 없다는 점을 피력하고, 세계 최고의 쿠데타 전문가답게 아주 세세한 부분까지 꼼꼼하게 지시하기 시작했다.(박철언,『바른 역사를 위한 증언 1권』, 랜덤하우스코리아, 2005, 229~239쪽)

그에게 쿠데타의 실무는 아무것도 아니었다. 비상 국무회의를 열어 비상 계엄을 선포하고, 국회도 해산하고, 주요 정적을 체포하여 가둔 다음, 새로운 비상 기구를 만들어 헌법과 법률을 고치고, 새 정부를 출범시키는 것. 예전과 다른 것이 있다면 이번에는 양김을 확실히 손보겠다는 점과 대통령제가 아니라 내각제로 개헌한다는 것 정도였다. 이미 머릿속에 매뉴얼이 훤하게 준비되어 있었다. 문제는 타이밍을 잡는 것이었다.

11월 초를 D-Day로 잡고 실무를 준비하고 점검했다. 때마침 건국대에서 대규모 학생 집회가 열린다는 보고를 받고 최대한 사건을 키울 것을 지시했다. 굴러온 복덩이라는 생각이 들었다. 명분 세우기에 '딱'이었다. 11월 8일 토요일 밤 11시, 비상 국무회의를 열고 전국에 비상계엄을 선포키로 계획했다. 11월 8일로 거사 일을 잡은 것은 11월 4일(한국 시간으로는 11월 5일 밤)에 실시되는 미국 중간 선거의 결과를 보기 위해서였다.

전두환이 또 한 번의 쿠데타를 추진하고 있다는 소문은 조용히 퍼졌다. 양김 진영에도 소문이 전달됐다. 일설에 의하면 전두환이 보안사령관을 통해 직접 김대중에게 이번에 정변이 일어나면 목숨을 연명하기 어려울 것이라는 점을 경고했다는 소문이 있다. 군부가 김대중을 죽이기로 결정했다는 점과 함께. 공포와 함께 무거운 분위기가 동교동과 상도동을 휘감았다. 양김과 깊은 교분을 갖고 있는 가톨릭의 김수환 추기경이 나섰다. "양김이 대통령이 되겠다는 욕심을 버려야 한다. 그렇지 않으면 정부는 직선제 개헌을 수용하지 않을 것이다. 그들이 개인적인 야망을 버리고 민주적으로 정권이 이양되는 것에 협조해야 한다."

양김에 주는 정중한 경고였다. 1980년 봄 양김은 김수환 추기경을 비롯한 원로들의 경고를 한 귀로 흘려들은 적이 있었다. 이번에는 김대중이 반응했다. 김대중은 목이 졸려서 숨 쉴 수가 없는 고통을 느꼈다. 그동안 몇 번이나 죽을 고비를 넘겼다. 자신이 당하는 것은 그래도 감당할 만했다. 그러나 자신이 고문 받는 것보다 더 고통스러운 것은 가족과 동지들이 모진 고문으로 인생이 망가지고 피폐해지는 것을 보는 것이었다.

김대중과 그 측근들은 오랜 기간의 군사독재 치하에서 항상 언제라도 죽을 수 있다는 점을 피부로 느꼈다고 술회한다. 동교동과 상도동의 분위기는 그 점에서도 차이가 있었다. 상도동 사람들은 목숨의 위협은 별로 느끼지 않았다. 그러나 동교동은 군사독재 정권이 언제라도 우리를 죽일 수 있다는 점을 항상 자각했다고 한다. 김대중은 미 대사관을 비롯해서 백방으로 외교 라인을 가동해서 파국을 막기 위한 노력을 펴는 한편 이번에는 자신이 결단을 해야 한다는 점을 받아들였다.

11월 5일 민추협 사무실에서 김대중은 기자회견을 열고 대통령 선거 불출마 선언을 한다. 그는 앞서 10월 20일 로마에서 김수환 추기경이 한 발언이 결단을 위한 귀중한 시사를 주었다고 말하고, 민주화로 나아가는 데 자신의 존재가 장애가 된다면 자신을 기꺼이 희생의 재단에 바치겠다고 밝힌 다음, 대통령 직선제 개헌을 전두환 정권이 수락한다면 비록 사면 복권이 되더라도 대통령 선거에 출마하지 않겠다고 선언했다.

이 시간 김영삼은 독일을 방문하고 있었다. 기자들이 김대중의 불출마 선언에 대한 소감을 묻자 민주화 제단에 자신을 희생으로 바치겠다는 정신을 높이 평가하고, 만약 직선제 개헌이 되면 자신이 김대중 고문에게 대통령 후보직을 양보하겠다고 답변했다.

양김의 이런 대인적인 행보는 전두환 쿠데타의 명분을 빼앗아 버렸다. 국민들 역시 1980년 양김의 분열을 기억하는지라 긴가민가하면서 쳐다보았는데, 이로 인해 이번에는 양김이 확실히 정신차렸나보다 하면서 민주화 운동에 더욱 신뢰를 보내게 됐다. 때마침 미국의 중간선거에서 8년 동안 상하원을 지배했던 공화당이 패배하고 민주당이 양원을 장악했다는 뉴스가 들어왔다.

전두환은 내외의 환경이 받쳐 주지 않자 부득이 친위 쿠데타 카드를 당분간 접기로 결심하고, 대신 정치 공작으로 돌파키로 방침을 바꾸었다. 두 개의 카드였다. 첫째는 북한이 금강산댐을 세워 서울을 물바다로 만들려 한다는 캠페인을 대대적으로 전개하여 북한의 남침 위협을 극대화하는 공포 카드였다. 나중에 완전히 유언비어로 판명이 난 소동이었다.

둘째는 야권 내부를 분열시키는 정치 공작이었다. 1979년 박정희는 야권에 프락치를 심어 법원의 개입으로 김영삼을 몰아내려 한 적이 있었다. 이번에는 야권 내부에 내각제 지지 세력을 만들어 양김을 흔드는 작전이었다. 성과가 있었다. 12월 24일 양김을 대리하여 제1야당 총재를 맡고 있던 이민우가 자신의 민주화 7개항을 수용한다면 내각제 개헌을 협의할 용의가 있다고 발표했다. 이민우의 탈양김 선언이었다. 제1야당 내부에 거센 분열의 파고가 덮쳐왔다. 그리고 운명의 1987년이 밝아왔다.

네 사람 이야기:
김근태, 권인숙, 박종철, 이한열

1987년 새해 벽두부터 야권은 이민우 구상 때문에 호떡집에 불난 꼴이 됐다. 전두환의 무자비한 주먹질 때문에 코너에 몰려 쓰러지기 일보 직전이었는데, 엎친 데 덮친 격으로 야당 총재가 전두환과 내각제 논의를 하겠다니! 그것도 양김과는 전혀 상의도 없이. 정보 정치가 기획해 낸 사실상의 쿠데타였다.

김영삼이 급히 이민우를 만나 태도를 바꾸지 않으면 결별할 수 있음을 엄중 경고하자 이민우는 선민주화 후개헌으로 표면상 입장을 바꾸었다. 그러나 야권 내부의 균열은 기정사실화됐다. 2.12 총선을 앞두고 민추협과 비민추협이 50 대 50으로 신민당을 창당했음은 이미 알고 있는 바다. 이철승 계를 비롯, 이택돈, 이택희 등 안기부의 조종을 받는 내각제론자들이 뒤에서 꾸민 일이었다.

이때만 하더라도 1987년이 거대한 혁명의 소용돌이에 휩쓸릴 것이라고는 누구도 예측하지 못했다. 야당은 수비하는 것조차 벅차 보였고, 재야 운동권과 급진 운동 조직들은 수배 상태에서 피신하기 급급한 실정이었다. 민주화 운동 진영은 고립무원의 상태로 보였다.

전두환 권력을 침몰시킨 것은 양김이나 민주화 운동 조직 같은 외부의 힘이라기보다는 오히려 정권 스스로의 본질 때문에 자멸됐다고 보는 것이 맞을 것이다. 박정희 군벌 독재를 쿠데타로 이어받은 전두환 정권은 문자 그대로 총칼로 잡은 권력이었다. 민주주의자들이 아니었다. 정확하게는 파시스트였다. 잔인한 폭력과 이를 제도화한 것(고문)이 군부독재를 유지하는 핵심적 기둥이었다.

고문은 예로부터 있어온 형벌 형태였지만, 일제시대에 이르러 더욱 가혹해졌고, 해방 이후 군부독재 정권에서도 고문은 제도화됐다. 합법적인 재판 절차와 인권은 정권의 안중에도 없었다. 없는 죄도 만들어 간첩 혐의로 처형하거나 중형에 처했다. 이들 중 상당수가 수십 년 뒤 무죄 선고를 받았다.

30여 년에 걸친 군부독재 기간 동안 영문도 모르게 실종되거나, 시체로 발견된 사건이 어찌 한 두 건에 그칠 수 있을까. 무수한 사람들이 권력의 폭력 앞에 힘없이 당했다. 그러나 칼로 일어난 자는 칼로 망한다는 말이 있는 것처럼 폭력과 고문으로 일어난 전두환 정권은 폭력과 고문에 중독되어 결국 국민의 심판을 받게 된다.

희생자는 너무 많지만, 대표적인 네 사람에 대한 이야기를 하고자 한다. 김근태, 권인숙, 박종철, 이한열이 그들이다. 이들의 희생은 무소불위의 오만함으로 무장한 전두환 권력이 국민의 저항 앞에 항복하게 만드는 결정적 계기를 만들었다. 고문을 폭로하는 것은 대단한 용기를 필요로 한다. 이미 인간으로서의 자존감을 잃어버리고 모멸감에 사로잡힌 상태에서, 다시 붙잡혀 들어갈 수도 있는 공포를 무릅쓰고 고문을 폭로하는 것은 쉬운 일이 아니다.

김근태는 1985년 9월 초 남영동 대공 분실에 잡혀가 학생운동의 배후임을 자백하라는 취조를 받으면서 23일간 10여 차례의 물고문과 전기 고문을 받았다. 한번 고문에 들어가면 5시간 이상씩 가혹한 고문을 했다. 고문 경찰의 팀장은 고문 기술자 이근안이었는데 그들은 고문 중에도 딸네 걱정과 손주 자랑을 하면서 태연하게 고문을 집행했다고 한다. 면회 온 부인 인재근에게 고문 사실을 알린 김근태는 이후 재판정에서 고문 횟수와 상황을 상세히 진술해 법정을 울렸다. 그리고 그의 폭로는 국제사회에서 한국 인권 문제에 대한 관심을 높이는 큰 계기가 됐다.

1986년 6월 4일 서울대 의류학과를 다니다 부천에 있는 조그만 회사에 취직해 있던 권인숙이 '위장 취업'이라는 혐의로 부천경찰서에 연행됐다. 6~7일 두 차례에 걸쳐 성고문을 당했다. 연행당한 여성들에게 경찰이 성고문을 행한다는 소문이 그 당시 많이 퍼지고 있었다. 그러나 대다수의 경우 피해자들이 적극 나서지 않아 공론화되지 못했다. 그러나 권인숙은 용감하게 이를 사회적으로 공론화했다. 정권의 반응은 적반하장이었다. 성까지 혁명의 도구화한다고 역선전을 해 댔다. 보도 지침을 통하여 〈조선일보〉를 비롯한 모든 언론이 축소 보도하도록 조치했다.

9월 1일 199명의 변호인단이 권인숙의 변호에 참여했다. 군사 정권하의 법정에서 권인숙은 1년 6개월의 실형을 살고 성고문을 자행했던 문귀동은 무죄로 방면됐다(이후 3년 뒤 문귀동은 징역 5년의 실형을 받았다). 김근태와 권인숙의 고문 폭로로 군사정권의 무도함에 대한 국민의 반감은 깊이 쌓여 갔다. 그러나 폭력에 중독된 군사정권은 멈추지 않았다. 드디어 비극이 터졌다.

1987년 1월 14일 〈중앙일보〉의 보도로 경찰에서 심문받던 대학생 박종철이 사망했다는 사실이 알려졌다. 15일 치안본부장이 직접 나서 연행한 학생을 앞에 두고 책상을 '탁' 치니 '억' 하고 죽더라는 발표를 했다. 다음 날

부검을 통해 물고문과 전기 고문을 포함한 가혹한 폭행 끝에 사망한 사실이 드러났다. 경찰은 처음부터 끝까지 사건을 은폐하거나 축소하려는 거짓말로 일관했다. 그러나 손바닥으로 하늘을 가리는 행동은 오히려 국민의 분노를 일으켰다. 권력의 폭력 앞에 갈대와 같이 순종하는 것처럼 보였던 국민들이 거대한 파도가 되어 권력이라는 배를 뒤집기 시작한 것이었다. 박종철의 고문사는 군사정권의 폭력성과 위선을 적나라하게 드러내면서 각계각층의 모든 국민들을 떨쳐나서는 계기가 됐다. 6개월에 걸친 장대한 민주주의 혁명이 일어나는 도화선이 됐다.

1987년 6월 9일 연세대 앞에서 시위 중이던 이한열이 전투경찰이 수평으로 쏜 최루탄에 뒷머리를 맞고 쓰러졌다. 병원으로 실려 간 이한열은 한 달간 사경을 헤매다 사망했다. 역사적인 6.10 대회 하루 전날 발생한 이한열 사건은 6.10 항쟁의 불꽃이 됐다. 특히 통신사 〈로이터〉가 찍은 한 장의 사진, 쓰러진 이한열을 동료가 부축한 사진은 전 세계로 전송되어 군사독재 정권의 잔인함을 알리는 징표가 됐다.

6월 항쟁의 도화선이 된 박종철과 불꽃으로 산화한 이한열, 특히 박종철이 부산 출신이었고 이한열은 전남 화순에서 태어나 광주에서 초·중·고등학교를 나왔다는 사실을 보면 역사의 기이함을 느끼게 한다. 양김의 '호남-가야' 연합처럼 두 순교자가 우연히도 같은 지역 출신이라는 것이!

군사독재의 잔혹함이 스스로를 파멸시켰다.

민심에 포위되는 전두환 정권

1년이 평소의 100년과 같은 비중을 가질 때가 있다. 1987년이 그런 해였다. 6월의 대항쟁을 앞두고 서서히 전선이 예열되기 시작했다. 크게 보면 세 그룹의 플레이어가 무대의 앞과 뒤에서 역할을 했다. 우선 미국이 그 어느 때보다 선제적인 프로그램을 갖고 한국의 정치 변동기에 직접 뛰어들었다. 5.16과 12.12 때 뒤통수를 맞았던 것과는 달리 이번에는 게임의 룰과 환경을 자기 페이스로 통제하겠다는 의지를 공개적으로 천명했다. 미 국무부의 동아시아 태평양 담당 차관보로서 대한국 정책의 책임자였던 개스턴 시거는 1987년 2월 뉴욕 연설을 통해 "미국은 남한의 합법적이고 합헌적인 개혁을 통한 새로운 정치체제의 창출을 희망한다."고 밝혔다. 그는 1년 전 필리핀에서 피플 파워 승리로 민간 민주 정부가 탄생한 것과 같이 한국에서도 민간 정부로의 정권 교체를 희망한다는 의사를 노골적으로 밝혔다.

　두 번째로는 집권 세력 내부의 동향이었다. 임기 마지막 해를 맞이한 전두환은 자신에게 가장 유리한 차기 권력 구도와 후계자를 만들기 위해 안간힘을 썼지만, 이미 시간은 그의 편이 아니었다. 그의 일거수일투족은 국민의 강한 저항을 받는다. 집권 세력 내부에 후계자 자리를 둘러싼 암투가 본격적으로 벌어지기 시작했다. 전두환의 후반기 통치는 두 가지 지침으로 진행됐다. 첫째 레임덕은 없어야 한다. 그러기 위해 경호실장이던 장세동에게 안기부를 맡겨 정권 관리의 총책임을 지도록 했다. 두 번째로 노태우를 1순위 후계자로 삼아 경력 관리를 하되, 만약의 경우에 대비하여 민간인 후계자 카드도 계속 살려둔다. 민주화 운동이 고양될수록 집권 세력 내부의 파워 게임도 같이 맞물려 상호작용을 하면서 치열해졌다.

세 번째는 민주주의 혁명의 주체로서의 민주화 운동 세력이었다. 장세동이 이끄는 안기부는 모든 공안 세력을 조종하면서 민주 세력의 숨통을 조였다. 이런 와중에 1월 14일 박종철 군의 고문 사망 사건이 발생한 것이었다. 이 사건이 알려지자 일반 시민들의 동정과 공감은 상상하지 못할 수준으로 폭발했다. 양김과 재야 세력은 민심의 폭발을 계기로 전열을 정비하고 정권에 대한 압박을 강화해 나갔다. 친위 쿠데타의 위협에도 불구하고 불굴의 투지로 비타협적 투쟁을 지휘해 나갔다.

1월 26일 정권은 치안본부장과 내무부 장관을 고문치사 사건의 책임을 물어 교체했다. 후임 내무부 장관으로는 하나회 출신이자 광주 학살 당시 특전사령관이던 정호용이 임명됐다. 노태우에게 매우 힘이 되는 구도였다. 당시 여권 내부는 장세동의 독주로 인해 장세동 후계설이 유포될 정도였다. 노태우는 사사건건 장세동의 견제를 받으면서 노심초사할 무렵이었다. 정호용의 입각은 노태우에게 매우 든든한 보호막이 생겼다는 것을 의미했다.

민주 세력은 2월 7일 각계 인사 9,000명으로 구성된 '박종철 군 국민추도회'를 구성하여 추도식을 열고, 3월 3일에는 49재와 함께 '고문 추방 국민 대행진'을 개최하면서 전두환에 대한 포위망을 좁혀 나갔다.

전두환은 민주 세력의 저항이 거세지자 친위 쿠데타를 계속 검토하면서 반격의 기회를 노렸고, 장세동은 야당의 반양김 세력을 조종하여 내각제 개헌을 매개로 야권의 교란 작업에 진력했다.

4월 8일 김대중과 김영삼은 야권 내부를 분열시키는 공작 정치가 심각하다는 사실을 공개하고, 새로운 선명 민주 야당을 건설키로 합의했다. 통일민주당의 창당 선언이었다. 통일민주당은 명실공히 양김의 정당이었다. 모든 지분은 50 대 50으로 양김의 주도권을 인정했다.

장세동이 배후에서 직접 깡패를 조종하여 통일민주당의 지구당 창당 대회를 각목 대회로 만들어 탄압했다. 그럴수록 정권에 대한 민심 이반은 심해졌다. 졸렬한 방해 공작을 뚫고 5월 1일 통일민주당이 성공적으로 창당됐다.

4월 13일, 개헌 시간표에 쫓기던 전두환이 드디어 내각제 개헌 야욕을 포기하고 현행법으로 연말에 대선을 치르겠다는 이른바 4.13 호헌 조치를 발표했다. 직선제 개헌을 받아들일 마음이 없는 그로서는 당연한 논리였을지 모르나 국민의 입장에서는 너무나 황당한 발표였다. 격렬한 반발이 곧장 터져 나왔다. 5공 내내 침묵을 지키던 교수들이 너도 나도 호헌 조치 철폐를 요구하는 시국 성명서를 발표하기 시작했다. 신부와 목사 들이 단식 농성에 돌입했다. 일반 시민들도 항의 대열에 합류했다. 전두환을 규탄하는 목소리는 전국의 각계각층으로 들불처럼 퍼져나갔다. 쫓던 전두환이 쫓기는 처지로 전세가 급변했다.

5월 18일 또 한 번 분수령을 맞게 됐다. 천주교 정의구현 전국사제단은 이날 미사가 끝난 후 박종철 군 사망 사건의 진실이 축소·왜곡·은폐됐다고 폭로했다. 6명이 고문했지만 2명으로 축소하고, 구속된 2명에게는 안기부가 1억 원을 지원했다는 내용이었다. 민심이 들끓었다. 정권으로서도 덮어 두고 갈 수는 없게 됐다. 책임 문제를 둘러싸고 여권 내부에 치열한 권력

투쟁이 벌어졌다. 노태우—정호용 진영에서는 장세동을 제거할 절호의 기회로 판단했다. 치안본부 대공수사단이 사실상 안기부의 지휘를 받는다는 점에서 안기부장이 책임져야 한다는 논리를 부각시키면서 정호용이 총대를 메고 노신영 총리와 장세동 안기부장의 동반 퇴진론을 폈다.(박보균 외, 『청와대 비서실』, 중앙일보사, 1994, 57쪽)

5월 26일 장세동과 노신영이 퇴진하는 내각 개편이 결정되면서, 노태우가 전두환의 후계자로 사실상 확정됐다. 철저하게 엎드리면서 발톱을 숨긴 노태우가 드디어 차기 후계자 자리를 굳힌 것이었다. 다음 날인 5월 27일 야당과 재야 민주 단체의 연합체인 '민주헌법 쟁취 국민운동본부'(국본)가 향린교회에서 결성됐다. 1년 전 5.3 인천 사태에서 연대가 깨진 뒤 1년 만에 재결집한 것이었다. 국본은 해방 이후 최대의 연합체로서 곧 있을 6월 항쟁을 이끌게 된다. 명실상부한 민주주의 동맹의 출현이었다.

국본은 김대중, 김영삼, 문익환, 함석헌 등 4명을 상임 고문으로 내세우고 각계각층의 대표자를 공동대표로 삼았다. 국본은 직선제 개헌, 광주 항쟁 진상 규명 등 8개항을 내걸고 온 국민이 독재와의 싸움에 결연히 나설 것을 촉구했다. 이제 양쪽의 진용이 모습을 드러냈다. 야권은 국본으로 총력전의 태세를 갖추었고, 여권은 노태우라는 차기 후보를 장수로 내세워 국면 돌파 의지를 보였다. 드디어 6월로 접어들었다.

11장

천하의 운명이 걸린
한판 승부

자유, 평등, 평화의 6월 정신

국민이 주인 노릇하겠다고 나선 것이 1987년 6월 민주주의 혁명의 핵심 메시지였다. 독재 정권은 내가 죽어도, 아니 너희들을 다 죽여서라도 그렇게는 못하겠다는 것이고. 그러니 혁명으로 결판을 낼 수밖에.

인류 역사상 절대군주의 폭압에 맞서 시민들이 투쟁 끝에 자유를 누리게 된 대표적인 혁명은 세 개 정도다. 미국의 독립 전쟁과 건국, 프랑스 대혁명, 그리고 러시아의 볼셰비키 혁명이 그것들이다.

미국은 역사상 최초로 왕을 없애 버리고 주권재민의 공화국을 세운 나라다(1776년 7월 4일). 건국의 아버지들은 '대표 없이 과세 없다', '자유가 아니면 죽음을 달라', '국왕이 인권을 침해하면 왕을 쫓아낼 천부인권이 있다' 등의 계몽주의 사상에 입각해 새로운 국가 질서를 만들어 냈다.

그러나 '만인은 신 앞에 평등하게 태어났다' 라는 독립선언문의 첫 구절은 건국과 더불어 자동 실현된 것이 아니다. 그것은 백인 남성만이 그렇다는 것이고 흑인, 여성, 그리고 소수 민족들에게도 그런 원칙이 적용된 것은 아니다. 이 원칙은 링컨 대통령 시절의 남북전쟁, 프랭클린 루즈벨트 대통령의 뉴딜 정부를 거쳐 조금씩 진전을 보여 왔다. 사실은 아직까지 현재 진행 중인 상태로 보는 것이 맞을 것이다. 후손들은 비록 건국의 이상이 미완성이라 할지라도 그러한 이상을 설정한 선조들을 존경하고 그 뜻을 이어받고자 노력했다. 미국의 힘의 원천에는 건국이념이 그 뿌리를 이루고 있다. 가치가 튼튼한 공동체는 쉽게 무너지지 않는다.

프랑스 대혁명(1789년 7월 14일)의 이념은 흔히 자유, 평등, 박애로 알려져 있다. 그러나 역사적 사실에 따르면, 애초에 대혁명의 이념은 자유, 평등, 소유권이었다고 한다. 부르주아 시민계급의 이익을 충실히 반영해서 소유권이 중시됐으리라 생각된다. 1875년 거의 100년이 지난 뒤에야 공화국이 출범하면서 헌법 전문에 프랑스 대혁명의 정신으로 자유 · 평등 · 박애를 넣었다고 한다.

1789년의 대혁명 이후 프랑스 사회는 100년 이상이나 극도의 혼란을 경험했다. 나폴레옹의 쿠데타와 왕정을 거쳐 두 번의 왕정을 더 겪은 뒤에야 비로소 공화정이 자리 잡았다. 공포정치와 유혈의 정치를 거치면서도 지식인과 민중은 자유 · 평등 · 박애의 정신을 놓지 않았다. 한걸음, 한걸음 앞으로 나아갔다.

그렇게 하여 오늘날 똘레랑스^{tolérance}라는 프랑스의 가치가 생겨났다. 노조가 파업을 해도 아무도 불평하지 않는 나라, 거리에 쓰레기를 버리면서 '그래야 청소부들이 먹고산다'고 말하는 나라. 프랑스에서도 대혁명의 정신은 혁명의 순간 뚝 떨어져 내려온 것이 아니고 후손들이 100년 이상 가꾸고 발전시켜 온 것이었다.

러시아의 볼셰비키 혁명(1917년 10월)은 노동자가 중심이 된 민중 혁명의 원형이라 부를 만하다. 짜르의 무도한 탄압에 분노한 노동자 · 농민이 혁명을 일으켰고 레닌의 볼셰비키 당이 이 혁명을 지도했다.

레닌이 과도적 혼란기를 제대로 수습하기도 전에 세상을 떠나고 그의 후계자 이오시프 스탈린이 러시아를 소비에트 연방공화국이라는 이름으로 공산주의화를 본격 추진했다. 스탈린이 이끄는 프롤레타리아 독재는 결국 공산당 독재로, 최종적으로 수령 독재로 변질돼 모든 인민이 수령의 노예가 되는 역설을 초래했다.

인간의 선한 의지가 공산주의 사회를 가능케 할 것이라는 묵시론적 예언에도 불구하고 나타난 현실은 정반대였다. 이상과 열정은 사라지고 새로운 신분 사회와 거대한 기득권 구조만 세습됐다. 역사상 가장 기만과 위선으로 가득 찬 사회로 귀결됐다. 지금 와서 볼셰비키 혁명의 정신과 이상은 무엇이라고 설명할 수 있을까?

결국 서유럽 좌파들은 공산주의를 포기하고 사회민주주의라는 새로운 이상과 비전을 만들었고, 이는 오늘날까지도 인류 사회의 하나의 대안으로 기능하고 있다. 아마도 인본주의, 실용주의, 중용주의 정도가 사회민주주의의 가치라고 하면 크게 틀린 말이 아닐 것이다.

역사에서 보듯이 혁명의 정신과 가치는 계승되면서 발전되어 왔다. 우리의 경우 6월 혁명의 정신과 가치는 무엇일까? 가장 많이 외쳤던 '호헌 철폐! 독재 타도!' 구호가 가장 먼저 기억난다. 정치적인 목표라면 '대통령 직선제 개헌'이 대표적이다. '호헌 철폐! 독재 타도!' 독재 권력으로부터 자유를 갈구하고 있지 않은가. 자유를 경험한 사람은 자유가 없는 상태를 견딜 수 없다. 오늘날 자유의 귀중함을 잠깐 잊을 수는 있다. 공기의 존재를 평소에는 의식을 못하듯이. 그러나 이 자유는 공짜로 주어진 것이 아니다.

1987년 6월 자유의 바람이 우리 사회를 휩쓸자 7~9월 평등을 향한 거대한 외침이 터져 나왔다. 수십 년 동안 독재 권력 아래서 기본 인권과 노동권조차 인정받지 못했던 노동자들이 자신들의 목소리, 평등을 향한 목소리를 내기 시작했다. 이해 여름의 노동자 대투쟁은 '자유는 평등의 길잡이'라는 사실을 보여 줬다.

자유와 평등이 목소리를 내자마자 우리 사회는 공동체의 재건에서 뿐만 아니라 우리에게 가장 절실한 민족의 재통합, 평화적 통일에 대한 열망이 불꽃처럼 피어올랐다. 남북한의 냉전 세력이 상호 적대적 의존 관계를 지속하고 있는 엄혹한 시기에 냉전을 해체하고, 평화적으로 공존하고, 나아가 통일에 이르는 것이야말로 우리의 소원 그 자체인 것이다. 민족 통일은 가치의 차원에서, 나아가 우리 민족의 부흥을 위한 유일한 활로로서 현실적 의미도 날이 갈수록 강해지고 있다. 6월 혁명은 자유 · 평등 · 평화를 위한 민중의 외침이라는 것이 다시 확인된다. 그해 6월 정말 열정을 다해 백지장을 맞들던 사람들이 오늘 어디서 무엇을 하고 있을까? 많은 사람들이 생업의 현장에 있을 것이다. 또 나름 자신의 영역에서 크든 작든 자유 · 평등 · 평화의 정신을 실천하고 있는 사람도 있을 것이다.

정치의 영역으로 좁혀 보면, 외형상으로는 그때의 주역들이 오늘날 한국 정치에서 큰 영역을 차지하고 있다. 그런데 그들이 바로 이 6월 정신을 굳건히 부여잡고 나아가고 있을까? 새롭게 심화 · 확장하고 있을까? 6월 혁명의 주체들은 그 이후, 정치로만 한정해서 보면, 다양한 경로를 통해 기득권 구조로 편입해 갔다. 군사독재 정권의 후예인 정당에 입당한 사람도 있었지만, 대부분은 김대중이 이끄는 민주당으로, 일부는 김영삼계로, 심지어는 김일성이 이끄는 조선노동당에도 합류했다. 또 일부 진보 세력은 지금도 진보정당의 깃발을 붙잡고 있다. 가장 큰 문제는 6월 혁명의 거대한 흐름 속에서 전체를 아우를 중심이 나오지 못했고, 양김이 지배하는 기득권 구조에 오히려 자발적으로 빨려 들어갔다는 사실이다. 진보 세력은 시대착오적인 혁명 이념에 시간을 허송한 나머지 정치 세력화의 골든타임을 놓쳐 버렸다. 그렇다고 포기하거나 좌절하지는 말자. 프랑스 대혁명도 100년에 걸려 마침내 싹이 트고 꽃을 피웠다고 하지 않은가!

거리에서 꽃 핀 민주주의

민주 세력의 총반격에 맞닥뜨린 전두환의 속내는 복잡했다. 모조리 쓸어버리고 싶었지만, 여의치 않은 상황 속에 던져진 그의 속은 어땠을까?

　머리가 지끈거린다. 갈수록 세상일이 복잡하게 꼬여 가는 것처럼 보였다. 항상 단순 명쾌하게 살아 온 인생이었다. 쾌도난마와 같이, 질풍노도와 같이 세상의 파도를 헤쳐 왔고, 지금껏 실패한 적이 없었으며, 행운도 따라 주었다.

　그런데 2년 전 2.12 총선 때부터 이상하게 세상일이 생각하는 대로 움직여 주질 않았다. 천하에 적수가 없다고 생각했는데, 내가 마음먹은 대로 안 되는 일이 없었는데, 그놈의 양김 때문에 모든 구상이 헝클어져 버렸다. 생각 같아서는 확 휩쓸어 버리고 싶지만, 이도 옛날처럼 쉬운 일이 아니라는 것을 절감한다. 미국의 동향도 심상찮다. 계속 견제구를 날리는 것이 이만저만 신경이 쓰이지 않았다. 게다가 교수, 변호사, 지식인이라는 것들이 하루가 멀다고 나를 공격하는 성명서를 발표하고 있다. 배은망덕한 놈들, 누구 덕분에 지들이 이렇게 먹고사는데. 기회주의자들 같으니.

권력은 올라타는 것보다 내려오는 것이 더 힘들다더니. 지금 이 고비를 잘 넘겨야지. 주위에 있는 놈들도 다 눈치만 보는 것 같다. 믿을 놈들이 없다. 그나마 나하고 무덤까지 갈 수 있는 장세동도 며칠 전 안기부장 그만두고 좀 쉬라고 했다. 앞으로 두세 달만 잘 넘기면 모든 일이 내 구상대로 결론이 날 텐데.

민정당 전당대회를 6월 10일 열라고 했다. 결정을 내려야 한다. 그날 내 뒤를 이어 이 정권, 아니 이 나라를 나와 같이 다스릴 후계자를 지명해야 한다. 나처럼 애국심이 투철하고 목숨 걸고 이 나라를 지킬 인물, 나를 선왕으로 대접하고 함께 이 나라를 끌고 갈 인물, 김일성과 양김에 맞서 이 나라를 지킬 팀워크를 짤 수 있는 나의 후계자를!

이제 선택의 여지는 없다. 노태우라면, 목숨 걸고 12.12를 같이하고 '광주 사태'를 같이 극복해 온 친구 아닌가. 내가 평생에 걸쳐 내 자리를 태우한테 물려주었다. 지난 7년간 태우를 후계자감으로 키우기 위해 내가 얼마나 배려했나. 박정희 대통령이 김종필을 결국 토사구팽 하고 나서, 본인도 비극적인 최후를 맞이했지. 그것에 비하면 나나 노태우는 행복한 사람들이지. 『삼국지』의 도원결의가 부럽지 않아. 권력을 믿고 맡길 수 있는 친구가 있다는 건 하늘의 축복이라 봐야지. 우리가 평생 가꾸어 온 우정과 의리를 생각하면, 내가 잘 도와주면 태우는 잘 해 낼 거야.

6월 2일 전두환은 청와대로 민정당 간부를 소집해서 만찬을 베풀었다. 그 자리에서 술이 몇 순배 돈 다음 그는 노태우를 민정당 대통령 후보로 지명했다. "노태우 대통령 후보 각하 술 한 잔 받으시지요." 노태우는 눈물을 글썽거리며 "각하를 보필하여 반드시 정권을 재창출하겠습니다. 도와주십시오."라고 충성의 맹세를 했다.

김대중과 김영삼도 평생 대중 정치를 한 직감으로 결전의 순간이 다가오고 있음을 느끼고 있었다. 이승만과 박정희의 말로를 생생하게 기억하고 있던 그들은 정권의 말기적 모습을 보면서 이제 마지막 승부에 돌입해야 할 시점이 왔음을 알았다. 매우 낙천적이고 두려움이라고는 없는 김영삼은 이를 악물었다.

'그래 전두환 니가 노태우를 체육관 대통령으로 만들어 너희 둘이 14년을 해먹겠다 이거지. 그렇게는 안 되지. 내 시체를 밟고 가도 그건 내가 용납 못하지. 귀때기 새파란 전두환, 노태우, 다 된 밥상을 뒤집어 놓고 천하를 도둑질한 놈들이 무슨 짓들을 하는 거야. 내 눈에 흙이 들어가는 한이 있어도 그 꼴은 내가 볼 수 없어!'

양김과 국본은 노태우가 후계자로 지명된 6월 10일 전국적으로 국민적 항쟁에 나서기로 결정했다. 외나무다리에서 정면 승부를 걸었다. 6월 10일 오전 10시 민정당 대통령 후보를 선출하는 전당대회 시간에 맞춰 각 대학에서 '독재 정권 타도 결의대회'를 마치고 가두 투쟁에 나서기 시작했다. 그날은 분위기가 확 달랐다. '호헌 철폐! 독재 타도!'를 외치는 시위대에 대한 시민들의 호응도가 뜨거웠다. 원래 국본은 오후 6시 서울 시청 옆에 있는 성공회대학교에서 국민 집회를 열기로 했는데, 이미 오후부터 서울을 비롯한 전국 주요 도시에서 시위가 치열하게 벌어졌다.

오후 6시 국본이 행동 지침으로 제시한 차량 경적이 서울 시내를 뒤흔들기 시작했다. 택시, 버스, 승용차 할 것 없이 빵빵 눌러 대기 시작했다. 버스 안 승객들도 창문을 열고 박수를 치는 모습이 흔하게 목격됐다. 이날 전국 514곳에서 50여만 명이 시위에 참여한 것으로 나타났다.

민심의 이반이 확연하게 느껴졌다. 국본은 정신이 없을 정도로 바빠졌다. 심상찮은 민심의 움직임을 본격적인 항쟁으로 끌어올리는 노력을 시작했다. 그날 저녁 400여 명의 대학생들이 시내에서 가투를 벌이다 명동 쪽으로 이동해 명동성당에서 농성 투쟁을 벌이기 시작했다. 김수환 추기경을 비롯한 가톨릭 지도부도 농성 투쟁에 호의적이었다.

10일 저녁 농성 돌입부터 15일 평화적 해산까지 명동성당은 태풍의 눈이 됐다. 낮에 수많은 샐러리맨과 주변 상점 주인과 손님들이 동조 시위를 하거나 빵과 음료수를 공급해 주는 등 시민과 시위대가 혼연일체가 됐다. 명동성당은 전국적인 항쟁으로 발전하는 징검다리가 됐다. 6월 18일은 승리의 예감을 느낀 날이었다. 이날 국본은 전국적으로 최루탄 추방 대회를 개최키로 했다. 비폭력 평화적 시위로 전경의 폭력 진압을 비판하고 호헌 철폐를 요구하는 시위였다. 전국적으로 150여만 명이 참가했다. 서울, 광주, 대구, 강원, 대전, 부산 등 거의 모든 도시에서 전두환 규탄 시위가 벌어졌는데, 특히 부산의 경우 30만 명이 철야 시위를 벌였다. 자정 무렵 경찰력도 바닥이 나 사실상 진압을 포기했다. 이날 부산 공안 책임자들은 더 이상 경찰력으로는 막을 수 없다며 청와대에 군 투입을 다급하게 요청했다. 이에 따라 18일 새벽부터 군 지휘부는 비상 계획에 따라 군 투입 대기 상태로 들어간다.

18일 부산 투쟁 이후 전 세계 언론은 한국 민주화 투쟁을 1면 머리기사로 보도하기 시작했다. 한국의 민주화 시위는 이제 세계적 사건으로 주목받는 단계에 올라섰다. 이날의 투쟁을 거치면서 양김과 국본은 비로소 승리할 수도 있겠구나, 하는 믿음을 갖게 됐다. 만의 하나 전두환이 군을 투입하면 광주 학살보다도 더 비극적인, 예측 불가능한 사태가 일어날지 모른다는 사실에 한편으로는 전율하면서도, 이번에는 끝까지 한번 붙어 보자는 전의로 불타올랐다.

전두환이 강온 양면 대책을 준비하면서도 군 투입 쪽으로 기울기 시작하자 미국도 초반부터 적극 개입했다. CIA 한국 지부, 주한 미군 사령관, 주한 미 대사를 삼각 축으로 하는 미국 팀들은 제임스 릴리 주한 미 대사를 앞장세워 전두환의 군 투입을 적극 견제하는 플랜B를 가동했다. 전두환의 군 투입에 대해서는 하나회 내부에서도 반대론이 강했다. 만약 군을 투입하면 민주 세력뿐 아니라 전두환과 노태우 등 집권 세력도 부패 혐의로 싹쓸이하겠다는 항명 의사가 노태우를 통해 전두환에게 전달됐다.

19일 오전 10시, 전두환은 군을 투입하는 비상 계획을 지시했다. 오후 3시 릴리 대사가 청와대를 방문해 레이건 대통령의 친서를 전달했다. 어떤 형태의 군 투입에도 반대하며, 평화적이고 민주적으로 사태가 해결되기를 바란다는 압력이었다. 그 대가로 퇴임 다음 해 전두환을 미국에 초청하겠다는 제의도 포함됐다. 편지는 정중했지만, 릴리는 붉으락푸르락 얼굴이 일그러진 전두환을 90분 동안 단도직입적으로 밀어붙였다. 릴리가 돌아간 뒤 깊은 상념에 잠겼던 전두환은 1시간 뒤 육군 참모총장에게 전화를 걸어 군 투입 계획을 취소하라고 명령했다.

민주 공화정 시대가 열리다

19일 밤 군 투입이 좌절됐다는 소식을 들은 국본은 환호성을 질렀다. 이제 대세는 결판났다. 마무리 수순을 둘러싸고 국본 내부에서 미묘한 의견 차이가 나타났다. 재야 단체들은 더 세게 밀어야 된다고 판단했다. 그러나 양김을 비롯한 정치권 인사들은 마무리 수순의 안정적 관리가 중요하다고 생각했다. 김영삼은 노태우를 건너뛰고 전두환과 직접 대화를 공식 요구했다. 김대중-김영삼-전두환의 3자 회담도 좋고 양자 회담도 좋으니 조속한 시일 내 만나 시국 현안에 대한 일괄타결을 짓자는 제안이었다.

정국은 외통수의 길로 접어들고 있었다. 군 투입 옵션이 없어진 테이블 위에는 전면적인 혁명이냐, 아니면 전두환의 예방적 타협이냐 사이의 선택만 남아 있었다. 범야권은 전두환의 양보가 없는 이상 갈 데까지 갈 수밖에 없고, 또 갈 결의로 불타고 있었다. 6월 18일에서 20일까지 부산에서는 시위가 지속됐다. 국본은 26일 국민 평화 대행진을 준비하고 있었다. 김영삼은 자신과 전두환과의 회담 성사를 지켜보면서 대행진 여부를 결정하자고 제안하여 동의를 받았다.

하루하루 긴박한 정세가 이어졌다. 23일에는 미국의 국무 차관과 개스턴 시거 동아시아 태평양 담당 차관보가 급거 내한했다. 시거는 여야는 물론이고 사회 지도급 인사 그리고 군부 인사 등 관련된 인사들을 광범위하게 접촉하면서 평화적인 민주 발전을 촉구하는 메시지를 날렸다. 24일 전두환과 김영삼의 영수 회담이 열릴 것이라는 발표가 나왔다. 전두환 집권 이래 최초로 양김 진영과 전두환의 직접 대화였다.

이즈음 전두환의 관심은 딴 데 있었다. 야당과의 대화가 그의 주 관심사는 아니었다. 4.13 호헌 조치 이후 각계각층으로부터 광범위한 반발과 저항에 부딪치면서, 집권 세력 내부에서 플랜B를 준비해야 된다는 목소리가 커졌다. 현행 헌법을 고수하면서 차기 대통령을 뽑는 방안은 국민의 강력한 반발로 이미 물 건너갔다고 보고 차선책을 강구해야 된다는 얘기였다. 6.10 항쟁이 본격화된 뒤 집권당에서도 정면 돌파하지 않고는 방법이 없다는 정세 보고서를 제출했다. 청와대 내부에도 정면 돌파론이 점차 세를 얻기 시작했다. 육사 출신의 강골 군인인 김용갑 민정 수석 비서관이 총대를 멨다.

그는 전두환에게 차라리 직선제를 선제 수용하고 양김과 정면 승부를 벌일 것을 제안했다. 전두환 역시 그 생각을 오랫동안 내심 검토해 왔다. 그의 유일한 고민은 차기 대통령 후보로 결정된 노태우의 수용 여부였다. 노태우가 과연 직선제를 받아들일까? 6월 15일경 그는 노태우를 청와대로 불러 조심스럽게 직선제를 통해 정면 돌파하는 것이 어떻겠냐고 물어봤다. 노태우는 예상대로 매우 당황하는 표정이었다. 그는 자신이 없어 보였다. 이왕 여기까지 왔으니 끝까지 승부를 보아야 하지 않겠느냐는 답변이었다.

전두환의 속생각은 이랬다. 만약 군을 투입하지 않게 되면 다른 선택이 없다. 화끈하게 직선제를 받고 양김과 정면 승부로 이겨 보자. 양김은 어차피 분열하지 않겠는가. 집권 세력이 가용 가능한 모든 자원을 총동원하면 이길 수도 있지 않을까?

그런데 모양과 수순이 문제였다. 양김은 수십 년 동안 정치를 하면서 확고하게 대중 기반을 다졌다. 또 그들은 선전 선동에 능하다. 반면 노태우는 국민들에게 이미지가 서 있지 않고, 대중 정치인으로서도 훈련받은 적도 없다. 유일한 정치 경력이 국회의원 비례대표 1번이었다.

우선 노태우가 양김과의 직선제 대결을 받아들이게 설득해야 한다. 그 다음 자신은 뒤로 빠지고 노태우가 주도하는 모양새를 만들어 스타 탄생의 빅 이벤트로 단번에 국민적 영웅으로 부각시켜야 한다. 19일 군 투입 작전을 백지화한 이후 전두환은 다시 노태우를 적극 설득했다. '내가 총대를 메고 당신을 대통령 만들어 줄 테니 걱정하지 마라. 우리가 목숨을 걸고 거사하던 심정으로, '사즉생 생즉사'의 각오로 나서면 반드시 승리할 수 있다. 함께 이 난국을 돌파하자.' 마침내 동의를 받아 냈다. 이런 즈음 김영삼이 전두환과의 회담을 제의한 것이었다. 김영삼과의 회담을 묵살할 필요는 없다. 야당과 대화하는 제스처도 보여 줄 필요가 있으니까. 그렇다고 야당에 굴복하거나 끌려가는 모양새를 보여서는 안 됐다.

24일 청와대에서 열린 김영삼과 전두환의 영수 회담은 시작부터 신경전이었다. 김영삼은 본관 입구에서 자신에게 비표를 달려고 했던 경호실 직원들에게 호통을 쳤다. 대한민국에서 이 김영삼을 모르는 사람이 어디 있나. 이러니 너희들이 민심을 모르지. 비켜라.

전두환과 만난 김영삼은 저돌적으로 야권의 주장을 개진했다. 직선제 수용, 김대중을 포함한 민주 인사의 사면 복권과 연금 해제, 언론 자유 등 모든 문제를 도마 위에 올렸다. 예정된 시간이 되어 자리를 뜨려는 전두환을 억지로 앉히고 회담은 오찬까지 연장됐지만, 전두환이 시종 아웃복싱으로 빠지는 바람에 결국 공동 합의에 이른 것은 없었다.

청와대를 나서자마자 김영삼은 회담 결렬을 선언했다. 국본은 즉시 26일 국민 평화 대행진을 실시한다는 결정을 내렸다. 26일 대행진은 전국에서 180여만 명이 참여하는 해방 이후 최대 규모의 시위가 됐다. 누구도 민주화의 대세를 뒤돌릴 수 없음이 명백해졌다.

이 무렵 노태우는 가장 신뢰하는 최측근 참모 박철언을 팀장으로 직선제개헌 등을 수용하는 선언문의 초안 작성을 지시했다. 거사 일을 6월 29일로 잡았다. 극도의 보안 속에 준비 작업이 진행되고, 전날 저녁부터 미국과 집권 세력 내부의 핵심 인사들에게 선언의 골자를 브리핑했다.

6월 29일 오전 10시, 노태우는 비장한 표정과 어투로 자신이 '6.29 대국민 항복 선언'이라고 이름붙인 선언문을 읽어 나갔다. 대통령 직선제를 포함 8개항의 민주화 조치를 담은 내용이었다. 전두환 대통령에게 건의하고, 만약 받아들여지지 않는다면 모든 공직을 사퇴하고 정계를 은퇴하겠다는 감상적 조건도 덧붙여졌다.

전두환-노태우의 대국민 항복 선언이라는 정치적 승부수는 통했다. 전국은 일시에 환호성으로 뒤덮였다. 신문·방송은 어제까지도 직선제는 나라 망치는 제도고, 민주 세력은 사회 불안 세력이라고 했다가 하루아침에 직선제야말로 국민의 염원이고, 사회 불안 세력은 위대한 민주 세력이라고 칭송하기 시작했다.

근본적 혁명을 위해서는 더 밀어붙여야 한다는 소수 의견이 있었지만 국민의 환영 분위기에 묻혀 버렸다. 그날은 모든 사람들에게 더할 나위 없이 행복한 하루였다. 이 선언은 존망의 기로에 선 군벌 독재 세력이 민중의 혁명적 열기에 정치적으로 타협하겠다는 의사 표시였다. 모든 국민이 이를 환영한 것은 직선제를 통해 승리할 수 있다는 기대가 있었기 때문이었다. 이제 지긋지긋한 군벌 통치가 끝나겠구나!

긴 역사적 안목으로 볼 때, 이날로 한반도에서 수천 년 동안 존재했던 왕들의 시대가 비로소 끝났다. 드디어 국민이 실제적으로 주인이 되는 민주공화정 시대가 열린 날이었다.

4자필승론 대 4자필승론

당대 최고의 군사 전략가이자 머리가 명석하기로 둘째가라면 서러워할 조조가 어찌 연환계連環計의 리스크를 과소평가했을까? 한 제국의 부흥을 자기 인생의 미션으로 설정했던 유비가 관우의 복수를 위해 천하삼분 구도를 깨는 자충수를 왜 두었을까?

연환계는 10여 척 단위로 큰 쇠못을 박고 그 위에 판자를 얹어 두어 배가 흔들리지 않게 하는 것이다. 조조 군대에 북방 출신이 많아 멀미가 심해 전력에 차질을 빚자 이를 극복하기 위해 나온 아이디어였다고 한다. 나중에 화공을 받자 조조의 대군단이 속수무책으로 무너지는 원인이 됐다. 서기 208년 벌어진 적벽대전의 대참패는 천하 정세의 분기점이 됐다. 조조의 천하 통일 꿈은 완전히 깨져 버렸다.

220년 형주를 지키는 관우가 오나라의 공격으로 죽음을 맞이하자 유비는 국력을 총동원한 대군을 일으켜 오나라 정벌에 나섰으나, 이릉전투에서 화공의 역습으로 대패했다. 223년 유비는 참모들 볼 낯이 없다고 자책하면서 촉으로 돌아가지 않고 백제성에서 유명을 달리한다. 제갈량을 비롯한 참모들은 관우의 복수보다도 촉오동맹을 유지하는 것이 천하통일의 방략이라고 간곡히 진언했으나 유비는 듣지 아니했다. 이릉전투의 패배로 유비의 대의명분은 중도에 꺾이고 만다.

역사의 변곡점을 되돌아보면 그 순간 사소한 판단 착오나 감정적인 결정으로 천하대세의 흐름이 완전히 달라지는 경우를 적지 않게 보게 된다. 1987년 한국에도 그런 역사적 전투가 벌어졌다. 6월 29일 전두환-노태우 그룹이 전격적으로 발표한 대국민 항복 선언은 국면을 민주 항쟁에서 대권을 향한 권력투쟁으로 단숨에 바꾸어 버렸다.

민주 항쟁을 주도했던 각 세력은 급변하는 정세에 일순 당황했다. 대부분의 재야 단체들은 직선제가 관철되면 그 이후 무엇을 해야 할지 아무런 프로그램이 준비되어 있지 않았다. 생각해 본 적조차 없었다. 그 와중에서도 정치권 인사들은 발 빠르게 연말에 있을 대통령 선거에서 자파가 승리하기 위한 논리와 구도를 짜내는데 역량을 집중하기 시작했다.

국민들은 민주 세력의 승리를 간절히 바랐고, 또 이번에는 가능할 것이라고 믿었다. 1980년 분열의 결과로 '죽 쒀서 개 준' 쓰라린 역사적 교훈이 있었으므로 이번에는 민주 정부 수립이 가능할 것이라 믿었다. 그 전제가 민주 진영의 후보 단일화였다.

전두환이 자신감을 가지고 6.29 카드를 던진 데에는 나름의 정세 판단이 배경이 됐다. 4.13 호헌 조치가 국민의 강력한 반발에 부딪치자 여권 내부에서 차라리 직선제로 정면 돌파하자는 논리가 등장했다는 점은 이미 소개한 바 있다. 직선제로 가더라도 이길 수도 있다는 전망이 나온 것은 집권 세력이 민주 세력 내부의 독특한 구조를 알고 있었기 때문이었다. 민주 진영 내부에서 대통령 권력에 직접 도전할 수 있는 세력은 김대중과 김영삼 세력뿐이었다. 그런데 이 둘 사이는 대권을 둘러싸고 절대로 후보 단일화에 합의하지 못할 것이라는 전망에 기대를 둔 분석이었다. 야권 내부의 사정을 잘 아는 사람일수록 양김이 분열할 것이라는 논리를 폈다.

6월 23일 전두환-김영삼 회담이 있던 날 역시 전두환을 만난 국민당 총재 이만섭은 전두환에게 직선제 전격 수용을 강력히 주장했다. 이만섭의 말이다. "직선제하면 그날부터 양김이 박 터지게 싸울 터인데 왜 안하겠다고 하느냐? 여권에 절대 불리하지 않다."

전두환 역시 동감이었다. 박정희 정권 때부터 양김의 경쟁 관계를 적절하게 활용하면서 국면을 돌파한 적이 많았다. 80년도에 이미 양김을 효과적으로 제압한 적이 있었던 전두환은 이번에도 해볼 만하다는 생각이 들었다. 이렇게 하여 전두환의 4자필승론이 탄생했다. 처음에는 3자필승론이었다. 나중에 충청을 기반으로 김종필이 대선에 뛰어들자 4자필승론이 됐다. 이 3자필승론을 가지고 전두환은 노태우에게 6.29 선언을 하자고 설득했다. 전두환의 논리다.

'김대중을 풀어 주면 반드시 출마해서 야권이 김대중과 김영삼으로 분열될 것이다. 그러면 3자 구도가 되는데, 3자라면 우리가 이길 수 있다. 2년 전 총선 투표율은 역대 최고인 84.6%였다. 그때 민정당은 최고로 불리한 구도에서 35.2%를 얻었다. 이게 우리 후보가 얻을 수 있는 최저 득표다. 양김이 다 나온다면 단독으로 35% 이상 얻을 가능성은 거의 없다. 우리가 눈 뜨고 멍하니 있는 것도 아니다. 대통령이 가진 모든 힘과 자원을 총동원해서 붙으면 우리 후보가 35% 이상 득표할 수 있다. 대통령인 내가 직접 당신 선대위원장을 맡겠다. 이길 수 있다. 핵심은 양김 둘 다 출마시키는 것이다.'

노태우는 다른 대안이 없다는 현실을 받아들이고, 정교한 6.29 선언 시나리오를 만들었던 것이다. 직선제 수용과 김대중의 사면 복권은 양날의 노림수였다. 이후 전두환과 여권은 4자 대결 구도를 실현하는 데 모든 힘을 집중한다.

아이러니하게도 4자필승론이야말로 자기가 당선될 수 있는 가장 확실한 논리적 근거라고 확신한 사람은 김대중이었다. 6.29 선언이 나오자마자 김대중은 '인간에 대한 신뢰'를 느낀다고 극찬하면서 다음 수를 고민하기 시작했다.

김영삼은 직관을 통해 문제를 푸는 스타일이고, 김대중은 논리적 수순을 통해 문제를 푸는 스타일로 둘은 전혀 달랐다. 김영삼은 직관적으로 후보를 단일화해야 이긴다고 생각했고, 이번에는 김대중이 자신에게 양보할 수밖에 없다고 느꼈다. 따라서 김대중을 통일민주당이라는 링 위에 올리기만 하면 자신으로 후보가 단일화될 것으로 확신했다.

반면 김대중의 고민은 전혀 지점이 달랐다. 그는 우선 이번 선거에서 절대 양보할 수 없다는 판단을 굳혔다. 실제 1924년생인 김대중은 만 63세였다. '다음 선거에서는 70대로 들어선다. 이번이 나에게는 마지막 기회일 수밖에 없다. 이번을 놓치면 끝이다. 그런데 문제는 김영삼이다. 내 나이를 감안해서 이번에는 형님이 먼저 하시오, 할까? 김영삼도 이번에는 필사적으로 나오려 할 것이다. 그럼 둘이 단일화를 두고 또 밀고 당기기를 해야 하나. 그건 서로 죽는다. 차라리 쿨하게 각자 나오는 것이 더 낫다. 서로 상처 주면 본선에서 지기 쉽다.' 이럴 때 김대중을 구원한 것이 4자필승론이었다. '어차피 둘 다 나올 거라면 김영삼이 나오는 것이 오히려 나에게는 필승 구도가 된다. 경상도 표는 어차피 나에게 오지 않을 것 아닌가. 그렇다면 김영삼이 나와서 경상도 표를 최대한 갈라 쳐 주는 것이 나에게는 최선이 된다. 호남은 내가 100프로 먹고 수도권에서도 민주화 운동 세력과 가장 가까운 내가 압도적이지 않겠나. 그렇다면 후보 단일화하는 것보다 양김이 독자 출

마하는 것이 최종 승리에 더 보탬이 되는 구도가 되는 셈이다.'

대선 초기 국면의 쟁점은 민주 후보 단일화였는데 점차로 양김의 독자 출마가 가시화하면서 민주 진영은 대혼란 속으로 빠져 들어간다. 결국 전두환의 4자필승론과 김대중의 4자필승론이 맞붙는 대선 구도로 정리됐다.

민주주의 동맹 해체와 전두환의 역전승

정의는 자유와 평등이 조화를 이룰 때 구현된다. 20세기는 거대한 실험을 통해 위대한 교훈을 배울 수 있는 시기였다. (가진 자들의) 자유만 강조하면 미국처럼 될 것이고, (기계적) 평등만 강조하면 소련 공산주의 같은 극단적인 체제가 되어 버린다. 자유와 평등이 비교적 균형 잡힌 북유럽 국가와 독일 · 프랑스 등이 오늘날 선진사회라 불리는 것도 이러한 이치리라.

자유와 평등은 정의라는 동전의 양면이다. 6월 시민 항쟁으로 대한민국은 처음으로 시민의 힘으로 자유를 쟁취하게 됐다. 마셔 보았는가? 자유의 공기를! 거대한 시민의 행진 앞에 총칼로 통치해 온 군벌 정권이 처음으로 머리를 숙였다. 이제 몇 개월 후면 민주 정부가 수립되는 것이 몽상이 아닌 현실이 될 것이다. 이 새로운 자유의 훈풍 앞에 그동안 총칼로 억눌려 왔던 민중의 한이 고무풍선 터지듯이 타오르기 시작했다. 30년에 걸친 산업화 과정을 통해 농촌에서 태어나 도시의 공장으로 와서 월급 받는 노예 상태에 있던 노동자들이 억눌려왔던 한을 폭발시키기 시작했다.

7월 초 한국 최대의 공업 도시 울산에서 '우리도 인간이다'라는 노동자들의 거대한 함성이 울려 퍼지기 시작했다. 노동조합 설립이나 임금 인상, 부당한 대우에 대한 항의 등 초보적인 인권 사항이었다. 한번 물꼬가 터지자 노동자들의 인간 선언은 나라 전체로 들불처럼 퍼져 나갔다. 3개월 동안 3,300여 건에 이르는 쟁의행위가 발생했고, 파업 참가 인원은 120만 명을 넘어섰다. 인격적이고 정당한 대우를 요구하는 노동자들의 행진은 한국 사회에 새로운 세력의 등장을 예고하는 것이었다.

양김과 재야 세력과 대학생으로 이루어진 민주주의 동맹에 기층 민중이라는 새로운 동맹이 합류할 가능성이 생긴 것이었다. 그러나 양김과 대다수의 국민은 불과 몇 개월 후에는 우리가 뽑은 민간 민주 정부가 들어설 것이라는 희망에 부풀어 있어, 자유에서 평등까지 전선을 넓힐 여유를 갖지 못했다. 정치 세력은 다가오는 대선에 모든 신경을 곤두세우고 있었다. 결국 노동자들의 대열은 고립되어 8월 이후 전두환 정부의 공안 통치에 의해 진압되기에 이른다.

전두환은 7월 1일 노태우의 '역사적' 결단을 흔쾌히 수용하고 국회에서 직선제 개헌안을 신속히 만들어 주면 연말까지 대선을 실시한 다음 평화적 정권 이양을 완수하겠노라고 공식 발표했다. 청와대로 돌아온 전두환은 다가오는 양김과의 결전에 대비하여 만반의 준비를 갖출 것을 지시한다.

발등에 불이 떨어진 것은 김대중이었다. 김영삼이야 제1야당의 총재로서 기득권을 확보한 상태이기 때문에 하던 대로 가면 되지만 김대중은 새로운 상황에 대처할 준비가 돼 있지 않았다. 출마로 가는 경로를 여하히 만들어 낼 것인가. 당장 기자들이 작년 11월 5일에 했던 불출마 선언에 대해 물어 올 텐데 어떻게 답변해야 하나. 출마는 해야 되는 데 어떻게 설득력 있게 설명하지?

7월 9일 드디어 1972년부터 따라다니던 연금에서 해제됐다. 끔찍할 정도로 고통스러운 지난 세월이었다. 그러나 기뻐할 겨를도 없이 출마 여부와 단일화 문제에 부닥쳐야 했다. 이날 그는 불출마 선언은 유효하지만, 향후 국민 여론에 따라 결정될 것이라고 말함으로써 한 자락을 일단 깔아 놓았다.

김대중은 스스로 논리적으로 납득이 되어야만 행동하는 스타일이었다. 남들이 설득되건 안 되건 최소한 자신부터 설득이 되어야 하고, 정 안되면 논리적 최면이라도 걸어야 하는 성격이었다. 마침내 찾아냈다. 작년 불출마 선언은 전두환 정권이 직선제 개헌을 '수락'한다는 전제 조건에서 유효한 약속이었고, 지금은 국민의 항쟁에 의하여 직선제를 '쟁취'했기 때문에 상황이 달라졌고, 4.13 조치로 나의 불출마 약속은 원인 무효가 됐다. 7월 19일 김대중 직계 세력은 불출마 선언을 원인 무효로 선언하면서 김대중의 대선 출마를 막는 족쇄를 셀프 해결했다. 곧 이어 두 번째 자락이 깔렸다. '집으로 엄청난 격려와 항의 전화가 쇄도하고 있다. 만약 대통령에 출마하지 않는다면 전 식구가 동교동 자택에 와서 분신자살하겠다는 내용도 있다. 만약 내가 불출마한다면 내 신변의 위험을 느낄 정도로 나가라는 열기가 너무 세다. 내가 호남의 한을 풀어 주지 않는다면 역사의 죄인이 될 것 같다. 양김 회동에서는 선거 전략 차원에서라도 단일화 문제는 선거 직전에 정리하는 게 좋다. 미리 공개해 버리면 오히려 역풍의 가능성이 크다는 논리로 시간을 벌자.'

세 번째 자락은 보다 직접적이었다. 국민의 의견을 들어 보아야 한다는 논리로 9월 8일 광주 방문을 결행했다. 50만 명의 군중이 모여 김대중을 연호했다. 눈물의 집회였다. 김대중은 엄청나게 고무됐다. 역시 국민의 뜻은 나의 출마에 있구나.

냉철하게 보면, 집으로 오는 전화 중에는 안기부나 보안사의 사주를 받은 전화도 많았을 것이다. 또 그의 출마를 공공연히 외치는 군중 중에도 그런 사람이 많았을 것이다. 부산의 대표적 민주 인사이자 김대중을 변론하면서 각별한 관계를 유지했던 김광일 변호사의 자서전에는 이런 대목이 나온다.

"87년 8월 어느 날 동교동 모임에 초청을 받았다. 가보니 최측근 핵심 참모들이 모인 단일화 대책회의였다. 김대중의 요청으로 말문을 연 나는 대인론에 입각해서 김영삼에게 후보를 양보하는 것이 맞다는 요지의 말을 했다. 듣고 있던 김대중이 다른 의견은 없느냐고 다른 참석자에게 물었다. 아무도 말하는 이가 없자 '내가 여러 사람들로부터 비슷한 얘기를 듣고 있다. 그러나 나는 이번에 양보하면 나이가 많아 대통령이 될 수가 없소'라고 김대중이 얘기했다."(김광일 기념 사업회, 『신념의 길을 가다』, 이지출판, 2015, 167쪽)

동교동 핵심 참모들조차 이번에 출마해야 한다고 강하게 주장하는 사람은 거의 없었다. 9월 29일 양김이 담판을 벌였으나 결렬됐다. 양김이 최초로 진심을 털어놓은 자리였다. 김영삼은 이런저런 이유로 내가 후보가 되고, 당신은 총재가 되어 같이 민주 정부를 수립하자고 말했고, 김대중도 이런저런 이유로 이번에 안 나갈 수 없다, 내 나이도 감안해 달라는 등등의 이야기를 했다.

10월 13일 재야의 통합 조직이던 민통련이 김대중을 국민 후보로 추대한다는 성명을 발표했다. 김대중으로서는 백만 원군을 얻은 셈이었다. 독자 출마의 명분과 모양새를 갖춘 격이었다. 이 결정의 후과로 재야는 독자적인 정치 세력으로 성장하지 못하고 뿔뿔이 흩어지는 결과를 가져왔다. 10월 28일 김대중은 민주당을 탈당해 신당을 창당하고, 대통령 후보 출마 선언을 했다. 10월 30일 충청을 기반으로 한 김종필도 대선 출마를 선언하여 대선은 4자 구도로 확정됐다.

11월 7일 전두환은 기쁜 마음을 감출 수 없었다. 그의 손에는 전날 발행된 〈로스앤젤레스타임스〉가 들려 있었다. 드디어 양김이 분열해서 각자 출마한다. 애초 예측한 대로 순조롭게 잘 진행됐다. 다음 주에는 김대중이 신당을 창당한다고 한다. 마침내 낚싯밥을 물고야 마는구나. 미국 대사관에서 막 보낸 〈로스앤젤레스타임스〉에는 김대중의 기고문이 실려 있었다. 놀랍게도 김대중은 미국 신문에 4자필승론을 근거로 자신이 반드시 승리할 것이라는 자신감을 공개적으로 주장하고 있는 것이 아닌가. 김대중을 업어 주고 싶은 심정이었다.

"Why can't Roh win honestly, given the much promoted argument that because Kim Young Sam is also a candidate, opposition vote will be split? Ironically, the candidacy of Kim Young Sam, my colleague in the opposition, increases the size of my lead. Today It is agreed by all political camps that the two areas of the country where I am strongest are my home region, the southwest, and in Seoul and surrounding cities. Together these areas hold more than half of the nation's voters.

At the same time, I think my reception in Pusan on Sunday, the heartland of Kim Young Sam's support, demonstrates that my constituency knows no regional boundaries. In 1971, despite massive fraud, I received 46% of the vote in the presidential election. My constituency is secure and expanding.

By contrast, Kim Young Sam and Roh Tae Woo will split the southeast, their home areas, between them and lose the central region of the country to Kim Jong Pil, the fourth candidate. as a former Prime Minister, Kim Jong Pil will also take votes nationally from Roh. So these three candidates are feeding off each other's votes, and strengthening my lead."

"양김이 동시 출마하여 야권표가 갈라지는데도 왜 노태우 후보는 이길 수 없을까? 아이러니하게도 민주화 동지인 김영삼의 출마로 인해 나의 승리 가능성은 더 커졌다. 호남과 수도권이 나의 홈그라운드라는 것은 모든 후보 진영이 동의하고 있는 사실이다. 이 두 지역의 유권자 수는 과반을 넘는다.

동시에 지난 일요일 김영삼의 근거지인 부산에서 내가 받은 환영의 열기는 나의 지지 기반이 지역적 한계를 뛰어넘는다는 것을 입증했다고 생각한다. 1971년 대선의 엄청난 부정에도 불구하고 나는 46%를 득표한 바 있다. 내 지지 기반은 충성심이 강하고 더 확장되고 있다.

반면 김영삼과 노태우는 영남 지역을 쪼개먹을 것이다. 또한 충청 지역은 전직 국무총리인 김종필이 가져갈 것이다. 김종필은 전국적으로 노태우의 보수표도 일부 분열시킬 것이다. 이 세 후보는 서로의 표를 갉아먹음으로써 나의 우세를 더 강화시키고 있다."

'잘한다! 잘한다! 양김의 동시 출마를 만들어 내기 위해 그동안 수고한 보안사와 안기부에 격려 봉투라도 보내야겠지. 노태우도 생각보다 잘하고 있다. 막상 시켜 보니 타고난 배우 소질을 갖고 있었다. 노태우가 저런 면도 있었나, 느껴질 정도로. 보통 사람 노태우? 보통 사람의 시대? 참 머리도 좋아. 지난 6월 어려웠던 고비가 어느덧 까마득하게 느껴졌다. 그땐 정말 당황스러웠지. 이제 큰 고비는 넘겼다. 그렇지만 지금부터가 진짜지. 우선 실탄부터 충분하게 만들어야지. 비서실장에게 30대 재벌 회장을 청와대로 오라고 지시해야겠어. 보안사와 안기부에도 지금부터 더 잘해야 한다고 독려해야지.' (10년 뒤 전두환이 노태우에게 3,550억 원의 선거 자금을 전달한 것이 밝혀졌다)

유세장 폭력이 무법천지를 이루었다. 11월 14일 김영삼의 광주 유세. 일단의 청년들이 연단을 향해 야유를 퍼붓다가 돌멩이와 쇠꼬챙이를 던지기 시작하더니 급기야는 몽둥이를 들고 연단을 향해 난입하기 시작했다. 유세를 중단하고 황급하게 몸을 피할 수밖에 없었다. 이 모든 폭력 현장은 텔레비전을 통해 전국에 반복해서 방송됐다. 폭도들은 '배신자 김영삼', '김대중 선생 만세'를 외쳤다.

다음 날 15일 김대중의 대구 유세도 폭력으로 난장판이 됐다. 11월 29일 노태우의 광주 유세는 폭력의 절정을 이루었다. 수천 명으로 보이는 괴청년들이 노태우에게 돌멩이를 던지는 등 현장은 아수라장이었다. 폭동이 따로 없었다. 마치 광주 시민들이 노태우를 응징하는 장면처럼 보였다. 이 모든 폭력의 배후가 보안사령부의 공작이었음은 나중에 알려졌다. 하지만 이 와중에서도 세 후보의 동상이몽은 계속됐다. 김대중은 자신의 승리를 확신했다. 이겨도 그냥 이기는 것이 아니라 50%가 넘는 절대 승리를 거두리라 확신했다. 김영삼은 아슬아슬한 리드가 불안해서 확실히 이기는 카드를 찾고 있었다. 비운의 계엄사령관 정승화 장군을 영입하여 초반 기세를 올리기도 했다. 판세의 흐름을 김대중은 전혀 모르고 있었고, 김영삼은 약간 알고 있었고, 전두환-노태우는 정확하게 파악하고 있었다.

이럴 즈음 동남풍이 아닌 북풍이 전두환-노태우를 도와주러 나타난다. 올림픽 공동 개최가 물 건너간 것에 대한 보복으로 평양이 지시한 KAL기

폭파 사건이 발생했다. 일순 선거 흐름은 급변하여 노태우의 지지율이 오르기 시작했다. 극단적인 폭력이 선거판을 지배했지만 야권을 지지하는 유권자들은 환멸, 냉담, 자조감이 복합적으로 어우러진 심리적 공황 상태에 빠졌다. 집권 세력의 조직적 부정선거와 정치 공작에 대하여 항거하는 마음보다 단일화를 무산시킨 양김에 대한 실망과 좌절이 대중의 마음을 산산조각으로 찢어 놓고 있었다. 막판 단일화를 위한 마지막 노력들이 나타났다.

12월 16일로 예정된 투표일이 다가오자 각 후보 진영은 마지막 대세를 잡기 위해 경쟁적으로 세 과시에 돌입했다. 이미 구도가 헝클어진 선거에서 후보들이 지푸라기라도 잡겠다는 심정으로 매달린 것이 여의도의 초대형 집회였다. 11월 29일 김대중의 여의도 유세장에는 130만 명의 인파가 몰렸다. 1주일 뒤 김영삼의 여의도 집회에도 비슷한 군중이 몰렸다. 또 1주일 뒤 노태우는 젖 먹던 힘까지 다 동원해 150만 인파를 동원하는 데 성공했다. 올림픽 뒤 중간 평가를 받겠다는 공약이 이날 발표됐다. 12월 13일 김대중은 대통령 당선 확인 대회라는 이름으로 유세 사상 최대 인파가 동원된 보라매 집회를 개최했다. 민심의 추세와는 상관없는 자기들만의 잔치였다.

12월 8일 투표 1주일 앞두고 대학생들이 김대중과 김영삼의 정당에 들어가 단일화를 촉구하는 농성에 돌입했다. 12월 10일 양김 후보의 단일화를 촉구하는 백기완 후보의 민주 연립정부 제안에 대해 김영삼은 수락하고, 김대중은 거부했다. 결국 백기완은 14일 민주 연립정부 구성 실패에 대한 책임을 지고 후보직을 사퇴했다.

14일 동교동에서는 대선의 흐름을 되돌리기 위한 마지막 움직임이 있었다. 김경재의 증언이다. 단일화 대책회의에 문익환과 이문영 등 4명의 재야 인사와 동교동 고참 비서 4명이 참석한 8인 회의가 열렸다. 김경재는 회의 시작 전 김대중의 다짐부터 받아 냈다. 두 사람의 대화는 사뭇 비장했다.

"김영삼 씨와 다시 대화를 하십시오."

"자네가 잘 알다시피 그이가 양보를 할 사람인가?"

"그렇죠. 절대 양보 안 할 겁니다."

"그러면 나보고 포기하라는 얘기인가?"

"예, 그렇습니다."

"이 사람아, 보라매 유세장에 모였던 그 많은 인파들을 안 봤는가? 그렇게들 나에게 한을 풀어 달라고 하는데 내가 어떻게 이 시점에 후보를 사퇴할 수 있겠는가?"

"그렇다면 오늘 회의의 결과가 후보 포기 쪽으로 나더라도 수용하시겠습니까?"

"만장일치의 결론이라면 받아들이겠네."

8인 회의는 격론 끝에 표결에 들어갔다. 결과는 7대1. 재야의 이문영 교수 한 사람만 제외하고는 모두 후보 포기 쪽에 표를 던진 것이다.(박호재, 『사랑해요 DJ-김대중 평전』, 이룸, 2009, 232쪽)

12월 16일 투표가 끝났다. 노태우 828만 표(36.6%), 김영삼 633만 표(28%), 김대중 611만 표(27.1%)였다. 김종필은 182만 표(8.1%)를 얻었다. 전두환-노태우 팀은 백척간두의 위기에 처했다가 기사회생하는 데 성공했다. 이로써 군벌 세력은 한국 사회에서 그 뿌리를 영원히 내리게 됐다. 이 선거가 엄청난 부정선거라는 점은 너무나 확실했다. 그러나 대중의 초점은 단일화를 무산시킨 양김의 책임론에 쏠렸다. 양김의 20년에 걸친 민주화 투쟁은 분열 속에 참담한 패배로 귀결됐다. 양김의 분열이 의미하는 민주주의 동맹의 해체는 한 번의 패배로 끝나는 것이 아니었다. 한국 사회의 지형이 바뀌고 역사의 흐름이 전혀 다른 방향으로 가게 되는 변곡점이 됐다.

1987년 전반기 6개월이 '한반도 역사 일천 년내 제1대 사건'이라고 한다면, 후반기 6개월은 천 년 만에 다가온 기회를 무산시킨 가장 아쉬운 역사의 대목이라 하지 않을 수 없다. 민주 진영의 분열은 양김과 그 측근 그룹들, 즉 상층의 분열에 그치는 것이 아니었다. 도미노처럼 민주 진영 전체를 갈가리 해체하기 시작했다. 30년에 걸쳐 반독재 민주화 운동이라는 유대감 속에 서로 동맹 관계에 있던 호남과 '가야'가 적대적 관계로 변했다. 전두환-노태우 팀의 막후 조종으로, 양김에 대한 폭력적 공세라는 이간책이 주효하여 양 지역의 대중은 서로 반목하기에 이르렀다. 실제 이 대선 이후 양김은 상대방의 지역에서 끝까지 환영받지 못했다. 각자 서로 살아남기 위해서라도 상대방에게 선거 패배의 책임을 돌리다 보니 적보다 더 서로를 증오하게 되는 '근친 증오'의 현상이 나타나게 됐다.

민통련과 국본 같은 재야 단체도 빈껍데기만 남는 후과를 치르게 된다. 초인적으로 고난을 무릅쓰고 민주화 투쟁을 했던 영웅들이 하루아침에 실없는 사람으로 곤두박질쳤다. 각자의 이념과 인간관계에 따라 증오심을 가슴 가득이 안고 뿔뿔이 흩어져 상대방에게 삿대질하는 험한 풍경이 일상화됐다.

무엇보다 큰 손실은 민주화 운동 세력을 보는 대중의 시선이 바뀌었다는 점이었다. 시민들의 헌신과 희생으로 차려진 밥상을 자기 욕심으로 때려 엎는 장면을 보고 민주화 운동 세력의 위신은 땅에 떨어졌다. 독립운동부터 반독재 운동에 이르기까지 백년에 이르는 지난한 투쟁의 결말이 너무 허망했다.

자기희생은 무슨 개뿔! 알고 보니 권력욕 앞에 이때까지 했던 말들이 다 거짓말처럼 여겨졌다. 김영삼의 '마음을 비웠다'느니, 김대중의 '행동하는 양심'이나 '내 인생의 목표는 무엇이 되는 것보다 어떻게 사는 것'이라느니

하는 말들이 자승자박이 되어 대중의 조롱거리가 됐다. 민주화라는 목표를 노태우에게 뺏긴 민주 세력은 이후 양김을 대통령으로 만들어야 한다는 현실적 목표에 매몰되게 된다. 민주화의 완성이라는 고결한 목표보다는 현실 권력의 장악이 최우선시 됐다. 정도는 사라지고 민주 진영에서조차 패도가 행동의 규범으로 자리 잡았다. 김대중의 집권 전략에 도움이 되고, 충성심이 강한 사람만 살아남았다. 김영삼 진영도 마찬가지였다. 재야인사들은 줄을 잘 대는 사람만 살아남는 풍토가 됐다. 가치의 추진력을 상실한 민주 세력은 평등 세력을 껴안고 평화운동을 대중적으로 일으킬 현실적 동력이 위축되게 됐다. 오랜 방황의 시작이었다.

노태우의 당선이 확정되는 순간 65%의 국민들은 참담한 상태에 빠졌겠지만, 양김은 '아이고, 또 5년 고생문이 열렸구나' 했을 것이다. 그들의 대통령을 향한 집념은 초인적 집착이었다. 아니 소명의식이라고 해 줘야겠지.

역사에서 가정은 없다지만, 소설에서는 가능하다. 만약 양김이 단합하여 민주 정부를 세웠다면 어떻게 됐을까? 올림픽도 민주 세력이 치러 냈을 것이고, 북방 외교를 통해 남북 관계의 획기적 진전이 10년 앞당겨 달성됐을 것이다. 무엇보다 일제시대부터 군벌 독재 시대에 이르기까지 기득권 세력과 제도에 대한 철저한 청산이 가능했으리라. 그 힘을 바탕으로 평등 세력을 껴안는 선진적인 사회로 탈바꿈했으리라.

김대중, 김영삼, 노무현으로 이르는 15년 민주 정부의 황금시대가 열렸을 것이다. 양김의 단합 시대에서도 양김의 후계자는 노무현이 됐을 것이다. 그는 양김 세력 내에서 군계일학의 걸출한 정치인이었다. 그렇게 됐다면 노무현의 비극적 최후도 없었을 것이다. 공상이긴 하지만 상상만 해도 배가 부르다. 그러나 역사의 실제 방향은 정반대로 흘러갔다.

12장
노태우 대 김일성

노태우의 야망

1987년 12월 16일 드라마틱한 승리를 거둔 노태우는 그날 잠을 이룰 수 없었을 것이다. 이제 노태우의 그날을 정치적 상상력을 곁들여 들여다보자.

드디어 내가 대통령이 됐다. 믿어지지 않는다. 1951년 육사 입학에서 1981년 대장으로 예편하기까지 대통령이 되리라고는 꿈에도 생각지 않았다. 그런데 내가 대한민국의 대통령이라니! 이건 운명이야. 하늘의 뜻이라고 할 밖에. 전두환을 만난 인연이 없었다면 가능했을까? 불가능했겠지. 전두환이 대통령이 됐으니 나도 기회를 잡을 수 있었다고 봐야겠지.

지난 7년간 얼마나 가슴 졸이며 남모르는 속앓이를 했던가. 한강에 나가 아무도 모르게 눈물을 흘린 적이 한두 번이 아니었다. 대통령 자리란 무서운 것이다. 평생 친구인 전두환 밑에서조차 조마조마한 마음으로 후계자 자리를 따내기 위해 참을 인(忍)자 세 개를 가슴에 품고 살아온 7년이었다.

문득 김종필 선배가 떠올랐다. 1980년 가을 그가 부정 축재자로 단죄되어 고독한 시절을 보낼 때, 위로 방문차 간 자리에서 그가 나지막하게 소곤

거린 말. 난 그 뒤 어려운 시절이 닥칠 때마다 그 말을 되새김질하곤 했다. '2인자는 절대로 1인자에게 불평이나 불만을 드러내서는 안 된다. 없는 불평이나 불만도 만들어 내서 이간질하는 대통령의 측근이 생기기 마련이다. 무조건 굽히고 무조건 받들어라.'

전두환, 고맙다. 그렇지만 오버하지는 말아 줘. 대통령이란 자리는 소소한 우정에 매달려야 되는 자리가 아니지. 우리의 우정은 역사에 남겠지. 그렇지만 난 지금부터 노태우 시대를 열어야 돼! 섭정할 생각은 하지 마. 물러났으면 깨끗이 손을 떼야지. 뒤에서 수렴청정 하겠다면 그건 내가 용납할 수 없지. 전두환 시대는 막이 내렸다는 사실을 받아들여야 돼.

우리가 도원결의로 12.12 사태를 주도하고, 온갖 어려움을 같이하면서 전두환 시대를 열고 여기까지 왔지. 그러나 난 이제 차원이 다른 대통령이 됐어. 난 쿠데타로 대통령이 된 게 아니야. 전 국민의 직선으로 뽑힌 정통성 있는 대통령이라구! 노태우 시대는 이제까지와는 달라질 거야. 박정희도, 전두환도 뛰어넘는 그런 시대를 만들 거야.

난 이제까지 한국의 어떤 대통령도 받아 보지 못한 제왕 수업을 마스터한 지도자야. 군에서 보낸 30년을 통해서 군을 통제할 능력을 보유했지. 체육부장관, 정무2장관(올림픽 준비가 주 업무)을 거치면서 국정 운영과 세계를 상대로 외교 경험을 쌓았지. 집권당 당 대표를 거치면서 정치권을 다루는 능력을 함양하기도 했어. 수많은 위기 순간을 극복하면서 리더십도 검증된 사람이지. 이 노태우가 직선제로 김대중과 김영삼을 꺾으리라고 내다본 사람이 누가 있었어. 그렇지만 난 해냈어.

무엇보다도 난 올림픽 조직위원회 위원장을 3년 하면서 세계를 본 사람이야. 이때까지 어느 대통령이 나처럼 세계의 흐름을 직접 보고, 전 세계에 네트워크를 가졌겠어? 두환이, 고마워. 그렇지만, 두환이 시대에 나를 얽어

매서는 안 돼. 대한민국을 세계 속에 우뚝 세우는 역할을 내가 해내야 하니까. 군부독재? 권위주의? 내가 전두환 시대의 프레임에 갇혀서는 안 되지. 노태우 시대는 보통 사람의 민주화 시대요, 대한민국의 세계 무대 데뷔 시대야.

이제 3김(김대중, 김영삼, 김종필)은 더 이상 내 상대가 아니야. 그들은 재기 불능의 타격을 받았어. 대선 참패의 후유증에서 벗어나는 것도 힘겨울걸. 김대중과 김영삼이 거꾸러진 지금 민주화조차 이 노태우가 주도하는 거야. 그리고 진짜 내 상대는…… 바로 북한의 김일성이지.

김. 일. 성. 그를 뛰어넘는 것이 노태우 시대야. 내가 보기에 사회주의는 수명이 얼마 남지 않았어. 지난 몇 년간 소련과 중국 그리고 동구권을 접촉해 보니 그들도 결국 인간이 다스리는 나라더군. 뇌물이 통하고 특권계급도 있고, 돈이면 귀신도 부릴 수 있는 사회더군. 대한민국의 경제는 이미 북한 정도는 보이지 않을 정도로 추월한 상태야. 그동안 전두환이 군부독재자라는 국가 이미지 때문에 우리는 운신의 폭이 너무 좁았어. 군부독재 디스카운트를 당했던 거지. 그러나 난 달라. 정통성 있는 민주국가의 대통령으로서 대한민국의 극가 브랜드와 경제력을 최대한 활용하여 한반도의 역학 관계를 완전히 내 페이스로 바꾸어 버릴 거야. 태종의 공포정치에서 탄생한 세종대왕이 역사에 남는 명군이 됐듯이, 이 노태우도 군벌 정치에서 나왔지만 역사에 길이 남는 업적을 남길 거야.'

하지만 노태우의 기대와는 달리 3김은 죽지 않았다. 전두환-노태우가 승리한 전략이었던 4자필승론이 대선에서는 통했지만, 소선거구제로 실시된 총선에서는 노태우를 패자로 만들었다. 전두환 시절까지 총선은 선거구당 2명을 뽑는 중선거구제였다. 그런데 이 중선거구제에 대한 일반 국민의 반감은 매우 컸다. 이 제도는 유신 시절의 그것까지 포함해 대표적인 독재 시대의 유물로 찍혀 '극혐'의 대상이었다. 그래서 결국 국민의 압력 속에 선거구당 1명을 뽑는 소선거구제로 변경됐다. 그 결과 1988년 4월에 실시된 총선에서 노태우의 민정당이 125석(득표율 34%), 김영삼의 통일민주당이 59석(23.8%), 김대중의 평화민주당이 70석(19.3%), 김종필의 신민주공화당이 35석(15.6%)을 얻었다. 민정당은 과반수에 미달하여 사상 최초로 여소야대 정국이 형성됐다. 또한 호남에서 90% 이상의 몰표에 힘입어 김대중의 평민당이 전국적 득표에서는 적었음에도 의석수에서는 김영삼의 통일민주당보다 더 많이 얻어 제1야당이 됐다. 총선 결과로 국내 정국의 주도권을 쥐겠다는 노태우의 야심은 무너졌다. 새로 형성된 여소야대 정국으로 인하여 3김이 정국 주도권을 행사할 수 있어, 민주화가 직선 코스는 아니지만 우회적으로라도 진행되게 됐다.

국내에서 예상치 못한 여소야대 정국을 맞이한 것과 달리 외교 부문에서는 노태우와 김일성의 진검 승부가 펼쳐졌다. 1988년부터 1992년까지 노태우 임기 동안 남북한은 한국전쟁이후 가장 치열한 외교 전쟁을 벌였다. 노태우와 김일성이 한반도라는 바둑판 위에서 문자 그대로 한판의 승부를 펼친 것이었다. 그리고 김일성의 불계패로 이 외교 전쟁은 끝났다.

첫 번째 드잡이는 1988년 9월에 열린 올림픽을 무대로 벌어졌다. 올림픽을 두 달 앞둔 7월 7일, 노태우는 이른바 7·7선언을 발표한다. 장기적으로는 북방 외교의 틀을 제시한 선언이고, 단기적으로는 서울 올림픽에 공산권이 참가할 수 있도록 주춧돌을 놓는 선언이었다.

'민족자존과 통일 번영을 위한 특별 선언'이라는 제목이 붙은 이 선언을 통해 그는 이제까지와는 달리 남북 관계를 '함께 번영을 이룩하는 민족 공동체로서의 관계'로 표현하고, 남북 동포 간의 상호 교류, 이산가족 접촉,

남북 교역 문호 개방, 우방국들의 비군사적 물자들에 관한 대북 교역 허용, 국제 무대에서의 남북 협력, 그리고 미·일과 북한과의 관계 개선 협조 및 남한과 사회주의권과의 관계 개선 의지 등의 내용을 담고 있었다. 서울 올림픽과 사회주의권의 대붕괴를 앞두고 노태우가 선수先手를 두었다.

평양의 굴욕

살을 에는 차가운 바람이 휘몰아치고 폭설이 내린 1988년 11월 10일, 소련의 수도 모스크바 크렘린 궁에서는 한반도의 흐름을 바꾸는 또 한 번의 역사적 회의가 열렸다. 그날 소련의 최고 지도부인 공산당 정치국 회의에는 한반도 정책이 안건으로 상정됐다. 안건은 치열한 토론 끝에 고르바초프의 결단으로 만장일치 결론을 내렸다. 30여 년 동안 지속된 남한과의 적대 관계를 청산하고 긍정적인 관계 개선을 도모해야 한다는 중대한 결정이었다.(돈 오버도퍼, 『두 개의 한국』, 이종길 외 번역, 길산, 2002, 307쪽)

정치국원 누구도 소련이 탄생시켰던 김일성의 북조선을 옹호하지는 않았다. 오직 소련의 국가이익을 중심에 놓고 한반도의 이해관계를 재해석했다. 소련은 경제난으로 코너에 몰리고 있었다. 세계적인 3저 현상으로 석유, 가스 등 원자재를 수출하던 소련은 외환 부족에 시달렸고, 국민들을 먹여 살릴 곡물과 생활필수품을 살 달러가 고갈됐다. 고르바초프가 이끄는 소련으로서는 냉전 구조 해체를 포함한 전면적인 개혁과 개방 정책에 올인하지 않을 수 없었다.

이럴 즈음 동아시아의 한국은 소련의 유력한 파트너이자 소비재 공급 국가로 여겨졌다. 이에 반해 북한은 그저 소련의 골칫거리였다. 80년대 내내 북한에 소규모의 경제원조를 해 주었지만 밑 빠진 독이었다. 소련에게 북한은 계륵이나 마찬가지였다. 소련 공산당을 지배하는 고르바초프 그룹은 북한의 김일성에 대해 매우 부정적이었다. 마르크스-레닌주의를 빙자한 왕조라고 불렀다. 반면 김일성 역시 개혁과 개방을 내세운 고르바초프를 흐루시초프보다 더 나쁜 수정주의자로 보고 공공연히 비판적인 의견을 표출하곤 했다. 정치국원들은 이 회의의 결정을 당분간 비공개키로 했다. 북한과 아시아의 맹방들이 받을 충격을 감안해 서서히 정책을 선회하기로 합의했다.

소련의 이러한 태도 변화는 두 가지 요인 때문에 가능했다. 첫째는 한국의 급성장한 경제력이었고, 둘째는 서울 올림픽이었다. 1989년 들어 한국은 역사상 최초로 순 채권국이 되는 등 3저 호황을 거치면서 경제적으로 비약했다. 1988년 무렵 남한의 GNP는 북한의 7배에 도달했다. 서울 올림픽은 소련 대중들에게 한국에 대한 기존의 인식을 깨뜨리고 매우 우호적인 정서를 퍼뜨렸다.

서울 올림픽이 열리는 2주 동안 공산권을 포함한 전 세계 대중들은 하루 10시간에서 12시간 동안 올림픽 중계방송을 접하면서 서울과 한국의 실제 모습을 알게 됐다. 그동안 북한이 홍보해 온 한국과는 너무도 달랐다. 더욱이 반공 국가로 알려진 한국의 관중들이 미국보다 소련 선수를 더 열렬히 응원하는 모습을 접하고는 문화적 쇼크를 받았다. 금상첨화로 8년 만에 소련이 금메달 1위를 기록하자 대중의 환호성은 더욱 커졌다. 소련 사회 내부에서 한국에 대한 이미지에 코페르니쿠스적인 변화가 일어났던 것이다. 갑작스럽게 한국에 우호적인 기사, 방송이 모스크바에 넘쳐났다. 서울 올림픽은 체육 행사로서도 의의가 컸지만, 한반도 정세를 변화시키는 분기점으로서도 결정적 계기로 작용했다.

북한은 올림픽이 공동 개최되거나, 공산권만이라도 불참하기를 바랐지만 그 어느 것도 북한 뜻대로 되지 않았다. 1984년 로스앤젤레스 올림픽을 거부했던 공산권 국가들은 북한의 간절한 요청에도 불구하고 처음부터 북한의 의사와 무관하게 서울 올림픽에 참가하겠다는 뜻을 명확히 했다. 올림픽 참가에 대한 내부의 압력이 워낙 컸기 때문이었다.

올림픽 직전 1988년 9월 13일 헝가리가 한국과의 외교 관계 수립을 발표해 좌절감에 빠져 있던 북한에 또 하나의 타격을 가했다. 북한은 격렬하게 반발했다. 헝가리가 마르크스-레닌주의의 원칙과 노동자 계급의 혁명 정신에 반역하는 중대한 실수를 저질렀다고 비난하면서 과연 헝가리가 우방의 신의를 배신하면서까지 남조선 괴뢰정부로부터 달러 몇 푼을 구걸해야 할 정도로 어려운 형편인가라고 분노했다.

올림픽으로 상승 기류를 탄 노태우 정권은 북방 정책에 가속 페달을 밟기 시작했다. 때마침 세계정세도 노태우에게 매우 유리하게 전개됐다. 어떤 면에서는 노태우가 세계정세를 미리 내다보고 정확하게 대처했다고 평가할 수 있다.

1989년은 세계사적 격변이 일어난 해였고 한반도에도 그 영향이 쓰나미처럼 몰려왔다. 이해 봄 체코의 하벨 정권 수립, 폴란드의 바웬사 정권 수립 등으로 동유럽 공산주의권이 민주화되기 시작했고, 5월 중·소 정상회담이 열려 30여 년에 걸친 중국과 소련 간의 분쟁이 일단락됐다. 6월 4일 북경의 천안문에서는 민주화를 요구하는 대규모 시위가 발생하자 중국 지도부는 군을 동원해 무력으로 진압했다.

마침내 11월 베를린 장벽이 무너져 독일이 통일됐다. 누구도 미처 손 쓸 사이도 없이 대중들의 힘으로 장벽이 무너진 것이었다. 놀랍게도 고르바초프의 소련이 독일 통일을 방해하지 않았다. 독일 민족은 2차 세계대전을 일으킨 원죄에 대한 형벌이었던 분단 상태를 평화적으로 마감할 수 있게 됐다. 누구도 예상치 못했던 상황의 진전이었다.

이러한 세계사적 격변 속에서 한반도에서도 정중동의 변화가 모색되고 있었다. 그해 여름 평양에서 열리는 세계청소년 · 청년 축전에 남한의 대학생 단체가 여학생을 대표로 비밀리에 참석시키는 이벤트를 벌여 남한 사회를 깜짝 놀라게 했다. 남한 내부에서 40년간 지속된 분단 상태를 깨고 통일운동을 가속화하려는 민간 운동에 불이 붙은 것이었다. 남한 학생 대표로 참석한 여학생은 평양에서 열렬한 환영을 받았다.

재미있는 것은 남한의 반정부 대학생 단체가 파견한 대표가 북한 인민들의 환영을 받는 그 경기장에 남한의 대통령 특사가 있었다는 점이었다. '한국의 키신저'라는 별명으로 불리기도 했던 박철언을 대표로 한 특사단이 남북한 간의 비밀 교섭을 위해 평양을 방문했는데, 바로 그 경기장에 참석해 있었던 것이다. 1989년 12월 부시와 고르바초프가 정상회담을 갖고 냉전의 종식을 선언했다.

노태우는 이런 흐름 속에서 9월 11일 '한민족 공동체 통일 방안'을 발표하여 남북이 공생하는 것을 목표로 한 새로운 통일 정책을 발표했다. 다음 해인 1990년은 냉전 해체 이후의 세계 질서가 한반도에 몰고 온 쓰나미를 실감하게 된다. 6월 4일 샌프란시스코에서 노태우와 고르바초프의 정상회담이 열렸다. 역사적인 회담이었지만, 내용적으로는 매끄럽지 못했다. 상호 의전에서 삐긋한 점도 많았고, 경제협력 얘기를 정상회담에서 꺼내는 바람에 소련의 반응이 좋지 않았다. 소련의 실무선에서는 경제협력을 최우선적으로 강조하긴 했지만, 정상회담에서 조율되지 않은 상태에서 거론하는 바람에 소련의 자존심에 상처를 준 셈이었다.

그럼에도 한반도 정세의 대전환점이었다. 정상회담 직후 실무 회담이 속도를 내어, 마침내 1991년 1월 1일자로 외교 관계를 수립하자는 데 합의했다. 소련은 일단 이 사실을 대외적으로 비밀로 하여 혈맹인 북한을 설득할 시간을 벌고자 했다.

그러나 북한에 설득 겸 설명 차 찾아간 세바르드나제 외교 장관은 김일성과의 면담도 거부되고, 북한의 강력한 반발에 쫓겨나다시피 평양을 떠났다. 북한의 배신감과 분노는 형언할 수 없었다. 김일성은 외교부장 김영남을 통해 이렇게 말했다.

"한소 수교는 한반도의 영구 분단에 국제적인 적법성을 부여하게 된다. 한소 수교를 하면 남한이 독일처럼 북한을 집어삼키기 위해 대결 구도가 더 심해질 것이다. 한소 수교를 하면 북한도 소련 내의 독립을 희망하는 세력을 승인할 것이다. 이제 더 이상 소련과 군사 문제를 사전 협의할 의무가 없게 된다. 그리고 결정적으로 핵무기 개발을 하지 않겠다는 약속에 얽매이지 않을 것이다."(돈 오버도퍼, 『두 개의 한국』, 이종길 외 번역, 길산, 2002, 33~332쪽)

북한의 냉대에 격분한 세바르드나제는 9월 초 유엔에서 만난 남한의 외무 장관이 수교 시점을 앞당길 수 없겠냐고 물어보자, 펜을 꺼내어 1991년 1월 1일을 지우고 그 자리에 1990년 9월 30일을 써 넣었다. 1945년 2월 알타회담에서 소련의 대일 전쟁 참전이 결정된 지 45년만이었다.

1988년 가을, 서울 올림픽 이후 한반도와 세계를 무대로 벌어진 일련의 사건 속에서 김일성은 현실을 받아들일 수도 없었고, 납득할 수도 없었다.

도대체 왜 이런 일이 벌어지는 거지? 세상이 혁명을 배신하다니. 남한이 북조선을 추월했다는 사실과 오랜 친구들이 그 생생한 현실을 낱낱이 목격하고 보이는 반응이 너무도 착잡하다. 동독의 호네커와 루마니아의 차우세스쿠는 그래도 든든한 친구였는데. 그들은 흔들림 없이 나에 대한 존경과 우정을 표시했다. 그렇지만 돈 몇 푼에 혁명의 대의를 판 헝가리를 비롯한 기회주의 세력이 너무나 괘씸하다.

1985년 무렵부터 나라의 일상적인 업무는 후계자 아들 김정일에게 거의 물려주고, 이제는 큰 틀의 그림만 지도하는 상태. 나와 아들 김정일의 공동 정권이라 부를 만했다. 1984년 말의 소련과 동유럽 방문이 불현듯 기억 속에 살아났다. 한 달 반에 걸친 기차 여행을 통해 지난 40여 년간 우정을 쌓아 온 친구들에게 마지막 인사를 하기 위해 찾아갔을 때만 해도 공산주의 블록은 아무 이상이 없었다.

그런데 고르바초프라는 뜬금없는 젊은이가 소련의 지도자가 되더니 숭고한 혁명의 대의를 완전히 망쳐 버리지 않았나. 세계 공산주의 혁명을 독려하던 위대한 수령 스탈린의 소련이 개혁과 개방이라는 자본주의적 아편에 취하여 미 제국주의와 한편으로 놀아나다니! 고르바초프가 미국과 놀아나는 사이에 동유럽 사회주의 국가 전부가 1989년에 망해 버렸다. 폴란드, 체코슬로바키아, 동독, 헝가리, 루마니아 등 모두가 지구상에서 사라졌다. 호네커 동독 공산당 총서기는 체포 영장이 발부되어 국제적으로 도망을 다니는 신세고, 루마니아의 차우세스쿠는 반란군에게 사로잡혀 즉결 처형됐다. 그것도 총알을 무려 120발이나 맞았다니!

옛 친구들 생각을 하니 갑자기 심장이 송곳으로 찔리는 듯 극심한 통증이 전해졌다. 옆방에 있는 의사를 급히 불러 긴급 처치를 받았다. 이젠 80세에 접어들어 건강도 예전 같지 않다. 특히 심장이 좋지 않다. 내 인생도 얼마 남지 않은 것이 분명한데, 이대로 세상을 떠날 수는 없다. 조선민주주의 인민공화국을 반석 위에 올려놓고 미 제국주의와 남조선 괴뢰 도당이 어떤 도발을 하더라도 무너지지 않는 나라를 내 아들에게 물려주고 가야 할 텐데.

그 고르바초프가 결국 1990년 6월 사고를 쳤다. 미국에서 남조선의 노태우를 만나다니. 이건 나를 공개적으로 모욕하는 것 아닌가. 내가 두 눈 시퍼렇게 뜨고 살아 있는데 내 면전에 대고 노태우와 만나 희희덕대? 이건 용납할 수가 없어. 레닌과 스탈린이 만든 위대한 나라 소련이 이렇게 형편없게 되다니. 돈 몇 푼에 몸 파는 것과 다를 것이 뭔가? 이제 조금 있으면 남한과 국교 수립하겠다는 이야기가 나올 판이군. 이건 반드시 저지해야 돼! 외교부장 김영남에게 총력으로 저지하라고 해야겠군.

북한의 격앙된 반응에도 불구하고 고르바초프는 개의치 않고 남한과의 외교 관계 수립을 확정짓고, 9월 초 소련 외교부장 세바르드나제를 보내 김일성을 설득하려 했다. 그러나 김일성은 만나 주지 않았다. 이때까지 없었던 모욕적인 대우를 한 다음 북조선은 최대한 보복할 것이라는 점을 명확하게 피력했다.

소련이 남조선 괴뢰를 국가로 인정한다? 미국과 일본은 북조선과 접촉조차 하지 않는 상태에서. 게다가 올림픽 이후 중국과 남조선의 무역 관계도 북조선-중국의 교역량보다 수십 배 더 커지고 있는 상태라니.

음…… 나는 지금 인생 최대의 고비를 맞고 있어. 내 동물적 본능으로 그걸 느낄 수 있지. 이 본능이 있었기에 서른셋 나이에 수많은 선배들을 거꾸러뜨리고 권력의 정상에 오를 수 있었고. 그때는 공산주의 세력이 파시즘을 격퇴하고 대세의 오름세를 타고 있을 때였지. 지금은 나의 힘으로는 어찌할 수 없는 정반대의 대세가 목을 조르는 것 같아 답답하구나.

문득 1950년 6월부터 9월까지 3개월 동안 서울을 점령했던 때 기억이 주마등처럼 머리를 스쳐갔다. 그때 내 나이가 서른여덟이었던가. 연부역강했던 30대에 한반도를 통일한 주인공이 될 뻔했던 때가 있었지. 그때 조금만 더 냉철하고 침착하게 대처했더라면. 비록 미 제국주의의 참전으로 후퇴했지만, 그 이후 단 한 번도 서울 점령의 꿈을 버린 적이 없었지. 꿈속에서조차 위풍당당한 인민군을 앞세우고, 보무도 당당하게 서울로 다시 금의환향할 날만 꿈꾸어 왔는데. 지난 40여 년간 300만 대군을 유지하면서 통일의 그 순간만을 기다려왔는데. 그런데 이제 한계에 도달한 듯하구나. 내가 죽기 전에 내 손으로 통일을 마무리 지으려고 했는데……

이제 남조선 해방은 둘째 치고, 북조선의 생존조차 쉽지 않은 여건으로 가는 듯하다. 천 년 전 고구려가 이민족인 당나라와 연합한 신라의 공격으로 허무하게 무너졌는데, 나의 왕국조차 그런 전철을 밟게 해서는 안 되지. 남조선이 1990년 소련과 수교하고 나서 유엔에 남북이 동시에 가입하자고 주장을 하는데, 그건 이 김일성의 마지막 자존심을 건드리는 거야. 조선은 하나야. 절대로 분단을 영구화하는 것을 용납할 수는 없어! '조선은 하나'라는 명제는 적화통일을 국가 존립의 제1목적으로 설정한 조선민주주의 인민공화국에서는 수령의 신성한 독트린 아닌가.

그러나 김일성의 이 마지막 자존심조차 국제 외교 무대에서 무참하게 깨졌다. 소련은 물론이고 중국조차 1991년 5월 초 리펑 수상을 평양에 보내 중국은 남한의 유엔 가입에 반대하지 않겠다는 의사를, 정중하지만 확고하게 통고했다. 이대로 두면 남한만 유엔에 단독으로 가입할 상황이었다. 며칠 밤낮을 고민하던 김일성은 대세를 받아들이기로 결심했다. 김일성의 논리다. "남북한 유엔 동시 가입이 한반도 통일의 장애물이 될 것이 분명하지만 남한의 단독 가입 사태를 좌시할 수만은 없으므로 북한 역시 유엔 가입을 신청할 수밖에 없다." 이리하여 1991년 5월 27일 남북한의 유엔 동시 가입이 실현됐다.

김일성은 원점으로 돌아가 북조선의 활로를 찾아보기 시작했다. 우선 남한의 북방 정책에 대항하여 일본과 미국과의 관계 개선에 박차를 가하기로 했다. 둘째로 노태우가 계속 비밀리에 특사를 보내 남북 정상회담을 제안하고 있는데 이를 긍정적으로 검토해 남조선 카드도 적극 활용키로 했다.

소련과 중국으로부터 배신을 당했다고 느낀 북한은 국제 무대에서 완벽하게 고립된 상태에서 생존의 출구를 찾아야 했다. 바로 이런 배경을 안고 노태우와 김일성은 1991년 12월 31일 남북 관계 발전의 이정표로 꼽히는 남북 기본 합의서를 발표하게 된다. 정식 명칭이 '남북 화해와 불가침 및 교류 협력에 관한 합의서'인 이 문서에서 남북한은 상대 정권을 합법적인 정부로 받아들이고, 쌍방 사이의 관계가 나라와 나라 사이의 관계가 아닌 통일을 지향하는 과정에서 잠정적으로 형성되는 특수 관계라고 정의했다. 구체적인 내용을 살펴보자.

1. 상호 상대방의 제도를 인정하고 상대방의 내부 문제에 대한 간섭, 비방 중상, 파괴 전복하려는 일체 행위를 중단한다.
1. 현 정전 상태를 공고한 평화 상태로 전환시키기 위하여 상호 노력하며 이를 달성할 때까지 현 군사정전협정을 준수한다.
1. 상호 상대방에 대하여 무력 사용을 중단하고, 신뢰 구축을 위한 조치를 이행하며 군비를 대폭 감축한다.
1. 경제, 문화, 과학 분야에서 교류를 실현하고 이산가족의 자유로운 서

신 거래를 허용하며 남북 분계선에 의해 끊어진 철도와 도로를 연결한다.

이 합의의 텍스트보다 더 중요한 것은 합의에 깔린 북한 지도부의 의중이었다. 이 합의는 북한 지도부의 한반도 정세관이 코페르니쿠스적인 전환을 한 결과 나올 수 있었다. 망망대해에 고립된 북한 지도부는 남조선을 적화통일 하겠다는 공세적 전략을 사실상 포기하고, 북한 정권의 생존을 추구하는 수세적 전략으로 선회한 것이었다. 8년 뒤 2000년 6월 14일 분단 이후 최초의 역사적 남북 정상회담에서 김정일은 김대중에게 이렇게 털어놓았다.

"제가 대통령께 비밀 사항을 정식으로 말씀드리겠습니다. 미군 주둔 문제입니다만…… 1992년 초 미국 공화당 정부 때 김용순 비서를 미국에 특사로 보내 '남과 북이 싸움 안 하기로 했다'고 말했습니다. 그러면서 '미군이 계속 남아서 남과 북이 전쟁을 하지 않도록 막아 주는 역할을 해 달라'고 요청했댔습니다. 역사적으로 주변 강국들이 한반도의 지정학적 위치와 전략적 가치를 탐내어 수많은 침략을 자행한 사례를 들면서 '동북아시아의 역학 관계로 보아 조선반도의 평화를 유지하자면 미군이 와 있는 것이 좋다'고 말해 줬어요. 제가 알기로 김 대통령께서는 '통일이 되어도 미군이 있어야 한다'고 말씀하셨는데, 그건 제 생각과도 일치합니다. 미군이 남조선에 주둔하는 것이 남조선 정부로서는 여러 가지로 부담이 많겠으나 결국 극복해야 할 문제가 아니겠습니까?"

김 위원장의 말은, 1991년 12월에 '남북 화해 협력과 불가침에 관한 기본 합의서'가 채택된 것을 미국에 전하며 "북미 관계 개선도 희망한다."는 메시지를 전달했다는 뜻이었다. 또한 미군이 계속 주둔하되 "미군의 지위와 역할을 변경하여 북한에 적대적인 군대가 아니라 평화 유지군 같은 역할을 해주기를 바란다."는 뜻을 전했다는 것이다. 그런데 왜 언론 매체를 통해 계속 미군 철수를 주장하는 것인지 묻는 김 대통령에게 김 위원장은 이렇게 답변했다. "미군 철수를 주장하는 것은 우리 인민들의 감정을 달래기 위한 것이니 이해해 주기 바랍니다."(김대중, 『김대중 자서전 2권』, 삼인, 2011, 290쪽)

그런데 이번에는 남한에서 문제가 발생했다. 군 출신이었기 때문에 역설적으로 군부와 극우를 설득하면서 북방 외교와 남북 화해 정책을 펴나갔던 노태우 정권이 1992년 임기 말에 접어들면서 레임덕에 들어갔고, 그 결과 남북 정상회담이나 더 이상의 남북 화해는 냉전 극우 세력에 의해 강력한 제동이 걸렸다.

13장
5패 시대와
민주주의의 진전

합종연횡, 정치적 M&A, 유전자 변형 정치

1988년에서 2002년까지 15년 동안 남한은 네 명의 패자들이 정권을 잡고자 서로 쟁투하는 시기였다. 북한의 절대군주를 감안하면 한반도에 오패五覇의 시대가 열린 것이었다. 사패는 호남 지역의 맹주 김대중, 부산·경남 지역(가야)의 맹주 김영삼, 충청 지역의 맹주 김종필, 그리고 대구·경북을 기반으로 하는 박정희-전두환-노태우로 이어지는 군벌 세력을 지칭한다. 군벌 세력은 절체절명의 위기에 처해 양김의 분열이란 구도를 활용하여 노태우 정권을 창출하는 데 성공했다. 30여 년에 걸쳐 남한을 호령했던 군벌 세력은 이로써 면죄부를 받았다. 시민권을 획득한 군벌 세력은 자신의 세력과 기득권을 굳히기 위해 양김에 대한 분할 정책divide & rule을 기본으로, 회유와 당근 그리고 채찍 등으로 정국을 끌고 갔다.

민주 정부 수립이라는 국민적 여망을 좌절시키고 적전 분열한 양김은 책임론과 세대교체론에 직면했다. 그러나 5년 단임제라는 새로운 대통령제에서 양김은 정계를 은퇴하거나 후진을 양성할 생각은 꿈에도 없었다.

대통령 선거에 패배하는 순간부터 쏟아지는 질책과 비판에도 양김의 흥

중에는 오직 5년 뒤 벌어질 대선에서는 반드시 이겨야 된다는, 최고 권력을 향한 투지만 불타오르고 있었다. 30년 이상 민주 야당에서 한솥밥을 먹었던 양김은 인생 최후의 승부에 나서 서로에게 진검을 겨누게 된다.

1987년 혁명을 거치면서 현장에서 확인된 자유와 평등 그리고 평화를 바탕으로 한 새로운 사회의 조직화는 양김의 대권 전략이란 더 현실적인 목표를 위해 자리를 양보해야 했다. 그 결과 정치판은 일반 국민들의 민생이나 민중들의 절박한 외침과는 무관한 정치 세력 간의 권력투쟁 판이 되어 버렸다. 양김이란 절대 맹주들이 대권을 놓고 치열한 각축전을 벌인 이 시대는 모사謀士, 책사策士, 유세객遊說客의 전성시대였다. 민주주의 대 독재라는 가치의 전선이 사라진 시대에서 이제는 권력투쟁에서 이기는 '싸움의 기술'을 설파하는 정치 공학자들의 시대가 활짝 열렸다. 그 가장 대표적인 것이 지역 연합론으로 일컬어지는 합종연횡이었다. 양김의 약점과 간절한 소원을 간파한 유세객들은 이렇게 속삭였다. '명분이 정권을 가져다 주지 않습니다. 정권을 잡기 위해서는 악마와도 손을 잡아야 합니다' 그렇게 해서 양김은 차례로 악마와 손을 잡는 권력 정치에 빠져든다.

유전자 변형 농산물GMO이 대단히 위험하다고 경고하는 사람들이 많다. 병충해에 강하다든지, 소출이 많아진다든지 하는 장점도 있지만, 유전자의 인위적인 조작이 훨씬 더 큰 부작용을 초래할 것이라는 경고를 귀담아 들을 필요가 있다. 오패 시대에 남한을 풍미한 합종연횡의 정치는 최종적으로 유전자 변형이라는 가공할 결과를 가져왔다. 오로지 승리를 위한 합종연횡과 정치적 M&A가 행해진 나머지 정치적 유전자 자체가 변형되고 만 것이다.

민주화 세력이 군벌 세력과 손잡고, 군벌 세력이 민주 세력과 합작하고, 어제의 혁명가가 군벌 세력에 투항하는 어지러운 정치나 나타났다. 어지러운 정치! 어지러운 세상! 이것이 바로 난세亂世가 아닌가.

오직 승리만을 향한 합종연횡과 정치적 M&A는 정치 세력의 고유한 정체성을 상실하게 만들었다. 그렇게 해서 나타난 정치는 에일리언과 같은 괴물이 되어 버릴 수밖에 없는 것이다. 자기 스스로 자기를 정의할 수 없는 괴물들!

민족의 독립을 위해 일제의 고문보다 더 무섭다던 만주의 추위와 굶주림에도 굴하지 않고 독립투쟁을 했던 김일성 그룹이 인민민주주의의 이름으로 잔혹한 독재 체제를 만든 것처럼 남한에서도 일생을 통해 민주주의에 헌신한 지도자들이 말년에 군벌 세력과의 타협을 통해 스스로 난세를 만들기에 이르렀으니 이 어찌 통탄하지 않을 수 있으랴!

그렇다고 민주주의가 후퇴한 것은 아니었다. 정치 지도층이 분열했음에도 불구하고 기층에서 분출하는 민주주의의 에너지는 상층부를 떠밀면서 한 걸음 한 걸음 민주주의를 전진시켰다. 양김이 차례로 정권을 잡은 것은 민주주의의 우회적 진전으로 볼 수 있다.

이 시기를 풍미했던 대표적인 책사나 유세객을 살펴보자. 맨 처음 등장하는 이는 노태우 정권의 후계자로 초기에 책봉됐던 박철언이다. 박철언은 노태우 정권 탄생의 일등 공신으로 북방 외교의 실무 사령탑이었다. 박철언은 남북통일 시대를 열어야겠다는 소명 의식을 가진 야심가였다. 그는 자신의 기반인 군벌 세력이 권력의 중심에서 계속 군림하려면 대통령중심제를 폐지하고 내각책임제로 바꾸어야 한다는 판단을 갖고 노태우를 설득했다.

내각책임제로 가는 방편으로 그는 보수대연합 구도를 주창했다. 남북통일을 추동하는 강력한 권력을 만들기 위해서는 남한의 4맹주가 손잡아야 한다고 그는 보았다. 이 보수대연합의 기본 축은 노태우와 김대중의 연합이었다. 박철언은 김대중이 참여하는 보수대연합을 최선으로 보고 이를 추진했으나 김대중의 거부로 이 구상은 실현되지 못했다. 이때가 1989년이었다.

그러나 그는 이후 1997년에는 김대중과 김종필이 손잡는 DJP연합에는 대구·경북 세력의 일원으로 합류했다.

황병태와 같은 유세객도 있었다. 1987년의 패배 이후 김영삼의 주위에도 새로운 책사들이 몰려들었다. 그들은 민주 진영 내부에서 경쟁하기보다 판을 바꾸어 새로운 구도를 만드는 것이 김영삼의 집권 전략이 되어야 한다고 주장했다. 4패의 분별 정립보다는 영남이 연합하여 호남을 포위하는 전략이야말로 필승 전략이라고 본 것이다. 이리하여 현대 정치에서 최대의 적대적 인수 합병인 3당 합당이 성사됐다.

1992년 대선에서 김영삼의 3당 합당에 맞서 김대중은 뉴DJ플랜과 민주대연합으로 맞섰으나 패배했다. 그리고 이후 1997년 대선 때에는 김대중식의 합종연횡, 즉 지역 등권론을 전면에 내세웠다. 영남 패권론에 대한 대항으로 호남과 충청을 중심으로 한 영남 포위 전략을 내세운 것이었다. 이 전략의 결과 김대중, 김종필, 박태준의 연합인 DJT연합이 만들어졌고 대선에서 승리할 수 있었다.

이 과정에서 육사 출신으로 전두환 정권에서 요직을 맡았던 이종찬이 김대중 진영에서 기획본부장이라는 중책을 맡아 맹활약을 했다. 1988년에서 2002년에 이르는 기간은 민주 세력의 분열이라는 구도 속에서도 양김이 차례로 정권을 잡아 군벌 체제를 해체하고 민주 시대의 기반을 강화해 나가는 시기였다. 그러나 오직 집권을 위한 합종연횡은 이후 한국 정치에 무거운 짐을 남겨주었다.

여소야대와 3당 합당

1988년 4월 27일 오전 대통령이 주재하는 청와대의 핵심 참모회의는 무거운 분위기였다. 그도 그럴 것이 전날 밤 국회의원 총선거에서 집권당이 충격적인 패배를 당했기 때문이었다. 안전기획부는 물론이고 당으로부터 압승할 것이라는 전망만 보고받아 온 노태우는 황당했다. 집권당이 과반수에 미달하는 여소야대라는 결과가 나온 것이었다.

전체 의석 299석(지역구 224석, 전국구 75석) 중 민정당이 125석(지역구 87석, 전국구 38석), 평민당이 70석(54석, 16석), 통일민주당이 59석(46석 13석), 공화당이 35석(27석, 8석)을 얻었다. 중선거구제에서 소선거구제로 바뀐 제도에서 김대중은 광주에서 몰표를 얻었고, 김영삼은 부산에서 15석 중 14석을 차지했으며, 김종필은 충청도에서 선전했다. 무소속이 9석, 한겨레민주당이 1석을 얻었다.

노태우는 박철언을 쳐다보면서 침울한 어조로 느릿느릿하게 지시 사항을 말하기 시작했다. "지금은 패배의 책임을 따지는 문제보다 향후 국정 방향을 흔들리지 않게 잡는 것이 중요하다. 비서실장은 정계 개편의 구상을 해 보라. 뿌리가 같은 공화당뿐 아니라 민주화 세력인 민주당과 평민당도 끌어안는 큰 틀의 정계 개편을 검토해 보라."(박철언, 『바른 역사를 위한 증언 1권』, 랜덤하우스코리아, 2005, 313쪽)

노태우는 패배를 뒤집는 것은 불가능하니 위기를 기회로 바꿀 심산이었다. 책사 박철언의 강력한 조언이 그를 움직였다. 어차피 조선노동당을 제압하고 통일을 주도할 강력한 정치 세력을 만들어야 하는데, 차제에 통 큰 정계 개편을 시도하자는 것이 박철언의 제언이었다. 그는 특히 김대중과 노태우 세력이 연합하는 것이 핵심이라고 판단했다. 노태우의 정계 개편 구상은 결국 1년 반 뒤 1990년 1월 22일 노태우, 김영삼, 김종필의 3당 합당으로 나타났다.

1988년 치러진 13대 4.26 총선의 여소야대로 말미암아 한국 정치는 또 한 번 극적인 전기를 맞이했다. 대선 참패로 퇴진 압력에 시달리던 양김의 정치생명이 되살아났다. 정국의 주도권을 쥐었을 뿐 아니라 차기 대선에 도전할 기반을 확보하게 됐다. 전두환-노태우 등 후배 군벌들에게 뒤통수를 맞은 김종필도 범야권에 동조하면서, 노태우는 3김에 포위되는 형세가 됐다.

차기 대선을 향한 양김의 의지는 민주화 경쟁으로 나타났다. 노태우를 협공하면서 광주 항쟁 진상 규명과 전두환의 5공화국 청산을 경쟁적으로 정치 의제로 띄웠다. 노태우 역시 장기적으로는 정계 개편을 구상하면서, 단기적으로는 야당의 압력을 차도살인借刀殺人, 남의 칼을 빌려 사람을 죽인다는 뜻의 기회로 삼을 셈이었다. 전두환은 퇴임 직전 군 핵심 보직을 단행하고, 총선도 자신이 재임 중인 2월로 앞당기려고 했다. 더욱이 퇴임 후에는 국가원로 자문회의의 의장으로 내정된 상태였다. 섭정의 의지가 강력했다.

이런 전두환에 대해 여소야대는 노태우에게 다시없는 핑곗거리를 제공했다. 야권의 공격을 빌미삼아 노태우 세력은 전두환의 오른팔 왼팔을 차례로 자른 다음 결국에는 전두환 세력을 완전히 무력화시킨다. 물론 근본적인 단죄를 할 생각은 처음부터 없었다. 5공 청산과 광주 항쟁 진상규명은 뚜렷한 한계가 있었다. 칼을 쥐고 집행해야 할 정권이 전두환의 동지였으므로.

올림픽이 끝난 1988년 11월 국회에서 5공 청산과 광주 학살 진상 규명을 위한 청문회가 열렸다. 소문난 잔치에 먹을 것 없다는 속담처럼 전국으로 생방송으로 중계된 청문회를 통해 일반 국민들에게 카타르시스는 주었지만, 문제의 본질을 파헤치지 못했다. 1년 뒤 1989년 연말 전두환이 국회 청문회에 출석하여 일방적인 자기주장을 펴는 것으로 끝났다. 오히려 청문회가 역사에 남긴 성과는 전혀 다른 돌발 이벤트에서 나왔다. 전두환이 청문회에 출석한 날 그는 시종일관 뻣뻣한 자세로 모르쇠로 일관했다. 그가 일방적 주장만 나열한 뒤 퇴장하려고 할 즈음 초선의원 노무현이 전두환을 향해(?) 명패를 던지는 해프닝이 일어났다. 그 짤막한 순간에 전 국민의 마음속에 맺혀 있던 울분이 공명을 일으켰다. 노무현은 현대 재벌의 왕회장 정주영이 나온 자리에서도 논리 정연한 질문으로 이미 국민의 이목을 끌었던 참이었다. 양김의 리더십에 깊이 실망하고 있던 국민들 사이에서 '저런 사람이 다음 대통령이 됐으면……' 하는 느낌을 불러일으켰다.

5공 청산과 광주 항쟁 문제를 어느 정도 정리한 노태우 정권은 1989년 들어 정계 개편에 총력을 기울이기 시작했다. 3당 합당은 한국 정치사에서 정치 공학과 권모술수의 교과서로 불릴 만한 대사건이었다.

4당 체제하에서 각 정치 세력의 이해관계를 살펴보자. 먼저 노태우 정권은 정계 개편에 대한 욕구가 가장 강했다. 야3당의 공조로 마음대로 할 수 있는 일이 없는 현상을 깨뜨리고 임기 말이 되기 전에 국회 다수 세력을 만들어 국가 경영을 맘껏 하고 싶은 욕구에 휩싸여 있었다.

김대중은 지금 이대로가 제일 좋았다. 평생 처음으로 생명의 위협을 느끼지 않고 제1야당의 위세를 누릴 수 있었다. 이대로 다음 대선까지 가면 이번에는 이길 자신이 만만했다. 여소야대 상황의 제1야당이 인생에서 가장 행복했다.

김영삼은 죽을 맛이었다. 전국적 지지 기반에서는 자신이 앞서지만 지지 세력의 결집력에서는 김대중의 상대가 되지 않았다. 이대로 가면 다음 대선도 1987년의 재판이 될 것은 명약관화했다. 그는 죽을 수를 내서라도 현상을 바꾸어야 했다. 김대중과 다시 손을 잡을 생각은 없었다.

김종필은 내각제를 고리로 보수 정권을 만들고 싶었다. 비록 야3당의 공조로 정국 주도권에는 일정 정도 참여하고 있었지만, 권력의 단맛을 아는 그는 야당으로는 도저히 성이 차지 않았다. 명분 있게 집권당의 일원으로 들어가 권력을 누리고 싶은 생각으로 가득 찼다.

박철언은 군벌 세력과 민주화 세력의 정통인 김대중 세력이 연합하여 새로운 집권 주체를 만들고 싶었지만, 그것은 처음부터 현실 불가능한 구상이었다. 김대중이 단연코 거부하기도 했지만, 노태우 진영에서도 김대중과 같이 하는 것에는 강력한 비토 세력이 압도적이었다.

노태우는 야3당을 개별 접촉하면서 정계 개편의 주춧돌을 비밀스럽게 깔기 시작했다. 김종필은 합당 구상에 당연히 강력 찬성이었다. 의외로 김영삼이 매우 적극적으로 응했다. 민주화 운동을 평생 해 온 세력에게 최소한의 명분만 제공해 준다면 새로운 정계 개편에 같이 나서겠다는 의지를 명백히 했다.

노태우와 김영삼 사이에 1년 가까이 피를 말리는 밀고 당기기가 물밑에서 진행됐다. 핵심은 내각제 개헌을 둘러싼 상호 신뢰였다. 노태우 그룹은 기본적으로 내각제를 전제로 한 합당이었다. 김영삼이나 김종필에게 내각제 하에서 먼저 2년 정도 기회를 준 다음, 그 후부터는 세력이 강한 자신들이 구도를 주도하겠다는 생각이었다.

이에 반해 김영삼의 속생각은 내각제는 절대 불가였다. 그가 바라는 것은 차기 대통령이 되기 위해서 김대중보다 나은 정치적 기반을 만드는 것이지 내각제 개헌을 해서 군벌 세력의 들러리가 될 생각은 전혀 없었다.

서로 상대의 약점을 협박하기도 하고, 회유하기도 하면서 협상의 접점을 만들기 위해 노력했다. 그 결과 나온 것이 합당 추진팀이 총재의 명을 받아 서명한 내각제 합의 각서였다. 노태우 측은 내각제 합의를 공개적인 명분으로 확정하여 김영삼을 빼도 박도 못하게 얽어매고 싶었다. 반면 김영삼은 내각제 합의는 안 하고 싶지만, 불가피하다면 비공개로 했다가 나중에 뒤엎으면 된다고 판단했다. 이리하여 '구국의 결단'으로 3당 합당이 이루어지고 정치판은 하루아침에 거대 여당과 조그만 하나의 야당으로 재편됐다.

3당 합당은 김영삼의 입장에서는 차기 대통령으로 가는 징검다리를 확보한 것이고, 노태우로서는 국회 절대다수를 장악한 집권당을 탄생시킨 것이었다. 김대중의 입장에서는 호남에서 밖으로 나가는 외나무다리가 불타 버린 것과 같았다.

큰 틀로 보았을 때, 3당 합당이 한국 정치에 끼친 가장 큰 의미는 군벌 세력이 민주화 운동 세력 일부를 포섭하여 자신의 권력 기반을 강화하고, 한국의 주류 세력으로 자리를 굳힌 것으로 보아야 할 것이다.

양김의 마지막 대결

1992년 대선은 30여 년간 경쟁과 협력을 통해 민주혁명을 이끌어 온 김대중과 김영삼이 본선에서 겨루는 최초이자 최후의 대결이었다. 그러나 판의 성격은 완전히 달라졌다. 군벌 세력과 제휴한 김영삼과 민주 세력의 정통성을 내건 김대중의 대결 구도였다. 그러나 이 결투는 아름답지도, 명예롭지도 않았다. 김영삼은 이미 민주주의자가 아니었다. 무협 소설의 용어를 빌린다면 김대중을 이기고 싶은 일념으로 마공魔功을 익힌 나머지 마성에 사로잡힌 상태였다. 넘어서는 안 될 선을 넘었다. 군벌 독재가 가장 애용해온 구시대적 작태인 지역감정 유발과 용공 조작 수법을 어제의 동지들에게 감행했다. 민주 세력은 그의 변신은 물론이고 그의 승리조차 승복할 수 없었다. 이제 그 마지막 대결을 복기해 보자.

1992년 1월 22일 오전 10시 텔레비전에 나온 노태우, 김영삼, 김종필이 '구국의 결단'을 앞세우며 3당 합당을 선언하는 순간 호남 지역과 민주 진영은 쾅! 하늘이 무너지는 것 같은 충격을 받았다. 이제 일본식 자유민주당이 탄생하는가? 하필이면 이름조차 비슷한 '민주자유당'은 또 무엇인가?

보수대연합이라는 이 필살의 한 수가 노리는 바는 너무나 명백했다. 김대중의 주된 기반인 호남을 영원히 고립 압살하겠다는 노림수 아닌가. 진보 세력과 민중 진영에 대해서는 대대적인 탄압을 예고하는 것이었다. 1990년 초 민주 세력의 상태는 처참했다. 1987년 대선의 패배로 민통련과 국민운동본부는 유명무실해졌고, 1년이 지난 1989년 1월 간신히 분열 상태를 봉합하여 전민련(전국민족민주운동연합)을 건설했으나 87년 이전의 위신을 회복할 수는 없었다. 제도 정치권을 주름잡고 있는 1노3김의 종속변수로 전락했다.

김대중은 호남의 맹주로 인식됐고, 지도자로서의 카리스마는 땅바닥에 곤두박질쳤다. 대학생을 중심으로 한 통일 운동과 전노협을 중심으로 한 노동운동은 따로 놀고 있었다. 정권은 공안 통치를 통해 끊임없이 김대중 세력과 민중 세력을 압박해 왔다.

제1타깃이 된 김대중의 과제는 명백했다. 포위 공격으로부터 벗어날 방안을 찾아야 했다. 두 가지 방법을 찾아냈다. 첫째는 그의 개인적 리더십과 이미지를 완전히 쇄신하는 것이었다. 둘째는 민주화 운동 세력의 정통성을 복원하여 대표성을 회복하는 것이었다. 이른바 민주대연합 노선이었다. 뉴 DJ 플랜이 첫 번째 과제를 풀기 위한 방책이었고, 둘째는 야권 통합의 완성이었다.

1988년 4.26 총선을 앞두고 그는 1987년 대선에서 자신을 지지한 재야 세력(임채정, 이해찬 등)에 50%의 지분을 주고 평화민주당에 대거 영입했다. 1991년 4월에는 장영달과 신계륜 등 재야인사들과 다시 50 대 50으로 통합하여 간판을 신민주연합당으로 바꿨다. 여기까지는 원래 김대중 지지 세력이었기 때문에 비교적 순탄하게 진행됐다.

문제는 재야 민주 세력 내의 반김대중 세력과의 통합이었다. 여기에는 크게 두 그룹이 있었다. 김영삼의 3당 합당에 반대하여 남은 정치인 그룹(이기택, 노무현, 김정길 등)과 재야 세력 중 김대중에 비판적인 세력(이부영, 제정구 등)이 그들이다. 이들은 지역할거주의 극복과 3김 청산이라는 구호를 공통적으로 주장했다.

김영삼과 결별한 정치인 그룹은 민주당이라는 깃발을 내걸었다(흔히 야당사에서 꼬마민주당으로 통칭된다). 이들은 3당 합당 뒤 불과 70일 만에 열린 충북 진천·음성 보궐선거에서 무명의 허탁 후보를 당선시킴으로써 기염을 토했다. 국민들 사이에서 엄청난 인기를 누렸다. 반김대중 성향의 두 그룹은 그해 말 꼬마민주당으로 한배를 탔다. 김대중으로서는 야권의 대표성을 얻기 위해서는 꼬마민주당과 반드시 통합해야 했다. 그러나 이들의 요구 사항은 김대중의 퇴진과 세대교체였다. 통합 노력은 무산됐다.

1991년 6월 지방자치 광역 의원 선거가 새로운 전기가 됐다. 당시 명지대 강경대 학생 경찰 폭행 치사 사건과 연이은 분신으로 집권당이 불리할 것이라는 예상과 달리 민자당이 압승했다. 김대중의 당과 꼬마민주당은 야권 표 분열로 완패했다. 공멸할 것이 명백해지자 야권 통합은 절대적 명령이 됐으며, 김대중은 지분과 지도 체제, 당명 등 모든 면에서 파격적인 양보를 결심했다. 1991년 9월 마침내 야권의 정통성을 재건한 민주당이 출범됐다. 김대중과 이기택의 공동대표 체제였다. 이로써 김대중은 다음 해 대선에 나갈 준비를 마쳤다.

3당 합당으로 탄생한 민자당에서 김영삼의 후보 쟁취도 '누워서 떡 먹기'처럼 쉬운 과정은 아니었다. 합당의 악수를 나누고 돌아서자마자 혹독한 권력투쟁이 불붙었다. 3당 합당은 노태우가 김영삼을 대통령 만들어 주려고 한 것이 아니었다. 내각제 개헌으로 군벌 세력이 영구 집권하는 것이 목표였다. 김영삼으로서는 합의문까지 써 준 내각제를 없던 일로 만드는 것이

급선무였다. 박철언의 회고록에 따르면 김영삼은 합당한 지 한 달 반 만인 3월 2일 노태우의 핵심 심복 박철언을 불러 내각제 무효화를 제안하고, 자신을 도와주면 박철언을 자신의 후계자로 밀어주겠다는 제안을 했다고 한다. 그러나 박철언은 김영삼의 제안을 단칼에 거부했다.

이후 김영삼 세력과 노태우 세력은 내각제 합의 이행을 둘러싸고 처절한 투쟁을 벌였다. 절대자의 권위주의 체제란 묘한 이중성을 띠고 있다. 체제 밖의 세력에 대해서는 가공할 폭력성을 과시한다. 그러나 내부적으로 절대 권력에 대해서는 연약하기 짝이 없다. 특히나 군부독재의 여운이 가시지 않았던 노태우 정권 시절만 해도 집권당 세력이란 대통령 권력 앞에 줄서는 것만이 유일한 생존 방식이었다.

이런 판에 야당에서 반독재 투쟁으로 수십 년 잔뼈가 굵은 김영삼과 그의 세력을 노태우 세력은 감당하질 못했다. 노태우는 기본적으로 전두환과 리더십이 다른 사람이었다. 판을 깨는 극단적인 선택을 감행할 수 있는 모험적 리더십이 아니었다. 이미 합당한 마당에 다시 판을 깬다는 것은 김영삼에게나 노태우에게나 파멸을 의미하는 것이었다. 그렇지만 김영삼은 벼랑 끝까지 가 볼 결의에 불타고 있었고, 노태우는 그러기에는 잃을 게 너무 많은 사람이었다.

내각제 합의 각서를 언론에 누출하는 등 김영삼을 순치시킬 모든 수를 다 동원했지만, 염치와 체면을 던져 버리고, 너 죽고 나 죽자고 덤벼드는 김영삼을 노태우는 제압할 수 없었다. 노태우가 갈팡질팡하는 모습을 보이는 사이 민자당 내에 서서히 김영삼 외에 김대중을 이길 대안이 없다는 대안부재론과 김영삼 대세론이 스며들기 시작했다. 노태우의 친인척, 핵심 참모, 권력기관장 들이 소리 소문 없이 김영삼에 충성을 맹세하고 줄서기 시작했다. 1991년 가을경 노태우는 자의반 타의반으로 김영삼에게 다음 대통령 자리를 물려주어야겠다는 결심을 하게 된다. 그리하여 박철언, 박태준 등 반김영삼 세력을 회유하는 막후 작업을 직접 지휘하기에 이르렀다. 김영삼이 호랑이 굴에 들어가서 호랑이를 잡은 것이었다.

1992년 온갖 우여곡절 끝에 김대중과 김영삼의 한판 승부가 벌어졌다. 모든 면에서 김대중에게 불공평한 게임이었다. 이미 대통령이 되기 위해서는 수단과 방법을 가리지 않겠다고 결심한 김영삼은 안면 몰수의 선거전을 펼쳤다. 옛 동지에 대한 최소한의 예의와 금도도 지키지 않았다.

단 한 번의 텔레비전 토론도 없었다. 김대중에 대한 김영삼의 콤플렉스와 복수심은 페어플레이를 할 여지를 주지 않았다. 그리고 무엇보다 민정계 출신들이 과잉 충성으로 선거판을 더욱 혼탁하게 만들었다. 10월 6일 안기부는 남한조선노동당 사건이라는 간첩단 사건을 발표했다. 북한에서 직접 내려온 이선실이란 거물 간첩이 남한 내에 자생적 공산당 조직을 건설했고 김대중의 비서가 관련됐다는 내용이었다. 선거 분위기는 갑자기 꽁꽁 얼어붙었다. 대선 이후 이 사건은 흐지부지 됐다.

12월 들어 투표 3일 전 부산 초원 복국집 도청 사건이 터졌다. 김기춘 전 법무 장관을 비롯한 부산 지역 기관장들이 모여 관권 선거와 지역감정을 조장하는 방안을 모의하는 내용을 터뜨린 것이었다. 투표함 뚜껑을 열어 본 결과 경상도 표들이 '우리가 남이가' 하면서 똘똘 뭉친 것으로 드러났다. 지역주의 구도의 폐해가 다시 한 번 천하에 모습을 드러냈다. 김영삼은 대선에서 1,000만 표를 얻어 200만 표 차이로 이겼지만, 패자는 승복할 수 없었다. 소리 없는 눈물이 패자들의 뺨 위로 흘렀다. 다시 한 번 깊은 한이 쌓인 선거였다.

14장
김영삼의
3당 합당 정권

권력의 문민화

김대중은 패배가 확실시 되자 기자회견을 열고 패배를 인정함과 동시에 눈물 속에 정계 은퇴 선언을 했다. 양김의 30여 년에 걸친 경쟁이 비로소 끝났다. 김대중으로서는 참으로 어려운 결단이었다. 내심 승복할 수 없는 선거였지만, 지금은 깨끗이 패배를 인정하고 떠나는 것이 올바른 처신이라는 판단이었다. 나중 어떤 변화가 올지는 하늘도 모를 일. 그건 그때 가서 생각해 볼 일이고.

평생을 풍찬노숙하면서 길거리에서 최루탄 가스를 마다하지 않고 가두 투쟁을 벌였던 김영삼이 군벌 세력과의 합당까지 감행하여, 내부의 처절한 투쟁 끝에 마침내 청와대 대통령 자리에 앉게 됐다. 대통령 자리는 어떤 자리일까? 박정희-전두환-노태우 등 군 출신 대통령이 30여 년간 만들어 놓은 대통령 자리에 민주화 운동 출신 민간인 김영삼이 앉게 됐다는 것이 어떤 의미일까?

대통령은 60만 국군의 최고사령관이 된다. 400여 명이 넘는 장군을 포함하여 장교에 대한 인사권을 통해 대한민국의 무력을 완전히 장악한다. 대통령은 경찰, 검찰 등 공안 기관을 통해 합법적 폭력을 행사하며, 안기부와 보안사 등 정보기관을 통해 최고급 정보를 최종적으로 소유하며, 온 나라를 비밀리에 원하는 대로 도청하고 사찰할 수 있다. 국세청을 통해 모든 돈거래를 손금처럼 들여다볼 수 있으며, 여차하면 세무조사를 통해 무시무시한 칼을 휘두를 수도 있다. 감사원 등 감찰 기구를 통해 공직자의 목줄을 죌 수 있다. 공직자에 대한 인사권도 대통령이 행사한다. 국가 예산을 포함하여 나라의 돈줄을 최종적으로 쥐는 사람도 대통령이다. 금융을 좌우하는 것도 대통령이며, 금융과 정책으로 재벌의 생사여탈도 결정할 수 있다. 대통령은 재벌과 각종 사업의 이권을 통해 비밀 정치자금, 이른바 통치자금을 조성하며, 여당과 야당은 물론 사회 상층부에 그물망 같은 봉투 네트워크를 통해 한국 사회를 통제한다.

한 마디로 군벌 정권이 만들어 놓은 대통령직은 그 어떤 왕조시대의 군주보다도 막강한 절대 권력의 자리였다. 방대한 관료 조직은 대통령의 권력을 최대한 효율적으로 뒷받침했다. 대한민국은 대통령을 최정점으로 한 피라미드 조직으로 비유할 수 있겠다. 대통령에 대한 철저한 복종과 충성, 이것이 한국 사회가 움직이는 프레임이었다. 이런 면에서 보면 북한의 주체사상이 주장하는 사회적 생명체론이니, 수령 뇌수론이니, 하는 것이 정도의 차이는 있지만, 자유민주주의를 내건 대한민국에서도 내용적으로 같은 원리가 관철되고 있었다고 볼 수도 있지 않을까?

일찍이 대통령을 독대하고 나온 새벌 회장에게 물었다. "대통령의 지시가 당신 재벌에 불리한데 말씀을 드렸느냐?" 재벌의 답변. "저희는 대통령 말씀에 토를 달지 않습니다." 1996년 전두환, 노태우 시절의 정치자금이 문제가 되어 재벌 회장이 줄줄이 검찰에 불려가서 정치자금 상납 내역에 대한 조사를 받을 때, 검찰청사를 나온 재벌 회장이 고개를 갸우뚱하면서 측근들에게 물어보는 말, "근데, 대통령한테 돈을 바치는 것이 왜 죄가 되지?"

대통령이 재벌의 산파이자 후원자인 시스템에서 대통령은 곧 국가였다. 노태우가 선거에서 뽑힌 대통령이었지만, 통치 시스템은 박정희-전두환으로 이어지는 군벌 독재 시절의 메커니즘 그대로였다. 그는 재벌로부터 엄청난 정치자금을 당연하게 거두어 들였고 정치 사찰이나 용공 조작 등을 당연시했다.

그러나 김영삼은 이제 대한민국이 달라져야 한다고 생각했다. 자신이 3당 합당을 한 것은 민주 세력의 분열과 정치 불안정 구도 속에서 새로운 미래를 개척하기 위한 구국의 결단이었다고 자기 최면을 걸었다. 자신은 민주주의를 실현하기 위해 3당 합당이란 원하지 않은 독배를 마셨다고 스스로를 합리화시켰다. 그리고 보란 듯이 민주개혁 조치를 취하리라 단단히 마음먹고 있었다.

김영삼 대통령을 배출한 민주자유당(민자당)은 노태우의 민정계, 김종필의 공화당계, 김영삼의 민주계로 이루어진 연합 세력이었다. 김영삼의 지분은 3분의 1이 되지 않았다. 소수 세력이 다수를 삼킨 형상이었다. 그러나 김영삼은 합당 시의 내각제 합의 약속을 파기한 것과 마찬가지로 당내 역학 관계도 대통령인 자신을 중심으로 완전히 바꾸어 버릴 생각을 하고 있었다. 김영삼의 목표는 김영삼의 대한민국을 만드는 것이었다. 그것은 곧 문민 권력이었다. 자신의 정부를 '문민정부'로 이름 붙인 김영삼은 필생의 숙적이랄 수 있는 박정희가 만든 군벌 독재 패러다임을 깨는 것은 자신만이 할 수 있는 역사적 과업이라 생각했다. 군정을 종식하고 문민 권력을 세우는 것, 이것이 김영삼이 스스로에게 부여한 소명이었다.

야당은 장애물이 아니었다. 김대중이라는 호랑이가 사라져 버린 야당은 그와 함께 민주화 운동을 했던 아랫사람이었다. 그들 정도는 김영삼이 얼마든지 핸들링 할 수 있다는 자신감이 있었다. 김영삼의 관심은 30년 동안 군벌 권력 속에서 커온 집권당 내 세력을 여하히 문민 세력으로 교체하느냐에 집중됐다. 권력을 문민화하는 것과 기득권 세력을 제압하는 것은 동전의 앞뒷면이었다.

김영삼은 군벌 시스템을 해체할 프로그램을 정교하게 세우고 집행해 나갔다. 처음 선보인 메뉴는 공직자 재산 공개였다. 대통령인 자신이 먼저 재산을 공개하고 다른 고위 공직자들이 따라오게 만들었다. 태풍이 일어났다. 일반인의 상식으로 용납할 수 없는 진실이 수면 위로 떠올랐다. 국회의장이 수백 채의 임대주택을 굴리고, 평생 공무원만 한 사람이 수십억, 수백억의 재산을 축적한 것 등 그들의 천태만상이 드러났다.

조선왕조 이래 관리(공무원)들의 가렴주구는 악명 높았다. 일제시대를 거치고 군사독재를 거치면서 공권력을 이용하여 부를 축적한 기득권 세력의 뒤태가 적나라하게 드러났다. 기득권 세력의 우두머리들이 추풍낙엽처럼 목이 달아났다. 공직자 재산 공개는 재산 등록제라는 제도화로 나아간다.

두 번째 메뉴는 군벌 체제의 심장이라 할 군벌 결사체 하나회 뿌리 뽑기였다. 김영삼 초기 육군 참모총장, 기무사령관(옛 보안사령관), 주요 야전 지휘관 들은 하나회 출신들로 꽉 차 있었다. 군부의 쿠데타 가능성은 여전히 가장 큰 정치적 변수였다.

김영삼은 전격적인 선제공격을 가했다. 3월 8일 육군 참모총장과 기무사령관을 기습적으로 예편시켰다. 사실 친위 쿠데타에 버금가는 정치적 결단이었다. 하나회는 방심하는 사이 머리가 잘려 버렸다. 이어 40여 개의 하나회 별을 날려 버렸다. 30여 년간 대한민국의 권력과 부와 명예를 독점해 오던 군벌 세력은 이렇게 어이없을 정도로 쉽게 뿌리 뽑혔다. 이후 군부 쿠데타의 가능성은 한국 정치에서 완전히 사라졌다.

세 번째 메뉴는 금융실명제였다. 가명, 차명으로 자금을 은닉하고 이동할 수 있는 제도는 기득권 세력의 힘의 원천이었다. 전직 대통령이나 고위관리들은 엄청난 자금을 소유하면서 호시탐탐 재기의 기회를 노리고 있었다.

그 어떤 대통령도 돈 가진 실력자들의 반발로 엄두도 못 내던 금융실명제였다. 1993년 8월 12일 목요일 밤 김영삼은 대통령의 긴급조치권을 발동하여 금융실명제 실시를 전격적으로 발표했다. 경제 분야의 친위 쿠데타나 다름없었다. 기득권 세력은 대항할 기력을 당분간 완전히 잃어버렸다.

김영삼은 집권당 내부를 완전히 장악하는 데 성공했고, 3당 합당 변신에 대한 변명을 제출했다. 그러나 3당 합당은 단순히 물리적 합당에 그치는 것이 아니었다. 민주화 운동 세력과 군벌 독재 세력의 DNA가 서로에게 융합되어 새로운 정치적 정체성이 점차 나타나게 됐다. 그것은 범죄심리학에서 나오는 다중 인격 장애와 같은 것이었다.

김일성의 마지막 승부수

1993년 남한에서 민간인 대통령이 집권하여 군부독재 체제를 대수술하는 동안 북한에서는 김일성이 전 세계를 상대로 마지막 승부수를 준비하고 있었다. 1990년 소련과 남한의 수교, 1991년 소련의 해체에 이어 1992년 8월 드디어 중국까지 남한과 국교 관계를 수립했다. 첸치첸 중국 외교부장이 한중 수교 소식을 전하러 평양을 방문했을 당시, 소련 때와는 달리 김일성은 우리는 개의치 않는다고 짐짓 대범한 자세를 취했다. 한소 수교 시 소련에 대해서 공개적으로 배신감과 비난을 토로했지만, 결과는 북한의 고립과 손실뿐이었다는 교훈을 기억하면서 마음속으로 분노와 배신감을 간신히 억눌렀다.

공산주의 혁명의 대의나 피를 나눈 혈맹의 의리에 대한 추억은 이 난국에 아무런 도움이 되지 않았다. 소련의 배신도 참을 수 없었지만, 6.25 전쟁에서 100만 명의 사상자를 감수하면서 의용군을 파견하여 북조선을 난파 직전에서 구해 준 중국조차 북한을 내치는 현실에 공포감을 느끼지 않을 수 없었다.

소련의 고르바초프는 말이 통하지 않는 친구였다. 이 친구는 마르크스-레닌주의자가 아니라는 것이 김일성의 생각이었다. 그렇지만 덩샤오핑조차 왜 남한과의 외교 관계 수립에 목을 맬까? 김일성은 현실을 받아들이기 어려웠다. 사실 당시에 이미 한중 무역은 북중 무역을 훨씬 추월하고 있었고, 미래의 상호 이익도 한중 관계가 훨씬 중요하다고 중국 측은 평가했다. 그럼에도 중국이 자신의 전략적 이익에 극히 중요한 혈맹 국가 북한의 반발을 무릅쓰고 남한과 외교 관계를 맺는 강수를 쓰게 된 데는 다른 요인이 있었다.

그것은 남한이 대만의 마지막 남은 아시아 수교국이었기 때문이었다. 당시 중국의 첫 번째 외교적 목표는 '하나의 중국'을 완성하는 것이었다. 대만을 외교적으로 완벽하게 고립시키기 위해서는 대만의 마지막 우방 한국을 떼어 낼 필요가 있었다. 중국은 한중 수교를 하려면 한-대만 외교 관계를 단절할 것을 협상 조건으로 내걸었다.

남한은 오랜 맹방이자 일제 식민지 이래 항일 독립운동을 지원해 왔던 대만의 장개석 정부를 배신하는 결정을 최종적으로 선택했다. 비정한 국제 외교의 현장이었다. 중국은 하나의 중국이 필요했고, 남한은 북한을 고립시킬 한중 수교가 필요했다. 북한과 대만은 외교적 낭떠러지에 떨어졌다.

김일성은 밤잠이 오지 않았다. 이제 혁명의 시대는 끝났나? 아니 그것조차 사치스러운 생각이었다. 조선민주주의 인민공화국은 존속할 수 있을까? 수십 년 동안 어렵사리 지켜온 내 나라를 여하히 지킬 수 있을까? 생존 자체가 발등에 떨어진 불이었다. 1991년 소비에트 연방이 하루아침에 해체됐다는 소식을 처음 들었을 때 김일성은 전율했다. 소련의 해체도 충격적이었지만, 그의 마음속 깊은 곳에서 솟아난 두려움은 딴 데 있었다. 그것은 소련이 보유한 정보였다. 소련이 갖고 있는 핵무기나 외교 문서 등 일급 정보가 미국 손으로 넘어갈 것이 아닌가?

북조선 탄생의 과정 특히 6.25 전쟁을 둘러싼 진실이 미국의 손으로 넘어갈 것이라는 생각만 해도 숨이 막혀 왔다. 6.25 전쟁은 미제가 이승만을 사주하여 일으킨 북침 전쟁이라고 수십 년 동안 인민들에게 선전해 왔다. 외세의 침략에 조국을 지키기 위한 정의로운 전쟁이라고. 그리고 지난 40여 년 동안 미제와 남조선 괴뢰 세력의 준동으로부터 북조선을 지키고 남조선을 해방시키는 성스러운 임무를 위해 인민들에게 희생을 요구해 왔다. 북조선의 존립 명분이었다. 그런데, 이제 남북한의 역학 관계는 어찌해 볼 도리 없이 북조선에 불리해졌다. 그런데다 모든 진실이 드러나면 어찌 될까?

김일성은 백척간두의 위기에서 마지막 비장의 카드를 꺼낼 때라고 판단했다. 이 시점에서 북한의 안전을 보장해 줄 수 있는 유일한 나라는 미국이었다. 소련과 중국은 남한을 인정했지만, 미국과 일본은 꿈쩍도 하지 않았다. 북한을 인정할 움직임조차 없었다. 어떻게 하든 미국으로부터 북조선의 안전을 보장 받을 방법을 찾아야 했다. 6.25 정전 이후 북한은 정전협정 체결의 당사자로서 미국과의 양자 회담을 요구해 오다가 70년대 후반부터 남한의 요구를 수용하여 3자 회담을 제기해 왔다. 70년대 후반 카터 미국 대통령이 3자 정상회담을 통하여 극적인 타결을 구상한 적도 있었지만 구상으로만 끝났다.

1992년 남한이 대선으로 접어들면서 남한 내부에 남북 대화파의 입지는 약화되고 북한에 공격적인 매파들이 권력의 중심에 섰다. 이들은 김영삼의 당선을 위해 북풍 공작이나 용공 조작을 선거전에 적극 활용했다.

김일성은 북한의 생존 전략으로 미국을 끌어들일 마지막 승부수인 핵카드를 집어들 결심을 굳혔다. 핵카드는 양날의 칼이었다. 핵카드를 꺼내는 순간 한반도는 4강의 이해관계가 첨예하게 부딪치는 각축장이 될 수밖에 없었다. 미국과 일본뿐 아니라 러시아와 중국도 북한의 핵무기 개발에는 강력하게 반대했다. 핵무기는 미국, 소련, 중국 같은 강대국의 게임 아이템이지 북한 같은 소국 수중에 둘 수 없다는 것이 강대국 간의 무언의 합의이기 때문이다.

또 하나의 카드는 북한이 가진 대남 공격력을, 서울을 집중 타깃으로 재배치하는 것이었다. 평생을 군사령관으로 지내 온 김일성은 지금 이 순간 모든 것을 걸고 베팅해야 한다고 생각했다. 미국과 남한을 향해 북조선의 안전을 보장하지 않으면 너희들도 모든 걸 잃을 각오를 해야 한다는 메시지를 단호하게 전달해서, 벼랑 끝에서 죽든 살든 승부를 내야 한다는 전략을 실행에 옮겼다. 그는 북한이 가진 모든 장사정포가 서울을 겨냥하게 하도록 지시했다.

이후 핵카드를 전면에 끌어올리는 조치를 단계적으로 취하기 시작했다. 핵폭탄 개발을 위한 행동을 국제적으로 노출시키고, 국제기구의 개입과 사찰을 불러들이고, 마침내 미국과의 교섭까지 이르게 된다. 그리고 1994년 3월 19일 남북대화 장소에서 북측 대표가 중대 발언을 터뜨린다. "여기서 서울이 멀지 않습니다. 전쟁이 일어나면은 불바다가 되고 말아요. 남측 대표도 아마 살아나기 어려울 거예요."

남한의 매파들은 이 발언을 대대적으로 홍보하면서 전쟁 분위기 고조에 일조한다. 이어 5월 북한은 핵무기 개발 의심을 받던 원자로의 핵 연료봉을 국제원자력기구IAEA 감시 없이 무단으로 교체하기 시작했다. 남한과 미국은 유엔을 통한 북한 제재를 천명했다. 이제 양측이 충돌 코스로 접어들었다. 북한은 국제원자력기구 탈퇴라는 최강수를 던졌다. 미국의 클린턴 대통령은 북한의 핵 시설에 대한 정밀 공습 시나리오를 실천에 옮길 것을 지시했다. 동해안에 공습을 위한 항공모함과 군함이 출동했다. 전쟁에 대비하여 한국 내 미국인을 탈출시킬 계획이 입안됐다. 이제 전쟁 개시의 카운트다운에 돌입했다. 최종 결정 몇 시간을 앞두고 평양을 개인 자격으로 방문한 카터 전 미국 대통령이 김일성과의 단독 면담을 통해 북한 핵 동결을 골자로 하는 합의안에 도달함으로써 극적으로 위기는 끝났다. 참혹한 전쟁이 일어날 수 있는 상황을 가까스로 피했다.

김일성은 카터를 통해 마무리 한 수를 던졌다. 김영삼에게 분단 이후 최초로 조건 없는 남북 정상회담을 제안한 것이었다. 김일성은 민주화 운동 출신인 김영삼과의 담판을 통해 한반도 정세의 극적 돌파구를 마련할 계산이었다. 김영삼은 카터로부터 제안을 전달받은 지 1시간 만에 정상회담 제안을 전격적으로 수용했다.

국내외의 엄청난 관심과 기대를 모은 김영삼과 김일성의 정상회담은 회담 직전 김일성의 돌연사로 없었던 일이 됐다. 한반도의 북녘을 50년 가까이 통치했던 김일성은 그가 세운 나라의 운명이 가장 불투명한 시기에 세상을 떠났다.

김일성의 사망 후 북한은 1995년~98년 100년 만의 대홍수와 왕가뭄으로 인한 대재앙의 시대로 빠져들었다. 1997년 남한에 귀순한 황장엽의 기록에 따르면 1995년 조선노동당 당원 5만 명을 포함하여 50여만 명이 굶어 죽고, 1996년 1백만여 명이 굶주려 죽었다고 한다. 이것은 조선노동당 조직지도부의 내부 보고를 인용한 것이었다. 1997~98년에 적어도 100만 명이 아사했으리라는 것이 그의 추산이었다. 인구 2,500여만 명의 나라에서 300여만 명이 굶어 죽는 대참극이 발생한 것이었다. 시작은 자연재해로부터 연유한 것이지만, 이 정도 비극이 일어난 것은 북한 공산주의 체제의 완전한 실패를 의미하는 것이었다. 김일성 후계자 김정일은 선군 정치라는 깃발 아래 북한을 병영국가로 만들어 겨우 끌고 갔다.

이럴 즈음 남한의 김영삼은 우왕좌왕했다. 김영삼은 민주주의에 대해서는 소명을 가진 정치인이었지만, 불행하게도 통일과 외교 분야에 관해서는 전략적 안목을 가지지 못한 지도자였다. 그는 북한의 붕괴를 단언하거나 조장하는 매파들에게 이끌려 남북 관계를 안정적으로 관리하는 데 실패했다. 돌이켜보면 북한이 가장 어려운 여건에 처했던 김영삼 정권 시절 5년이 남북 평화 관계를 굳힐 가장 좋은 시기였다. 이때 냉전 구조 해체를 위한 주도권을 행사했더라면 동북아에서 한민족의 발언권은 훨씬 커졌을 것이며, 남북 관계의 발전도 순풍을 탔을 가능성이 컸다. 그러나 아쉽게도 현실에서 김영삼의 5년은 남북 관계에 관한 한 잃어버린 5년이었다.

3당 합당 붕괴와 김대중의 귀환

집권 세력 내 기득권 세력의 혼쭐을 빼고 주도권을 장악했다고 판단한 김영삼은 후속 프로그램에 착수한다. 너무나 이질적인 3개 세력이 합당한 민자당을 김영삼의 당으로 바꾸는 사실상의 정변이었다. 국내 정치에서 김영삼이 가장 바라는 것은 자신과 더불어 3김으로 불리는 김대중과 김종필을 정치판에서 확실히 은퇴시키고, 자신이 직접 키운 세대교체형 후보자를 다음 대통령으로 만들어 한국 정치판의 흐름을 김영삼 중심으로 다시 짜는 것이었다. 특히 김대중이 정치판에 복귀 못하도록 하는 것이 그의 마음속에서 가장 중요한 관심사였다.

　1994년 11월 그는 '세계화'라는 화두를 던졌다. 세계정세에 결코 밝지 못한 그가 던진 세계화는 김영삼 정권과 대한민국을 나락으로 떨어뜨리는 화두가 됐다. 그는 정치 게임에는 천재였지만, 국제 정세나 국가 비전은 남의 머리를 빌려야 했고, 또 빌리겠다고 공언한 사람이었다. 세계화는 국내적으로는 김종필 등 정치권의 세대교체를 추진하는 명분으로 활용됐고, 국제적으로는 부자 클럽이라는 OECD 가입을 전후로 세계시장에 한국 시장의 문을 준비 없이 개방하는 도깨비방망이로 역할을 했다. 전자는 김영삼 세력의 몰락을 가져왔고 후자는 국가 부도 사태에 직면하여 IMF 외환 위기를 초래했다.

김영삼이 세계화라는 말을 꺼내자마자 김영삼계의 최형우와 민정계의 김윤환 등이 세대교체를 입에 담으면서 노골적으로 김종필 당 대표의 2선 후퇴를 압박하기 시작했다. 김종필이 최대한 몸을 낮추면서 일신의 안위를 구걸했으나 김영삼은 김종필을 제거하겠다는 결심을 바꾸지 않았다. 코너에 몰린 김종필은 심사숙고한 결과 민자당 내에서 고사하기보다는 토사구팽 당하는 비참한 이미지를 만들어 충청권에서 독자 기반을 만들어 보기로 마음먹고 1995년 2월 탈당했다.

김종필을 민자당 안에서 조용히 고사시키겠다는 김영삼의 계획은 완전히 틀어져 버렸다. 충청도 지역에서 김종필에 대한 동정과 연민의 정이 민중들 속에서 활화산처럼 흘러넘쳤다. 안 그래도 그 전 해에 대구 보궐선거에서 감옥에 집어넣은 박철언의 부인이 압도적으로 당선돼 대구·경북 지역에서 반김영삼 기운이 심상찮던 시절이었다. 호남 고립을 목표로 연합한 3당 합당의 기반이 붕괴되기 시작했다. 김영삼의 의도와는 달리 김영삼 세력이 한국 정치에서 역포위 당하기 시작했다.

이럴 즈음 독수리의 눈으로 정치 흐름을 지켜보며 사자처럼 풀숲에서 웅크리고 있던 김대중이 민활하게 움직이기 시작했다. 1992년 대선에서 패배한 김대중은 약 1년간 영국의 케임브리지 대학에서 객원교수로 연구 활동을 하면서, 독일의 통일 과정에 대한 심층 연구를 하는 등 평소의 비전과 정책을 정교하게 다듬었다. 이후 1993년 말 귀국하여 아태재단을 설립하여 싱크탱크 기능을 강화하는 등 조용하게 몸을 풀기 시작했다.

1992년 대선 패배 후 호남 지역의 상실감과 절망감은 이루 말할 수 없었다. 지도자 김대중은 정계를 은퇴했고, 김대중을 이어받을 후계자는 눈에 띄지 않았다. 김대중은 호남의 지도자로 각인됐고, 범민주 진영 내에서조차 지역 맹주로, 세대교체의 대상으로 비판을 받던 처지였다.

김대중 외 다른 대안을 찾을 수 없었던 호남의 지식인과 민중들은 김대중을 중심으로 정권을 잡을 움직임을 만든다. 그런 조짐 중 하나가 전북대 교수 강준만이 1995년 펴낸 책 『김대중 죽이기』였다. 호남과 김대중은 30여 년에 걸쳐 군부독재 정권이 만든 악마화 이미지의 희생자였다. 강준만은 특유의 예리한 필체로 김대중이라는 정치인을 고사시키고, 호남이라는 지역을 고립시키기 위해 기득권 세력이 무슨 공작을 펼쳤는지를 격정적으로 폭로했다. 이는 그동안 지역주의라는 공격에 수세적으로 당했던 호남이 3당 합당의 균열을 계기로 공세적으로 전환한다는 신호였다.

결정적인 것은 지역 등권론이라는 패러다임의 등장이었다. 호남을 정치적으로 매장시키려는 3당 합당이 패권적 지역 연합이라면 호남은 방어적 지역주의라는 관점을 세우고, 영남 패권주의를 극복하기 위해서는 호남과 여타 지역이 연합하여 영남을 포위하는 전략이 필요하다는 논리였다. 김대중은 통일 전문가로 경륜을 축적하면서 또 한편으로는 지역 등권론으로 차기 대선에 도전하기 위한 이론적 포석을 준비했다. 문제는 복귀의 계기였다. 의외로 그 기회는 빨리 왔다. 김영삼의 김종필 고사 작전이 역효과를 일으켜 충청 지역과 대구·경북 지역에 반김영삼이 정서가 고조되자 김대중은 지역 등권론을 내세워 1995년 6월의 지방자치 선거에 전격적으로 개입한다.

김대중의 행보에 걸림돌이 된 것은 김대중 은퇴 후 제1야당 대표를 하던 이기택이었다. 모든 면에서 그릇이 안 되는 이기택은 대안이 되지 못하는 자신의 한계를 인정하지 않고 김대중의 행보에 매사 브레이크를 걸었다.

김대중의 구상은 서울시장 후보로 서울대 경제학 교수 조순, 경기도 지사에 구여권 출신 이종찬을 내세워 수도권에서 압승을 거두는 것이었다. 이기택의 사보타지로 김대중은 조순을 서울시장 후보로 내세우는 카드를 가까스로 얻어 냈다. 조순은 선거 초기 3등으로 시작하여 기적적인 역전승을 일구어 냈다. 뒤에서 지원한 김대중의 공이었다.

6월 27일 지방자치 선거는 김영삼의 정적들이 부활하는 계기가 됐다. 서울과 호남에서 김대중이, 충청에서 김종필이, 대구-경북에서 박태준과 박철언이 세를 얻었다. 김영삼은 이제 역으로 포위 고립됐다. 김대중은 여세를 몰아 정계 복귀 선언을 했다. 제1야당 대표인 이기택은 김대중의 복귀에 맞서 사력을 다해 저항했다. 은퇴 약속을 번복했다는 부담을 갖고 있던 김대중은 싸우기보다 자신의 세력을 탈당시켜 자신의 당을 만들기로 결정했다. 새정치국민회의의 탄생이었다.

70대에 들어선 김대중으로서는 1997년 대선은 생애 마지막일 수밖에 없는 도전이었다. 비장할 수밖에 없었다. 그의 대선 전략은 이전과는 완전히 달라졌다. 호남과 민주 세력을 대표한다는 점은 변함이 없었다. 그러나 그 것만으로는 20% 부족하다는 것을 절감했기 때문에 새로운 전략이 필요했다. 그것은 보수 세력과의 연합이었다. 현실적으로 그 대상은 충청도를 대표하는 김종필과 군부독재 권력의 본산지였던 대구 · 경북에서 갈라져 나온 반김영삼 세력이었다.

3당 합당이 밀실에서 지도부 사이에서 전격적으로 이루어진 M&A였다면, 김대중의 새로운 연합 전략은 밑으로부터 동의와 명분을 갖추어야 했다. 1995년 가을 들어서 김영삼은 서서히 3당 합당의 붕괴로 인한 고통을 맛보고 있었다. 민자당 내부의 계파 갈등은 적대적 전선으로 발전하고 있었다. 그 와중에 야당 국회의원 박계동이 노태우의 비자금을 폭로하는 사건이 발생했다. 이로 인해 1992년 대선에서 김영삼이 노태우로부터 받은 정치자금이 관심의 초점으로 떠올랐다.

코너에 몰린 김영삼은 전격적으로 '역사 바로 세우기 운동'이라는 국면 전환 카드를 던졌다. 그 결과 1995년 11월 국회에서 5.18 특별법이 만들어지고 성공한 쿠데타라고 했던 12.12 쿠데타와 5.18 광주 민주 항쟁에 대한 법적 심판에 착수했다. 전두환과 노태우가 내란수괴 혐의로 구속되어 유죄 선고를 받았다. 그 정치적 동기가 무엇이든지간에 쿠데타에 대한 심판이 미흡하나마 이루어진 것은 우리 역사에서 새로운 전기였다. 병권을 강제로 탈취하고 그것으로 국가권력을 전복했던 정치군인들을 단죄하는 최초의 사례였다. 처음으로 쿠데타가 내란으로 규정됐다.

15장
김대중의
DJT 연립정부

최초의 민주 정부 탄생하다

1997년 12월 18일 실시된 대선에서 1,032만 표를 얻은 김대중은 이회창을 39만 표 차이로 누르고 대한민국의 15대 대통령으로 당선됐다. 이인제는 492만 표를 얻어 3등을 했다. 김일성, 박정희에 이어 김대중이 대통령이 됨으로써 비로소 천하삼분의 구도가 한반도에 실현됐다. 공산주의 혁명과 근대화 혁명을 내건 세력이 1945년 이후 남북한의 주류 세력으로 한반도의 패권을 노리고 쟁투하는 긴 세월 동안, 남한에서 민주주의와 평화적 통일을 내걸고 엄혹한 탄압을 받아온 민주주의 세력이 마침내 국민의 선택을 받기에 이르러 천하삼분의 한 주체로 자리 잡게 된 것이다.

외세의 도움을 받지 않고 기득권 세력이 아니라는 점에서 이성계의 조선 건국 이래 처음으로 의미 있는 정권 교체였다. 근대사 흐름에서 고찰하면 척왜양이斥倭洋夷를 내세운 동학혁명, 개화파의 개혁 운동, 일제 식민지 시대의 독립운동을 이어받은 세력이자, 가까이는 1987년 6월 민주주의 혁명의 주체가 중심이 된 민주 정부였다.

우리 역사에서 박해받고 소외된 민중이 중심이 된 정통성 있는 정부가 밑으로부터의 투쟁을 거쳐 마침내 한반도에 출현했다. 의義를 내건 세력이 승리할 수 있음을 보여준 역사적 사례가 됐다. 민주 세력의 전면적 승리는 5년 뒤 노무현 정부에서 비로소 이루어졌지만, 이는 김대중 정부가 있었기 때문에 가능했다.

민주 정부의 지도자인 김대중은 완전완미한 지도자는 아니었다. 그렇지만 그동안 대통령이 되기 위해 저지른 수많은 오판과 과오에 대하여 자신의 비전과 가치를 실천해 보임으로써 그 정당성을 입증할 수 있는 기회를 갖게 됐다. 물론 현실은 그리 녹녹치 않았다.

대통령이 되는 과정은 험난하기도 했지만, 달리 보면 지리·천시·인화의 모든 것이 그가 대통령이 될 수 있게 받쳐준 운명적 선거였다. 주체적 조건으로는 그동안 갈고닦은 내공과 경륜이 '준비된 대통령'이라는 이미지와 맞아 떨어졌다. 거기다가 자신의 세력만 가지고는 부족했기 때문에 합종연횡이 반드시 있어야 했는데, 김영삼이 박정희 세력을 마구 휘젓는 바람에 떨어져 나온 세력과도 손을 잡을 수 있게 됐다.

김영삼 세력과 결별한 이후 충청 지역의 맹주로 위상을 회복한 김종필과 영남 보수 세력을 대변한 박태준은 김대중과 연합하는 조건으로 내각제 개헌과 공동 정부 운영을 내걸었다. 외통수에 몰려있던 김대중은 모든 조건을 수락했다. 1997년 10월 27일 김대중은 김종필의 자택으로 찾아가 전격적으로 후보 단일화에 합의했다. 이른바 DJP연합이었다. 김대중이 대통령 후보를 하는 대신 총리는 김종필이 맡고, 집권 시 총리는 국무위원 임명 제청권과 해임 건의권을 보장받는 것으로 하고 각료 배분은 동등 지분으로 행사키로 했다. 내각제에 대해서는 1999년 12월 말까지 대통령이 순수 내각제를 발의, 국민투표를 실시하고, 후보를 양보한 쪽이 내각제 아래의 대통령과 총리 가운데 우선 선택권을 준다는 내용이었다.

김종필이 많이 남는 장사를 한 연합이었다. 김대중으로서는 대통령 자리 빼고는 다 내놓은 것이나 다름없었다. 합의문을 그대로 따르기만 하면 공동 대통령제라고 부르는 것이 적당했다. 고도의 정치적 합의였고 현실적 실행은 의문스러웠지만, 당면한 선거에서는 강력한 위력을 발휘하기 시작했다. 충청 지역에서 김대중이 1위를 달리기 시작했다.

김대중이 연합의 폭을 넓히는 동안 집권당 후보였던 이회창은 분열의 구도만 확대하고 있었다. 김영삼과의 차별화를 핵심 전략으로 내세운 이회창의 선택에 대해 김영삼 계열의 이인제 경기도 지사가 당내 경선에서 패했음에도 불구하고 현직 대통령 김영삼의 지원을 기대하고 탈당하여 무소속 출마를 결행했다.

분노한 이회창은 김영삼을 난타하는 퍼포먼스를 벌였고, 이에 격분한 김영삼은 집권당을 탈당하는 것으로 응수했다. 이인제는 전국적으로 490여만 표를 얻었으며, 영남권에서만 300만 표 가까이 득표했다. 이러한 여권의 분열상에도 불구하고 이회창은 불과 40여만 표 차이로 김대중을 따라잡았다. 투표일 당시 집권당의 과오로 인한 외환 위기로 국가 부도 상태 직전이었음에도 불구하고 박정희 세력의 뿌리는 그만큼 깊고 넓었다. 투표가 1주일 뒤에만 있었더라면 이회창이 역전승을 거두었을 것이라고 말한 여론조사 전문가들이 많았다.

이 모든 우여곡절을 뒤로하고 역사는 김대중 정부의 출범을 기록했다. 김대중은 꿈에 그리던 대통령 자리에 앉게 됐지만, 자신의 꿈을 온전히 펴기에는 심각한 구조적 한계에 놓였다. DJT 공동 정부에서 국가 경영에 가장 핵심적인 경제정책과 경제 관료를 보수 세력이 여전히 쥐고 있었는데, 이는 관료와 재벌이라는 박정희 시스템의 핵심 구조는 여전히 김대중의 손 밖에 있었다는 것을 의미했다.

더욱이 외환 위기라는 비상 상황을 극복하는 데 모든 힘을 집중해야 할 형편이었다. 당연히 당면한 위기를 극복하는 대증요법에 치중할 수밖에 없었고, 그 결과 재벌과 관료를 중심으로 한 사회경제 시스템의 부분적 손질에 그치게 됐다. 김대중 정부가 구조적으로 취약하고 위기 상황에 놓인 점을 이용하여 월가의 금융자본은 한국 시장을 마음대로 휘젓기 시작했다. 이들은 한국 현실에 맞지 않는 고금리 긴축정책을 요구하여 재벌에 재갈을 물리는 한편 국제 자본이 마음대로 들락거릴 수 있는 금융 자유화를 관철했다.

대중경제론에서 그가 평소에 강조했던 지론을 펼칠 수 없는 시대적 상황에서 그의 정부는 '신자유주의 정부'라고까지 불리게 됐다. 그럼에도 그는 자신의 꿈을 실현시키기 위해 최선의 노력을 다했다. 자신의 정부를 '국민의 정부'라 명명하고 국정 지표를 '민주주의와 시장경제의 병행 발전'이라고 제시했다. 신자유주의 정책의 핵심 중에 평생 고용제를 깨뜨리고 해고를 자유롭게 하는 노동 유연성 정책이 본격적으로 도입되자 갑자기 엄청난 해고자와 실업자가 넘쳐나게 됐다. 이의 부작용을 완화하기 위해 '생산적 복지'라는 이름으로 복지 네트워크를 종합적으로 발전시킨 것도 그였다.

국민들의 눈물겨운 고통 분담과 그의 탁월한 지도력으로 1년 만에 외환 위기의 터널에서 빠져나오기 시작했다. 그러나 정치적 불안정은 그때부터 심각해졌다. 1999년 말까지 실시하기로 된 내각제 개헌은 김대중 세력도 처음부터 할 생각이 없었고, 김종필도 실현될 것으로 생각지도 않았다. 내각제 개헌은 결국 안 되는 것으로 서로 양해했다. 남은 것은 연립정부를 깰 것인가 유지할 것인가의 문제였다. 김대중, 김종필, 박태준 3인은 김대중의 국민회의와 김종필의 자민련을 합쳐 새로운 집권당을 만드는 데 합의했다. 그런데 이 구상은 김종필의 충청 지역 의원들의 반란으로 없던 일이 됐다.

김대중 정부를 호남 정부라 몰아치는 한나라당의 공세에 충청권 의원들이 위기감을 느낀 것이었다.

2000년 총선을 앞두고 연립정부는 표면상으로 와해됐다. 김종필은 연립정부에서 철수한다고 선언했다. 보수 세력과의 합당에 실패한 김대중은 방향을 돌려 시민사회와 재야로부터 6월 항쟁 세력(이른바 386세대)를 영입하여 '새천년민주당'으로 신장개업하여 총선에 대처했다. 김대중 정부의 진정한 면모는 한반도 평화 문제에서 보다 확연히 나타났다.

남북 정상회담과 새로운 패러다임

지도자가 머릿속에 그리는 큰 그림이 과연 얼마나 현실을 바꿀 수 있을까? 지도자의 머릿속에 전쟁이 담겨 있다면 전쟁이 일어날 것이고, 평화가 담겨 있다면 평화의 시대가 열릴 것이다. 1998년에서 2002년에 이르는 김대중 시대 5년간 우리는 지도자의 비전과 이상이 역사를 얼마나 바꿀 수 있는지 직접 목격하게 된다. 전쟁의 재발 가능성을 제거하고 평화로운 한반도를 만들겠다는 김대중의 집념은 남북 정상회담을 이끌어 냈을 뿐만 아니라, 아무도 상상하지 못했던, 반미를 국시(?)로 하는 북한 정부의 2인자이자 군부 최고 실력자가 미 제국주의의 수뇌부가 있는 백악관을 방문하여 북미 수교를 논의하는 역사적 장면을 연출하기에 이르렀다.

또한 미국의 대통령과 정책 결정자들이 한반도 문제에 관한 한 한국 정부의 주도성을 전적으로 받아들이는 외교적 역량을 보인 적도 이때가 처음이었다. 그리하여 마침내 2000년 가을 미국 대통령 클린턴이 평양을 공식 방문하는 프로젝트가 구체적으로 추진되기에 이르렀다. 미국으로부터 주도성을 인정받고, 중국으로부터 전폭적인 지지를 받고, 일본의 지지를 받은 김대중 외교는 한반도의 판을 극적으로 전환시켰다. 앞으로 한반도의 지도자는 어떤 비전과 철학을 가지고 어떤 리더십을 발휘해야 하는 지에 대한 전범을 보여 주었다.

냉전 시대를 겪은 한국의 외교 전문가들은 김대중 대통령 시대야 말로 한국 외교의 황금기였다고 기억한다. 중국의 장쩌민은 김대중을 '형님'으로 모셨다. 미국 대통령 클린턴은 김대중을 '현자'로 대우했다. 유럽은 김대중을 '아시아의 넬슨 만델라'로 존경했다. 한국의 지도자로 이처럼 세계적으로 존경받고 발언권을 가진 지도자는 김대중이 처음이었다.

김대중 외교가 더욱 중요한 점은 자주적 통일 외교의 이정표를 세웠다는 점이다. 광해군 시절 명·청 교체기에 국익에 입각한 자주 외교를 구사했다가 노론에 의해 인조반정이라는 궁정 쿠데타가 일어나, 그 이후 병자호란이라는 전쟁의 참화를 겪은 역사적 경험이 있다. 미국과 소련이라는 외세에 의한 남북 분단 시대가 시작된 이후 우리의 노력과 주도로 주변 강대국을 움직여 한반도의 판을 바꾼 것은 김대중이 최초였다.

멸공통일과 적화통일의 정면충돌 속에 다른 옵션은 생각도 할 수 없었던 70년대부터 김대중은 주변 4강대국을 평화의 보증인으로 만들어야 한다는 평화통일론을 주창했다. 이후 3단계 평화통일론으로 정리된 그의 한반도 비전은 햇볕 정책으로 명명됐다. 대통령이 된 그는 미국, 중국, 소련을 설득하고 그들의 협력 속에 마침내 남북 정상회담을 이끌어 냈다.

이때 클린턴이 한 말은 앞으로 한반도의 지도자가 길이 기억해 둘 필요가 있다. "김 대통령의 비중과 경륜을 볼 때 이제 한반도 문제는 김 대통령께서 주도해 주시기 바랍니다. 김 대통령이 핸들을 잡아 운전하시면 나는 옆자리로 옮겨 보조적 역할을 하겠습니다."(김택근, 『새벽: 김대중 평전』, 사계절, 2012, 275쪽)

수십 년 동안 군벌 독재 정권으로부터 빨갱이라는 음해를 받으면서 생명의 위협까지 받은 야당 지도자 출신 김대중 대통령이 국내외 온갖 반대 세력에도 불구하고 일관된 신념과 철학으로 화해와 평화 정책을 밀어붙인 것은 경이롭다 하지 않을 수 없다. 그가 이끄는 정권은 다수파 정부가 아니었다. 국회 내에서 그는 소수파의 지도자였다. 다수파인 한나라당은 수십 년 동안 쌓아올린 분단 기득권에서 한 치도 움직이지 않는 멸공통일 세력이었다. 또한 그의 집권 세력은 단일 세력이 아니라 연립정부였다. 연립정부의 파트너는 한국에 반공 정권을 세운 쿠데타의 주역인 김종필이었다. 그런 면에서 그의 세력은 국회 내에서 4분의 1에 불과한 소수파였다. 그는 연립정부를 설득하고, 야당을 설득하고, 김정일을 설득하고, 미국을 설득해서 한반도에 평화의 새로운 전망을 열었다.

한반도 평화라는 카드 판에는 남한과 북한, 그리고 미국이 주요한 선수들이지만, 내용을 살펴보면 다섯 명의 타짜가 벌이는 게임 판으로 볼 수 있다. 북한, 남한의 매파와 비둘기파, 그리고 미국의 매파와 비둘기파. 이 다섯 타짜들은 서로 복잡한 합종연횡의 관계를 맺으며 한반도를 둘러싼 역학 관계를 움직인다.

현실적으로 한반도를 움직이는 가장 강력한 힘은 미국의 매파와 남한의 매파가 연합할 때 발생한다. 1998년에서 2000년에 이르는 동안 미국은 비둘기파가 잡고 있었고 남한에서는 김대중 정부라는 최초의 비둘기파 정권이 탄생했다. 미국의 매파는 의회에서도 소수파였다. 미국의 비둘기파는 김대중이 어려울 때 그를 지지해 준 세력이었기 때문에 김대중은 이들과 민주주의와 인권을 고리로 한 깊은 인연과 네트워크를 가지고 있었다. 이러한 자산으로 인해 김대중은 자신감을 갖고 '김대중 이니셔티브'라 할 수 있는 원대한 구상을 현실에 옮기기 시작했다.

김대중 이니셔티브(햇볕 정책 또는 대북 포용 정책이라 불리는 일련의 정책들)가 갖고 있는 중요성은 남한에서 최초로 무력을 기반으로 상대방의 체제를 무너뜨리거나 위협하지 않겠다는 진정성에서 출발했기 때문이다. 노태우 시절에도 남북 불가침 선언이나 상호 체제 인정이라는 원칙에 합의했지만, 보수 세력 전체의 동의를 얻은 것은 아니었다. 김영삼 정권 시절에는 북한 붕괴론을 거드는 듯한 입장을 취했다.

그런 면에서 김대중의 대북 화해 정책은 남북한 간의 상호 불신을 걷어 내고, 상호 체제를 존중하는 선에서 교류와 협력을 전면화해서 경제적 공동체를 지향하는 통일 기반 조성이라는 측면을 강조한 것이었다. 김대중은 자신의 구상을 먼저 미국에 설명하여 충분한 공감대를 형성한 다음, 미지의 인물이던 북한 지도자 김정일에게 신중하게 대화를 제의했다.

김정일 역시 김대중의 제안을 천재일우의 기회로 활용했다. 70년대 후반부터 북한 권력의 사실상 공동 통치자였던 김정일은 선전, 홍보, 예술과 문화의 기재(奇才)라고 북한 매체들은 선전해 왔다. 김일성 우상화와 주체사상의 체계화, 그리고 영화 등 각종 매체를 통한 체제홍보가 그의 지휘 하에 진행됐다고 한다. 김일성 사후 6년 동안 북한의 상태는 처참했다. 대기근이 덮쳐 수백만 명의 주민이 아사하는 비극이 발생했고, 해마다 필요한 식량의 3분의 1이 부족한 상태였다. 김대중의 제안에 접한 김정일은 남북 정상회담을 김정일 제작, 감독, 주연의 역사적 드라마로 만들 결심을 하고 김대중을 평양에 초청했다.

2000년 6월 13일~15일의 남북 정상회담은 김대중의 원대한 구상과 노련미와 김정일의 절대 독재자로서의 권위와 예술적 재능이 겨룬 한판 승부였다. 김대중은 국내외 매파를 의식하면서 실질적이면서, 현실적인 진전을 원했다. 반면 김정일은 전 세계 매스컴의 눈길이 집중된 절호의 기회를 자신과 북한을 국제사회에 새롭게 알릴 기회로 삼았다. 그는 절대 권력자의 면모와 화끈한 결단력을 과시하며 소위 광폭 정치의 진수를 보여 줬다.

그의 의도는 성공했다. 남한에서 특히 젊은이들 사이에 그의 인기는 하늘 높은 줄 모르고 치솟아 남한의 매파들을 안절부절못하게 만들었다. 정상 회담 후 남북한의 교류는 이전 50년 동안 한 것보다 더 많아졌다. 김정일의 숙원 사업인 북미 수교도 김대중의 지원으로 클린턴의 방북을 추진하는 등 본격적인 궤도에 올라섰다. 2000년 10월 10일 북한의 조명록 차수가 백악관으로 클린턴 대통령을 예방했다. 2주일 뒤 10월 23일 올브라이트 국무부 장관이 6.25 종전 후 미국의 최고위 관리 자격으로 평양을 방문, 김정일과 클린턴 방문을 위한 사전 협상을 벌였다.

그러나 아쉽게도 2000년 11월 미국 대선에서 매파 중의 매파 네오콘이 미는 조지 W. 부시가 대통령에 당선됨으로써 한반도에는 다시 냉전의 먹구름이 몰려오기 시작했다. 미국과 한국의 매파가 손을 잡고 김대중의 평화 구상을 깨뜨리기 시작했다. 11월 4일 미국 대선에서 당선된 부시 당선자 팀의 강력한 태클에 저지당한 클린턴은 12월 21일 아침 김대중에게 전화하여 "평양을 방문하지 않기로 결정했다."고 알려왔다. 김대중의 최측근 참모 임동원은 만약 김정일이 조명록의 미국 방문을 한 달만 앞당겼더라면 한반도의 운명이 달라졌을 것이라고 회고한다. 한반도의 판이 또 한 번 휘청거리면서 궤도에서 튕겨져 나갔다.

노무현, 후계자를 쟁취하다

노무현은 별종의 정치인이었다. 달변이거나 사자후를 토하는 연설의 천재라는 평을 듣는 정치인들은 많이 있다. 그러나 그만큼 민중의 영혼을 뒤흔드는 호소력을 가진 정치인은 없었다. 그가 가진 최고의 미덕은 진정성이었다. 진정성을 가진 정치인도 적은 편은 아니다. 그러나 대통령이 되어서조차 진정성을 지키기 위해 그처럼 분투한 사람은 없었다. 자신의 약점과 잘못조차 어떤 형태로든 시인해야 풀리는 진정성, 그런 진정성을 가진 최초의 정치인이었다.

노무현의 진정성이 빛을 발한 것은 그가 정치적으로 높은 자리로 올라갔음에도 불구하고 출발할 때의 민중적 정서를 끝까지 유지했기 때문이다. 기득권 세력과 적당히 타협하지 않고 '처음처럼'의 진정성을 유지했기에 그는 결국 그들의 포위 앞에 자결로 일생을 마감하는 비운의 지도자가 됐다고 볼 수도 있다.

조직, 돈, 세력, 학벌 등 정치적 자신이라고는 전혀 없었던 노무현이라는 인물이 어떻게 김대중의 후계자가 됐을까? 한국 정치의 최대 수수께끼 중

하나에 속한다. 한 사람의 진정성이 자기가 속한 당을 움직이고, 끝내는 국민을 움직인 드라마를 이제 찾아가 보자.

노무현은 정치적 신데렐라였다. 문자 그대로 자고 일어나 보니 하룻밤 사이에 유명 인사가 됐다는 말이 딱 맞는 사람이다. 1988년~89년 5공 비리 청문회에서 전두환과 재벌 총수를 상대하는 노무현의 모습을 보고 온 국민이 홀딱 반해 버렸다. 광주 시민 학살을 주도한 전두환에 대한 가식 없는 분노를 보고 모든 국민들이 같은 심정이었다. 한국 사회에서 실질적인 주인 노릇을 하는 재벌 회장을 앞에 두고 한 점 꿀림 없이 논리적으로 추궁하는 젊은 노무현의 모습을 보고, 뜻있는 사람들은 누구나 저런 패기 있는 정치인이 양김 이후 지도자가 되어 대통령이 됐으면 하는 마음을 품었다.

노무현의 그런 모습은 일시적인 연출이나 정치 공학에 의한 것이 아니었다. 80년대 초반 부림 사건의 변호를 맡으면서 뒤늦게 사회 현실에 눈뜨게 된 노무현 변호사는 마지막 결심 공판의 최후 변론에서 "내가 피고들과 함께 피고석에 서고 싶다."라는 말을 할 만큼 열혈 투사가 됐다.

이후 1987년 6월 민주혁명 당시에는 부산 국본의 지도부로서 시위대의 맨 앞줄에 서서 투쟁하는 강골의 모습을 보여 주었다. 7~8월 노동자 대투쟁 때 대우조선 노동자 이석규 씨가 최루탄에 맞아 사망한 사건에서 노동자 편에서 활동하다 구속되기도 했다. 이듬해 4월 총선거를 앞두고 김영삼은 김광일 변호사의 소개로 노무현을 영입한다. 김영삼을 만난 노무현이 말했다.

"총재님, 입당 조건이 하나 있습니다."

"뭔데?"

"부산에서 제일 센 사람하고 붙여 주이소."

그래서 5공 정권의 실세라던 허삼수가 있던 부산 동구에 공천을 받아 치열한 선거전 끝에 승리했다.

1990년 1월 김영삼이 3당 합당을 결행하자 노무현, 김정길, 김상현 등은 3당 합당을 국민에 대한 배신으로 규정하고 합류하지 않을 것을 선언한다. 이때 노무현은 자신이 얼마나 오랫동안 가시밭길을 걷게 될지 짐작조차 하지 못했다.

야당으로 남은 사람들은 비김대중, 비호남 야당의 재건이라는 기치를 들고 꼬마민주당을 만들었다. 국민들로부터 신망은 높고 인기는 폭발적이었으나, 소선거구제라는 제도로 인해 야권 분열 구도를 극복하지 못했다. 결국 1990년 9월 김대중과 합당하여 민주당을 만들었다. 노무현은 영남 지역의 대표성을 인정받아 전당대회에서 43세의 최연소 최고위원이 됐다. 이후 부산에서 3당 합당한 김영삼이 미는 허삼수에게 노무현은 패배한다. 역사의 아이러니였다. 이때 허삼수가 "(김영삼) 어른을 모시고 반드시 대통령을 만들겠다. 배신자 노무현을 심판하자."라고 외쳤다.

1995년 노무현은 부산 시장에 도전했다. 처음에는 압도적인 우세로 시작했으나 김대중이 지역등권론을 들고 나오면서 호남 대 비호남의 구도가 부산에서 불거져 나오면서 노무현은 역전패한다. 김대중은 노무현에게 크게 빚을 졌다. 지방선거 후 김대중이 마지막 대권 도전을 위해 정계 복귀를 하자 노무현은 다시 한 번 험난한 길을 선택한다. 1996년 총선에서 그는 서울의 종로에 출마했으나 김영삼 당의 이명박(1위), 김대중 당의 이종찬(2위)에 이어 3위를 했다. 그가 속한 민주당은 교섭단체 구성에 실패하여 노무현은 다시 정치적 유랑자가 됐다.

이들 비김대중 정치인들은 통추를 결성하여 정치적 활로를 모색했으나 97년 대선을 맞아 독자 세력화에 실패하고 뿔뿔이 흩어지게 된다. 노무현, 김원기, 유인태, 원혜영 등은 김대중 당으로, 이부영, 제정구, 박계동 등은 한나라당에 입당했다. 1997년 대선 와중에 노무현은 김대중의 방송 찬조 연설을 맡아 공전의 히트를 치는 큰 공을 세웠다. 영남 출신이고 비김대중 노선인 자신이 왜 김대중을 지지하는가를 매우 감동적으로 풀어서 김대중이 너무 고마워했다.

1998년 김대중 대통령 시대에 접어들어 노무현은 정치적 재기를 모색했다. 그해 초 종로의 이명박 의원이 선거법 위반으로 구속되어 여름에 보궐선거가 생겼다. 2년 전 종로에 출마했고, 대선에도 공이 있는 노무현을 공천하자는 움직임은 없었다. 동교동계에서는 고건이나 한광옥을 밀고 있었다. 노무현은 배수진을 치고 김대중과 담판을 벌여 공천을 받아 냈다. 이때만 하더라도 김대중은 노무현에게 빚을 졌다는 생각은 했지만, 기본적으로 신뢰하지 않았다. 김대중은 꼼꼼하고 실무적인 비서 타입을 선호하는 사람이라서 노무현처럼 통제되지 않고 튀는 성향을 생래적으로 싫어했다. 김대중 대통령을 독대한 노무현은 "대통령님, 왜 저를 믿지 못하십니까?" 하고 물으니, "당신이 그렇게 만들었잖소." 하면서 퉁명스럽게 답변했다.

때와 장소를 가리지 않고 쓴소리를 마다않는 열혈 사나이 노무현에 대해 동교동은 부담스러운 정도를 넘어 적대적 정서가 강했다. 대통령과 직계 세력인 동교동으로부터 노무현은 알게 모르게 견제를 받곤 했다. 1999년 1월 말 노무현은 인생이 바뀌는 결단을 내렸다. 다음 해 총선에서 종로를 반납하고 다시 부산으로 내려가 출마하겠다는 결정이었다. 청와대를 방문하여 김대중에게 부산 출마 의사를 밝히자 김대중이 노무현의 손을 꽉 잡고 "이런 정치인은 내 평생 처음 봅니다."라며 감격해 했다. 정치 1번지라는 종로를 초개와 같이 포기하고 확실히 죽을 길을 다시 걷겠다는 노무현을 보고 김대중은 노무현에 대한 불신을 거둔다.

노무현의 거의 모든 참모들이 부산행을 말렸다. 고생은 충분히 했다. 부산 안 가도 욕하는 사람 없으니, 차근차근 정치적으로 성장해서 후일을 도모하자는 논리였다. 그러나 노무현의 결심은 확고했다. 부산에서 정치 인생의 명분을 다 걸겠다.

2000년 4월 부산에서 노무현은 다시 분루를 삼켰다. 상대방은 허태열이었다. 그의 유세는 치사하고 비열했다. "여기 전라도 사람 손들어 보세요!" 지역감정 자극이 알파이자 오메가였다. 한나라당은 부산에서 노무현을 처참하게 짓이겼다. 전투에서는 그들이 이겼다. 그러나 아무도 예상치 못했던 민중의 움직임이 일어났다. 원래 정치권에 인맥이 없던 노무현은 당시 막 도입된 인터넷 시대에 부응하여 사이버 보좌관 제도라는 것을 시범적으로 운영하고 있었다. 국내외의 젊은이 중에서 노무현을 좋아하는 사람들을 온라인으로 연결해서 의정 활동에 도움을 받고 있었다.

이들을 중심으로 온라인에서 '바보 노무현'을 살리자는 움직임이 들불처럼 일어나기 시작했다. 이심전심이었다. 이해 6월 대전에서 노무현을 이대로 죽여서는 안 된다는 사람들의 첫 모임이 열렸다. 이른바 '노무현을 사랑하는 사람들의 모임(노사모)'의 태동이었다. 2000년 8월 김대중은 노무현을 해양수산부 장관으로 임명했다. 노무현은 대권 주자로 본격 거론되기 시작했다.

전국에서 자발적으로 모인 노사모는 노무현의 정치 인생에 결정적인 분기점이 됐다. 단기필마로 정치권에서 회자되던 노무현에게 든든한 풀뿌리 동지들이 생긴 것이 첫 번째 변화다. 그러나 더 중요한 것은 노사모의 등장과 더불어 이른바 노무현 정신이라는 가치관이 더욱 강건해졌다는 점이다. 자신을 안타까이 여기고, 그리고 자신을 통해 지역주의를 극복해 보고자 모인 노사모 동지를 보면서 그는 자신의 소명을 새삼 깨닫고 이들을 결코 실망시켜서는 안 되겠다는 다짐을 굳게 한다.

노무현 정신을 그의 말을 빌려 정리하면 '반칙과 특권이 없는 사회'를 실현하고 '힘 있는 사람에 대해 힘없는 사람도 주눅 들지 말고 떳떳하게 옳고 그름을 따져보자'는 정신으로 볼 수 있다. 이런 기조에서 그는 거대한 기득권 세력에게 조금도 주저함이 없이 도전했고, 심지어 자신이 속한 당내에서조차 금기를 인정하지 않고 권위에 거침없이 도전했다.

노무현 정신의 정치적 표현은 '지역주의 극복'이었다. 정치인으로서 그의 머릿속을 지배한 것이 지역주의 극복이었기 때문에, 이는 그의 목표이자 한계로 작용했다. 정치인 노무현과 대통령 노무현이 매우 판이한 평가를 받는 것도 여기서 연유한다. 지역주의란 것은 1987년 민주 진영의 분열에서 파생되어 나온 부산물 중의 하나이다. 그는 1987년에서 유래된 분열 구조는 명료하게 인식했지만, 민주주의 혁명의 본원적 가치인 '자유·평등·평화'를 계승하고 발전시켜야 한다는 데까지 나아가지 못했다. 지역주의 극복과 권위주의의 해체라는 목표의식은 분명했지만, '자유·평등·평화'라는 가치 동맹의 주체를 복원·확대하기는커녕 오히려 내적으로 더욱 분열시켰다. 이는 노무현 시대의 명암이자, 민주 진영의 무거운 숙제로 남겨졌다.

해양수산부 장관으로 임명된 지 한 달 만에 그는 대선 도전을 결심하고 여의도에 대선 캠프를 차렸다. 2000년 10월 1일이었다. 김대중 대통령은 비서실장으로 2년간 호흡을 맞춘 김중권을 자신의 후계자로 삼고 싶어 했다. 김중권은 노태우 정권 시절 청와대 정무수석 비서관으로 재직하면서 1992년 대선 당시 김대중에게 20억 원의 선거자금을 전달했고, 1997년 대선에서 20억 원을 넘는 알파는 없다는 증언을 하여 김대중의 당선에 도움을 준 인물이다. 최초의 민주 정부가 세워지고 초대 청와대 비서실장에 모든 사람의 예상을 깨고 김중권이 임명되자 민주화 운동 출신들은 경악했다. 비서실장이 된 김중권은 관료에 대한 장악력과 윗사람을 모시는 능력에서 김대중의 사랑을 받게 된다. 김대중의 기대는 더 높은 데 있었다. 김대중은 호남과 기득권 세력의 상징인 대구·경북 세력과 정치적 화해를 추구했다. 자기가 키운 TK 출신 대통령이 탄생한다면 지역주의 극복이라는 위업을 세울 수 있지 않을까, 하는 것이 김대중의 구상이었다.

이 구상을 정면으로 깨뜨린 사람이 다름 아닌 노무현이었다. 2000년 10월 초 김대중은 김중권을 전격적으로 집권 여당인 새천년민주당의 당 대표로 임명했다. 후계자가 될 수 있는 기회를 주겠다는 명백한 신호였다. 당내에서는 싸하면서도 혼란스러운 분위기가 흘렀다. 특히 오랜 세월 민주화 투쟁을 했던 사람들에게 민정당 출신의 당 대표는 황당할 따름이었다. 그러나 아무도 입도 뻥긋하지 못했다. 김대중의 정당 운영 방식은 민주주의자로서의 면모와는 달리 완전히 전근대적인 파벌 통치 방식을 유지했다. 제왕적 총재였다. 민주화 투쟁을 할 당시에는 상황적 이유를 댈 수 있었지만, 대통령이 된 이후에도 전근대적 방식에서 벗어나지 않았다.

이 거북한 침묵을 깬 것은 해양수산부 장관으로 내각에 가 있던 노무현이었다. 대표로 발령 난 바로 그날 점심, 기자들과 미리 예정되어 있던 오찬에서 노무현은 오프더레코드 상태에서 자신의 심중을 밝혔다. 이런 상황에서 오프더레코드를 지키지 않는 것이 한국의 언론 아니던가. 오후부터 〈동아일보〉가 터뜨렸다. '노무현 해양수산부 장관, 김중권 대표에게 직격탄. 기회주의자는 포섭의 대상일 수는 있어도 지도자로 모실 수는 없다.' 등.

청와대는 분기탱천했다. 그러나 청와대조차 첫날부터 체통에 치명상을 입은 김중권을 다시 살려 낼 수는 없었다. 노무현에게 치명타를 입은 김중권은 결국 후보 반열에 오르지 못했다. 당내외의 많은 사람들이 노무현은 이제 정치적으로 사망했다고 판단했다. 그러나 그들은 나무만 보았지 숲을 보지 못했다. 이 사건을 계기로 민주화 운동 세력의 대다수가 노무현을 대안으로 보기 시작했다. 다음 상대는 이인제였다. 1997선거에서 500만 표

가까이 얻은 이인제는 동교동에 의해 영입되고 낙점돼 대세론을 구가하고 있었다.

노무현과 이인제의 대결은 극적인 드라마의 모든 요건을 갖추고 있었다. 서울 법대 출신과 고졸 출신. 3당 합당 합류파와 거부파, 정통 민주 세력과 기회주의 세력. 노무현 정신의 관점에서 볼 때 이인제가 민주당의 후보가 되는 것은 어불성설이었다. 노무현은 비타협적인 투쟁을 벌인다. 둘의 대결은 리더십과 정치 역정 등 개인적인 차이뿐만이 아니었다. 대선 구도에서도 근본적인 차이가 있었다. 이인제는 이른바 호남·충청 연합이라는 구도를 내세웠고, 노무현은 호남과 부산·경남의 연대라는 민주 정통성에 근거한 영남 후보론을 내세웠다.

2001년 여름 대북 정책을 둘러싸고 DJP연립정부가 공식적으로 무너진 다음 민주당의 지지율은 바닥을 기기 시작했다. 이때 민주당의 활로로 나온 것이 이른바 국민경선제를 통한 당내 대선 후보 선출 방식이었다. 국민들의 참여를 전격적으로 허용한 이 새로운 제도는 아이러니하게도 이인제의 찬성과 노무현의 반대 속에서 도입됐다. 그런데 현실에서는 정반대의 결과가 나타났다.

2002년 3월 광주 시민들은 노무현을 차기 대통령 후보로 선택했다. 2002년을 달구었던 '노풍'이라는 이름의 태풍이 불기 시작했다. 이는 3김식 구정치에 지긋지긋하게 신물을 내던 국민들이 노무현이라는 새로운 정치인을 희망으로 본 것이라는 의미였다. 집권당의 후보로 확정된 후 당선되기까지 8개월 동안 노무현은 롤러코스터를 탔다. 지지율이 반 토막 났다가, 결국 정몽준과 여론조사를 통해 단일 후보가 됐다. 투표 하루 전날 정몽준이 단일화 파기 선언을 하여 코너에 몰렸으나 오히려 전화위복으로 대통령으로 당선됐다.

이때 마지막까지 정몽준이 연립정부에서의 지분을 요구했으나, 노무현이 민주당 내 모든 참모들의 건의에도 불구하고 실패한 대통령이 되느니 실패한 후보가 되겠다는 신조를 밝히면서 끝까지 거부하여 단일화 파기 선언이 나왔다는 사실에서 보듯 그는 벼랑 끝에서 '노무현 정신'을 지키기 위해 분투했다.

노무현은 그가 책을 썼던 링컨 대통령과 우연히도 같이 한국의 16대 대통령이 됐다. 노예해방을 선언했던 링컨이 암살로 생을 마감했듯이, 노무현도 기득권과 대결하는 정치를 폈고 불행하게 최후를 마쳤다. 역사의 우연인가.

2002년 12월 19일 노무현의 당선 소식을 접한 김대중은 행복했다. 자신에 이어 또 한 명의 민주주의자가 대통령이 되어 재집권에 성공한 것은 대한민국의 복이라 여겼다. 자신이 항상 마음속에 간직한 부담감에서 이제 벗어날 수 있으리라는 기대가 생겼다. 노무현은 1987년 분열의 상처를 딛고 민주 세력의 복원을 이뤄 낼 수 있을 것이라는 기대를 하면서 그는 단잠에 빠질 수 있었다.

김대중이 현실 정치의 전면에서 퇴장함에 따라 한반도를 주름잡았던 세 명의 패자들, 김일성, 박정희, 김대중이 모두 역사 속 인물로 사라졌다. 그러나 그들이 일으킨 세 개의 혁명은 아직도 한반도에 거대한 에너지로 소용돌이치고 있다. 이 소용돌이의 마무리는 그들의 후계자 손으로 넘어갔다.

후기

이 글을 쓰게 된 이유는 '힐링'이었다. 카타르시스라고나 할까. 우리는 극한적인 대립과 갈등 속에서 살아왔다. 6.25 전쟁과 광주 학살, 남과 북, 여와 야, 가진 자와 못가진 자, 영남과 호남이라는 지역주의, 보수와 진보, 주류와 비주류…… 전쟁, 살육, 고문, 굶주림…… 현대사를 살아 온 우리 모두가 '외상 후 스트레스 장애'[PTSD] 환자일지도 모른다. 한반도 전체가 하나의 거대한 정신 병동이 아닐까라는 생각이 든 적이 많았다. 모든 사람이 피해자이면서 동시에 가해자로서의 이중성이 있는 그런 모순과 역설의 사회가 아닐까. 한반도에 사는 모든 사람들이 보다 편안한 삶을 영위하는 시대가 오길 간절히 바란다.

이 책이 나오기까지 많은 도움을 받았다. 그중에서도 국회도서관에 먼저 고마움을 표하고자 한다. 전문 연구자가 아닌 글쓴이로서는 만약 국회도서관을 활용할 수 없었다면 이 책은 나오지 못했을 것이다. 수많은 자료와 책을 참고할 수 있었다. 이 도서관을 활용할 수 있도록 도와주신 원혜영 의원에게도 감사의 말씀을 드린다. 평생 중요한 고비마다 도움을 베풀어 주신 후의에 대해서도 이 기회에 고마움을 전한다.

다음으로 복잡한 한국 현대사의 진실을 드러내는 기록을 남겨 주신 분들에게 감사드리고 싶다. 돈 오버도퍼 기자는 외국인임에도 불구하고 한국에 대한 깊은 애정으로 누구도 부인할 수 없는 소중한 기록을 『두개의 한국』이라는 책으로 남겼다. 한국전쟁의 기원에 대한 획기적 관점을 제기한 박명림 교수의 노고에도 감사를 표한다. 그리고 일일이 이름을 열거하지는 못하지만, 권력자들의 동정을 역사의 기록으로 남겨 주신 모든 분들에게 고마움을 표시하고 싶다. 이 분들의 소중한 기록들은 모두 참고 목록에 수록했다. 이 책의 출판을 흔쾌히 수락해 준 도서출판 레디앙의 이광호 대표에게도 감사드린다.

　마지막으로 운동권 출신 자식과 남편과 아버지를 둔 덕에 평생 고생한 가족들에게도 미안한 마음을 이 책으로 대신하고자 한다.

참고 문헌 및 자료

강원용, 『강원용 나의 현대사』, 한길사, 2003.

강원택, 『노태우 시대의 재인식』, 나남출판, 2012.

강준만, 『한국 현대사 산책 1970년대 1~3』, 인물과 사상사, 2002.

강준만, 『한국 현대사 산책 1980년대 1』, 인물과 사상사, 2003.

강창성, 『일본-한국, 군벌 정치』, 해동문화사, 1991.

고승철, 이완배, 『김재익 평전』, 미래를 소유한 사람들, 2013.

권노갑, 『순명-권노갑 회고록』, 동아E&D, 2014.

김경재, 『김형욱 회고록』, 인물과 사상사, 2009.

김광일, 『신념의 길을 가다』, 이지출판, 2015.

김대중, 『김대중 옥중서신』, 한울, 2009.

김대중, 『김대중 자서전 1~2』, 삼인, 2010.

김동춘, "71년 광주대단지 8·10 항거의 재조명"(김동춘, 『8·10 사건 30주년 기념 심포지엄 자료집』, 2001.)

김삼웅, 『김대중 평전』, 시대의 창, 2010.

김성동, 『한국정치 아리랑-한 정치인이 살아온 대한민국 현대사』, 동녘, 2011.

김연철, 『북한, 어디로 가는가?』, 플래닛미디어, 2009.

김영삼, 『나의 정치 비망록-민주화와 의정 40년』, 심우, 1992.

김영삼, 『회고록-민주주의를 위한 나의 투쟁 1~3권』, 백산서당, 2000.

김영환, 『시대정신을 말하다』, 시대정신, 2012.

김운회, "새로운 패러다임을 찾아서", 〈프레시안〉, 2012. 7. 18.

김일성, 『선집 1권』, 조선노동당 중앙위원회, 1979.

김종대, 『위기의 장군들』, 메디치, 2015.

김진, 『청와대 비서실』, 중앙일보사, 1992.

김충식, 『남산의 부장들』, 폴리티쿠스, 2012.

김태형, 『기업가의 탄생 -이병철, 정주영, 김우중을 통해 본 기업가의 심리와 자격』, 위즈덤하우스, 2010.

김택근, 『새벽-김대중 평전』, 사계절, 2012.

김학준, 『북한 50년사』, 동아출판사, 1995.

도널드 그레그, 『역사의 파편들』, 창비, 2015.

돈 오버도퍼, 『2개의 한국』, 이종길 외 번역, 길산, 2014.

문영심, 『김재규 평전-바람 없는 천지에 꽃이 피겠나』, 시사인북, 2013.

박명림, 『한국전쟁의 발발과 기원』, 나남출판, 1996.

박명림, "박정희와 김일성: 한국 근대화의 두 가지 길", 『역사비평』, 2008, 봄.

박보균, 『청와대 비서실 3』, 중앙일보사, 1994.

박정웅, 『이봐, 해봤어?』, FKI미디어, 2002.

박철언, 『바른 역사를 위한 증언 1~2』, 랜덤하우스코리아, 2005.

박호재, 『사랑해요 DJ』, 이룸, 2009.

방경일, 『전두환 리더십 노태우 처세술』, 너와나미디어, 2002.

방인혁, 『한국의 변혁운동과 사상 논쟁』, 소나무, 2009.

배기찬, 『코리아, 다시 기로에 서다』, 위즈덤하우스, 2005.

서대숙, 『북한의 지도자 김일성』, 서주석 번역, 청계연구소, 1990.

서중석, 『한국 현대사 60년』, 역사비평사, 2007.

서중석, 『현대사 이야기』, 프레시안, 2014.

석해원, 『이야기로 읽는 대한민국 경제사』, 미래의 창, 2008.

손호철 외, 『한반도 정치론』, 선인, 2014.

양성철, 『박정희와 김일성』, 한울, 1992.

오원철, 『박정희는 어떻게 경제 강국을 만들었나』, 동서문화사, 2006.

윌리엄 글라이스틴, 『알려지지 않은 역사』, 황정일 번역, 랜덤하우스코리아, 1999.

유길만, 『박정희에서 고건까지』, BG북갤러리, 2005.

이계성, 『지는 별 뜨는 별』, 한국일보사, 1993.

이도성, 『남산의 부장들 3』, 폴리티쿠스, 2012.

이동원, 『대통령을 그리며』, 고려원, 1992.

이동형, 『영원한 라이벌 김대중 vs 김영삼』, 왕의 서재, 2011.

이맹희, 『회고록-묻어둔 이야기』, 청산, 1993.

이명식, "민통련 운동의 전개 과정과 평가", 『기억과 전망』, 2005, 가을.

이명준, 『그들은 어떻게 주사파가 되었는가』, 바오출판사, 2012.

이영훈, 『파벌로 보는 한국 야당사』, 에디터, 2000.

이정식, 로버트 스칼라피노, 『한국공산주의 운동사』, 한홍구 번역, 돌베개, 2015.

이종석, 『새로 쓴 현대 북한의 이해』, 역사비평, 2000.

이태호, 『영웅의 최후-김대중 평전』, 한뜻, 1992.

이현희, 『박정희 평전-역사적으로 본 박정희 60년』, 효민, 2007.

임동원, 『피스메이커』, 중앙북스, 2008.

정연주, 『서울-워싱턴-평양: 정연주의 워싱턴 비망록』, 비봉출판사, 2001.

정태헌, 『문답으로 읽는 20세기 한국 경제사』, 역사비평사, 2010.

정해구, 『전두환과 80년대 민주화 운동-서울의 봄에서 군사정권의 종말까지』, 역사비평사, 2011.

조갑제, 『내 무덤에 침을 뱉어라』, 조선일보사, 2001.

조희연, 『박정희와 개발독재 시대』, 역사비평사, 2007.

주성하, 『남쪽에서 보낸 편지』, 해드림출판사, 2015.

최장집, 『민주화 이후의 민주주의』, 후마니타스, 2005.

최정운, 『오월의 사회과학』, 오월의봄, 1999.

한상진, 『386세대, 그 빛과 그늘』, 문학사상사, 2003.

한용원, 『한국의 군부정치』, 대왕사, 1993.

한홍구, 『한홍구의 현대사 다시 읽기』, 노마드북스, 2006.

한홍구, 『지금 이 순간의 역사-한홍구의 현대사 특강 2』, 한겨레출판, 2010.

황장엽, 『어둠의 편이 된 햇볕은 어둠을 밝힐 수 없다』, 조선일보사, 2001.

찾아보기

가

가리봉전자 … 243
갑산파 … 88, 89
강원용 … 179, 181, 182
강준만 … 195, 351
개스턴 시거 … 266, 283
건국대 사태 … 248
경동교회 … 179
경제개발 5개년 계획 … 40, 51, 53
계훈제 … 241
고르바초프 … 250, 309, 310, 312, 314, 315, 344
공산주의 혁명 … 11, 150, 314, 343, 356
공수부대 … 192, 193
곽영주 … 135
관동군 … 32, 33, 39, 40~42, 140
관우 … 71, 287, 288
광주 항쟁 … 18, 185, 194, 196, 208, 220, 226, 269, 327, 328
구로 공단 … 243
구로 동맹파업 … 243~245
국내파 … 34, 88, 155
국민보도연맹 … 94
국민복지회 사건 … 77
국제올림픽위원회 … 203, 205, 211
권노갑 … 116
권익현 … 139
권인숙 … 262~264
권정달 … 185
근대화 혁명 … 11, 45, 150, 356
금강산댐 … 211, 260
금성 … 60
금융실명제 … 342
기아 … 60
김광일 … 295, 367
김구 … 19, 34, 237
김기춘 … 335
김대중 … 8, 10, 11, 13, 17~21, 24~30, 38, 43, 45, 72~74, 77, 78, 80~86, 90, 98~102, 114~124, 126~130, 132~134, 141, 142, 149~152, 164, 176, 177, 179~183, 186~188, 190~192, 196~198, 211, 216~221, 224~230, 236~238, 253, 254, 259, 260, 268, 269, 275, 279, 282, 284, 288~291, 293~296, 298~302, 305~307, 318, 319, 322, 324~327, 329~335, 338, 340, 349~352, 357~366, 368~372, 374
김근태 … 90, 111, 239~242, 262~264
김녹영 … 219, 220
김동영 … 220
김두봉 … 88, 155, 157
김두한 … 59
김복동 … 131, 139
김사만 … 93
김상현 … 117~119, 122, 126, 130, 219~221, 226~229, 368
김성수 … 77
김수환 … 120, 259, 280
김영남 … 313, 315
김영삼 … 17~20, 29, 36, 67, 68, 72~75, 77~79, 81~83, 85, 102, 110, 114, 120~130, 132, 133, 134, 141~145, 149, 150, 152, 164, 176, 177, 179, 181~183, 186, 187, 192, 211, 216~221, 224~230, 237, 238, 253, 254, 260, 262, 268, 269, 275, 279, 282~285, 288~290, 293, 295, 297~302, 305~307, 322, 325~327, 329~331, 333~335, 338, 340~342, 345, 347, 348~353, 357, 358, 364, 367, 368
김영주 … 172
김영환 … 246
김옥두 … 116
김용갑 … 283
김용하 … 65
김우중 … 61, 64~68
김원기 … 368
김윤환 … 350
김일성 … 8, 10~16, 18, 21, 27, 31~36, 38, 45, 47, 81, 82, 85, 86, 88, 89, 109, 138, 142, 149, 150, 153~162, 164~166, 168~172, 207~211, 223, 224, 246, 247, 250, 253, 275, 278, 306, 307, 309, 310, 313, 315~317, 324, 343, 344~347, 356, 364, 374
김재규 … 116, 131, 132, 135, 143, 145, 151, 174, 176
김점곤 … 182
김정길 … 74, 333, 368
김정렴 … 55, 59, 131, 153
김종필 … 41, 51, 54, 76~78, 95, 98, 102, 119, 149~152, 179, 186, 187, 192, 278, 289, 295, 297, 300, 304, 306, 307, 322, 325~327, 329, 331, 340, 349~352, 357~360, 363
김중권 … 371, 372
김찬우 … 230
김창환 … 219
김현규 … 230
김형래 … 230
김형욱 … 55, 58, 76, 91, 112, 151
꼬마민주당 … 74, 333, 368

나

나관중 … 9, 70, 72, 214
나카소네 … 201
남덕우 … 55
남로당 … 36, 40, 88, 94, 95, 139, 154~156
남북 기본 합의서 … 317
남영나일론 … 109
네윈 … 209
넬슨 만델라 … 28, 236, 362
노무현 … 8, 18, 74, 237, 302, 328, 333, 357, 366~374
노사모 … 370
노태우 … 29, 42, 123, 131, 139, 175, 176, 185, 187, 224, 235~267, 269, 278, 279, 281~285, 288, 289, 293,

297~302, 304~308, 311, 312,
315, 317, 319, 322, 324, 326,
327~331, 333, 334, 338~340,
352, 353, 364, 371
뉴스위크 … 187
닉슨 … 57, 79, 118

다

대륙이동설 … 200
대우 … 60, 61, 65, 66, 68, 136
대우어패럴 노동조합 … 243
대중경제론 … 11, 27, 359
대한전선 … 60
덩샤오핑 … 31, 43, 209, 344
도시산업선교회 … 109, 241
동교동계 … 176, 219~221, 227,
369
동아일보 … 100, 121, 185, 188
동아일보 광고 사태 … 121
동일방직 … 109, 110
동원탄좌 … 188
동학혁명 … 19, 35, 237, 356
DJP연합 … 325, 357, 373
DJT연합 … 325, 358
땅굴 … 170, 171

라

럭키 … 60
레닌 … 246, 274, 315
레이건 … 197, 201, 259, 245,
252, 281
롱바톰 … 62
리처드 앨런 … 197

마

마르크스-레닌주의 … 10, 13,
20, 158~162, 246, 310, 311,
344
만주군 … 40, 51, 92, 140
만주군관학교 … 12, 39, 46
메이지유신 … 11, 12, 45~47,
51, 92, 138
멸공통일론 … 11, 85, 150, 363
모택동 … 34, 35, 44, 139, 159

무정 … 155~157
문익환 … 90, 123, 192, 216,
241, 269, 299
민주공화당 … 77, 95
민주당 … 14, 25, 74, 75, 80, 83,
124, 125, 180, 260, 275, 295,
327, 333, 368, 373, 374
민주자유당 … 331, 340
민주정의당 … 74, 186, 224, 225
민주주의 혁명 … 11, 18, 19, 21,
150, 200, 202, 214, 215, 219,
237, 265, 267, 272, 356, 371
민주통일국민회의 … 241
민주통일민중운동연합(민통련)
… 239, 242, 253~255, 295,
301, 332
민주한국당(민한당) …
225~228, 230, 231
민주화운동청년연합(민청련)
… 239~242
민주화추진협의회(민추협) …
220, 221, 226, 227, 242, 253,
259, 262
민주헌법쟁취 국민운동본부(국
본) … 20, 219, 269, 279, 280,
282, 285, 301, 367
민중민주운동협의회(민민협)
… 241

바

바웬사 … 236, 311
박계동 … 352, 368
박관용 … 230
박금철 … 88
박동선 … 134
박명림 … 154, 171, 377
박상희 … 40
박성철 … 219
박정희 … 10~17, 19, 21, 25, 28,
29, 37~48, 50~59, 61~65, 67,
72, 73, 75~80, 82~86, 91~99,
101, 102, 105, 109~112,
114~123, 126~145, 149~154,
157, 164, 167, 169, 171, 174,
176, 177, 179, 181, 182, 191,

194, 200, 203, 210, 220, 223,
226, 229, 235, 237, 239, 257,
260, 263, 278, 279, 289, 305,
322, 338, 340, 356~358, 374
박종규 … 55, 131, 139, 151
박종률 … 117, 219
박종철 … 262~265, 267, 268
박종태 … 219
박철언 … 204, 205, 210, 258,
285, 312, 324, 326, 327, 329,
334, 335, 350
박태준 … 48, 56, 325, 335, 352,
357, 359
박헌영 … 14, 34, 88, 154~157,
246
반도상사 … 109
반탁운동 … 80
방림방적 … 109
백기완 … 176, 241, 299
베니그노 아키노 … 229, 252
베트남전쟁 … 115, 121
보천보 … 32, 33
부시 … 312, 365
부마 민주항쟁 … 145, 150
부흥사 … 243

사

40대 기수론 … 74, 75, 77~ 80,
85, 125
4.19 … 14, 75, 125, 133, 135,
180, 237
4.13 호헌 조치 … 268, 283,
288, 294
4자필승론 … 29, 287, 289~291,
296, 306
사하로프 … 236
새천년민주당 … 360, 372
3당 합당 … 74, 325~328, 330,
331, 333, 340, 342, 349~352,
368, 373
3선 개헌 … 76~79, 98
삼성 … 58~61, 63, 64
3저 호황 … 200~202, 309, 310
삼청교육대 … 195, 196
386세대 … 21, 360

상도동계 ⋯ 216, 219, 220, 227
색깔론 ⋯ 86~89, 92, 93, 96
서석재 ⋯ 230
선일섬유 ⋯ 243
세바르드나제 ⋯ 313, 315
소련파 ⋯ 88, 89, 155, 159
손권 ⋯ 70, 72, 86, 214
손명순 ⋯ 216
손영길 ⋯ 139, 141
손정혁 ⋯ 230
솔제니친 ⋯ 236
스탈린 ⋯ 33~35, 89, 159, 161, 162, 172, 274, 314, 315
시민군 ⋯ 193
신계륜 ⋯ 332
신형식 ⋯ 130
신익희 ⋯ 74, 77
신한민주당(신민당) ⋯ 110, 123, 128, 130, 143, 144, 228, 230, 231, 253, 262
12.12 ⋯ 174, 179, 184, 185, 188, 197, 222, 266, 278, 305, 353
CIA ⋯ 95, 117, 281,
CA ⋯ 247

아

아놀드 토인비 ⋯ 26
아돌프 히틀러 ⋯ 33, 87, 135
아웅 산 테러 ⋯ 209, 222, 223
IMF ⋯ 66, 350
아옌데 ⋯ 115, 125
안중근 ⋯ 19, 237
얄타회담 ⋯ 313
양순직 ⋯ 219
양일동 ⋯ 117
양호민 ⋯ 182
애학투련 ⋯ 248
엄창록 ⋯ 100, 101
NL ⋯ 247, 248
NLPDR ⋯ 247
여운형 ⋯ 34, 157
여순사건 ⋯ 40, 92
연안파 ⋯ 34, 88, 89, 155, 159
영남 군벌 ⋯ 137, 141, 152, 164, 177
예춘호 ⋯ 219, 220

5.3 인천 사태 ⋯ 255, 258, 269
오원철 55
5.16 쿠데타 ⋯ 45, 51, 57, 63, 76, 78, 80, 91, 92, 98, 125, 136, 140, 151, 175, 191, 210, 266
오제도 ⋯ 94
올브라이트 ⋯ 365
YH ⋯ 109, 110, 143
6월 혁명 ⋯ 19~21, 123, 274, 275
유훈 통치 ⋯ 21, 38
6.29 ⋯ 20, 285, 288~290
6.25 전쟁 ⋯ 12, 15, 18, 31, 35, 36, 41, 42, 58, 61, 88, 94, 154, 155, 166, 168, 171, 191, 204, 343, 345, 365, 376
5.18 ⋯ 185, 215, 220, 222, 353
워런 크리스토프 ⋯ 197
원혜영 ⋯ 368, 376
존 위컴 ⋯ 186, 188
윌리엄 글라이스틴 ⋯ 186~188
유비 ⋯ 9, 70~72, 86, 214, 287, 288
유인태 ⋯ 368
유진산 ⋯ 77, 78, 80, 82, 83, 98, 115, 120, 124, 126
유진오 ⋯ 77, 124
윤보선 ⋯ 75~77, 92~97, 124, 125
윤필용 ⋯ 55, 119, 139, 141, 188
이건희 ⋯ 64
2공화국 ⋯ 75, 80
이기택 ⋯ 74, 133, 227, 333, 351, 352
이동원 ⋯ 51, 52
이선실 ⋯ 335
이만섭 ⋯ 289
이맹희 ⋯ 58, 59
이민우 ⋯ 220, 227, 228, 261, 262
이범영 ⋯ 240
이병철 ⋯ 58, 59, 61, 63, 64
이부영 ⋯ 74, 333, 368
이상재 ⋯ 184
이석규 ⋯ 367
이승만 ⋯ 33, 34, 39, 47, 77, 78,

88, 91, 115, 167, 279, 345
이인제 ⋯ 356, 358, 372, 373
2.12 총선 ⋯ 211, 222, 225, 226, 228, 231, 234, 235, 242, 245, 253, 262, 277
이정빈 ⋯ 230
이종찬 ⋯ 228, 325, 352, 368
이철 ⋯ 228
이철승 ⋯ 78, 80~83, 120, 122, 123, 127~130, 132, 133, 227, 262
이학봉 ⋯ 175, 185
이한열 ⋯ 262, 263, 265
이해찬 ⋯ 332
이회창 ⋯ 74, 237, 356, 358
이후락 ⋯ 55, 56, 58, 76, 98, 101, 118, 119, 151, 153, 168
이희호 ⋯ 197, 217
인선사 ⋯ 109
일본 육군사관학교(일본 육사) ⋯ 12, 41, 42, 51
1.21 사태 ⋯ 81, 169
임동원 ⋯ 365
임채정 ⋯ 332

자

장개석 ⋯ 33, 344
장면 ⋯ 25, 74, 75, 80, 125
장세동 ⋯ 175, 210, 231, 267~269, 278
장영달 ⋯ 332
장준하 ⋯ 59, 120
장쩌민 ⋯ 362
장택상 ⋯ 77, 78
재벌 ⋯ 11, 43, 50, 55, 58, 60, 61, 63~67, 105, 134, 136, 203, 298, 328, 339, 340, 358, 359, 367
적벽대전 ⋯ 70, 72, 97, 214, 287
적화통일론 ⋯ 8, 11, 16, 36, 85, 166, 170, 316, 318, 362
전국민족민주운동연합 ⋯ 332
전두환 ⋯ 26, 28, 29, 37, 42, 67, 72, 74, 123, 131, 134, 136, 137, 139~141, 174~176, 179, 183~191, 193~195, 197, 198, 200~202, 204, 205, 207~211,

214~219, 221, 222, 225~231,
234~237, 239, 240, 242, 244,
245, 247, 248, 250, 253~260,
262, 263, 266~269, 277~285,
288~294, 296, 298, 300, 301,
304~306, 322, 325, 327, 328,
334, 338~340, 353, 367
전봉준 … 19, 73, 90, 237
전태일 … 107~109, 111, 243
정대철 … 228
정도영 … 185
정몽준 … 373, 374
정승화 … 174~176, 298
정주영 … 48, 57, 61~63, 67,
203, 328
제갈량 … 70, 71, 214, 287
제롬 코언 … 117
제일제당 … 109
제임스 릴리 … 281
제정구 … 74, 111, 333, 368
조만식 … 155
조명록 … 365
조병옥 … 74
조봉암 … 88
조선노동당 … 8, 77, 85, 88, 89,
160, 164, 165, 206, 207, 275,
327, 347
조선일보 … 187, 195, 264
조연하 … 117, 219, 220
조조 … 9, 71, 72, 86, 97, 214,
287
조화순 … 239
종속이론 … 247
주사파 … 247
주유 … 72
주체사상 … 14, 15, 20, 31,
158~161, 164, 172, 246, 247,
249, 250, 339, 364
중앙정보부 … 26, 58, 76, 79,
84, 91, 95, 96, 98, 100, 105,
118, 120, 121, 123, 126, 128,
130, 131, 135, 145, 153, 174,
187, 188, 195, 258
지역감정 … 97~100, 331, 335,
370
지역주의 … 18, 43, 86, 87,
97, 98, 102, 156, 335, 351,

370~372, 376
지학순 … 120

차

차우세스쿠 … 314
차지철 … 55, 116, 130~133,
135, 137, 143~145, 151, 188
청계피복노조 … 108, 109
첸치첸 … 343
최규하 … 176, 191, 194
최민 … 246
최수환 … 230
최영근 … 118, 219
최인규 … 135
최형우 … 117, 220, 350
촉오동맹 … 71, 288

카

카쓰라 · 태프트 밀약 … 237
카터 … 36, 134, 118, 142, 143,
197, 345, 347
캐스퍼 와인버거 … 209
KAL기 폭파 사건 … 212, 298
케네디 … 54, 79
K-공작계획 … 184, 185
코라손 아키노 … 252
코민테른 … 32
크리스천 아카데미 … 179
크메르 루즈 … 115
클린턴 … 346, 361, 362, 365
킬링필드 … 115

타

토지개혁 … 11, 34
통일민주당 … 268, 290, 307,
326
통일주체국민회의 … 112, 176,
190
팀 스피리트 … 210

파

평화민주당 … 74, 307, 332
평화의 댐 … 211
평화통일론 … 8, 11, 27, 28,
150, 362

푸에블로 호 … 81, 170
프레이저 청문회 … 134
플라자 합의 … 201, 249
PD … 247, 248
피플 파워 … 252, 253, 266

하

하나회 … 42, 77, 119, 131, 136,
137, 139~141, 175~177, 190,
191, 231, 267, 281, 341
하벨 … 311
하비브 … 117
한겨레민주당 … 326
한겨레신문 … 121
한국국민당(국민당) … 225,
231, 289
한국화학 … 60
한민당 … 77
한시해 … 210
한화갑 … 116
함석헌 … 120, 269
햇볕 정책 … 362, 364
향린교회 … 269
허가이 … 88, 155
허담 … 210
허문도 … 185, 209
허삼수 … 175, 185, 367, 368
허탁 … 333
허태열 … 370
허화평 … 175, 185, 204
헤럴드 브라운 … 197
헨리 키신저 … 117, 118, 312
현대 … 48, 60~63, 67, 136, 203,
328
현준혁 … 88, 155
호네커 … 314
홍사덕 … 230
효성 … 60
효성물산 … 243
후보 단일화 … 82, 186,
288~291, 357
흐루시초프 … 54, 89, 159, 164,
310

박정희 김대중 김일성의
한반도 삼국지
세 개의 혁명과 세 개의 유훈 통치

초판 1쇄 펴낸 날 2015년 11월 20일

지은이 이충렬
펴낸이 이광호
펴낸곳 도서출판 레디앙
디자인 Annd

등록 2014년 6월 2일 제315-2014-000045호
주소 서울 강서구 공항대로 481(등촌동, 2층)
전화 02-3663-1521   팩스 02-6442-1524
전자우편 redianbook@gmail.com

ISBN 979-11-953189-6-4 03340